Bettina Roß (Hrsg.)

Migration, Geschlecht und Staatsbürgerschaft

# Politik und Geschlecht
Band 16

Herausgegeben vom
Arbeitskreis „Politik und Geschlecht" in der Deutschen Vereinigung für
Politische Wissenschaft e.V. (DVPW)

Bettina Roß (Hrsg.)

Migration, Geschlecht und Staatsbürgerschaft

Perspektiven für eine antirassistische und feministische Politik und Politikwissenschaft

VS VERLAG FÜR SOZIALWISSENSCHAFTEN

VS Verlag für Sozialwissenschaften
Entstanden mit Beginn des Jahres 2004 aus den beiden Häusern
Leske+Budrich und Westdeutscher Verlag.
Die breite Basis für sozialwissenschaftliches Publizieren

Bibliografische Information Der Deutschen Bibliothek
Die Deutsche Bibliothek verzeichnet diese Publikation in der Deutschen Nationalbibliografie;
detaillierte bibliografische Daten sind im Internet über <http://dnb.ddb.de> abrufbar.

1. Auflage August 2004

Alle Rechte vorbehalten
© VS Verlag für Sozialwissenschaften/GWV Fachverlage GmbH, Wiesbaden 2004

Der VS Verlag für Sozialwissenschaften ist ein Unternehmen von Springer Science+Business Media.
www.vs-verlag.de

Das Werk einschließlich aller seiner Teile ist urheberrechtlich geschützt. Jede Verwertung außerhalb der engen Grenzen des Urheberrechtsgesetzes ist ohne Zustimmung des Verlags unzulässig und strafbar. Das gilt insbesondere für Vervielfältigungen, Übersetzungen, Mikroverfilmungen und die Einspeicherung und Verarbeitung in elektronischen Systemen.

Die Wiedergabe von Gebrauchsnamen, Handelsnamen, Warenbezeichnungen usw. in diesem Werk berechtigt auch ohne besondere Kennzeichnung nicht zu der Annahme, dass solche Namen im Sinne der Warenzeichen- und Markenschutz-Gesetzgebung als frei zu betrachten wären und daher von jedermann benutzt werden dürften.

Umschlaggestaltung: KünkelLopka Medienentwicklung, Heidelberg
Satz: Beate Glaubitz, Satz und Redaktion, Leverkusen
Druck und buchbinderische Verarbeitung: Lengericher Handelsdruckerei, Lengerich
Gedruckt auf säurefreiem und chlorfrei gebleichtem Papier
Printed in Germany

ISBN 3-8100-4078-9

Inhalt

Uta Ruppert
Vorwort? 7

Bettina Roß
Migration, Geschlecht und Staatsbürgerschaft. Einleitung 9

1. Geschlecht und Ethnizität in Kontexten

Renate Bitzan
„Die Mädels mit den Kopftüchern, die sind auf jeden Fall noch nicht
so emanzipiert in ihrer Kultur". Zu Konstruktionen von ‚Geschlecht'
und ‚Ethnizität' bei weiblichen Industriebeschäftigten 29

Agnieszka Zimowska
Der internationale Frauenhandel als Migrationschance?
Neue Perspektiven auf Handlungsstrategien migrantischer
Sexarbeiterinnen in der deutsch-polnischen Grenzprostitution 49

Antje Schulz
Leistungsfähig, männlich, weiß.
Bevölkerungspolitik im Zeitalter der Reproduktionsmedizin 67

2. Migration und Staatsbürgerschaft in Deutschland

Veronika Kabis
Die aktuelle Zuwanderungspolitik 89

Heike Brabandt
Frauen und Asyl. Geschlechtsspezifische Fluchtgründe im
deutschen Asyl- und Ausländerrecht 103

Susanne Köhring
Bewegungsfreiheit als Privileg 127

Stephanie Schmoliner
Vom Mythos der „Ausländerkriminalität" –
MigrantInnen im deutschen Recht. Überlegungen zu einer
kritischen Rechtswissenschaft 135

3. Anforderungen und Perspektiven eines nicht-rassistischen Feminismus und solidarischer Interkulturalität

Birgit Seemann
„"...ohne Angst verschieden sein..."
Aspekte einer feministisch-pluralistischen Staatstheorie am
Beispiel osteuropäisch-jüdischer Zuwanderung nach Deutschland 145

Nils Pagels
Diversity-Management als Instrument für feministische und
antirassistische Praxen? 163

Umut Erel
Geschlecht, Migration und Bürgerschaft 179

Efthimia Panagiotidis
„Lohn für Hausarbeit" revisited! Die Aufbereitung einer Kampagne
für das Recht auf Mobilität 189

Maria dol Mar Castro Varela und *Nikita Dhawan*
Horizonte der Repräsentationspolitik – Taktiken der Intervention 205

4. Kontaktadressen: Antirassistische Gruppen und Projekte 227

AutorInnenverzeichnis.. 229

Vorwort

Uta Ruppert

„Wenn Solidarität möglich ist, muss sie auf transversalen Grundsätzen beruhen"
(Nira Yuval-Davis 1996: 223)

Als 1988 der Text „Aus westlicher Sicht: feministische Theorie und koloniale Diskurse" von Chandra Mohanty erschien, war die Zeit für eine breite Auseinandersetzung über Differenzen und Dominanzverhältnisse zwischen Frauen unterschiedlicher Herkunft und Gruppenzugehörigkeiten auch hierzulande reif. Die vielfältigen Reaktionen, die Mohantys Text damals auslöste, haben feministische Theorie und Wissenschaftspolitik (nicht nur in Deutschland) merklich verändert. Dass der innerfeministische Streit um Machtverhältnisse und (mangelnde) Solidarität in den letzten Jahren deutlich zurückgegangen ist, hat somit nicht nur schlechte Gründe. Tatsächlich gab es auch diverse Annäherungen an die Idee „transversaler Politik". Mit diesem Begriff bezeichnete Nira Yuval-Davis bereits Mitte der 90er Jahre eine politische Praxis der Solidarität, die anerkennt, dass Wissen ebenso wie politische Standpunkte stets kontextgebunden ist und dass erfolgreiche feministische Bündnisse immer respektvolle Sympathie für die Verortungen und Sichtweisen „der anderen" voraussetzen. Vor allem die jüngere Politik transnationaler Frauenbewegungen kann diesen Zusammenhang eindrucksvoll belegen. Ohne „transversale", die politischen Handlungsebenen von lokal bis international überspannende Verständigung und Solidarität wären viele frauenpolitische Erfolge der 90er Jahre, allen voran die internationale Anerkennung der FrauenMenschenrechte, kaum denkbar gewesen.

Gleichwohl gibt es in Bezug auf Dominanzverhältnisse und Ungleichheit zwischen Frauen ganz gewiss keinen Grund für feministische Selbstzufriedenheit. Unter den Bedingungen verschärfter ökonomischer Globalisierung entsteht bekanntlich nicht einfach nur eine Zunahme von „situiertem Wissens" und „transversaler Praxis". Die andere Seite der Medaille aktueller Entwicklungen bilden vielmehr zunehmende Polarisierungen und rapide wachsende Ungleichheit zwischen Frauen, national wie international. Nur eines der augenfälligen Beispiele dafür ist die schlecht bezahlte, ungeschützte Haushaltsarbeit von Migrantinnen, die auch hier in Deutschland für immer mehr gut ausgebildete Mittelschichtfrauen zu den Bedingungen ihrer Karriere gehört. Während transnationale Frauenbewegungen auf vielfältige Weise versuchen, solchen Ungleichheitsentwicklungen politisch zu begegnen, sind die

Reaktionen hierzulande eher vereinzelt und insbesondere die feministische Wissenschaft ist mit neuen Konzepten und Lösungsvorschlägen bislang zurückhaltend.

Um so erfreulicher ist das Konzept dieses Bandes, Perspektiven auf Migration und Staatsbürgerschaft aus unterschiedlichsten Bereichen feministischer Theorie und Praxis zusammenzubringen. Zu vielen im hier behandelten Kontext besonders drängenden Fragen, wie Zuwanderung, Flucht und Asyl oder Frauenhandel, existiert Expertinnenwissen, das auf kleine, spezialisierte Ausschnitte feministischer Öffentlichkeit beschränkt bleibt. Auch insofern ist das hier gemachte Angebot zu einem wirklich breiten und vielfältigen, kritisch-solidarischen Dialog über Verhältnisse von Rassismus und Feminismus in Deutschland mehr als begrüßenswert. Dieses Buch trägt dazu bei, eine (alte) Lücke in und zwischen feministischer Theorie und Praxis (neu) zu thematisieren und ich bin gespannt auf die gewiss vielfältigen Reaktionen, die es hervorrufen wird.

Literatur

Mohanty, Chandra Talpate 1988: Aus westlicher Sicht: feministische Theorie und koloniale Diskurse. In: beiträge zur feministischen theorie und praxis 23, S. 149-163

Yuval-Davis, Nira 1996: Frauen und „transversale Poilitik". In: Fuchs, Brigitte/Habinger, Gabriele (Hrsg.): Rassismen und Feminismen. Differenzen, Machtverhältnisse und Solidarität zwischen Frauen. Wien, S. 217-223

Bettina Roß

Migration, Geschlecht und Staatsbürgerschaft
Einleitung

In diesem Sammelband geht es um Rassismus und politische Solidarität insbesondere unter Frauen aus feministischer Sicht anhand der Asyl-, Zuwanderungs- und Ausländerpolitik in der Bundesrepublik Deutschland. Die AutorInnen nehmen Bezug auf zahlreiche, kritische Debatten aus ganz unterschiedlichen Kreisen:

- die Kritik an der „weißen Mittelstandsbrille" der Frauenbewegung durch MigrantInnen (vgl. Fuchs/Habinger 1996, Eichhorn/Grimm 1994) und Schwarze[1] Frauen (vgl. Carby 1982, Davis 1982, Lourde 1983, Vauti et al 1999 und Arndt 2000),
- die postkoloniale und dekonstruktivistische Kritik (vgl. z.b. bell hooks 1981/1996, Mohanty 1988 und Butler 1994, Fraser 2001, Spivak 1990),
- das Ringen um linksradikale Gesellschaftskritik (vgl. Viehmann 1993, Revolutionäre Zellen 1993, Buko 2003), die nicht erneute Ausschlüsse aktiv produziert, und auch auf
- jene selbstkritischen Feministinnen, die Zuhören, Dialog und Verschiedenheiten zu lernen versuchen aus Unzufriedenheit mit zu schnellen, pauschalen, wenn auch propagandistisch verlockenden Weltsichten (früh: Christina Thürmer-Rohr z.B. 1990).

Dabei greife ich als Herausgeberin auch auf zwei Tagungen des Arbeitskreises Politik und Geschlecht in der Deutschen Gesellschaft für Politische Wissenschaft zurück: die Tagung zu Globalisierung und transnationaler Demokratie im Juni 1999 und das Panel zu Migration bei der Jubiläumstagung aus Anlass des zehnjährigen Bestehens des Arbeitskreises im April 2002. Neben anderen ExpertInnen kommen hier Referentinnen beider Tagungen zu Wort. Der Arbeitskreis Politik und Geschlecht erwies sich in seinen nunmehr 12 Jahren – trotz seiner Schattenseiten – häufig als ein Kreis sehr unterschiedli-

---

1 „Schwarz" in Großschreibung bezieht sich auf das der britischen Debatte entspringende politische Verständnis des Begriffes „Schwarz", der alle Personen umfasst, die aufgrund ihrer Hautfarbe, Ehtnie oder Staatszugehörigkeit diskriminiert oder ausgegrenzt werden, und der eine politische Gegenwehr dieser Personen impliziert (vgl. Ika Hügel et al 1999).

cher, feministischer Politikwissenschaftlerinnen, die auf der Höhe der politikwissenschaftlichen Debatte bzw. dieser gelegentlich voraus diskutieren und sich durch Neugier und Selbstkritik wohltuend von anderen „Zirkeln" unterscheiden (vgl. wwww.vip-wb.de/AK/AK_website.html sowie für einen Überblick über die Themen Krause 2003). Vielen Kolleginnen aus diesem Arbeitskreis gebührt hier mein Dank, besonders den Organisatorinnen der beiden Tagungen. Gemeinsam mit Cilja Harders, Delia Schindler und Helga Ostendorf habe ich in zwei Jahren als Sprecherin des Arbeitskreises viel gelernt und das unglaubliche Potential von feministischen Politikwissenschaftlerinnen schätzen gelernt. Die drei Mit-Sprecherinnen waren es zudem, die als erste das Konzept zu diesem Buch diskutiert und wichtige Anregungen gegeben haben. Entscheidend war auch Renate Niekant, die das Konzept wesentlich mit ausgearbeitet hat und einige der Kontakte herstellte.

Zu Beginn möchte ich Stichpunkte von zusammenwirkenden Herrschaftsstrukturen entwerfen. Ich verwende hierfür Begriffe, die in vielen Kreisen als unpopulär gelten, weil sie moralisierend oder agitatorisch seien. Sexismus, Klassenunterdrückung und Rassismus verwende ich jedoch im Sinne von Helma Lutz als analytische Begriffe, die nicht nur sozial konstruierte Unterschiede beschreiben, sondern auch auf die damit verbundene Hierarchisierung und Ungleichverteilung von Vermögen und Definitionsmacht verweisen:

> „Denn Rassismus und Sexismus begreife ich in erster Linie als analytische Begriffe. Sie versuchen zu beschreiben, wie Denkbilder, Legitimationen und soziale Prozesse zustande kommen, die sowohl Gruppen als auch Individuen aufgrund ihrer Hautfarbe, ihrer ethnischen Zugehörigkeit oder ihres Geschlechts ausschließen, marginalisieren, benachteiligen, ausbeuten, ihnen Gewalt antun oder sie vernichten. Sexismus und Rassismus sind also in den Prozeß der Ideologisierung eingebunden. Beide können sowohl handlungsrelevant als auch Ausschließungslegitimationen im Alltagsleben werden, und beide können wir begreifen als Prozesse, die diskursiv und praktisch diese Legitimationen herstellen und reproduzieren. Dabei ist es zunächst einmal irrelevant, ob diese intendiert oder unbewußt erfolgt." (Lutz in Hügel 1999: 139 f.)

1. Stichpunkt: Sexismus

Mit den Kennzeichen des Patriarchates beschäftigt sich die Neue Frauenbewegung in Westeuropa seit gut 40 Jahren (vgl. Holland-Cunz 2003). Stichworte hierzu sind unter anderem: die sexualisierte Gewalt gegen Frauen und Kinder; ungleicher Lohn für gleiche Arbeit, geschlechtspezifische Segmentierung des Arbeitsmarktes und der Karrieremöglichkeiten, überproportionale Verarmung von Frauen (z.B. bei Arbeitslosigkeit oder in Rente), Einschränkung der Selbstbestimmung über den eigenen Körper durch den §218 und die Expertokratie, sexistische Zuweisung von Erwartungen und Normierungen an das Verhalten und die Körperformen von Frauen und Männern, Verleugnung der Existenz lesbischen und transsexuellen Lebens, die geschlechtskonnotierte Trennung von Öffentlichkeit und Privatheit und damit die männerbündische und geschlechtsblinde Formierung von Staat und Gesellschaft. Die feministische Theorie und Praxis ist inzwischen weit fortgeschritten und erlebte ihre Höhepunkte nicht nur in Tomatenwürfen (vgl. Meinhof in Anders 1988: 48-51, Heinrich-Böll-Stiftung et al 1999). Sie hat Veränderungen bewirkt (z.B. erfährt eine Frau in Deutschland heute nicht erst dann gesellschaftliche Anerkennung, wenn sie endlich einen Ehemann gefunden hat) und Rückschlage erlitten (täglich manifest in der wieder anwachsenden sexistischen Werbung, die Frauenkörper als *Sex-sells*-Objekte vermarktet). Der grundsätzliche Befund – Patriarchat – konnte durch die Frauenbewegung nicht überwunden werden.

Auch in internationaler Sicht lässt sich leider feststellen, dass von einer Verbesserung der Lebenswirklichkeit von Frauen sowie einer wirklichen Anerkennung feministischer Einsprüche zugunsten von mehr Gleichheit, friedlicher Konfliktlösung, Demokratisierung und einer größeren Verwirklichung der Menschenrechte von Frauen kaum die Rede sein kann. Uta Ruppert hat das für die Internationalen Beziehung deutlich herausgearbeitet (vgl. Ruppert 1998, 2000) und bemängelt bezogen auf die Ansätze des *Global Governance* insbesondere die antidemokratische Struktur und Handlungslogik der internationalen Institutionen, die Missachtung von lokalen/regionalen bzw. *bottom-up*-Ansätzen, den personellen und ideologischen Ausschluss von Frauen und ihrer Belange aus „harter" Politik sowie die Verweigerung der Einsicht, dass Politik und Privates in vielem zusammenwirken, z.B. hinsichtlich der „Sexarbeit von Frauen, militärisch legitimierter Gewalt gegen Frauen oder Naturalisierung von Weiblichkeit in nationalistischen Ideologien" (Ruppert 2000: 56). Die internationale Frauenbewegung hat Themen wie Migration, Flucht, Frauenhandel und die normative Diskussion um die Demokratisierung der Gesellschaften zwar in der Debatte verankern können; frauenpolitische Themen sind jedoch über weite Strecken Randthemen geblieben bzw. nach den Erfolgen bei den Weltfrauenkonferenzen sogar erneut geworden. Von einer strukturellen Verbesserung der politischen und wirtschaftlichen Lage sind wir weit entfernt. Im Gegenteil hat die Geschlechtsspezifik der ökonomischen Ungleichheit sowie die Missachtung der Menschenrechte von Frauen im Rahmen von Deregulierung und Globalisierung weiter zugenommen (vgl. Ruppert 1998, 2000, Wichterich 1998). Uta Ruppert tritt daher für einen frauenpolitischen Realitätssinn ein.

Dieser kalkuliert meiner Meinung nach auch ein, dass die bestehende Diskriminierung und Gewalt gegen Frauen kein Fauxpas und kein Minderheitenphänomen sondern eine der strukturellen Säulen ist, auf denen auch die deutsche Gesellschaft fußt. Die Vergeschlechtlichung aller Interaktionen und Strukturen ermöglicht eine Hierarchisierung der Gesellschaft durch die Konstruktion einer heterosexistischen Zweigeschlechtlichkeit, in der trotz aller Bemühungen eher Männer über mehr Geld und Entscheidungsbefugnisse verfügen, während eher Frauen den Großteil der Arbeit erledigen (vgl. Wetterer 2002).

2. Stichpunkt: Klassismus

Diese strukturelle und für die Herausbildung von Routinen funktionale Ungleichheitslage gestaltet sich ähnlich für Rassismus und Klassismus. Auch sie schaffen soziale Ungleichheiten, legitimieren diese und ermöglichen in der täglichen Interaktion eine scheinbar selbstverständliche Umsetzung der Hierarchie. Gemeinsam ist diesen Herrschaftsmechanismen, dass wir ihre Verschärfung erleben seit der „geistig-moralischen" Wende ab 1982, umso mehr seit ab 1990 durch den Wegfall des Realsozialismus der Zwang für den Westen zur Profilierung als besseres und soziales Systems entfallen ist und seit der weltpolizeilichen Aufrüstung und Abschottung im Schatten der Anschläge am 11. September 2001 (hinsichtlich der Migrationspolitik vgl. Lötzer 2002). Globalisierte Ausbeutungsprozesse haben sich seither verschärft, soziale Leistungen werden weltweit zurück genommen oder ganz gestrichen (wenn auch in höchst unterschiedlichem Ausmaß, wie an den Unterschieden zwischen den Revolten in Argentinien, dem Massensterben in Somalia und der Demontage durch Hartz-, Rürup- und Schmidt-Kommissionen in der BRD zu sehen ist), politische Rechte werden eingeschränkt, militärische Zugriffe gegenüber dialogischen Konfliktlösungsformen bevorzugt und die sozialen Unterschiede werden stetig größer: die Mittelschicht schwindet, während eine Mehrheit immer ärmer und eine sehr kleine Minderheit immer reicher wird. In Deutschland sind Stichpunkte des ökonomischen Wandels: massenhafte Dauerarbeitslosigkeit, Verarmung von 20% der Bevölkerung inkl. 1,3 Millionen voll-lohnarbeitenden Armen, Abbau von Arbeitnehmerinnenrechten durch die permanente Arbeitslosigkeitsdrohung (siehe Streikbereitschaft oder die Zurückhaltung bei der Inanspruchnahme des Rechtes auf Weiterbildung), verlängerte Arbeitszeiten und verstärkte Ausbeutung derer, die (noch) Arbeit haben, Abbau des Zugangs zu Bildung (z.B. für Arbeiterkinder, Langzeitarbeitslose und Behinderte), Aufhebung von Anti-Diskriminierungsmaßnahmen, Etablierung einer 3-Klassen-Medizin und Senkung der Realeinkommen.

Die analytische Beschreibung der sozialen Ungleichheit kommt in diesem Sammelband systematisch zu kurz – dies ist nicht darin begründet, dass die Ökonomie und die Marginalisierung von Menschen über ihren Besitz in irgendeiner Weise weniger Bedeutung zugemessen würde. Sexismus und Rassismus sind untrennbar mit ökonomischen Strukturen und Ursachen verbunden. Die einzigen Gründe dafür, die Ökonomie hier eher mittelbar zu behandeln, sind der Zwang zur Begrenzung innerhalb eines Sammelband, der nicht die Welt als Ganze erklären kann, und die Tatsache, dass zur Verschärfung der sozialen Ungleichheit angesichts der derzeitigen Demontage in Deutschland bereits eine Vielzahl an Texten existiert. Viele der hier nur kurz benannten ökonomisch-sozialen Diskriminierungen haben zudem sexistische und rassistische Seiten bzw. sind mit Sexismus und Rassismus untrennbar verbunden; nicht zufällig sind MigrantInnen und Frauen insgesamt überproportional häufig und lange arbeitslos, leben unter dem Durchschnittslohn, sind schlechter medizinisch versorgt oder verarmen im Alter.

3. Stichpunkt: Rassismus

Rassismus ist von Fremden-, Ausländer- oder Minderheitenfeindlichkeit zu unterscheiden. Letztgenannte Begriffe setzen bereits bestimmte diskriminierende Klassifikationen von den „Fremden", den „Ausländern", den „Minderheiten" voraus. „Rassismus" ist deswegen grundsätzlicher zu verstehen. Es handelt sich um „sehr subtile (...) Formen der Ausgrenzung (...): nämlich um einen abwertenden, pauschalisierenden, vereinheitlichenden Diskurs über ‚erkennbar' gemachte Fremde, der mit einer Ausgrenzungs- und Diskriminierungspraxis gekoppelt ist" (Singer 1997: 53). Rassismen sind spezifische Politiken der Differenz und Differenzierung, die in Form von Neo-Rassismen zunehmend kulturalistisch argumentieren und nicht mehr vorrangig biologistisch (zur neueren Rassismus-Diskussion vgl. Räthzel 2000).

Im Politikfeld der Asyl-, Zuwanderungs- und „Integrations"politik der Bundesrepublik wird in besonderer Weise die nationale Identität der Bundesrepublik Deutschland verhandelt und werden nationale Grenzziehungen vorgenommen (verbunden mit einer bestimmten Konstruktion von dem „deutschen Volk"), die Gegenstand der Kritik feministischer Politikwissenschaft ebenso wie antirassistischer Praxis sind (vgl. Appelt 1999, Foitzek et al 1992). Rassismus, Antisemitismus, Homophobie, soziale Unterschiede, sexistische Ausbeutung und Gewalt sind strukturelle Kennzeichen des deutschen, sich als demokratisch verstehenden Staates und der Gesellschaft (vgl. Brabandt in diesem Band).

Rassismus und Antisemitismus sind „Deutschland" nicht erst seit Gründung der BRD und auch nicht erst seit dem Nationalsozialismus innewohnend. Vielmehr fußt auch in „Deutschland" die Vereinigung und Gründung der Nation – als Kaiserreich 1871 – stark auf der Konstruktion einer nationalen Identität, die auf der Ausgrenzung von anderen, insbesondere von Jüdinnen, Juden und Nicht-Deutschen, fußt. Der traditionelle Hass gegen die „Franzosen" konnte nach dem 2. Weltkrieg einigermaßen überwunden werden, während Antisemitismus und Rassismus nicht zufällig immer wieder aufflackern – sie sind konstitutionell in diese Nation eingewoben, und es verlangt nach aktiven Maßnahmen sie zu mindern. Gerade Antisemitismus konnte sich seit dem 18. und im 19. Jahrhundert zu einer quasi biologistischen Diskriminierungsformation „modernisieren". War es zuvor für die Betroffenen manchmal noch möglich, die Diskriminierung durch Konvertierung und Assimilierung zu unterlaufen, entstand seit dem 18. Jahrhundert ein Verständnis des „Jüdisch-Seins" als angeborene Eigenschaft. „Der Jude an sich" war und blieb im kollektiven Verständnis der Deutschen als „Sündenbock" stets in der Gefahr neuen Wellen von Übergriffen und Schuldzuweisungen ausgesetzt zu sein (vgl. Seemann in diesem Band). Das nach dem Holocaust teilweise etablierte Tabu offen antisemitischer Äußerungen weicht zudem in den letzten Jahren auf, seit die deutsche Geschichte zwischen 1933 und 1945 zunehmend als erledigt gesehen werden soll.

Rassismus wiederum ist dieser Gesellschaft inhärent bereits aus Kolonialzeiten, indem auch in „Deutschland" das Startkapital für die Nation aus dem Kolonialismus gewonnen wurde. Frauen waren und sind an dieser kolonialen Ausbeutung beteiligt, als ehemalige Kolonialistinnen, als Emigrantinnen, Touristinnen und Konsumentinnen (vgl. Mamozai 1990 und Mies 1996). Rassismus ist auch der Bundesrepublik als Rechtsnachfolgerin der deutschen Reiche und der Weimarer Republik inhärent, indem verweigert wird, Deutschland als Einwanderungsland und MigrantInnen als existierenden, gleichberechtigten Teil dieser Gesellschaft zu akzeptieren (vgl. Kabis in diesem Band sowie Jäger/Kauffmann 2002, Butterwegge/Hentges 2003). MigrantInnen werden in ihrer Arbeitsfähigkeit geschätzt – in den 60er Jahren in der Industrie, heute als Billigarbeitskräfte und als Minderheit in der IT-Branche. Das impliziert nicht, dass sie als vollwertige Staatsbürger gesehen werden – im Gegenteil ist mit ihrer Einreise die Aussicht auf ihre baldige Ausreise verbunden, spätestens dann wenn gerade kein Arbeitskräftemangel mehr herrscht. MigrantInnen werden nicht als Bevölkerungsgruppen unter vielen mit spezifischen Fähigkeiten und Bedürfnissen gesehen, was beinhalten würde demokratische Rechte zuzulassen, Sonderregelungen zu vermeiden, Förderung und Integration zu institutionalisieren. Im Gegenteil sind MigrantInnen von Bürgerrechten, insbesondere vom aktiven und passiven Wahlrecht ausgeschlossen – je nach Status werden ihnen weitere Rechte verweigert, wie das Menschenrecht auf Grundversorgung, Bildung und Freizügigkeit (vgl. Köhring in diesem Band). Die Lebenssituation von MigrantInnen, ihren Kindern und Enkeln wird als Problem für die deutsche Mehrheitsgesellschaft nicht als mangelnde Umsetzung von Rechten für die Minderheit gesehen. So verbleibt das Verhältnis zwischen Migrierten und deutschem Staat ein Zwangsverhältnis.

Menschen migrieren nicht freiwillig: sie suchen nach Arbeit, Sicherheit, Bildung, Schutz vor Übergriffen und der Chance, ein eigenes Leben zu führen. Auch Arbeitsmigration erfolgt nicht freiwillig. Vielmehr müssen bisherige soziale Bindungen aufgegeben werden und ein völlig neues Leben in einer fremden Umgebung mit anderen Regeln und einer weitgehend unbekannten Sprache begonnen werden. Verarmte Menschen haben nicht die Wahl von Club-Animateuren, mal hier mal da zu leben, sondern sind gezwungen, dorthin zu gehen, wo die Chance besteht, die eigene Arbeitskraft zu verkaufen und auf diese Weise sich selbst und die Familie zu ernähren (vgl. Mohanty 1998). „Aufnahmeländer" wie Deutschland haben zwar ein fundamentales Interesse Arbeitsmigrierende zu rekrutieren. Da sich Menschen jedoch nicht wie Maschinen steuern, vermindern oder vermehren lassen, schotten sich derartige Länder aber auch systematisch ab – um die Zahl der EinwanderInnen zu begrenzen und um die bereits Eingewanderten zu disziplinieren. MigrantInnen bleiben Fremdkörper und sollen dies auch in zukünftigen Generationen bleiben, selbst wenn sie hier geboren und sozialisiert worden sind (vgl. Brabandt und Schmoliner in diesem Band). Für Menschen aus Familien mit Migrationshintergrund kann es daher keine ungebrochene Identifizierung mit

Deutschland geben. Ihre Identitätsbildung wäre leichter, wenn sie sich als EinwandererInnen nicht als AusländerInnen, Flüchtlinge oder Gäste fühlen könnten. Durch die künstliche Fremdhaltung und Diskriminierung in Politik, Recht und im Alltagsverhalten verbleiben Migrierte und ihre Nachkommen aber als „fremd", ob sie das wollen oder nicht. Besonders absurd ist dies für hier geborene Kinder von MigrantInnen, die rechtlich auch nach dem neuen Zuwanderungsgesetz als AusländerInnen gelten und damit von bestimmten politischen Rechten und einer wirklichen Eingliederung systematisch ausgeschlossen bleiben, sofern sie nicht nach der Erfüllung diverser Auflagen ausnahmsweise eingebürgert werden (vgl. Kabis in diesem Band).

4. Stichpunkt: Flüchtlinge

Besonders drastisch wirkt sich die bestehende Ausgliederung für Flüchtlinge aus. Sie fliehen vor Armut, (Bürger-)Krieg, Misshandlung und/oder Folter. In Deutschland wird ihnen Schutz, wenn überhaupt, nur für begrenzte Zeit und eher als Ausnahme gewährt. Selbst dieser Schutz ist ein brüchiger, da Flüchtlinge, selbst wenn sie legalisiert leben, keine volle Sozialhilfe erhalten und von Grundrechten – zu arbeiten, zu reisen und sich politisch zu engagieren – ausgeschlossen sind. Über allen MigrantInnen, Flüchtlingen, nichtstaatsdeutschen InländerInnen sowie auch Deutschen mit dunkler Haut schwebt zudem die Drohung von Angriffen, die umso massiver erlebt wird, je isolierter und rechtloser die Lebensbedingungen der Betroffenen sind (vgl. Castro Varella/Dhawan in diesem Band sowie Antirassistische Initiative Berlin 2003).

Frauen sind von diesen Ausschlüssen spezifisch betroffen, weil sie ebenso wie deutsche Frauen mit Gewalt und Diskriminierung zum Beispiel am Arbeitsmarkt konfrontiert sind. Zudem sind sie als MigrantInnen von rassistischen Übergriffen und Diskriminierungen bedroht. Frauen flüchten aus den gleichen Gründen wie Männer sowie aus geschlechtsspezifischen Gründen (vgl. Brabandt in diesem Band). Frauen sind spezifischen Verfolgungsformen (insbesondere sexualisierter Gewalt) ausgesetzt und werden bei ihrer Flucht mit spezifischen Problemen konfrontiert, z.B. weil sie in vielen Gesellschaften weniger Zugang zu Kontakten und Geld und damit schlechtere Startbedingungen haben und weil viele ihre Notlage ausnutzen, indem sie z.B. sexuelle Dienste erzwingen (vgl. Zimowska in diesem Band). In Deutschland angekommen, kumulieren Schwierigkeiten und Übergriffe umso mehr, wenn eine Person eine Frau, ohne deutschen Pass, illegalisiert, arm und/oder krank ist.

Die trotz der grundsätzlichen Struktur von Rassismus, sozialer Ungleichheit und Sexismus vorhandene Unterschiedlichkeit der Lebensbedingungen von Frauen wird oft unterschätzt und erschwert die Solidarität – auch unter Frauen. Migrantinnen mit ihren jeweils sehr unterschiedlichen Herkunftsgeschichten und Lebensbedingungen werden dann oft zu Opfern subsumiert, die als Objekte die Hilfe von etablierten Frauen bräuchten, statt ihr Spezialistinnentum für die eigene Situation anzuerkennen (vgl. Erel und Panagiotidis in diesem Band sowie Apitzsch/Jansen 2003). Auch die Tatsache, dass es unterschiedliche Wege und Formen von Emanzipation gibt, wird oft negiert: das Bürgerlich-Liberale gilt im allgemeinen als die einzig wahre Emanzipation, so dass Frauen aus dem Trikont (besonders afrikanische und/oder muslimische Frauen) per se als homogene, rückschrittliche Gruppe gesehen werden (vgl. Bitzan in diesem Band).

Eine gelingende Integration würde sich erheblich von der bisher zumeist geforderten Assimilation unterscheiden, bei der eine erst das Kopftuch ablegen muss, bevor sie das Recht zu sprechen erlangen kann. Farideh Akashe-Böhme fordert für diese Integration eine aktive Migrationspolitik an Stelle der Ausländerpolitik, interkulturelle Lernprogramme für alle von frühester Kindheit an zugunsten eines offenen Umgangs mit Vielfalt, Mehrsprachigkeit (eben nicht nur der Migrierten), aktiver Abbau von Rassismus und Vervollständigung der Demokratie für alle hier-Lebenden mit dem Ziel einer „offenen Gesellschaft mit territorialer Verankerung" (Akashe-Böhme 2000: 170) an Stelle der Konstruktion eines deutschen Kollektivs, dem Nationalismus, Rassismus, Antisemitismus und Sexismus innewohnen.

Auch Iris Marion Young hat vor Assimiliationszwängen gewarnt und darauf hingewiesen, dass selbst bei gleichen Rechten unter den bestehenden Bedingungen nicht von wirklicher Gerechtigkeit gesprochen werden kann (Young 2000). Sie analysiert, dass selbst bei gleichen staatsbürgerlichen Rechten – von denen in Deutschland bislang für MigrantInnen und für Flüchtlinge nicht die Rede sein kann – der Universalismus, der untrennbar mit der Egalität verbunden ist, sich erneut diskriminierend auf die marginalisierten Personen auswirkt. Sie schließt sich zum einen der Position Amy Gutmans an, die darauf hinweist, dass wirkliche politische Gleichheit nur auf der Basis von sozialer und ökonomischer Gleichheit tragfähig sein kann (Gutman 1980). Solange zudem die Anpassung an die materiellen, sozialen oder kulturellen Standards der priviligierten Gruppen zur Messlatte für alle anderen gemacht wird und so alle Gruppen an den dominierenden Kriterien gemessen werden, können marginalisierte Gruppen stets nur zu den Verliererinnen gehören:

> So „tendiert das strikte Festhalten an einem Prinzip der Gleichbehandlung zu einer Verstetigung von Unterdrückung und Benachteiligung dort, wo zwischen den Gruppen Unterschiede in den Fähigkeiten, der Kultur, den Werten und Verhaltensstilen vorhanden sind, einige dieser Gruppen aber priviligiert sind. Die Inklusion und Partizipation eines jeden und einer jeden an sozialen und politischen Institutionen verlangt deshalb manchmal die Formulierung spezieller Rechte, die auf gruppenspezifische Unterschiede achten, um Unterdrückung und Benachteiligung zu unterminieren" (Young 2000: 86).

Iris M. Young vertritt ein Konzept der heterogenen Öffentlichkeit, in dem auf der Basis der anzustrebenden rechtlichen und sozialen Gleichheit Menschen verschieden sein können und ihre spezifischen Interessen in Form von Gruppenvertretungen einbringen (vgl. die Texte in Kapitel 3 in diesem Band). Alle Menschen haben in Youngs Ansatz ein Recht auf Inklusion in die Gesellschaft UND ein Recht auf Andersbehandlung, wenn spezifische Interessen oder Fähigkeiten marginalisiert werden. Auf diese Weise wäre es trotz des Diktums der Gleichbehandlung möglich, z.b. antidiskriminierende Berufungsverfahren durchzuführen, solange die Kriterien hierfür fair ausgehandelt wurden:

> „die Differenz (hat) ihre Quellen nicht in natürlichen, unabänderlichen, biologischen Attributen, sondern in dem Verhältnis von Körpern zu konventionellen Regeln und Praktiken. In jedem der Fälle entspringt die politische Forderung nach speziellen Rechten nicht der Notwendigkeit, eine Unterlegenheit zu kompensieren, wie manche es interpretieren würden, sondern einem positiven Geltendmachen des Spezifischen in verschiedenen Formen des Lebens" (Young 2000: 112). „Das grundlegendste Mittel dagegen, dass besondere Rechte dazu verwendet werden, Gruppen zu unterdrücken oder auszuschließen, ist die Selbstorganisation und Vertretung jener Gruppen. Wenn unterdrückte und benachteiligte Gruppen in der Lage sind, unter sich zu diskutieren, welche Verfahren und politischen Maßnahmen ihres Erachtens ihre soziale und politische Gleichheit am besten fördern werden, und wenn ihnen Mechanismen zugänglich sind, die ihre Beurteilungen einer breiteren Öffentlichkeit bekannt machen, werden politische Maßnahmen, die sich auf Differenz einrichten, weit weniger wahrscheinlich gegen sie als für sie verwendet werden. Wenn sie außerdem das institutionalisierte Vetorecht gegenüber politischen Vorschlägen haben, die sie direkt betreffen, und zwar sie in erster Linie, dann ist eine solche Gefahr noch weiter vermindert" (Young 2000: 115 f.; vgl. Castro Varella/Dhawan in diesem Band).

5. Stichpunkt: Frauen- und Geschlechterforschung

Bislang gibt es aus der deutschsprachigen Frauen- und Geschlechterforschung zum Zusammenwirken von Sexismus, Klassismus und Rassismus sowie zu differenzierten Lösungsperspektiven nur wenige systematische Stellungnahmen. Dabei waren bisher auffällige Höhepunkte oder Brüche im Diskursverlauf zu beobachten: Trotz schon länger andauernder Debatten in anderen Ländern, wurde das Thema in Deutschland erst als „Spätzündung" thematisiert (Helma Lutz in Hügel 1999: 138). Die Klage über den Paternalismus und Rassismus in der deutschen Frauenbewegung beim Kongress „Sind wir uns denn so fremd?" 1984 verklang zunächst weitgehend. In der Diskussionsphase zu Beginn der 1990er Jahre war zumindest das Erschrecken über die rassistischen „Blindheiten" innerhalb der Frauenbewegung auch in Deutschland groß. Im Ansehen des „Geteilten Feminismus" (beiträge zur feministischen theorie und praxis 1990) wurden Differenzen und Machtverhältnisse zwischen Frauen (selbst)kritisch reflektiert. Die „Scheidelinien" der Niederländerin Anja Meulenbelt (Meulenbelt 1988) wurden ebenso rezipiert wie die us-amerikanische Debatte um den Postkolonialismus. Vor allem im Umfeld des Orlanda-Frauenverlages konnte eine vielfältige und offene Diskussion entstehen (vgl. z.B. Hügel et al 1999 (original 1993), Kraft/Ashraf-Khan 1994).

Bisher hat sich die sozialwissenschaftliche Frauen- und Geschlechterforschung mit diesen Fragen vor allem hinsichtlich des Verhältnisses von Rassismus und Sexismus (vgl. Habinger/Fuchs 1998), der antirassistischen Selbstreflexion ihrer selbst (vgl. Hügel et.al. 1999; Eichhorn/Grimm 1994; beiträge zur feministischen theorie und praxis 27/1990, 42/1996) und bezogen auf die Beschäftigung mit Globalisierung auseinandergesetzt (Young 1998, Klingebiel/Randeria 1998).

Selten reflektiert wird in Theorie und Praxis die Mittäterinnenschaft der weißen, wohlhabenden, etablierten Frauen (vgl. Christina Thürmer-Rohr 1990). Diese Mittäterschaft ist heute vielen Feministinnen durchaus bewusst, schwingt aber eher als Scham mit (vgl. Hügel 1999 und Rivers 1994). Dabei geht es hier nicht um Schuld, sondern um den bewussten Umgang mit Privilegien. Anschaulich ausgedrückt: es ist weder mein Verdienst noch meine Schuld einen deutschen Pass zu besitzen, aber ich kann von den Rechten und Privilegien, die mit dieser gesicherten Staatsbürgerschaft verbunden sind, etwas weitergeben, sei es durch den Schutz von politischen Rechten (etwa bei der Anmeldung von Demonstrationen), durch die Vermittlung von Gesundheitsversorgung, durch Informationen und gemeinsame Kampagnen gegen diskriminierende Maßnahmen. Ich kann auch massenhaften Billigkonsum zugunsten von fairem Handeln unterlassen und bestehende Ausgrenzung immer wieder skandalisieren, usw..

Ebenso unreflektiert bleibt oft, dass auch Frauen untereinander in Konkurrenz stehen, z.B. in Konkurrenz um gut dotierte Stellen in der Wissenschaft. Da ist es nicht abwegig, dass etablierende Geschlechterforscherinnen es mit Sorge sehen, dass sich allmählich auch Expertinnen aus Migrationskontexten an Universitäten niederlassen, ohne dass die Anzahl der Stellen insgesamt größer werden würde. Gruppenegoismus, Konkurrenzverhalten und Intoleranz sind Folgen, die nachvollziehbar sind, aber nicht so belassen werden können, wenn der Anspruch von Solidarität ernstgenommen werden soll. Reflexion und politische Auseinandersetzung greifen gerade in der Frage nach gleichen Rechten für Männer und Frauen, für Staatsbürgerinnen und „Ausländerinnen", für Menschen unterschiedlicher Hautfarbe und was der trennenden Merkmale mehr sein sollen ineinander. Selbstreflexion, Lernen, Zuhören und Dialog sind Voraussetzungen für eine politische Auseinandersetzung gegen eine Normalität der Gewalt, Ausgrenzung und der Konstruktion einer deutschen Identität.

Nach der Debatte in den 1990er Jahren über das Verhältnis von Rassismus, Klassismus und Sexismus besteht heute ein gewisser Konsens darüber, dass es sich bei diesen um Herrschaftsverhältnisse handelt, die zusammenwirken, die sich gegenseitig verstärken, sich ähneln, aber dennoch nie ganz ineinander aufgehen. Als *State of the Arts* gilt heute, dass Rassismus und Sexismus spezifische Auswirkungen und Ziele haben und doch auf ähnliche Weise Menschen in scheinbar abgrenzbare Gruppen einteilen (vgl. PVS-Sonderheft 28/1997). Diesen Gruppen werden spezifische Eigenschaften, Funktionen und Rechte zugeordnet bzw. verweigert. Ethnisierung und Gendering

Migration, Geschlecht und Staatsbürgerschaft 19

wirken nicht nur additiv, sondern verstärken sich wechselseitig. Mit „Ethnisierung" und Gendering sind die Prozesse des ‚*Doing Difference*' auf der Mikroebene bezeichnet, d.h. das Herstellen von Differenz auf der Ebene des Handelns der Menschen (vgl. Butler 1994, Foucault 1983, Garfinkel 1967, Goffman 1994, Kessler/McKenna 1978 und Lorber/Farrell 1991). Das Zusammenspiel dieser hierarchisierenden Diskurse² macht es neben den Klassenunterschieden zudem schwierig, politische Strategien zur Überwindung dieser Hierarchien zu entwickeln. Ein „Wir" kann heute nur das Ergebnis von politischen Aushandlungsprozessen sein (vgl. Young 2000).

In der Auseinandersetzung mit Rassismus den Sexismus zu beachten und als Feministin die rassistischen Strukturen zu bedenken, gilt heute als anerkannter Anspruch. Die Umsetzung erweist sich aber nach wie vor als schwierig, wie Sedef Gümen zurecht beklagt (Gümen 1998).

Ein paar Schritte weiterdenken

Feministische Forschung ist innovativ und relevant – sowohl als Wissenschaft als auch in ihrer politischen Funktion; hinterfragt sie doch Herrschaftsverhältnisse. Sie skandalisiert eine „Normalität", die von Diskriminierung, Beschränkung und Gewalt gegenüber Frauen geprägt ist. Feministische Theorie und Praxis ermöglicht es Frauen, in der Ich-Form zu sprechen, aus der Opfer-Position heraus zu kommen sowie analytisch und praktisch Perspektiven einer nicht-sexistischen und frauenfördernden Gesellschaft zu entwickeln. Sie wirft einen Blick auf die Geschlechterverhältnisse in unseren Gesellschaften, von dem die gesamten Gesellschaften gewinnen können, da sie das Potential enthält, Ungerechtigkeit, Schweigen und Gewalt zu überwinden (vgl. Holland-Cunz 2003). Gerade der Anspruch, Herrschaft zu hinterfragen, anzuprangern und zu mindern, kann es manchmal sinnvoll machen, sich auf die eigene Gruppe zu konzentrieren und darin ein politisch gedachtes „Wir" zu konstruieren (vgl. Panagiotidis in diesem Band). Der Austausch über die bestehenden Unterdrückungsformen, das Wissen, dass die Gewalt und Zurückweisung gegenüber Frauen kein Einzelschicksal und schon gar kein persönliches Versagen ist, die Erfahrung von Solidarität sowie die Entwicklung von Widerstandsstrategien sind wichtige Schritte und sollten auch von der Kritik nicht negiert werden. Ich halte es nicht für progressiv oder radikal, die Frauenbewegung oder „den" Feminismus vom Tisch zu wischen, weil auch in diesen Fehler enthalten sind. Lernfähigkeit, Zuhören und Dialog sind Chancen, sich weiter zu entwickeln ohne patriarchalem *Rollback* noch weiteren Vorschub zu leisten.

Einer der Lernschritte, den Migrantinnen, Postkolonialistinnen, marginalisierte Gruppen und Mitglieder anderer Kämpfe um Befreiung einfordern, ist

---

2 Diskurse mit Foucault verstanden sowohl als gesellschaftliche Diskurse über z.B. kulturelle und geschlechtliche Identitäten als auch als Alltagshandeln und Selbstbilder.

das komplexe Zusammendenken von verschiedenen Unterdrückungsformen, insbesondere von Klasse, Ethnie und Geschlecht. Hierzu sind vielfältige Ansätze nötig, die die bisherige Auseinandersetzung, aber auch die Erkenntnislücken reflektieren. Muster und Strukturen zu begreifen, die jeweils spezifische Formen der Unterscheidung und Hierarchisierung von Menschen hervorbringen, heißt komplex zu denken, die eigenen Erfahrungen erst zu nehmen, aber vor allem zuzuhören und die eigene Verwicklung in Unterdrückungsstrukturen zu sehen (vgl. Castro Varella/Dhawan in diesem Band). Dass die nordwestliche Industriewelt bis heute von der Ausbeutung des Trikont auf der Basis des Kolonialismus lebt (vgl. Werner/Weiss 2001), verwikkelt uns alle ebenso in Herrschaft wie die Tatsache, dass die sozialen Ungleichheiten zwischen Frauen immer größer werden (vgl. Young 1998, Wichterich 1998). Unter anderem dies macht Veränderung so schwierig: Wer will schon zugeben, dass auch sie/er am System verdient und wer will das schon aufgeben? An billige Handys, unterbezahlte Putzkräfte, Kleidung und Fleisch weit unter Warenwert gewöhnen Menschen sich schnell. Ebenso wie es Männern kaum auffällt, dass sie den meisten Raum beanspruchen und mehr Lohn für weniger geleistete Arbeit erhalten, können Wohlhabende leicht ausblenden, dass die Teilhabe an Kultur, Bildung und Gesundheitsversorgung für große Teile der Bevölkerung eben nicht selbstverständlich ist, oder „Weiße" ihre Hautfarbe als neutral empfinden. Ein geschulter Blick ergibt sich nicht von allein, eine komplexe Analyse und solidarische Praxen schon gar nicht.

Dies bestimmt natürlich auch meine Realität. Als Arbeitertochter habe ich eine andere Erfahrungswelt als die feministischen Töchter „aus gutem Hause" und bin doch privilegiert gegenüber Töchtern von MigrantInnen, erst recht gegenüber Illegalisierten. Wie Farideh Akashe-Böhme so treffend formuliert hat:

„Es geht nicht darum, Unterdrückungen gegeneinander zu stellen, sondern darum, dass fremde Frauen, situativ und graduell andere Probleme haben und daher Bündnispartnerinnen mit Einfluß im System brauchen, allerdings ohne Paternalismus und Vereinnahmung." (Akashe-Böhme 2000: 78)

Es macht mich wütend, wenn bürgerliche Feminstinnen den Besitz von Geld und bürgerlicher Bildung für selbstverständlich halten, nicht-bürgerliche Wissensformen ignorieren oder in mitleidig-schamhaftes Schweigen verfallen. Vielleicht hat mich diese Wut – vor allem über all die Jahre in Universitäten und in politischen Gruppen – ein bisschen sensibler gemacht gegenüber einer eingeschränkten Weltsicht, die glaubt das eigene Erleben auf andere übertragen zu können und die glaubt, via Fernsehen und Vorurteilen bereits etwas über die Lebenswirklichkeit von anderen zu wissen. Diese Sensibilität führte immerhin zu Vorsicht – wirklich lernen geht erst durch Zuhören, durch gemeinsames Handeln mit Menschen aus unterschiedlichen Hintergründen. Meine Weltsicht ist bis heute eine extrem beschränkte – auch ich führe ein weißes, inzwischen eher privilegiertes Nischenleben – aber ich kann lernen und ich weiß immerhin, dass ich lernen muss. Das Zusammendenken von

Herrschaftsverhältnissen ist mir persönlich ein Anliegen und ich merke wie produktiv dies zwischenmenschlich und wissenschaftlich ist, wenn ich versuche dies Studierenden zu vermitteln, die in ihrer Mehrheit weiße, deutsche Bildungsbürgerkinder sind (sogar zunehmend, seit die Förderung von Arbeiterkindern an der Universität, von der auch viele MigrantInnenkinder profitieren konnten, als Anachronismus gilt).

Diesen Sammelband heraus zu geben, bedeutet für mich persönlich und wissenschaftlich, die Chance zu lernen und bisherige Erkenntnisse zu bündeln. Das Buch wird die Ghettoisierung, unseren Hang zu bequemem Denken, die Überforderung unserer Köpfe und Herzen genauso wenig aufheben wie das sehr handfeste Zusammenwirken sexistischer, rassistischer und klassistischer Herrschaftsverhältnisse. Bestenfalls, und das ist meine Hoffnung, kann es Offenheit fördern und Gedankenanstöße liefern für eine dialektische Solidarität, für das Ernstnehmen von Gleichheit in der Verschiedenheit.

Zu diesem Zweck kommen im Sammelband AutorInnen zu Wort sowohl aus antirassistischen als auch feministisch-politikwissenschaftlichen Spektren sowie insbesondere solche, die sich um eine kritische und produktive Auseinandersetzung mit Ethnisierung und *gender* bemühen.

In den Texten wird dazu angesetzt, den Anspruch, Herrschaftsstrukturen komplex und solidarisch zu denken, umzusetzen. Wie genau wirken also Geschlecht und Ethnie zusammen? Was bedeutet dieses Zusammenspiel für politische Praxen und für die Frauen- und Geschlechterforschung? Welche Ansätze lassen sich hier erkennen, die über ein bloßes „Mit-Bedenken" hinausgehen? Welche Allianzen sind denkbar, welche gegenseitigen Lernprozesse fruchtbar bzw. erst mal notwendig? Diese Fragen können im Sammelband nur andiskutiert werden. Er bietet aber eine breite Palette von Ansichten auf rassistische und sexistische Herrschaftsverhältnisse sowie auf die Beschränkungen von Solidarität zwischen unterschiedlichen Gruppen.

Mit dem Ziel, über bloße Programmatik hinauszugehen, widmet sich der Sammelband der Frage nach Geschlecht und Migration[3] bezogen auf die Debatte um Staatsbürgerschaft bzw. um den Pass, als „der edelste Teil von einem Menschen" (Brecht 1967). Die Anerkennung oder Verweigerung der Staatsbürgerschaft für InländerInnen und MigrantInnen ist das zentrale staatliche Instrument der Definition von Zugehörigkeit und wird nicht erst seit Bestehen der rot-grünen Koalition streitbar diskutiert (vgl. Kabis in diesem Band sowie Lutz 1999). „Staatsbürgerschaft" spiegelt die Konstruktion dessen, wer in Deutschland einen vollen Rechtsstatus erlangt und zu politischer Teilhabe zugelassen wird. Zugleich hat das Vorhandensein des Staatsbürgerstatus' erhebliche soziale, ökonomische und identitätsschaffende Funktionen. Um mit der Staatsbürgerschaft ein politikwissenschaftlich zentrales Feld des

---

3 Migration verstanden wie im deutschen Recht, das auch InländerInnen zu „AusländerInnen" macht, sofern sie Kinder von Eltern ohne deutschen Pass sind – unabhängig davon, ob sie in erster, zweiter, dritter oder hundertster Generation in Deutschland geboren worden sind und welchem Land sie sich selbst zuordnen.

Zusammenwirkens von Rassismen und Sexismen zu betrachten, werden im ersten Kapitel Lebenssituationen von MigrantInnen in Deutschland und ihre Versuche, sich trotz der Ausgrenzungsverhältnisse ein besseres Leben zu erkämpfen, in verschiedenen Kontexten – in Betrieben (Bitzan), in der Grenz-Prostitution (Zimowska) sowie in Zusammenhang mit Gesundheit und Bevölkerungspolitik (Schulz) – untersucht. Den zweiten Schwerpunkt bildet die Frage nach dem Verhältnis zwischen Migration und Staatsbürgerschaft, sprich der Frage nach den Zielen und Maßnahmen des Staates, um MigrantInnen als Gruppe abzugrenzen und ihnen Rechte zuzugestehen oder zu verweigern. Diese Frage wird anhand der Barrieren in der aktuellen Zuwanderungspolitik (Kabis), des Umgangs mit geschlechtsspezifischen Fluchtgründen (Brabandt), der Residenzpflicht für Flüchtlinge (Köhring) und der Konstruktion von kriminellen MigrantInnen im deutschen Recht (Schmoliner) dargestellt. Im Abschlusskapitel werden Perspektiven für einen nicht-rassistischen Feminismus und ein komplexes, solidarisches Denken und Handeln diskutiert. Hierzu wird Migrationsforschung kritisch beleuchtet (Erel), die feministische Staatswissenschaft reflektiert und nach der Inspiration derselben durch den Neopluralismus geforscht (Seemann), kritisch nach den Chancen des Konzeptes *Diversity Management* gefragt (Pagels), mögliche Lernerfolge aus der Kampagne „Lohn für Hausarbeit" für das heutige Engagement für das Recht auf Mobilität betrachtet (Panagiotidis) sowie Risiken und Nutzen von Repräsentationspolitiken hinterfragt (Castro Varella/Dhawan).

Dieser Band bewegt sich bewusst sowohl im politikwissenschaftlichen als auch im politischen Bereich und knüpft in der gesellschafts- und wissenschaftskritischen Perspektive an ein „altes" Postulat der Frauen- und Geschlechterforschung an, dem der Interdisziplinarität. Es handelt sich um einen „politischen" Band im positiven Sinne des Wortes, das Konzept zielt auf Dialog und Praxis – wissenschaftliche Reflexion und Kritik tritt in Auseinandersetzung mit antirassistisch und antisexistisch Engagierten. Dabei werden nicht Kampagnen vorgestellt, sondern ein theoretischer, diskursiver Zugang zum aktuellen Rassismus und zu Ansätzen seiner Verminderung hergestellt. Dennoch soll kein – in feministischen Kreisen inzwischen zu Recht beklagter – „Brei" entstehen, wo das Primat der Politik die wissenschaftliche Analyse beschränkt und damit unfruchtbar macht. Vielmehr beziehen sich in diesem Band Ansätze aufeinander, ohne ihre Eigenheit aufzugeben. Diesen Anspruch ist auch die relativ offene Form des Bandes geschuldet: aus wissenschaftlicher und politischer Perspektive werden die Herstellung von Ethnien, die Lebenssituation von MigrantInnen sowie der Zugriff des Staates auf Migration reflektiert. Damit wird die Verwirklichung von Rassismus auf ideologischer, lebenspraktischer und politischer Ebene hinterfragt und nach Perspektiven zu einer tiefergehenden antirassistischen, feministischen Theorie und Praxis gefragt.

Ein einzelner Sammelband kann die bisherigen Lücken schon aufgrund des begrenzten Platzes natürlich nicht schließen. Im Buch fehlen viele Aspekte, weil die politischen Debatten politisch eine stete Aufmerksamkeit verlangen – Kolleginnen, die die Agenda gegen „Frauenhandel" vorantreiben, mussten ebenso Textbeiträge absagen wie jene, die versuchen, dem deutschen Zuwanderungsgesetz Herr zu werden und/oder die Selbstorganisation von Migrantinnen zu fördern. Im Sammelband fehlen einige Autorinnen, die zur Debatte mehrfach Arbeiten vorgelegt haben, weil ihr Zeitbudget ohnehin schon vollkommen beansprucht wird, wie z.B. Marion Böker, Sedef Gümen, Encarnación Gutiérrez Rodríguez, Birgit Locher, Hellen Schwenken, Selcuk Yurtsever-Kneer und andere. Ebenso konnte ich für manche Themen (noch) keine Autorin finden. Besonders von und über islamische Frauen in Deutschland hätte ich gern einen Text im Band präsentiert. Ebenso kann ich die Frage, wer eigentlich an der bestehenden Diskriminierung verdient, oder Themen wie soziale Ungleichheit, die Selbstorganisation von MigrantInnen, MigrantInnenKultur und die Situation von lesbischen Migrantinnen nur auf einen möglichen zweiten Band verschieben. Dennoch ist ein hoffentlich interessanter und breit gefächerter Sammelband entstanden, der verschiedene Aspekte des Lebens, des politischen Status und möglicher Widerständigkeiten von Migrantinnen in Deutschland beleuchtet. Dabei wird auch die gegenseitige Kritik deutlich – dies ist ein gewollter Aspekt dieses Sammelband. Gerne würde ich solche Konflikte auflösen können, aber das Ziel des Buches ist ein Weiterdenken für antirassistische und feministische Theorie und Praxis. Wenn es uns gelungen ist, neue Denkanstöße zu bieten und Beispiele zu geben, wie Herrschaftsformen zusammenhängend gedacht werden können, wäre dies ganz im Sinne von Herausgeberin und Autorinnen.

Literatur

Akashe-Böhme, Farideh 2000: In geteilten Welten. Fremdheitserfahrungen zwischen Migration und Partizipation. Frankfurt/Main
Antirassistische Initiative Berlin (Hrsg.) 2003: Bundesdeutsche Flüchtlingspolitik und ihre tödlichen Folgen. Dokumentation 1993 bis 2003.Typoskript Berlin
Apitzsch, Ursula/Jansen, Mechthild M. (Hrsg.) 2003: Migration – Biographie – Geschlechterverhältnisse. Münster
Appelt, Erna: Geschlecht Staatsbürgerschaft Nation. Politische Konstruktionen der Geschlechterverhältnisse in Europa. Frankfurt/New York
Arndt, Susan 2000: Feminismus im Widerstreit. Afrikanischer Feminismus in Gesellschaft und Literatur. Münster
beiträge zur feministischen theorie und praxis 1990: Geteilter Himmel. Rassismus. Antisemitismus. Fremdenhass. 13(1990)27
beiträge zur feministischen theorie und praxis 1996: Ent-fremdung. Migration und Dominanzgesellschaft. 19(1996)42
Brecht, Bertolt 1967: Flüchtlingsgespräche. In: Ders.: Gesammelte Werke. XIV: Prosa 4. Frankfurt/Main, S. 1383
Buko 2003 (Hrsg): radikal global. Bausteine für eine internationalistische Linke. Berlin/Hamburg/Göttingen.
Butler, Judith 1994: Das Unbehagen der Geschlechter. Frankfurt/Main
Butterwegge, Christoph/Hentges, Gudrun (Hrsg.) 2003: Zuwanderung im Zeichen der Globalisierung. Migrations-, Integrations- und Minderheitenpolitik. 2. Auflage. Opladen

Carby, Hazel 1982: >White women listen! Black feminism and the boundaries of sisterhood<. In: Center for contemporary cultural studies (Hrsg.): The empire strikes back. Birmingham
Davis, Angela 1982: Women, race and class. London
Eichhorn, Cornelia/Grimm, Sabine (Hrsg.) 1994: Gender Killer. Texte zu Feminismus und Politik. Berlin Amsterdam
Foitzik, Andreas/Leiprecht, Rudolf/Marvakis, Athanasios und Seid, Uwe (Hrsg.) 1992: „Ein Herrenvolk von Untertanen". Rassismus – Nationalismus – Sexismus. Duisburg
Foucault, Michel 1983: Sexualität und Wahrheit. 3 Bände. Frankfurt/Main
Fraser, Nancy 2001: Die halbierte Gerechtigkeit. Schlüsselbegriffe des postindustriellen Industriestaates. Frankfurt/Main
Fuchs, Brigitte/Habinger, Gabriele (Hrsg.) 1996: Rassismen und Feminismen: Differenzen, Machtverhältnisse und Solidarität zwischen Frauen. Wien
Garfinkel, Harold 1967: Studies on Ethnomethodologie. Englewood Cliffs/New Jersey
Goffman, Erving 1994: Interaktion und Geschlecht. Frankfurt/New York
Gümen, Sedef 1998: Das Soziale des Geschlechts. Frauenforschung und die Kategorie „Ethnizität". In: Das Argument. 224, S. 187-202
Gutman, Amy 1980: Liberal Equality. Cambridge/Mass.
Heinrich-Böll-Stiftung und Feministisches Institut (Hrsg.) 1999: Wie weit flog die Tomate? Eine 68erinnen-Gala der Reflexion. Berlin
Holland-Cunz, Barbara 2003: Die alte neue Frauenfrage. Frankfurt/Main
hooks, bell 1981: Ain't I a woman? Black women and feminism. Boston
hooks, bell 1996: Sehnsucht und Widerstand. Kultur Ethnie Geschlecht. Berlin
Hügel, Ika/Lange, Chris/Ayim, May/Bubeck, Ilona/Aktas, Gülsen und Schultz, Dagmar (Hrsg.) 1999: Entfernte Verbindungen. Rassismus Antisemitismus Klassenunterdrükkung. 2. Auflage (Original 1993). Berlin
Jäger, Margarete/Kauffmann, Heiko (Hrsg.) 2002: Leben unter Vorbehalt. Institutioneller Rassismus in Deutschland. Duisburg
Kessler, Suzanne/McKenna, Wendy 1978: Gender. An Ethnomethodological Approach. New York
Klingebiel, Ruth/Randeria, Shalini (Hrsg.) 1998: Globalisierung aus Frauensicht. Bilanzen und Visionen. Bonn
Kraft, Marion/Ashraf-Khan, Rukhsana Shamir (Hrsg) 1994: Schwarze Frauen der Welt. Europa und Migration. Berlin
Krause, Ellen 2003: Einführung in die politikwissenschaftliche Geschlechterforschung. Opladen
Lorber, Judith/Farrell, Susan A. 1991: The Social Construction of Gender. Newsbury Park
Lorde, Audre 1983: Macht und Sinnlichkeit. Berlin
Lötzer, Rüdiger: Rassismus in Europa. Asyl- und Migrationspolitik in der EU nach dem 11. September 2001. Studie im Auftrag von Feleknas Uca (PDS). Typoskript Berlin
Lutz, Helma: Von Grenzen, Pässen und Rechten: Europäische Szenarien. In: L'Homme. Zeitschrift für Feministische Geschichtswissenschaft: Citizenship.10(1999)1, S. 63-78
Mamozai, Martha 1982: Schwarze Frau, weiße Herrin. Reinbek
Mamozai, Martha 1990: Komplizinnen. Reinbek
Meinhof, Ulrike M. 1988: Die Frauen im SDS oder In eigener Sache. In: Ann Anders (Hrsg.): Autonome Frauen. Schlüsseltexte der Neuen Frauenbewegung. Frankfurt/Main, S. 48-51
Meulenbelt, Anja 1988: Scheidelinien. Über Sexismus, Rassismus und Klassismus. Reinbek
Mies, Maria 1996: Patriarchat und Kapital. Frauen in der internationalen Arbeitsteilung. Zürich
Mohanty, Chandra Talpade 1988: Aus westlicher Sicht: Feministische Theorie und koloniale Diskurse. In: beiträge zur feministischen theorie und praxis. Nr. 23, S. 149-162

Mohanty, Chandra Talpade 1998: Arbeiterinnen und die globale Ordnung des Kapitalismus: Herrschaftsideologien, gemeinsame Interessen und Strategien der Solidarität. In: Klingebiel, Ruth/Randeria, Shalini (Hrsg.): Globalisierung aus Frauensicht. Bilanzen und Visionen. Bonn, S. 320-344

Politische Vierteljahresschrift: Geschlechterverhältnisse im Kontext politischer Transformation. Herausgegeben von Eva Kreisky und Birgit Sauer. 38(1997) Sonderheft 28

Räthzel, Nora (Hrsg.) 2000: Theorien über Rassismus. Hamburg

Rivers, Amoja Three 1994: Kulturelle Etikette. Ein Ratgeber für die wohlmeinende Antirassistin. Kirchlinteln

Revolutionäre Zellen 1993: Was ist Patriarchat? Diskussionstext der Revolutionären Zellen von 1989. In: ID-Archiv (Hrsg.): Die Früchte des Zorns. Texte und Materialien zur Geschichte der Revolutionären Zellen und der Roten Zora. Band 2. Berlin, S. 582-591

Ruppert, Uta 1998: Geschlechterverhältnisse in der Internationalen Politik. Eine Einführung. In: Ruppert, Uta (Hrsg.): Lokal bewegen – global verhandeln. Internationale Politik und Geschlecht. Frankfurt/Main, S. 7-24

Ruppert, Uta 2000: Global Governance: Das Ende der Illusionen oder ein neues Ideal internationaler Frauenpolitik? In: Holland-Cunz, Barbara/Ruppert, Uta (Hrsg.): Frauenpolitische Chancen globaler Politik. Verhandlungsverfahren im internationalen Kontext. Opladen, S. 45-66

Singer, Mona 1997: Fremd.Bestimmung. Zur kulturellen Verortung von Identität. Tübingen

Spivak, Gayatri Chakravarty 1990: The Postkolonial Critique: Interviews, Strategies, Dialogues. New York

Thürmer-Rohr, Christina 1990: Mittäterschaft und Entdeckungslust. In: Thürmer-Rohr, Christina: Einführung: Forschen heißt wühlen. Berlin

Vauti, Angelika/Sulzbacher, Margot (Hrsg.) 1999: Frauen in islamischen Welten. Eine Debatte zur Rolle der Frau in Gesellschaft, Politik und Religion. Frankfurt/Main

Viehmann, Klaus 1993: Drei zu Eins. Klassenwiderspruch, Rassismus und Sexismus. In: Strobl, Ingrid/Viehmann, Klaus u.a./autonome l.u.p.u.s.gruppe. (Hrsg.): Drei zu eins. Berlin Amsterdam, S. 25-72

Werner, Klaus/Weiss, Hans 2001: Schwarzbuch Markenfirmen. Die Machenschaften der Weltkonzerne. Wien/Frankfurt/Main

Wetterer, Angelika 2002: Arbeitsteilung und Geschlechterkonstruktion. „Gender at work" in theoretischer und historischer Perspektive. Konstanz

Wichterich, Christa 1998: Die globalisierte Frau. Berichte aus der Zukunft der Ungleichheit. Reinbek

Young, Brigitte 1998: Globalisierung und Gender. In: Prokla Zeitschrift für kritische Sozialwissenschaft. 111, S. 175-198

Young, Iris Marion 2000: Das politische Gemeinwesen und die Gruppendifferenz. Eine Kritik am Ideal des universalen Staatsbürgerstatus. In: Braun, Kathrin/Fuchs, Gesine/Lemke, Christiane und Töns, Katrin: Feministische Perspektiven der Politikwissenschaft. München, S. 84-116

1. Geschlecht und Ethnizität in Kontexten

Renate Bitzan

„Die Mädels mit den Kopftüchern, die sind auf jeden Fall noch nicht so emanzipiert in ihrer Kultur"

Zu Konstruktionen von ‚Geschlecht' und ‚Ethnizität' bei weiblichen Industriebeschäftigten

Vergesellschaftung spielt sich in so genannten modernen Gesellschaften zu einem guten Teil in der Sphäre der Erwerbsarbeit ab. Dies gilt für Autochthone ebenso wie für Zugewanderte, für Männer seit langem und für Frauen in zunehmendem Maße.[1] Während andere Beiträge dieses Buches auf (staatsbürger-)rechtliche Fragen, ausgewählte Politikfelder und spezielle soziale Kontexte eingehen, die sich vorwiegend jenseits von Betriebstoren manifestieren, möchte ich in meinem Beitrag einige Aspekte vorstellen, die im Kontext eines bestimmten Erwerbsarbeitsumfeldes situiert sind. Dabei greife ich auf empirisches Material zurück, das im Zuge eines Länder vergleichenden Forschungsprojektes zu Migration und Interkulturalität in Spanien, Großbritannien und Deutschland erhoben wurde.[2] Während die Gesamtstudie die jeweiligen migrationshistorischen Kontexte und aktuellen gesellschaftlichen Diskurse zu Einwanderung und Interkulturalität skizziert sowie sämtliche quantitativen und qualitativen Ergebnisse aus Erhebungen in Industriebetrieben aller drei Länder präsentiert[3], möchte ich mich hier mit einer Mikro-Perspektive noch einmal einem einzelnen der geführten Gruppeninterviews intensiver widmen. Ausgewählt habe ich ein Interview mit vier deutschen

---

1   Zur Erwerbsbeteiligung in der BRD vgl. z.B. Geißler 1996, Seifert 2000, Institut der deutschen Wirtschaft 2004.
2   In diesem Forschungsprojekt von 1999-2003 kooperierten WissenschaftlerInnen der Universitat Autónoma de Barcelona, der University of Birmingham und der University of Keele sowie der Universität Göttingen. Es wurden insgesamt 923 Beschäftigte von Industriebetrieben in Form standardisierter Fragebögen befragt. Des Weiteren nahmen insgesamt 54 Frauen und Männer an teilstrukturierten Gruppeninterviews teil. Für die Gesamtdarstellung des Projekts siehe: Birsl et al. 2003.
3   Ein zentrales Ergebnis der empirischen Untersuchung ist, dass Interkulturalität im Verständnis der Befragten ein soziales Verhältnis darstellt, das eine Sonderstellung einnimmt. Dies gilt zumindest im Vergleich zu den sozialen Verhältnissen wie dem zwischen den Geschlechtern und dem der Arbeitsbeziehungen auf dem *shop floor*. Betriebs- und länderübergreifend wird es – trotz aller migrationshistorischer Unterschiede zwischen den drei Ländern – als ein soziales Verhältnis begriffen, das nicht selbstverständlich in die Vorstellung von Gesellschaft inkorporiert ist; es wird gewissermaßen als ein „außergesellschaftliches" Verhältnis wahrgenommen.

Frauen, darunter eine Auszubildende, und einer türkischen Frau, die in einem nordwestdeutschen Betrieb der Autoindustrie arbeiten. Mindestens zwei der Frauen – eine der deutschen und die türkische – sind außerdem Mütter. Meine konkreten Fragestellungen lauten: Wie sprechen Frauen aus einer „interkulturell" zusammengesetzten Belegschaft über das, was Multi- oder Interkulturalität genannt wird? Welche Konstruktionen von ‚Ethnizität' und Geschlecht manifestieren sich darin? Welche Grade von ‚Verstehen' sind interpretierbar?

Die letzte der Fragen ist vor dem Hintergrund folgender Annahme formuliert: Der Umgang mit vermeintlichen oder tatsächlichen Differenzen jedweder Art scheint dann am konstruktivsten möglich zu sein, wenn die beteiligten AkteurInnen willens und in der Lage sind, Perspektivwechsel vorzunehmen, sich also auch in die Sicht der ‚Anderen' hineinzudenken. Auf diese Weise wird zwar nicht unbedingt die Konstruktion eines ‚Anderen' an sich gänzlich aus den Angeln gehoben, jedoch in seiner Abgrenzungs- und zugleich Selbstkonstituierungsfunktion möglicherweise erheblich gebrochen.[4]

Es geht mir also sowohl darum, wie welche ‚ethnischen Gruppen' durch Benennungen und Zuschreibungen konstruiert werden, als auch um die normativen Vorstellungen, wie mit den behaupteten Differenzen und Gemeinsamkeiten umzugehen sei. Es wird sich zeigen, dass sich die Frauen in der Auseinandersetzung darüber zum Teil auf ‚vergeschlechtlichte' Erfahrungsbeispiele beziehen und andererseits ‚ethnisierte' Erzählungen zur Selbstkonstruktion als ‚emanzipierte Frauen' nutzen. Neben nicht verzahnt erscheinenden Argumentationen treffen wir also durchaus mehrfach auf Mechanismen, die die Verschränkung der Kategorien ‚Geschlecht' und ‚Ethnizität' zeigen. Der Horizont der Diskussionsbeiträge ist dabei nicht auf das direkte Arbeitsumfeld beschränkt, sondern bezieht sich auch auf darüber hinausgehende Lebensbereiche.

In theoretischer Hinsicht beziehe ich mich also implizit auf konstruktivistische Ansätze, die von einer ‚Hergestelltheit' von Geschlecht und Ethnizität ausgehen und diese nicht als quasi-natürliche askriptive Merkmale begreifen. Des Weiteren gehe ich von der intersektionellen Verschränkung sowohl dieser Kategorien miteinander als auch mit weiteren (*class*, Alter, etc.) aus (vgl. z.B. Lutz 2001). Einen zweiten Interpretationshintergrund bildet das Theorem der „doppelten Vergesellschaftung" (Becker-Schmidt 1987), das die sozialisatorische Orientierung von Frauen in modernen Industriegesellschaften auf Familie *und* Beruf fokussiert, bzw. auf dessen Erweiterung zur „dreifachen Vergesellschaftung" (Lenz 1996), welche neben der Reproduktions- und Produktionssphäre die Bedeutung des ‚Nationalstaats' als Vergesellschaftungsarena unterstreicht.

---

4   Nicht von ungefähr spielen diese Fähigkeiten zum Perspektivwechsel in pädagogischen Konzepten eine maßgebliche Rolle, die sich konstruktiv auf die Situation in Einwanderungsgesellschaften beziehen – und präventiv gegen die Entwicklung rassistischer Haltungen bei den SchülerInnen wirken sollen. Genauer dazu vgl. z.B. Scherr/Hormel 2003: 28-32.

Methodisch ist das hier untersuchte Material im Rahmen von teilstrukturierten Gruppeninterviews erhoben worden, d.h. unter Einsatz von Stimuli und flexibel eingesetztem Leitfaden, der jedoch auch Raum für selbststrukturierte Beiträge der TeilnehmerInnen ließ. Die Erstauswertung im Rahmen des Forschungsprojektes zielte unter anderem auf den Vergleich zwischen den Gruppen der verschiedenen Betriebe und Länder und arbeitete deshalb mit gemeinsamen Kategoriensystemen, die die Diskussionen auf zwei Abstraktions-*Levels* analytisch komprimierte. In der hier vorgelegten Zweitauswertung eines einzelnen Gruppeninterviews verfahre ich nicht in Richtung Vergleichbarkeit und verfolge auch keinen Vollständigkeitsanspruch, der das gesamte Interview widerspiegeln soll. Vielmehr konzentriere ich mich – orientiert an der Fragestellung – auf bestimmte Passagen und gehe bei deren Analyse induktiv und explorativ vor, wobei ich sowohl manifeste als auch latente Inhalte berücksichtige.

Erfahrungskontext der Interviewten

Um den Erfahrungskontext der Probandinnen zumindest partiell zu verdeutlichen, ist folgendes vorauszuschicken: Es handelt sich um Frauen, die in einer nordwestdeutschen mittleren Großstadt leben, im industriellen Sektor beschäftigt sind, der fordistisch geprägt ist (d.h. unter anderem eine relativ etablierte gewerkschaftlich mitgestaltete ‚Betriebskultur' aufweist) und in welchen viele der Zugewanderten in der Anwerbephase von so genannten ‚GastarbeiterInnen' aus Südeuropa (Mitte der 1950er Jahre bis 1973) sowie teilweise deren Nachkommen eingemündet sind. Sie gehören einem großen Betrieb mit einem ‚AusländerInnenanteil' von ca. 15% und einem Frauenanteil von ca. 10% an, in dem es seit mehreren Jahren eine Betriebsvereinbarung gibt, die sich explizit gegen Diskriminierung[5] wendet und für entsprechende Fälle Beschwerdewege, Beratungs- und Sanktionsmöglichkeiten aufzeigt. Es kann also vermutet werden, dass die Frauen, die hier sprechen, über einen gewissen Erfahrungsschatz verfügen: Erstens hinsichtlich einer längerfristigen ‚interkulturellen' Arbeitssituation, zweitens hinsichtlich der Umgangsweise von sich, von KollegInnen, vom Betriebsrat, von Vorgesetzten und vom Management damit, sowie drittens hinsichtlich eines (mehr oder weniger) präsenten Diskurses über die Problematik von geschlechtlicher und ‚ethnischer' Diskriminierung sowie Initiativen dagegen.

Bezogen auf ihre Aussagen im Gruppeninterview ist insofern zu bedenken, dass der so genannte ‚soziale-Erwünschtheits-Effekt' eine Rolle spielen

---

5 Es werden drei Formen von Benachteiligung aufgegriffen: sexuelle Belästigung, Mobbing und Diskriminierung (aufgrund von Nationalität/Ethnizität/Herkunft). Die Vereinbarung erläutert jeweils, welche Vorkommnisse als diskriminierend zu verstehen seien und welche Handlungsmöglichkeiten dagegen betriebsseitig angeboten werden – und ermuntert, diese auch wahrzunehmen.

kann, dass also Verzerrungen darüber entstehen können, dass bei den Teilnehmerinnen eventuell eine ‚Schere im Kopf' existiert, die besagt, dass diskriminierende Äußerungen nicht sprechbar sind – zumal in Anwesenheit einer türkischen Kollegin – auch wenn sie vielleicht gedacht werden.[6]

Kopftuch-Spekulationen

Im Gruppeninterview wurde unter anderem das bekannte „Spiegel"-*Cover* „Gefährlich fremd"[7] als Stimulus eingesetzt. Die Teilnehmerinnen der Diskussionsgruppe gehen als erstes auf das am deutlichsten geschlechtlich konnotierte der Bildmotive ein: Mädchen mit Kopftüchern. Einmütig betrachten die vier deutschen Teilnehmerinnen das Kopftuch als Symbol einer anderen und zwar in Geschlechterfragen rückschrittlicheren und „fundamentalen" Kultur.

„Immer die Mädels mit den Kopftüchern, die sind auf jeden Fall noch nicht so emanzipiert in ihrer Kultur. Da steht meiner Meinung nach auch die fundamentale Kultur hinter" (J).

Die deutschen Diskutantinnen können die Motive der Kopftuch tragenden Mädchen und Frauen nicht verstehen.

„Wir können es nicht nachvollziehen, das ist das Problem. Wenn ich z.B. Kolleginnen oder Mitschülerinnen gesehen habe, die ein Kopftuch getragen haben, im Sportunterricht, da habe ich gesagt, wir schwitzen hier wie blöd und ihr habt noch Hüllen um und ein Tuch um den Kopf. Das konnte ich nicht verstehen. Da habe ich mir das halt irgendwann erklären lassen, dass das halt einfach so ist. Aber das ist alles nicht so nachvollziehbar, warum die ihre Eigenarten haben" (J).

Eine Teilnehmerin mutmaßt daraufhin, dass der Grund in einem Bestreben nach „Abschottung" liege: „Aber soll das denn nachvollziehbar sein für uns? Wollen die mit dem fundamentalistischen Glauben, wollen die sich nicht ein Stück weit auch von uns abschotten?" (K). Sie führt als weiteres Beispiel an, dass Ehefrauen aus dem Herkunftsland „nachgeholt" würden, die dann selbst nach zehnjährigem Aufenthalt „noch immer nicht deutsch können, noch immer nicht schreiben können. So dass die Männer immer noch mit einkaufen gehen müssen. Also wollen die nicht auch ein bisschen unter sich bleiben?" (K).

---

6 Der Einsatz eines Stimulus, der rassistische Deutungsmuster nahe legt, zugleich aber nicht einem einschlägigen Medium der rechten Szene entnommen ist, sondern einer allgemein bekannten Zeitschrift (dem „Spiegel"), die landläufig als linksliberal gilt, kann solche ‚Tabus' eventuell lockern. In anderen Diskussionsgruppen im gleichen Betrieb hat sich denn auch gezeigt, dass einige Teilnehmer durchaus sehr offen diesen Deutungsmustern zustimmen, d.h. sich von der möglichen ‚sozialen Erwünschtheit' keineswegs blockieren lassen.

7 Das Titelbild mit der genannten Schlagzeile zeigt eine Collage aus mehreren Motiven: Mädchen mit Kopftüchern an einer Schulbank, eine junge Frau (ohne Kopftuch, mit dunklen Haaren und dunklem Teint), die, ein rotes Banner schwenkend, offenbar eine kämpferische Parole ruft, einige dunkelhaarige Jungen mit Schlaggeräten.

Die Mädels mit den Kopftüchern 33

Eine Erwerbstätigkeit sieht sie hingegen offenbar als förderlich an für mehr Offenheit: „Also ich habe manchmal das Gefühl, wenn jetzt Ausländer, die normal integriert sind im Arbeitsberuf, auch gerade Frauen, dass die also sehr viel offener sind..." (K).

Hier scheint die Konstruktion einer Dichotomie auf zwischen der „normal im Arbeitsberuf integrierten" und dadurch „offeneren" Ausländerin einerseits und – mit dem Ziel der Abschottung einer ‚fundamentalistisch'-religiös orientierten *community* – bewusst in Unselbständigkeit gehaltenen Ausländerin andererseits. Sprache und Kopftuch werden als Symbole der Unfreiheit und als trennende Barrieren interpretiert, während sich die Erwerbstätigkeit als Raum der potenziellen Begegnung darstellt und zugleich dem Feld der Unabhängigkeit zugeordnet wird. Damit transportiert sich auch eine positive Wertung im Selbstbild, da die Sprecherin ebenfalls erwerbstätig ist.

Die einzige türkische Gesprächsteilnehmerin durchkreuzt die dichotomische Logik, indem sie von Kopftuch tragenden erwerbstätigen Frauen (in einem islamischen Geschäft) berichtet und zudem kritisiert, dass oft in stereotypisierender Weise vom Kopftuch auf ‚Türkisch-sein' geschlossen werde. Weder trügen alle Türkinnen Kopftuch noch seien alle Kopftuchträgerinnen türkischer Herkunft. „Iran, Irak, Arabien, aus diesen Ländern. Nur: die Deutschen, die unterscheiden das nicht. ‚Das ist ein türkischer Laden, da gehen nur die Türken rein'" (N).

Eine andere (deutsche) Teilnehmerin greift das Thema der zuvor negativ dargestellten „Abschottung" auf:

> „Wenn ich mich irgendwo fremd fühle, dann grabe ich mich in meinen Traditionen ein, wollen wir mal sagen. Ich komme aus Ostpreußen. Ich bin ja auch nicht hier aufgewachsen, wir haben ja auch die ganzen Jahre unsere Bräuche, unsere Traditionen gepflegt usw. Als kleines Kind habe ich schon gesagt, ich bin kein Niedersachse, ich spreche nicht ‚ST'. Das ist wichtig" (M).

Indem sie diese Parallele aufzeigt, ermöglicht sie auch Teilnehmerin K einen partiellen Perspektivwechsel, die einlenkt: „Das soll man um Gottes Willen auch nicht aufgeben. Ich denke, die sollen schon ein Stück weit eigenständig bleiben" (K). Sie bleibt jedoch in einer ‚Wir/Ihr'-Konstruktion verhaftet (*„die sollen..."*) und schließt erneut ihr Unverständnis bezüglich der Geschlechterverhältnisse an:

> „Aber ich verstehe es einfach nicht, warum gerade Frauen von ausländischen Männern, von den eigenen Ehemännern, teilweise so kurz gehalten werden. Es wundert mich also wirklich, beschäftigt mich auch ganz oft. Da habe ich auch schon ganz viele Diskussionen mit denen geführt, aber das sehen die auch nicht ein" (K).

Hier fallen mehrere Formulierungen auf. K spricht erstens nicht von „ausländischen Frauen", sondern von „Frauen ausländischer Männer". Damit richtet sie den Fokus möglicher Begründungen respektive die Verantwortlichkeit für die missbilligten Zustände verstärkt auf die Männer. Zweitens schiebt sie in skandalisierender Absicht den Halbsatz „von den eigenen Ehemännern" ein – als sei dies gewissermaßen noch empörender, als sich von anderen Männern drangsalieren zu lassen. Implizit präsentiert K damit, dass sie selbst von der Ehe als einer gleichberechtigten, partnerschaftlichen und sich gegenseitig stützenden/schützenden Form von Beziehung ausgeht, während außerhalb der Ehe/Beziehung schon mal das ein oder andere Dominanzgehabe hinzunehmen sei. Dies dürfte ziemlich genau ihrem Selbstbild als ‚emanzipierte Frau' entsprechen, die sich im Erwerbsleben zwar hierarchisch unterordnet, in der privaten Partnerschaft jedoch nicht. Dass sie männliche Dominanz in Beziehungen als – nicht nachvollziehbares – Merkmal von ‚Ausländerehen' markiert, suggeriert zudem, dass ‚Inländerehen' über solcherlei im Allgemeinen erhaben seien – ein Zerrbild, das einer deutlichen „Ethnisierung von Sexismus" (Jäger 1996) entspringt, wie wir sie auch an anderen Stellen des Interviews wahrnehmen können. Drittens bleibt vage, mit wem sie „schon ganz viele Diskussionen" darüber geführt hat. „Mit denen" könnte sich sowohl auf „ausländische Männer" als auch auf „deren" Frauen beziehen. Es ist zu vermuten, dass sie die Männer meint, denn die Formulierung „aber das sehen die auch nicht ein" klingt eher nach konfrontativer Auseinandersetzung, was wiederum zum Selbstbild der streitbaren selbstbewussten Frau passt. Wenn dem so ist, sieht K sich vermutlich im Stellvertreterinnen-Einsatz im Ringen um Emanzipation für die „kurz gehaltenen" Frauen der ausländischen Männer. Die in der Entwicklung ‚Weitere' kümmert sich um die ‚nachholende Entwicklung' ihrer gepeinigten Schwestern... Gegenüber ihrer anfänglichen dichotomischen Aufteilung der „Ausländerinnen" in zugängliche einerseits und selbstgewählt sich abschottende andererseits bedeutet dies ein deutliches Mehr an Empathie – aber auch ein Weniger an zugeschriebenem Subjektstatus. Die ihr ‚fremde' Figur der nicht-erwerbstätigen, „kurz gehaltenen" ausländischen Frau scheint sie also entweder in die Sphäre der Isolation und Unerreichbarkeit fort-definieren zu müssen oder – wenn sie sich ihr zuwendet – zum Objekt (männlicher Dominanz und ihrer eigenen Stellvertreterkämpfe dagegen) machen zu müssen.

Vom Umgang mit Differenz und der Frage, wie groß diese überhaupt ist

Welches Maß an ‚Anpassung' nötig, welches Maß an Differenz möglich ist und welche Kriterien dafür gelten sollen, das sind die Fragen, mit denen sich die Frauen im Weiteren beschäftigen. Dabei wird deutlich, dass die deutschen Teilnehmerinnen versuchen, allgemeingültige Maßstäbe daraus abzuleiten, welche Verhaltensregeln sie sich selbst auferlegen, wenn sie im Ausland sind. Zu diesem Zweck wird zunächst ‚Gleichheit' konstruiert: „Irgendwie sind wir alle irgendwo Gast, alle sind wir Ausländer, und dann muss ich auch irgendwie so ein bisschen auf den Rahmen in dem Land, in dem ich bin, da muss ich mich so ein bisschen anpassen" (L). Teilnehmerin M versucht ein genaueres Kriterium zu entwickeln: die moralische Brüskierung, die Verletzung des Schamgefühls.

Die Mädels mit den Kopftüchern 35

> „Man sollte die anderen nicht moralisch oder so vor den Kopf stoßen. Ich muss mich nicht unbedingt total anpassen. Z.B. dass ich nicht nackt an den Stränden im Süden rum rennen kann, weil ich ihr Schamgefühl verletze. Das sollte ich als Ausländerin (nicht) tun" (M).

Mit diesem Maßstab im Handgepäck kommt sie zurück zur Kopftuchfrage: „Und es verletzt mein Schamgefühl nicht, wenn eine Frau ein Kopftuch trägt. Das ist ihre Sache" (M). Den „moralischen" Aspekt wendet Teilnehmerin K allerdings wie folgt: „Wenn sie es freiwillig macht, ist es in Ordnung. Wenn es aufgezwungen ist, ist es nicht in Ordnung" (K). Dieser vermeintlichen Klarheit, mit der K wiederum eine Lanze für die ‚selbstbestimmte' Frau bricht – diesmal allerdings mit einem weiteren ‚Zugeständnis', dass nun nämlich auch kopftuchtragende Frauen eventuell in diese Kategorie fallen könnten – setzt M eine historische Relativierung des ‚Emanzipationsgefälles' entgegen:

> „Es ist noch nicht lange her, dass die Frauen in der Schweiz nicht wählen durften. Auch da gab es Frauenunterdrückung. Wie lange ist es bei uns denn her? Früher trugen die Frauen auch ihre Hauben. Bei uns ist das doch auch noch nicht so lange her. Warum stoßen wir uns denn daran? Da wurden auch die Töchter von den Vätern verheiratet und auch die Söhne mit irgendwelchen Nachbarskindern. Auf den Dörfern, da konnten die Kinder sagen, was sie wollten. Das ist noch gar nicht sooo lange her. Ich mein, soweit weg sind wir davon gar nicht" (M).

Genau auf diesen ‚historischen Sprung' jedoch pochen nun die anderen deutschen Teilnehmerinnen: „Aber wir sind weg!" (L) „Ja!" (K). Erneut eine Infragestellung seitens M: „Nur – sind wir deswegen soviel glücklicher? Warum müssen wir immer unsere Meinung den anderen aufzwängen?" (M). In geradezu klassischer Weise bringt M hier also reflexive Argumente gegen ahistorische und universalistisch-eurozentristische Perspektiven und Dominanzansprüche vor. Mit einer solchen, nahezu kulturrelativistischen Position entfernt sie sich jedoch offenbar zu weit vom *common sense* der übrigen Teilnehmerinnen, denn nun lenkt sie ein: „Sicher, wer hier leben will, soll sich ein bisschen anpassen" (M).

Damit macht sie den Weg frei für eine Konsens-Produktion unter dem Label ‚wir Frauen', womit implizit ‚wir emanzipierte Inländerinnen' gemeint zu sein scheinen. K: „Ich denke mir, das, was wir uns als Frauen erschaffen haben, das sollten wir nicht unter den Scheffel stellen. Ich denke mal, das sollten wir uns doch wirklich schon erhalten." Und M stimmt zu: „Wir sollten uns das erhalten, ja." Hier findet nicht nur eine Gemeinschaft stiftende und harmonisierende Selbstverständigung statt. Aus der Formulierung des „sollten wir uns erhalten" ist auch eine Verschiebung gegenüber der bisherigen Argumentation erkennbar: Während es zuvor zumeist darum ging, dass die ‚anderen' Frauen „noch nicht so emanzipiert" seien, scheint nun auch eine latente Gefährdung des eigenen erreichten Status ins Spiel zu kommen. Offenbar verbindet K mit einer potenziellen Toleranz gegenüber patriarchal organisierten Geschlechterbeziehungen in einem (‚anderen') Teil der Bevölkerung, dass dies gewissermaßen ein Einfallstor sein könnte, um auch die erkämpften Rechte der autochthonen Frauen in Frage zu stellen. Differenz wird zur Bedrohung. Gestartet war sie mit der Vorstellung einer strikten „Abschottung" zwischen traditionell-patriarchal und modern-emanzipiert gestalteten Sphären. Gelandet ist sie nun, über einige Zwischenschritte, bei der Annahme beunruhigender kultureller Durchlässigkeit. Da sie diese Durchlässigkeit jedoch vor allem in eine – sie gefährdende – Richtung befürchtet, ist auch dieses Gegenbild negativ behaftet. Positiv ist für sie offenbar lediglich ein Modell denkbar, das die Durchlässigkeit in anderer Richtung manifestiert – wenn nämlich die ‚AusländerInnen' endlich „einsehen" würden, was sie versucht ihnen zu erklären.

Ambivalente Rezeptionen rassistischer Deutungsmuster

Dass das ‚Emanzipationsthema' eine der vorrangigen Interpretationsfolien für die beteiligten (deutschen) Frauen darstellt, ist im Rahmen des Gruppengesprächs auch an anderer Stelle deutlich geworden. So äußerte die Auszubildende J, Bezug nehmend auf das vorgelegte „Spiegel"-*Cover* nicht nur, wie bereits zitiert, dass die „Mädels mit den Kopftüchern (...) auf jeden Fall noch nicht so emanzipiert" seien, sondern auch Folgendes: „Vorne das Mädchen, das ist eigentlich wieder genau das Gegenteil. Die steht für Emanzipation, und die hat irgendein Ziel und tut was dafür" (J). Die unterstellbare propagandistische Absicht des Bildes – als eine Facette des „gefährlich Fremden" eine Figur zu präsentieren, mit der sich assoziieren lässt, dass ‚die Ausländer ihre Kämpfe auf unseren Straßen ausfechten', dass es sich um ‚fanatisierte Extremisten', etwa der PKK, handele etc. – geht hier nicht auf. J assoziiert vielmehr für sie positiv besetzte Attribute (Zielstrebigkeit, Aktivität). Da dies Attribute sind, die üblicherweise eher Männern zugeschrieben werden, zumindest aber nicht zu einer traditionalistisch-bürgerlichen Weiblichkeitsideologie passen, symbolisiert für sie das Bild „Emanzipation". J geht bei der Kommentierung des Bildes nicht so vor, dass sie sich überlegt, ‚was sie sehen soll', und sodann, ob sie die Meinung der Schlagzeile teilt, sondern sie nimmt die Bildmotive direkt auf und interpretiert sie – die Botschaft der Schlagzeile ignorierend und dafür stattdessen eine imaginäre Überschrift ‚Thema Ausländer' setzend. So kommt sie bei den beiden Bildern, die Mädchen zeigen (Kopftuch- versus Fahnenträgerinnen) zu dem Schluss, dass es „nicht immer einseitig zu sehen ist", sprich: ‚Ausländerinnen' sowohl für Unemanzipiertheit als auch für Emanzipiertheit stehen können. Das ‚Schlägerbandenbild' findet sie hingegen unpassend um das Thema ‚Ausländer' zu illustrieren:

> „Und mit den Jungs kann ich jetzt eigentlich wenig anfangen. Weil das kein Problem ist, das Ausländer betrifft, sondern ein bisschen meine Generation im Allgemeinen. Da gibt es eigentlich keinen Unterschied, ob das jetzt nun deutsche oder ausländische Jugendliche sind. Und nicht unbedingt auf Ausländer festgelegt" (J).

Im Prozess der Argumentation wird – trotz des relativierenden „eigentlich" – deutlich, dass auch hier also das beabsichtigte Feindbild nicht greift. Interessant ist allerdings, dass J hier – im Gegensatz zu den Motiven mit den Mäd-

Die Mädels mit den Kopftüchern 37

chen – keine Interpretation vornimmt, die sich auf Geschlechterbilder bezieht. Vielmehr ent-geschlechtlicht sie die Darstellung, indem sie die „Jungs" im Verlauf der Ausführung zu „Jugendlichen" umtituliert und die Thematik zu einer Frage ihrer Generation „im Allgemeinen" macht. Während sie die „Festlegung auf Ausländer" explizit ablehnt, negiert sie die ‚Festlegung auf Jungs' implizit. Relevant ist ihres Erachtens die Altersgruppe. Damit – und das ist ebenfalls interessant – wird das einzige Motiv auf dem *Cover*, das sie tatsächlich als Problem oder ‚Gefahr' interpretiert, nicht in Kanäle der Externalisierung gelenkt. (Sie als weibliche Inländerin hätte sich davon leicht distanzieren können, sowohl, wenn sie es als ‚Ausländerproblem', als auch, wenn sie es als ‚Jungen-Problem' interpretiert hätte.) Stattdessen stellt sie über das jugendliche Alter eine Verbindung zu sich selbst her: Es handele sich um ein Problem ‚ihrer' Generation.

Das Stichwort ‚Jugendkriminalität' wird sofort aufgegriffen. Dabei entstehen höchst bemerkenswerte Assoziationsketten: Teilnehmerin M sieht eine ungünstige Entwicklungsbedingung für Kinder, wenn diese nicht in kleinen Dorfschulen mit einem festen Lehrer, sondern in großen Schulen unterrichtet würden. Sie beklagt mehrfach die dortige „Unübersichtlichkeit", die sich zunächst auf eine größere Anonymität zwischen SchülerInnen, LehrerInnen und Eltern zu beziehen scheint. Unvermittelt ändert sie jedoch die Ebene:

> „Ich will ja jetzt nicht als ausländerfeindlich gelten: Aber wenn man dann schon Sporthallen für Asylbewerber nimmt, dann sollten es nicht solche Sporthallen sein, die man gar nicht abgrenzen kann. Wer treibt sich denn da bei den Kindern rum? Handeln die da mit Drogen? Das ist ja so unübersichtlich geworden" (M).

Von einer bestimmten Schule, auf die ihre Tochter eventuell hätte wechseln sollen, berichtet sie: Die Schule „(…) lag außerhalb vom Ort. Hecken rundherum, Bäume, Büsche. Da hab ich gesagt, da gehst du lieber nicht hin. Alles war uneinsehbar. Wenn sie da Pausen machen, das können die Lehrer ja gar nicht einsehen" (M). Von der vermeintlichen Gefährdung durch ‚drogendealende Asylbewerber' kreist die Sorge der Mutter nun darum, dass es wegen der Abgelegenheit und der Hecken und Büsche ein Leichtes wäre, die Tochter zu kidnappen und ihr etwas anzutun.

Zurücksteuernd zum Thema Ursachen für Jugendkriminalität geht sie sodann auf Rempeleien der Großen gegen die Kleinen an den Bushaltestellen ein. „Die ganze Aggression, die da an den Schulen herrscht, die haben wir doch eigentlich selber da reinprogrammiert. Die Schüler sind ja überfordert, und dann schubsen sie sich auf der Straße hin und her" (M). Die türkische Teilnehmerin N bestätigt – ebenfalls als Mutter sprechend – , dass in der Schule Aggressionen aufgebaut würden, die dann entweder zu Hause oder auf der Straße abgebaut würden. Diskutantin L schließt den Bogen: „Ich denke mal, das ist der Grund auch, gar nicht die Sache, ob ich nun Ausländer bin oder nicht, Hauptsache ich reagiere meinen Frust ab"(L). Und N bekräftigt: „Eben. Ja. So ist es" (N).

An dieser Gesprächspassage lässt sich ablesen, wie das Deutungsangebot ‚Gefährdung durch Ausländer-Kriminalität' changierenden Einfluss hat. M hat offensichtlich Ängste vor Unübersichtlichkeit, vor den Gefahren der äußeren Welt, welche sie u.a. mit Asylbewerbern assoziiert, die nicht nur selbst für ‚das Fremde' stehen, sondern auch (über Drogen) Verderbnis bringen können. L hingegen ‚rettet' die Argumentation von J, dass es eben nicht um ein ‚Ausländerproblem' gehe. Das allgemeine Frust-Aggressions-Schema als Erklärung bietet sodann eine Konsensmöglichkeit.

Dabei wird sprachlich deutlich, dass die Frauen sich hier durchaus identifizieren („haben *wir* selber da reinprogrammiert", „Hauptsache *ich* reagiere meinen Frust ab"). So wird einerseits deutlich, dass sie sich als Mütter mitverantwortlich fühlen, wohl wissend allerdings, dass sie ihre Kinder nur bedingt von der gewaltsamen Atmosphäre fernhalten können. Andererseits können sie das Bedürfnis des Frustablassens offensichtlich gut nachvollziehen. Dadurch, dass türkische und deutsche Mütter ihre Sorgen einbringen und jeweils ihre Kinder eher als Betroffene und nicht als mutwillige Täter darstellen, ist es einmal mehr unplausibel, das Deutungsangebot einer spezifischen ‚Ausländer-Problematik' zu übernehmen. Die mütterlichen Erfahrungen wirken hier eher verbindend.

Auch beim Thema ‚doppelte Staatsbürgerschaft' wird zunächst aus der Mutterperspektive erzählt. N erläutert, dass ihre 19jährige Tochter an einem deutschen Pass interessiert ist, um leichter zu Studienzwecken ins europäische Ausland gehen zu können, während sie selbst keinen Wert auf die deutsche Staatsangehörigkeit legt, da sie darin keinen Nutzen für sich sieht. Die pragmatische Sicht wird von den anderen Teilnehmerinnen aufgegriffen: Um sich aufwendige Behördengänge für Visa etc. zu ersparen, könne es für Zugewanderte praktisch sein, auch die deutsche Staatsangehörigkeit anzunehmen. Und auch eine doppelte Staatsangehörigkeit wird von niemandem als Problem gesehen. „Es hat ja keiner einen Schaden dadurch. Also warum nicht auch doppelt" (L).

Betriebsstrukturelle und kollegiale Diskriminierung

Bei der Frage, ob es innerhalb des Betriebes strukturelle Diskriminierungen gegenüber AusländerInnen gebe, sind sich die Diskutantinnen nicht einig. Während N die Frage bejaht, wird sie von den deutschen Frauen verneint. Konkret geht es darum, dass ausländische Beschäftigte konzentriert sind in den Arbeitsbereichen, die härtere, gefährlichere und schmutzigere Arbeiten erfordern. Dies wird zwar auch von den deutschen Frauen nicht bestritten, sie führen dies aber ausschließlich darauf zurück, dass die ausländischen Kollegen dies selbst so wählten, weil es ihnen vor allem darum ginge, mithilfe der Zulagen ‚die schnelle Mark' zu machen, und ihnen die Arbeitsbedingungen gleichgültiger seien als den Deutschen. Trotz mehrfachen Insistierens seitens N darauf, dass das kein Zufall sei, dass die Deutschen gar nicht aufgefordert würden, etc. bestehen die anderen auf ihrer Sicht der Freiwilligkeit.

Die Mädels mit den Kopftüchern 39

Der gleiche Umstand – Konzentration ausländischer Beschäftigter auf den ‚schlechtesten' Arbeitsplätzen – wird also sehr unterschiedlich gedeutet. Ist es für die eine Ausdruck dafür, dass die ausländischen Beschäftigten Opfer von struktureller Diskriminierung seien, ist es für die anderen eher Ausdruck von mangelndem Gesundheitsbewusstsein und Geldgier bei den Nicht-Deutschen. Die jeweilige ‚Eigengruppe' kommt in diesen Zuschreibungen ‚besser weg'. Eine konsensuelle Auflösung kann bei diesem Thema nicht erreicht werden.

Dass unter den KollegInnen „Ausländerfeindlichkeit" anzutreffen sei, wird hingegen von niemandem bestritten. Sowohl die deutschen Teilnehmerinnen L und K als auch die türkische Teilnehmerin N gehen in ihrer Abteilung davon aus, dass ein Drittel der KollegInnen „ausländerfeindlich" sei. N erklärt sich dies folgendermaßen:

> „Also ich glaube jetzt die Leute untereinander, dass da Ausländerfeindlichkeit hervorkommt, dadurch dass vor 20 oder 35 Jahren nicht so viele Ausländer hier im Werk waren. Und jetzt sind mehr Ausländer dabei, und so ist auch die Feindschaft stärker" (N).

Von den anderen Teilnehmerinnen wird dieser Interpretation nicht widersprochen. Unabhängig davon, ob die quantitativen Einschätzungen zutreffen, zeigt sich hierin doch die Übernahme einer Argumentation aus dem Diskursrepertoire der ‚Ausländerfeinde' selbst: Grund für die Feindlichkeit sei die zu hohe Zahl an ‚Ausländern' (vgl. Brabandt und Schmoliner in diesem Band). Obwohl sie sich klar von den ‚Ausländerfeinden' distanzieren, hinterfragen die Frauen diese Argumentation nicht kritisch. Es kann unter Umständen als ‚Friedensangebot' im Rahmen der Gesprächsdynamik nach dem Streit um die Existenz struktureller Diskriminierung (s.o.) interpretiert werden, dass diese These von N als Türkin vorgebracht wird, die damit gewissermaßen die Ursache ‚den Ausländern' (zu denen sie selbst gehört) zuweist und die deutschen KollegInnen entlastet. Andererseits wird an einer anderen Stelle des Gesprächs transparenter, a) in welcher Form N die Feindlichkeit wahrnimmt und b) welche Gründe sie dafür in der von Lebensphasen bedingten Konstellation bei den KollegInnen vermutet:

> „Man denkt, mit der Zeit werden die Leute gegen Ausländer offener, aber das stimmt nicht. Also ich habe den Verdacht, dass es sogar schlimmer wird. Ich weiß nicht. ... Äußerungen wie Verhalten. Wie soll ich das erklären? Die Leute werden nicht zugänglicher, sondern eher ... hinterlistiger, sagen wir mal. Früher hatte man gemerkt: Ach, der hatte was gegen dich, weil du Ausländerin bist. Jetzt machen sie's hinterlistig. Die lachen dich an" (N). „Weniger direkt" (Interviewerin). „Ja, genau. Das ganze Umfeld. Gut, vor 20 Jahren haben die ganzen Leute, die jetzt hier arbeiten, noch kleine Kinder gehabt. Und jetzt haben die Kinder keine Ausbildung, und wer ist Schuld: die Ausländer. ‚Wenn die nicht hier wären, würden meine Kinder Plätze bekommen.' Und, und, und. So wird man auch irgendwie eingeengt" (N).

An dieser Passage lässt sich rekonstruieren, dass N eher eine Argumentationsweise ‚zitiert', als selbst davon überzeugt zu sein. Vielmehr wird insgesamt deutlich, dass sie sich durch solche Schuldzuweisungen „irgendwie eingeengt" fühlt, dass aber für sie schwerer als früher durchschaubar ist, wer sie als

Ausländerin ablehnt und wer nicht, da der Umgang gewissermaßen ‚scheinheiliger' („hinterlistiger", „Die lachen dich an") geworden sei. Auf diese Darstellung reagiert die deutsche Teilnehmerin M mit einem wahren Wasserfall an Gruppenkonstruktionen und –zuschreibungen, die die ‚feindseligen Deutschen' offenbar rehabilitieren sollen:

> „Ich habe eine Gruppe, wo überwiegend ausländische Kollegen arbeiten. Ich habe Italiener, türkische Kollegen, teilweise aus dem Osten. Und im Spaß geht's ja immer hin und her (lacht). Die ausländischen Kollegen haben sich oft mehr in der Plünn. Der Deutsche ist ja ein sehr geduldiger und herzlicher Mensch, und der sieht das alles nicht so eng, und die anderen, da geht es Ruckzuck und Krach. Da sag ich immer, was heißt hier Ausländerfeindlichkeit, die haben sich ja häufiger untereinander in den Haaren wie der Deutsche" (M).

Ganz ähnlich verläuft der Argumentationsgang an der oben beschriebenen Stelle, als zunächst das hohe Maß an „Ausländerfeindlichkeit" in der Abteilung konstatiert worden war („ein Drittel", s.o.). So bringt die deutsche Auszubildende hier relativierend ein: „...da kann man ja nicht sagen, das sind nur die Deutschen, die die Ausländer nicht mögen. Es gibt ja auch viele Ausländer, die mögen die Deutschen nicht, die Russen mögen die Polen nicht, ..." (J). Ergänzt wird dies wiederum von M: „Da spielt die Situation da zu Hause in dem Land eine ganz große Rolle. Ich weiß noch damals, wie das mit dem Zypernkonflikt war. Die griechischen und die türkischen Kollegen in der Abteilung – das war die Hölle" (M). Zudem wird die Dichotomie ‚Deutsche versus Ausländer' durch folgendes Argument hinterfragt: „Da ist ja auch den Ostdeutschen gegenüber Feindlichkeit da" (M).

Von Gruppenkonstruktionen und Akzeptanzgrenzen

Die Konstruktion diverser Gruppen nach Herkunft bzw. Nationalität oder ‚Glauben' und sogar die Zuschreibung bestimmter ‚Eigenschaften' an diese Gruppen heißt nicht zwangsläufig, dass es in der Zusammenarbeit am Arbeitsplatz zu Nähe oder Distanz entlang dieser Gruppeneinteilungen kommen muss. Zumindest reagiert M auf die Frage, ob es ein Unterschied sei, mit wem man zusammenarbeite:

> „Nein, das spielt keine Rolle. Die einen mag ich, die anderen mag ich nicht. Ich habe viele Kollegen: griechische, spanische. Wenn ich die nicht mag, dann halte ich mich zurück. Mit Deutschen geht es mir genauso. Und der Glaube spielt da überhaupt keine Rolle. Und wenn er seinen Ramadan feiert, dann soll er doch. Es geht dann nicht darum, den Leuten das schwer zu machen, dass ich mich vor den hinsetze und esse. Genauso wie wenn einer auf Diät ist oder sich das Rauchen abgewöhnt. Da geh ich auch nicht hin und sag: ‚Hier, willst du eine Zigarette?' So ein bisschen Rücksicht sollte man schon auf den anderen nehmen. Solange er mich in Ruhe lässt in meinem Glauben. Allerdings, muss ich sagen, würde ich keinem Türken ein Tier verkaufen, weil ich das Schächten ablehne, genauso jüdischen Menschen. Also meine Tiere – ich habe einen Bauernhof – bitte nicht" (M).

,Ethnische' Zuschreibungen im Kopf zu haben, hindert also – so zumindest die Aussage – zunächst nicht daran, Sympathie und Antipathie individuell zu empfinden und danach im Arbeitskontext die Intensität der Beziehung zu gestalten. Neben Nationalitäten werden Glaubensfragen angeschnitten und ebenfalls im Allgemeinen für irrelevant erklärt. Es findet vielmehr eine Art ,Übersetzung' statt, um einen Maßstab für den Umgang mit der Differenz zu erhalten: Religiös motivierte ,besondere' Verhaltensweisen werden analog gesetzt zu anderweitigen (religions-, kultur- und nationalitäts-übergreifenden) ,besonderen' Situationen. Da diese (Diät, Zigarettenentzug) anstandshalber gewisse Rücksichtnahmen nahe legten (um „den Leuten das nicht schwer zu machen"), biete sich beim Ramadan-Fasten muslimischer Kollegen das Gleiche an. In diesem Sinne Rücksicht nehmen und sich ansonsten glaubensmäßig gegenseitig in Ruhe lassen – das ist die Formel. Abschließend jedoch zeigt M auch die Grenzen ihrer Akzeptanz auf: Das Schächten, welches sie „Türken" (nicht „Muslimen", was hier die treffendere Kategorie gewesen wäre) und „jüdischen Menschen" zuschreibt. Dies markiert sie eindeutig als persönliche Grenze. Auf den Einwand von N hin „Das ist doch blöd, wenn er eins auf den Deckel kriegt und dann Schnitt, oder ob gleich die Kehle durchgeschnitten wird" (N), bekräftigt sie „Nein (...) das ist nicht das gleiche. Also, wie gesagt, das lehne ich ab. Das lehne ich absolut ab, und da kenne ich auch keine Kompromisse" (M). Was für die Teilnehmerin K das „Kurzhalten der Frauen" (s.o.), ist für M das Schächten von Tieren: kulturelle Praktiken, die sie „absolut ablehnen" – jeweils identifiziert mit „Türken".

Da dies jedoch Fragen sind, die nicht direkt am Arbeitsplatz, sondern außerhalb des Betriebes von Bedeutung sind, steht es den KollegInnen gewissermaßen frei, sich darüber innerbetrieblich auseinanderzusetzen oder nicht. Es gibt jedoch Spannungen, die in der Kommunikation vor Ort zwangsläufig spürbar zu sein scheinen. Was uns in den anderen Diskussionsgruppen diesbezüglich teilweise im ,O-Ton' als ausgeprägter ,Opferdiskurs' unter Deutschen begegnete, wird in der Gruppe der weiblichen Beschäftigten indirekt berichtet:

> „Bei den Deutschen ist eher der Verdacht so groß, dass sie sagen, man muss Ausländer sein, um mehr Rechte zu haben. Also, das sage ich nicht, aber das ist der Tenor von meinen Kollegen. Denn jeder ist immer ein bisschen vorsichtig. Also, man muss Ausländer sein, um mehr Rechte zu haben. Aber da sind alle vorsichtig, denn ich rutsche in den Verdacht, ausländerfeindlich zu sein, rein, wenn ich da irgendwie energischer werde. Bei 'nem Deutschen ist das anders, da spielt das keine Rolle" (M).

> „Genau das ist ja der Punkt. Hier kann ich sagen, sieh mal zu, dass du deine Schicht schaffst, aber wenn ich das zu einem Ausländer sage als Vorgesetzter, dann könnte ich die Angst haben, dass ich den diskriminiere" (L).

Der von offizieller Seite, also sowohl vom Betriebsrat als auch vom Management, betriebene Antidiskriminierungsdiskurs im Betrieb, der sich wie erwähnt unter anderem in der Implementierung einer entsprechenden Betriebsvereinbarung manifestiert, schlägt sich also offenbar teilweise so nieder, dass sich davon die Deutschen eingeschränkt und benachteiligt fühlen. Zumindest scheint dies ein äußerst virulentes Deutungsmuster zu sein, da diese Darstellung als unmittelbare Reaktion auf die Frage kam, ob die Teilnehmerinnen sagen würden, dass in diesem Betrieb alle gleichgestellt seien. Sich selbst als Opfer eines moralisierenden Diskurses oder von ‚politcal correctness' zu stilisieren, begegnete uns, wie gesagt, auch bei einigen anderen der Gruppen in direkterer Form, zum Teil auch in Verbindung mit Bezügen zur NS-Zeit (die den Deutschen immer noch vorgeworfen werde und dadurch souveräne Entscheidungen gegen Zuwanderung verhindere) oder mit Verständnisbekundungen dafür, dass unter diesen Konditionen (eines latenten Rassismusverdachts) tatsächlich immer mehr Menschen ‚nach rechts driften' würden. Ein ähnlicher Mechanismus wird in der Antisemitismusforschung als ‚sekundärer Antisemitismus' bezeichnet (vgl. z.B. Bergmann/Erb 1997: 397-434, insb. 424): Statt offene Negativ-Attributierungen „der Juden" zu praktizieren, wird das Leiden formuliert, dass ‚man ja gar nichts mehr gegen Juden/gegen Israel sagen dürfe, ohne gleich als Antisemit beschuldigt zu werden'. Bestimmte Gesprächspassagen (vgl. Birsl et al. 2003: 380f.) legen die Interpretation nahe, dass bei einigen Teilnehmern eine enge Verzahnung eines solchen (unbewussten) sekundären Antisemitismus mit einem – vielleicht so nennbaren – ‚sekundären Rassismus' bzw. einer ‚sekundären Ausländerfeindlichkeit' vorzufinden ist.

Frauen im Männerberuf – Lust auf Chancen, keine Lust auf „Zicken"

Deutlich unverkrampfter und einiger als über die Diskriminierungen nach Nationalität/Ethnizität sprechen die Teilnehmerinnen der Diskussionsgruppe über Fragen der Schlechterstellung von Beschäftigten mit Zeitarbeitsverträgen, welche in ständiger Angst lebten, wieder arbeitslos zu werden, und sich dementsprechend Schikanen und Mehrarbeit gefallen lassen würden. Dies betreffe – unabhängig von Herkunft oder Geschlecht – alle, die diese arbeitsvertragliche Grundlage hätten. Darüber hinaus sprechen sie offen über geschlechtliche Diskriminierung. Die grundsätzliche Benachteiligung von Frauen wird mehrfach thematisiert und betont. Frauen hätten weniger Chancen. Beispielsweise zu der Tatsache, dass mensch nach der Ausbildung häufig lange am Fließband eingesetzt werde und nicht davon ausgehen könne, tatsächlich bald fachadäquat zu arbeiten, wird geäußert: „So ist es. Als Frau sowieso nicht. Da hat man eher Chancen als Mann" (N). Allerdings habe sich die Situation inzwischen durch die Frauenförderungspolitik im Betrieb etwas verbessert. Auch wird positiv festgestellt, dass der Betrieb überhaupt Frauen als Auszubildende für Automechanik, also einen bisher klassischen Männerberuf, einstelle. Frauen in Männerberufen unterlägen häufig einem spezifischen Druck, da ihnen unterstellt werde, nicht qualifiziert zu sein und sich „hoch geschlafen" zu haben:

Die Mädels mit den Kopftüchern

„Bei mir ist es so – ich bin nämlich auch gelernte Industriemechanikerin – wenn ich in einem Beruf arbeite, wo ich nur mit Männern zusammenarbeite, ich habe das in einer anderen Firma gehabt, wo ich vorher gearbeitet habe, da hab ich einen ganz grausigen Stand gehabt. Da war ich ja verrufen bis zum Gehtnichtmehr, weil ich so eine ‚Quotenfrau' war, weil ich ja nichts kann, sondern nur blond bin. Weil ich eben eine Frau bin, habe ich mich da hoch geschlafen" (L).

Diese Unterstellungen seien auch von anderen Frauen gekommen. Dazu M: „Es ist seltsamerweise so, wir Frauen wünschen, dass Frauen in höhere Positionen kommen, aber wenn eine Frau sich raufarbeitet und versucht aufzusteigen, dann wird ihr sofort da unten die Leiter weggetreten" (M). „Aber ganz schnell" (K). Des Weiteren berichtet N davon, dass es eine Aufforderung durch einen gewerkschaftlichen Vertrauensmann gab, dass mehr Frauen als Vertrauensfrauen kandidieren sollten. Aber die Chancen, dann tatsächlich von genügend weiblichen Beschäftigten gewählt zu werden, wird von den Teilnehmerinnen pessimistisch eingeschätzt.

Was hier zunächst wie eine Klage über mangelnde Solidarität anderer Frauen erscheint, bekommt allerdings im weiteren Gesprächsverlauf eine interessante Wendung. Darauf angesprochen, ob sie mehrheitlich mit Männern zusammenarbeiten würden, bestätigen die Teilnehmerinnen dies und kommentieren: „Es arbeitet sich angenehmer mit Männern" (M). „Allerdings" (L). „Da muss man nicht jedes Wort auf die Goldwaage legen. In der Beziehung ist es ein bisschen besser" (M). „Frauen untereinander sind richtige Zicken. Das ist leider so" (K).

Diese Äußerungen zusammengenommen mit jenen, in denen es um die im- und expliziten Ausführungen zu ihren Vorstellungen von ‚Emanzipiertheit' ging (s.o.), legt folgenden Schluss nahe: Als Minderheit erwerbstätiger Frauen und (zum Teil) Mütter in Männerberufen kritisieren sie Benachteiligungen aufgrund des Geschlechts und ringen um Anerkennung als Gleichqualifizierte und Gleichberechtigte. Dabei stützen sie sich nicht auf ‚Frauensolidarität', die nach ihrer Einschätzung weder im Allgemeinen funktioniere noch von ihnen persönlich durch verstärkte Kooperation angestrebt wird. Vielmehr ziehen sie die ‚unkomplizierteren' Männer den „zickigen" Frauen als Kollegen vor. Ihrem Selbstbild als ‚emanzipierte' Frauen tut das keinen Abbruch – im Gegenteil. ‚Weiblichkeit' – sei es in Form „zickiger" Allüren von Kolleginnen, sei es in Form einer traditionalen Unterordnung unter den Ehemann, wie sie sie mit türkischen Frauen assoziieren – ist für sie eher eine Negativ-Folie. Es handelt sich also, wenn mensch es zuspitzen möchte, eher um einen an Männlichkeitsentwürfen orientierten ‚Egalitätsfeminismus' (als um einen ‚Differenzfeminismus'), der sich auch aus der Abgrenzung gegenüber ‚anderen' Frauen konstituiert. Dabei wird das Bild der sich unterordnenden Frau nicht ‚quer' zu allen Nationalitäten/‚Kulturen'/‚Ethnien' gedacht, sondern insbesondere mit der ‚türkischen Frau' (mit Kopftuch) gekoppelt.

Als ‚Querverbindung' zwischen Frauen, welche nicht – wie im Falle der möglichen Solidarität angesichts beruflicher Benachteiligung – im nächsten Moment ‚aufgekündigt' wird, und welche zudem über die Grenzen unterschiedlicher Herkunft hinweg ‚funktioniert', erscheint hingegen die Perspektive der sich sorgenden Mütter (siehe Diskussion zu „Jugendkriminalität"). Diese zweite Seite der doppelten Vergesellschaftung bietet also – mit seiner impliziten geschlechterdifferenten Unterlegung – eine Möglichkeit der Verständigung auf ‚gleicher Augenhöhe' zwischen den Frauen ohne Distanzierungsbedürfnis. Zugleich sind in diesem Kontext jedoch auch am deutlichsten Fremdenangst und rassistisches Stereotyp präsent.

Fazit

Am Beispiel von Auszügen aus einem Gruppeninterview mit vier deutschen und einer türkischen Frau, die in einem nordwestdeutschen Betrieb der Autoindustrie beschäftigt sind, wurden verschiedene Facetten von Konstruktionen von ‚Ethnizität' und ‚Geschlecht' bzw. von interkulturellen Beziehungen und Geschlechterverhältnissen aufgezeigt.

Auffällig häufige Bezugsfolie ist für die deutschen Teilnehmerinnen ihr Verständnis von Emanzipation, welches eng mit ihrem Selbstbild als berufstätige Frauen in einer Männerbranche verkoppelt zu sein scheint. Unabhängigkeit und Selbstbehauptung betrachten sie als Errungenschaften, die sie sich „erhalten wollen" – was darauf verweist, dass sie sie latent bedroht sehen. Kopftuch tragende Frauen symbolisieren für sie Unselbständigkeit, Rückständigkeit und Abschottungsinteresse. Dies sind ‚die Anderen', die in ihrer Andersheit das Eigene konturieren.

Solche stereotypisierenden und dichotomisch trennenden Bilder bleiben jedoch nicht unwidersprochen. So werden durch die türkische Teilnehmerin einerseits Differenzierungen („nicht alles Türkinnen") und die Logik durchkreuzende Beispiele (erwerbstätige Kopftuchträgerinnen) genannt, andererseits relativiert eine Majoritätsangehörige die behauptete Andersheit durch eine historische Perspektive („so weit weg sind wir da auch noch nicht von"). Das pater- bzw. maternalistisch anmutende Bestreben einer Teilnehmerin, „ausländische Männer" davon überzeugen zu wollen, dass sie „ihre Frauen" nicht so „kurz halten" sollen, d.h. sich ihrem Emanzipationsverständnis anpassen zu sollen, wird kontrastiert durch die (Eurozentrismus-kritische) Auffassung, dass es nicht richtig sei, die eigenen Maßstäbe einfach anderen „aufzudrücken", zumal man auch hinterfragen müsse, ob die eigene Position „glücklicher" mache. Das homogenisierte Bild von deutschen Frauen als aktuell durchgehend einem bestimmten ‚emanzipierten' Frauenbild entsprechend wird allerdings an keinem Punkt in Frage gestellt. Insofern wird die vorgenommene Ethnisierung von Sexismus lediglich historisch, aber nicht für die Gegenwart dekonstruiert.

Trotz des zum Teil bekundeten Unverständnisses gegenüber bestimmten kulturellen Praktiken, plädieren die Teilnehmerinnen grundsätzlich für Akzeptanz im Umgang mit wahrgenommenen Differenzen. Als generalisierbarer

Verhaltensmaßstab wird postuliert, niemanden durch Verletzung des Schamgefühls moralisch zu brüskieren. Nicht reflektiert wird bei der Herleitung dieses Maßstabs der Unterschied zwischen der Situation, als ZugewanderteR auf Dauer hier leben zu wollen, und der Situation, als privilegierte Touristin aus einem nord-westlichen reichen Industrieland ein südliches Land im Urlaub zu besuchen. Der (gut gemeinte) Perspektivwechsel (wie verhalte ich mich als Ausländerin woanders) bleibt durch seinen nivellierenden und Gleichheit suggerierenden Aspekt („wir sind alle irgendwo Ausländer") quasi auf halber Strecke stecken, indem eben nicht wirklich auf die spezifische Einwanderungssituation eingegangen wird. Weitreichender gelingt dies bei der Reflexion des behaupteten Abschottungsinteresses bestimmter *communities*: Das Eigenbeispiel ostpreußischer Herkunft und Traditionspflege ist zwar ebenfalls nicht gänzlich übertragbar, führt aber immerhin bei der Gesprächspartnerin zu einer differenzierteren Sichtweise als zuvor.

Vergleichen wir diese Gesprächssequenz, in der durch argumentative Einwände einer deutschen Kollegin eine ebenfalls Deutsche ihre ursprüngliche Position relativiert, mit derjenigen Gesprächssequenz, bei der es kontrovers um die Einschätzungen struktureller Diskriminierungen nicht-deutscher Beschäftigter im Betrieb geht, drängt sich allerdings der Eindruck auf, dass die ‚Überzeugungsmacht' der Sprecherinnen innerhalb der Gruppe recht unterschiedlich verteilt zu sein scheint. Von der deutschen Kollegin lässt frau sich offenbar mehr ‚sagen' als von der türkischen, so könnte interpretiert werden. Eine andere Lesart ist aber ebenfalls denkbar: Die Zurückweisung ließe sich etwa auch daraus erklären, dass durch den Hinweis auf den bestehenden Rassismus eben auch die Gesprächspartnerinnen selbst in Frage gestellt werden, die sich selbst gern als nicht-rassistisch sehen. Jedenfalls bleiben hier die unterschiedlichen Positionen – identifikatorisch verteilt entlang der Nationalitätszugehörigkeiten – kompromisslos gegeneinander stehen.

Nicht in dieser kontroversen Form, aber durchaus auch an den Blick der jeweiligen ‚Eigengruppe' gebunden, fällt die Thematisierung von „Ausländerfeindlichkeit" innerhalb der Belegschaft aus: Während die türkische Teilnehmerin erläutert, in welcher Weise sie die Vorbehalte wahrnimmt, konzentrieren die deutschen Diskutantinnen ihre Beiträge darauf, diverse Relativierungen vorzunehmen.

Bemerkenswert erscheint mir die ‚Technik', sich darüber klar zu werden, wie mit Differenzen unter KollegInnen hinsichtlich bestimmter Praktiken, wie etwa dem Ramadan-Fasten, umzugehen sei: Durch Analogisierung mit anderen (glaubens- oder kultur-unspezifischen) ‚besonderen' Situationen (etwa Diät) erschließt sich erstens eine Handlungsanweisung (akzeptieren und Rücksicht nehmen) und zweitens wird das Phänomen einem kulturalisierenden Fremdheitsdiskurs entzogen.

Die Grenzen ihrer Akzeptanzbereitschaft markieren die Teilnehmerinnen (bzw. zwei von ihnen) durch unterschiedliche Themen. Für eine ist es das „Kurzhalten" von Frauen, welches sie recht pauschal ‚ausländischen Ehemännern' zuschreibt, für die andere ist es das Schächten von Tieren, welches sie „Türken" und „jüdischen Menschen" zuschreibt. Da es sich beim Schächten um eine Praxis handelt, die religiös begründet wird, ist hier zumindest die Kategorie „Türken" bemerkenswert: Eine Nationalitätskategorie wird mit einer bestimmten Religionsgläubigkeit synonym gesetzt, die weder bei allen türkischen StaatsbürgerInnen unterstellt werden kann, noch auf Angehörige dieser einen Nationalität beschränkt ist[8].

Die mit dem (propagandistisch provozierenden) Stimulus angeregten Diskussionsbeiträge zeigen unter anderem, dass die dargestellten weiblichen Personen von den Betrachterinnen dem nahe gelegten Deutungsmuster „gefährlicher Fremdheit" entzogen und unter der Frage „emanzipiert – unemanzipiert", also mit einer vorrangig geschlechtersensiblen Perspektive, diskutiert werden. Dabei wird das Kopftuch als Signal „kulturell" bedingter Unemanzipiertheit gedeutet, die mit der Demonstrantin assoziierten (männlichen?) Eigenschaften von Zielstrebigkeit und Aktivität als Emanzipiertheit[9]. Während Ersteres einen abgrenzenden Diskurs entfacht (s.o.) und damit durchaus das „Fremdheits"thema aufgreift, scheint Zweiteres überhaupt nicht mit „Kultur" o.ä. verknüpft zu werden, sondern den Betrachterinnen vielmehr Sympathie und Identifikation zu ermöglichen, also keineswegs als Zeichen von „Fremdheit" zu fungieren. Das dritte Bildmotiv wird von den Diskutantinnen sowohl von seiner geschlechtlichen Konnotation (Jungen) als auch – und dies explizit – von seiner „Ausländer"-Konnotation entkoppelt. Vielmehr dreht sich das Gespräch um „Jugendkriminalität", welche die Teilnehmerinnen als Problem betrachten, das sie nicht externalisieren. Als Mütter bzw. als ebenfalls Jugendliche sehen sie sich involviert, und zwar nicht ausschließlich als ‚Opfer'. Sie finden hier (nationalitätsübergreifend) zu einer konsensualen Erklärung durch das Frustrations-Aggressions-Schema. Lediglich der assoziative Bogen, den eine Teilnehmerin von unübersichtlich großen Schulen über die Gefährdung durch ‚drogendealende Asylbewerber' über die Sorge um die Tochter angesichts uneinsehbaren Buschwerks bis hin zu rempelnden Schülern an Bushaltestellen zeichnet, lässt vermuten, dass hier Ängste vor der ‚unübersichtlichen Welt' mit Ängsten vor dem ‚schwarzen Mann' einhergehen, die möglicherweise durch die Worte „gefährlich fremd" aufgerufen

---

8   Hier zeigt sich die in bundesdeutschen Alltagsdiskursen häufig anzutreffende Assoziation ‚Muslime = Türken', ‚Türken = Muslime'. Ließe sich diese ‚Fixierung' eventuell aus der Präsenz türkischer KollegInnen im Arbeitsumfeld der Sprecherin erklären (mehr als die Hälfte der nicht-deutschen Beschäftigten des Betriebs sind TürkInnen, die anderen häufig vertretenen Nationalitäten sind ihrer Bevölkerung nach mehrheitlich christlich geprägt), so greift dies allerdings vermutlich nicht hinsichtlich der Nennung „jüdischer Menschen".

9   Letzteres formuliert zwar explizit nur eine der Teilnehmerinnen, die anderen widersprechen ihr aber nicht – was sie sonst durchaus tun, wenn sie mit einem Argument nicht einverstanden sind –, so dass davon ausgegangen werden kann, dass sie der Deutung zustimmen.

wurden[10]. Da diese Teilnehmerin ansonsten eher eine weitgehende Akzeptanz gegenüber „Ausländern" zeigt, liegt hier vermutlich eine sehr unterschiedliche Wahrnehmung der sogenannten ‚nahen' und ‚fernen Fremden' vor. AsylbewerberInnen werden danach, nicht zuletzt verstärkt durch ihre oft kasernierte Unterbringung und ihre Nicht-Inkorporation ins Arbeitsleben, als ‚fern' betrachtet, während länger ansässige ArbeitsmigrantInnen als ‚nah' empfunden werden. Abgrenzungen und Abwertungen sind gegenüber den ‚fernen Fremden' häufiger anzutreffen als gegenüber den ‚nahen' (vgl. Birsl/Ottens/-Sturhan 1999: 326). Die hier sich andeutende Konnotation zwischen Fremdheit und sexualisierter Bedrohlichkeit kann ebenfalls als „Ethnisierung von Sexismus" verstanden werden, unterscheidet sich aber durch die Aufladung mit Phantasien von gewalttätigen Überfällen durch Unbekannte thematisch von derjenigen, bei der es um den alltäglichen hierarchischen Umgang im paarweisen Zusammenleben von Männern und Frauen geht.

Insgesamt legt die Analyse nahe, dass (vor allem für die deutschen) interviewten Frauen sowohl hinsichtlich ihres Selbstbildes als auch hinsichtlich ihrer Einstellungen zu Interkulturalität das Interpretationsraster „Emanzipation" von zentraler Bedeutung ist. Sie sehen die deutschen Frauen, und insbesondere sich selbst als Erwerbstätige in Männerberufen, als emanzipierte Frauen. Sexismus in betrieblichen Strukturen wird kritisch benannt, für ihre persönlichen Beziehungen aber qua Abgrenzung implizit verneint. Im Dienste dieses Selbstbildes fungiert die Abgrenzung entlang der Zuschreibung von Unemanzipiertheit an „Ausländerinnen", wobei hier unterschiedlich pauschalisiert wird. Von einem durchgängig ‚rassistischen Weltbild' kann jedoch keine Rede sein. Dort, wo das Interesse am ‚Erhalt der erreichten Emanzipiertheit' nicht tangiert wird, ist größtenteils ein relativ hohes Maß an Akzeptanz unterschiedlicher kultureller Praktiken vorzufinden bzw. findet sogar über Perspektivwechsel und ‚Entkulturalisierung' eine mal mehr mal weniger weitreichende Dekonstruktion potenzieller ‚Ethnisierungen' statt. Insgesamt (re)präsentieren sie also keine geschlossenen ideologischen Konzepte, sondern eine Mischung aus Argumentationen, die teilweise einem alltäglichen (vergeschlechtlichten) Ethnisierungsdiskurs und teilweise einem alltäglichen eher konstruktiven Interkulturalitätsdiskurs entstammen. Als zentrale Form der Verschränkung von ‚Geschlecht' und ‚Ethnizität' zeigt sich ein spezifisches Emanzipationsverständnis, das als Hauptstütze zur Konstruktion von als kulturell different begriffenen ‚Wir'- und ‚Ihr'-Gruppen fungiert.

---

10 Zu Zusammenhängen zwischen mütterlicher Fürsorge, an Häuslichkeit orientierter weiblicher Sozialisation, Angst vor sexueller Gewalt und Rassismus vgl. auch Rommelspacher 1994.

Literatur

Becker-Schmidt, Regina 1987: Die doppelte Vergesellschaftung – die doppelte Unterdrükkung: Besonderheiten der Frauenforschung in den Sozialwissenschaften. In: Unterkirchner, Lilo/Wagner, Ina (Hrsg.): Die andere Hälfte der Gesellschaft. Wien, S. 10-25

Bergmann, Werner/Erb, Rainer 1997: Antisemitismus in Deutschland 1945-1996. In: Benz, Wolfgang/Bergmann, Werner (Hrsg.): Vorurteil und Völkermord. Entwicklungslinien des Antisemitismus., Freiburg i.Br., S.397-434

Birsl, Ursula/Bitzan, Renate/Solé, Carlota/Parella, Sónia/Schmidt, Juliane/Alarcón, Amado und French, Steven 2003: Migration und Interkulturalität in Spanien, Großbritannien und Deutschland. Fallstudien aus der Arbeitswelt, Opladen

Birsl, Ursula/Ottens, Svenja/Sturhan, Kathrin 1999: Männlich – weiblich, türkisch – deutsch. Lebensverhältnisse und Orientierungen von Industriebeschäftigten, Opladen

Geißler, Rainer 1996: Die Sozialstruktur Deutschlands, 2. Aufl., Opladen

Institut der deutschen Wirtschaft (Hrsg.) 2004: Deutschland in Zahlen, Köln

Jäger, Margret 1996: Fatale Effekte. Die Kritik am Patriarchat im Einwanderungsdiskurs, Duisburg

Lenz, Ilse 1996: Grenzziehungen und Öffnungen. Zum Verhältnis von Geschlecht und Ethnizität in Zeiten der Globalisierung. In: Lenz, Ilse/Germer, Andrea (Hrsg.): Wechselnde Blicke. Frauenforschung in internationaler Perspektive, Opladen, S. 200-228

Lutz, Helma 2001: Differenz als Rechenaufgabe: über die Relevanz der Kategorien race class und gender. In: Lutz, Helma/Wenning, Norbert (Hrsg.): Unterschiedlich verschieden. Differenz in der Erziehungswissenschaft, Opladen, S. 215-230

Rommelspacher, Birgit 1994: „Rassismus im Interesse von Frauen?" In: Zeitschrift für Frauenforschung, 12. Jg., Heft 1+2, S.32-41

Scherr, Albert/Hormel, Ulrike 2003: Forschungsprojekt „Bildung für die Einwanderungsgesellschaft", erster Zwischenbericht (unveröff.), Freiburg i.Br.

Seifert, Wolfgang 2000: Geschlossene Grenzen – offene Gesellschaften? Migrations- und Integrationsprozesse in westlichen Industrienationen, Frankfurt am Main/New York

Agnieszka Zimowska

Der internationale Frauenhandel als Migrationschance? Neue Perspektive auf Handlungsstrategien migrantischer Sexarbeiterinnen in der deutsch-polnischen Grenzprostitution

Der vorliegende Artikel beschäftigt sich mit dem Spannungsfeld von sexueller Ökonomie, sozialem Geschlecht und dem Verlauf der Migrationsprozesse von Frauen aus postsowjetischen Republiken nach Westeuropa.[1] Einen bisher wenig thematisierten Kristallisationspunkt dieses Spannungsfeldes erkenne ich im Phänomen der Grenzprostitution in der deutsch-polnischen Grenzregion Viadrina, die sich grenzüberschreitend zwischen Frankfurt/Oder und Slubice darstellt. Die Gewalt in dessen lokalen Machtverhältnissen dringt derzeit in einer Weise an die Öffentlichkeit, in der Sexarbeiterinnen reduzierend als ohnmächtige Opfer eines internationalen Frauenhandels dargestellt werden. Es ist mir ein Anliegen, diese Sichtweise zu hinterfragen, da sie die zugrunde liegenden Machtverhältnisse und die Lebenssituation der Frauen vereinfacht und in eine einseitige Position drängt. Meiner Meinung nach werden Individuen durch solche Viktimisierungsdiskurse entmächtigt. Ziel ist daher, eine sensiblere Perspektive zum gängigen Diskurs über Frauenhandel und Grenzprostitution anzubieten, indem Handlungsmöglichkeiten migrantischer Sexarbeiterinnen erörtert werden.

Im Folgenden werde ich zunächst die diskussionswürdigen Begriffe der Sexarbeiterin, des Frauenhandels und der Grenzprostitution klären und die diesem Beitrag zu Grunde liegende Perspektive auf Frauenhandel einführen. Diese soll ermöglichen, meine Kritik am gängigen Opferdiskurs im Zusammenhang mit migrantischen Sexarbeiterinnen zu verfolgen und dabei die politische Verantwortung für die bestehenden Machtverhältnisse breiter zu ver-

---

1 Der Artikel basiert auf der im August 2003 fertiggestellten Examensarbeit zur Erlangung des M.A. der Ethnologie und Soziologie an der Universität Göttingen. Dank der Unterstützung der Frauenfachberatungsstelle Belladonna in Frankfurt/Oder im November 2002 und dem Archiv des agisra e.V.(Arbeitsgemeinschaft gegen internationale sexuelle und rassistische Ausbeutung) in Frankfurt am Main war es mir möglich, Primär- und Sekundärquellenmaterial für die vorwiegend als Literaturarbeit angefertigte und unveröffentlichte Arbeit „Grenzgänge – eine Untersuchung der Prostitution an der deutsch-polnischen Grenze im Schnittpunkt von Migration und Wohlstandgefälle" zusammenzustellen. Mein herzlicher Dank geht an drei Mitarbeiterinnen von Belladonna, die mir als Expertinnen in drei explorativen Interviews zur Situation von Sexarbeiterinnen in der Grenzregion Viadrina Auskunft zu geben bereit waren.

teilen. Anschließend erläutere ich meine theoretischen Zugänge und Perspektiven, vor deren Hintergrund es mir möglich ist, der Frage nachzugehen, wie von einer Handlungsfähigkeit der migrantischen Sexarbeiterinnen, die scheinbar völlig ohnmächtig in den Machtverhältnissen positioniert sind, gesprochen werden kann. Diese möchte ich im weiteren Verlauf anhand von vier Handlungsstrategien der Sexarbeiterinnen verdeutlichen.

Sexarbeit und feminisierte Migration

Begriffe und Grundlagen

Indem ich bewusst den Begriff der Sexarbeiterin statt Prostituierte verwende, beziehe ich mich auf den Kontinuum-Ansatz sexuell-ökonomischer Beziehungen, der aus feministischer Perspektive entwickelt wurde, um Prostitution nicht als eine sich radikal unterscheidende Praxis von anderen sexuell-ökonomischen Verhältnissen zu markieren und normieren (vgl. Sullivan 1995).[2] Viele der osteuropäischen Sexarbeiterinnen verstehen sich nicht als ‚Prostituierte' mit all den eingeschlossenen Konnotationen. Der Begriff der Sexarbeiterin betont den für mich entscheidenden Kontext einer ökonomischen, machtvollen Dienstleistung.[3] Er essentialisiert Prostitution nicht zu einer negativ konnotierten sozial-psychologischen Identitätskategorie von Frauen, sondern beschreibt eine Einkommensbeschaffungsform, die nur einen Teil ihrer gesellschaftlichen Position bestimmt (Kempadoo 1998: 3). Der Begriff an sich verweist auf einen Arbeitssektor, der auf Anerkennung und geregelten Menschenrechtskriterien basieren sollte.[4]

---

2 Der Ansatz wurde Anfang der 1970er Jahre von australischen Feministinnen benutzt (vgl. Summer 1975). Er sieht Prostitution als eine Form sexueller Praktiken in einem Kontinuum der Möglichkeiten. In den 1980ern diente er dazu, zu hinterfragen, ob nicht eine Dichotomisierung der kulturellen Kategorien „Hure-Madonna" dazu verhelfe, eine soziale Kontrollform weiblicher Sexualität umzusetzen. Damit müsste eine feministische Unterstützung von Sexarbeiterinnen weniger als Ausdruck eines moralischen Imperativs, sondern im eigenen Interesse aller Frauen verstanden werden (vgl. Jackson/Otto 1980 zit. in Sullivan 1995).
3 Wenn die dominante kulturelle Meinung über Prostitution als sexuelle Sklaverei auch von Feministinnen vertreten wird, dann untermauert es nur die negativen Auswirkungen von Sexarbeit. Die Aufgabe von Feministinnen, die für eine Verbesserung der Lebensbedingungen von Sexarbeiterinnen einstehen, muss daher lauten, die Bedeutungen von Prostitution als Selbstausverkauf herauszufordern und andere Aspekte, die positive Optionen beinhalten, herauszuarbeiten (vgl. Sullivan 1995).
4 Der hier zugrunde liegende feministische Ansatz unterstützt die Rechte von Sexarbeiterinnen, weil er die Pluralität ihrer Positionen in Betracht zieht und binäre Oppositionen, anhand derer Frauen als Gesamtkategorie „der Anderen" konstruiert werden, auflöst (vgl. Murray 1998: 52).

Und wenn auch die Mehrheit der hier im Focus stehenden Subjekte nicht die Selbstbezeichnung der Sexarbeiterin wählen würde, so scheint mir dennoch aus besagten Gründen eine Verwendung dieses Begriffes treffender[5]. Ein Teil der in der Grenzprostitution agierenden migrantischen Sexarbeiterinnen kommt aus den Strukturen des sogenannten Frauenhandels.[6] Ich halte den Begriff des Frauenhandels an sich für unscharf, da er häufig feminisierte Migration darunter subsummiert, ohne ihre positiven und negativen Aspekte zu unterscheiden (Locher 2002: 164).[7] Da internationale Gremien mit unterschiedlich differenzierten Definitionen von Frauenhandel arbeiten, verwende ich den Begriff dennoch.[8] Obwohl einige Definitionen immerhin beachten, dass Migrantinnen unabhängig vom Informationsstand über die zu erwartenden Arbeitsverhältnisse in den Frauenhandel geraten können, mangelt es den meisten weiterhin an der Einbeziehung staatlicher Verantwortung für die Entstehung von Frauenhandel. Ich halte zumindest diejenigen Definitionen des Frauenhandels für brauchbar, die Ausbeutung, Gewaltförmigkeit, Täuschungs- und Zwangscharakter als Aspekte der Machtverhältnisse betonen, in die sich Migrantinnen begeben und an denen sie beteiligt sind:

---

5   Der Begriff der Sexarbeiterin und seine Verwendung zur Selbsteinordnung eines Subjekts erfordert meiner Meinung nach erst eine ermächtigte gesellschaftliche Position, die viele migrantische, illegalisierte Sexarbeiterinnen auf Grund der ihnen drohenden rechtlichen Repression nicht verinnerlichen können.

6   Sekundäre Informationsquellen dieser Arbeit stützen sich auf Berichte von SozialwissenschaftlerInnen und Institutionen, die zur Situation von Frauen in den postsowjetischen Staaten aber auch Polen und insbesondere in Bezug auf Frauenhandel und Prostitution unterstützend arbeiten (z.B. agisra e.V., TADA). Die von mir verwendeten Primärdaten zu Sexarbeiterinnen in der deutsch-polnischen Grenzprostitution stammen aus den statistischen Angaben der Frauenfachberatungsstelle Belladonna des Jahrgangs 2000/2001 aus Frankfurt an der Oder. Das Projekt arbeitet und unterstützt Sexarbeiterinnen grenzübergreifend. Es gehört zu den wenigen Institutionen, die vor Ort direkt Kontakt zu den Sexarbeiterinnen haben. Es war mir möglich, mit drei Mitarbeiterinnen drei nicht standardisierte, explorative Expertinneninterviews zu führen, die das wenige vorhandene Material erweitern konnten. Die zweite Hauptquelle primärer Daten besteht aus einem im Auftrag des IOM angefertigten Lagebericht zu Frauenhandel in den baltischen Staaten, der an der Warschauer Sozialpsychologischen Akdamie im Jahr 2001 angefertigt wurde.

7   Der Begriff „Feminisierte Migration" meint nicht nur die weltweit gestiegene Anzahl migrierender Frauen, sondern auch die ihr zugrunde liegenden geschlechtsspezifischen Rahmenbedingungen für Frauen in den Herkunfts- und Zielländern (vgl. Anthias/Lazaridis 2000). Ich verwende ihn gleichbedeutend mit frauenspezifischer Migration.

8   Die Europäische Kommission z.B. definiert Frauenhandel als „das Verschleppen von Frauen aus Drittländern in die EU zum Zwecke sexueller Ausbeutung (eventuell mit weiteren Transporten innerhalb der Mitgliedstaaten). Unter Frauenhandel mit dem Ziel sexueller Ausbeutung fallen Frauen, die durch Einschüchterung oder mit Gewalt zur Prostitution gezwungen werden. Dabei ist eine möglicherweise vorhandene ursprüngliche Einwilligung der Frauen insofern unbedeutend, als einige Frauen zwar wissen, dass sie als Prostituierte arbeiten werden, dann aber anerkennen müssen, dass sie ihrer menschlichen Grundrechte beraubt und unter sklavenmäßigen Bedingungen ‚gehalten' werden" (Faerber-Husemann 1999).

„Frauenhandel liegt unseren Erachtens nach vor, wenn Frauen mittels Täuschung, Drohung, Gewaltanwendung angeworben werden und im Zielland zur Aufnahme und Fortsetzung von Dienstleistungen und Tätigleiten gebracht oder gezwungen werden, (...) die [A.Z.] ihre fundamentalen Menschenrechte verletzen. Zur Erfüllung des Tatbestandes Frauenhandel sind die Nötigung, der Zwang und die Täuschung als Kernelemente notwendig. Der Zwang kann verschiedene Formen annehmen. Er kann durch die direkte physische Gewalt oder durch Androhung derselben, Erpressung, unrechtmäßiges Einbehalten von Dokumenten und verdientem Geld, Raub und Isolation und Betrug ausgeübt werden. Auch das Ausnutzen einer hilflosen Lage, der Autoritätsmissbrauch und die Schuldknechtschaft sind Formen des Zwangs" (Howe 1999: 9).

Allerdings sind auch diese Definitionen bisher nicht in der Lage, den Ausbeutungscharakter differenziert darzustellen und ausgrenzende staatliche Migrationspolitik als Faktor einzubeziehen.[9]

Den Frauenhandel als Phänomen verstehe ich einerseits als ein umkämpftes politisches Feld, das als Argumentations- die für eine staatliche regulierte Migrationspolitik bemüht wird. Gleichzeitig ist er ein Fakt, den ich unbedingt in den Kontext feminisierter Migration von Ost- nach Westeuropa stellen möchte, ohne sie eben darunter zu subsumieren. Die Lebensperspektiven in den postsowjetischen Herkunftsgesellschaften sind häufig aussichtslos für Frauen, sodass Migration für sie als kulturell anerkannter Lösungsansatz zur Behebung eigener sozialer Benachteiligung fungiert. Sie wissen, dass sie ihre Migrationsziele bestenfalls über Sexarbeit erreichen können, da sie nur darüber an notwendige größere Geldsummen oder Kontakte kommen können (Limanowska 2000: 13). Migrantische Sexarbeiterinnen verfolgen mehrheitlich mit der Kombination aus Migration und Sexarbeit einen Lösungsansatz: sie wollen ihr ökonomisches und soziales Kapital im Zuge der Migration erhöhen.

Ohne den Frauenhandel idealisieren zu wollen, bemerke ich, dass sich für Migrantinnen Strukturen des Frauenhandels mit ihren international agierenden sozialen Netzwerken als erfolgsversprechende Migrationshilfen dar-

---

9   Die Definition sexueller Ausbeutung durch ein wichtiges internationales Gremium gegen Frauenhandel, *Coalition Against Trafficking in Women* (CATW) lautet: „all practices by which a person achieves sexual gratification or finances gain through the abuse or exploitation of a woman or child by abrogating her human right to dignity, equality, autonomy and physical and mental well-being" (Hughes 2000; Vartti 2002: 180)
    Ich warne vor einer vereinfachten Ausbeutungslogik im Sexarbeits- und Frauenhandelsdiskurs. Die Beanspruchung von sexuellen Dienstleistungen durch Freier ist in einer komplexen emotionalen und sexuellen Ökonomie begründet, die kulturell bedingt ist und eine Geschichte hat. Ihnen eine einfache Ausbeutungsabsicht zu unterstellen, wirft kein erhellendes Licht auf das Phänomen (vgl. Biemann 2000: 66). Bei Ausbeutung muss immer die Frage gestellt werden, in was für einem Ausmaß sie geschieht, weil jede Form von Lohnarbeit Tendenzen zur Ausbeutung beinhaltet (vgl. Okólski 2001: 140). Ein Ausbeutungsdiskurs kritisiert zwar die Machtverhältnisse, stabilisiert sie aber auch. Eine Politik im Rahmen des Diskurses, die auf nationalstaatlicher Basis versucht, Rechte gegen Ausbeutung nach innen und außen zu spalten, macht Frauen zu ausbeutbaren Subjekten über Grenzen hinweg (Helwes 1998: 250).

stellen können, um ihre Ziele zu verfolgen. Die wachsende Nachfrage nach möglichst rechtlosen Frauen als Sexualobjekten hat eigene Märkte entwickelt, die der Frauenhandel mit der sexuell motivierten und funktionalisierten Mobilität von Frauen bedient (vgl. Biemann 2002: 57). Dabei werden der Migrationwunsch von Frauen sowie ihre ökonomische Notlage z.T. ausgenutzt. Gleichzeitig bietet sich Frauenhandel aber als Migrations- und Überlebensstrategie an, denn ohne seine Netzwerke, in denen Freunde und sogar Verwandte häufig die VermittlerInnenrolle einnehmen, um Frauen anzuwerben und einzuführen, ist es fast unmöglich, im Zuge des Migrationsprozesses als Sexarbeiterin tätig zu sein (Okólski 2001: 136). MittlerInnen und HändlerInnen organisieren in den Herkunftsländern den Reiseweg und Aufenthalt der Frauen. Erfahrungswerte von Sexarbeiterinnen beweisen, dass die Frauen zunächst unter sehr guten Bedingungen geführt und vorbereitet werden, bis sie Vertrauen fassen. Erst nach Migrationsantritt werden sie Gewaltverhältnissen ausgesetzt (UN- Menschenrechtskommission 1996: 11). Erfahrungen von Expertinnen in den Hilfsprojekten für gehandelte Frauen betonen, dass die wenigsten Frauen gekidnappt werden, sondern sich bewusst für die Angebote, die arrangierte Heirat, für die Arbeit im westeuropäischem *Sexbusiness* – oder als kurz- und langfristige Alternative auch in Polen – entscheiden (Limanowska 2000: 13). Die wenigsten Frauen sind so naiv, nicht zu ahnen, was sie erwartet, wenn für ein Arbeitsangebot im Ausland quasi keine Qualifikation erwartet wird. Sie sind dennoch schlecht informiert über Arbeitsverhältnisse im Sexdienstleistungsgewerbe im Allgemeinen und der Grenzprostitution im Speziellen. Frauenhandel stellt nur eine von vielen geschlechtsspezifischen Formen im internationalen Migrationsprozess von Frauen dar. Er geriert zu einer Chance für Migrantinnen, die sie im Verlauf des Migrationsprozesses wahrnehmen. Er impliziert aber zugleich eine extreme Arbeitsausbeutungsform von Migrantinnen (Altink 1995: 1) und ist als ein Delikt im Kontext von Menschenrechtsverletzungen zu betrachten (vgl. Limanowska 2000: 4).[10]

Der Frauenhandel zwischen West- und Osteuropa schlägt sich spezifisch in der Grenzprostitution an der deutsch-polnischen Grenze nieder. Unter Grenzprostitution verstehe ich ein Machtgefüge des transnationalen sexuellen Marktes, der sich lokalspezifisch an der nationalen Grenze als soziale Realität manifestiert. Das Sexdienstleistungsgewerbe wird durch die Gesetzgebung der Staaten bestimmt, die am Verlauf der Migration und am territorialen Grenzverlauf beteiligt sind, sowie deren Durchsetzung in Bezug auf Migration und Sexarbeit. Weitere prägende Faktoren sind die jeweilige kulturelle Einschätzung des Wohlstandsgefälles durch die Bevölkerung der beteiligten Staaten sowie der globale Kontext sexueller Ökonomie, in der Migrantinnen

---

10 Er verstößt gegen Artikel 4, 5 und 13 der allgemeinen Menschenrechte. Gehandelten Frauen wird das Recht auf Meinungsfreiheit und Freizügigkeit verwehrt, manchmal werden sie sogar zur Migration gezwungen (vgl. Altink 1995: 4).

vor dem Hintergrund geschlechtsspezifischer kultureller Entwürfe als sexuelle Dienstleisterinnen arbeiten.[11]

Die ostdeutsch-polnische Grenzprostitution entwickelt sich seit der Grenzöffnung zwischen den beiden ehemaligen sozialistischen Staaten (Interview mit Belladonna-Mitarbeiterin Silvia 19.11.02)[12]. In den vergangenen dreizehn Jahren sind mehrfach Verschiebungen des Hauptgeschäftes von deutscher zu polnischer Seite zu verzeichnen (Belladonna 2000/2001: 11). Aus der deutsch/polnischen Konkurrenz beiderseits der Grenze wurde eine grenzübergreifende Partnerschaft zur Organisation der Prostitution und auch des Frauenhandels (Belladonna 2000/2001: 21). Der Rechtsunterschied zwischen Polen und Deutschland ist mitverantwortlich dafür, dass sich die Prostitution in der Grenzregion überwiegend auf dem polnischen Territorium abspielt, obwohl die Kunden fast alle aus dem Westen kommen (Belladonna 2000/ 2001: 16).

Eine relevante Feststellung bietet der Fakt, dass potentiell alle Frauen aus den ehemaligen sowjetischen Republiken, die aktiv ihr Leben durch Migration verändern und aufwerten wollen, in Abhängigkeitsverhältnisse des Machtgefüges der Grenzprostitution geraten können. Die aktive Entscheidung für eine scheinbar positive Migrations- und Sexarbeitsoption bewahrt sie nicht vor extrem ausbeuterischen Verhältnissen des Frauenhandels. Sie können als aktiv entscheidende, informierte Migrantinnen genau dort stehen, wohin auch von Anfang an irregeführte, missbrauchte und verschleppte Frauen gebracht wurden. Ob als migrierende Frauen, die aus West-Europa in den sogenannten sicheren Drittstaat Polen abgeschoben wurden und unprofessionelle Sexarbeiterinnen sind, oder als professionelle Sexarbeiterinnen – als gehandelte Frauen werden sie oft in der Grenzprostitution Polens „geparkt". Hier werden sie von den „Käufern" aus der BRD und anderen westeuropäischen Ländern geprüft, ob sie die zu erwartende Summe über die Dienstleistung Sex einbringen. Meist sind die Frauen für drei Monate in verschiedenen Agenturen im Grenzbereich zur BRD tätig. Bei sogenannter „Eignung" werden neue TouristInnenvisa für sie organisiert. Händler und Käufer haben die Zeit, ihren künftigen Aufenthaltsrahmen vorzubereiten. Die strukturschwache Region hat sich auf die Infrastruktur des Sexdienstleistungsgewerbes eingestellt und profitiert von ihrem Ruf als Exportort sexueller Dienstleistungen. Zudem kommen die Kunden als Prototypen der Nachfragenden gezielt über die nationale Grenze und dienen den Händlern als Testkunden. Diese besonderen Bedingungen der Grenzprostitution fördern folglich den Frauenhandel (Belladonna 2000/2001: 11). Die Migrantinnen kommen in eine lokale Struk-

---

11 Seit einiger Zeit ist der AIDS-Diskurs nicht zu vernachlässigen, kann im Rahmen dieses Beitrags aber nicht aufgegriffen werden.
12 Die drei nicht-standardisierten, explorativen Expertinneninterviews mit drei Mitarbeiterinnen der Frauenfachberatungsstelle Belladonna fanden am 18. und 19.11.2002 in Frankfurt/Oder in der Beratungsstelle selbst statt. Die Mitarbeiterinnen Sylvia, Waclawa und Nadja haben Wert auf eine formlose Ebene gelegt und sich nicht offiziell vorgestellt. Allein daher werden sie hier nur mit Vornamen aufgeführt.

tur, die besonders darauf ausgerichtet ist, sie einerseits möglichst lange zu halten, und ihnen andererseits Chancen zu bieten, den Absprung in die Zielrichtung Westeuropa zu schaffen.

Auf die von der Bevölkerung weitgehend unbeachteten Menschenrechtsverletzungen in Bezug auf die Arbeitsbedingungen der Sexarbeiterinnen in den verdeckten Bordellen, die in Polen offiziell als Privatclubs gelten, werde ich nicht näher eingehen. Es sei nur angemerkt, dass migrantische Sexarbeiterinnen weder Unterstützung von Seiten der Bevölkerung noch von Seiten der Polizisten erwarten können, die zum Teil mit dem Sexgewerbe kooperieren. Ohne gültige Papiere oder ausreichende Arbeitserlaubnisse und ohne Sprachkenntnisse sind die Frauen der willkürlichen Behandlung ausgeliefert (Interview Silvia 19.11.02). Inzwischen kommt es in Folge des neuen polnischen Ausländergesetzes häufiger zu Razzien im Bereich der Grenzprostitution, die sich jedoch vornehmlich zum Nachteil der Frauen auswirken (Interview Sylvia und Waclawa 18.11.02).[13]

Für den nahezu rechtlosen Status der migrantischen Sexarbeiterinnen und damit zusammenhängende Machtverhältnisse halte ich dennoch nicht primär die sogenannten „kriminellen" Organisationen, die an Migrantinnen herantreten und ihre Situation im Migrationsverlauf gestalten und ausnützen, für verantwortlich, sondern eine transnationale wirtschaftliche Interessen verfolgende, ethnisch und klassenspezifizierte Migrationspolitik der beteiligten Staaten. Zusammenfassend lassen sich die Migrationspolitiken der EU und auch Polens als restriktiv bezeichnen. Sie treiben Polarisierungs- und Differenzierungsprozesse zwischen den Geschlechtern und unter Frauen verschiedener Nationalitäten voran, indem sie Migrantinnen wenige Möglichkeiten für einen sicheren Aufenthalts- und Arbeitsstatus bieten. Sie verweisen sie in prekäre, stigmatisierte Bereiche wie die Sexarbeit, Heiratsmigration und Haushaltsreproduktion, in denen sie auf der Basis der Dichotomisierung von „In- und Ausländerinnen" zu rechtlosen Arbeitsmigrantinnen gemacht und gegen die mit Rechten und Entscheidungsmöglichkeiten ausgestatteten „Inländerinnen" kontrastiert werden. Je restriktiver die ausländerrechtlichen Bestimmungen sind, desto mehr verschiebt sich die frauenspezifische Migration in die Illegalität, desto teurer und gefährlicher wird ihr Verlauf für Migrantinnen und profitabler für Männer (Le Breton Baumgartner 2000: 118) und Frauen aus den Zielländern. Einen wesentlichen Beitrag leisten dazu die jeweiligen politischen Leitlinien der BRD und Polens im Umgang mit Prostitution und Frauenhandel. Wenn der Staat mit der Gesetzeslage und deren Umsetzung eine Entwicklung des Sexgewerbes erlaubt und gleichzeitig einen Schutz der Arbeitnehmerinnen darin verweigert, entsteht Raum für AkteurIn-

---

13 Razzien sind Maßnahmen von außen und treffen die Frauen in verschiedenen Situationen an. Vielleicht befinden sie sich gerade in einer gut verdienenden Phase, in einer Phase, in der der Zuhälter viel erträglicher ist als der Ehemann im Herkunftsland oder die wirtschaftliche Situation wird immer noch besser eingeschätzt als sie es im Herkunftsland wäre (Belladonna 2000/2001: 10). Razzien sind daher keine unbedingte Verbesserung der Lebenssituation der Sexarbeiterinnen.

nen wie Zuhälter und ‚mafiöse Sicherheitskartelle' des Sexdienstleistungsgewerbes, die ihren Profit aus Schutzmaßnahmen für die Beschäftigten schlagen.[14] Nicht die vielfach herbeigeschworenen Frauenhandelsorganisationen sind für mich also primär verantwortlich für die grundlegenden Machtverhältnisse sondern das Zusammenspiel des Wohlstandsgefälles mit der Migrations- und Prostitutionspolitik der EU, der BRD und – in deren Schatten – auch Polens. Kritische BeobachterInnen politischer Maßnahmen gegen Frauenhandel vermuten hinter der staatlichen Initiative gegen Frauenhandel nicht die tatsächliche Unterstützung von Migrantinnen, sondern – im Gegenteil – primär eine Maßnahme gegen Migration. Eine Anti-Frauenhandelspolitik kann nicht ohne Rechte auf den Zugang zu Beschäftigung und Ausbildung sowie Migrationsrechte für Frauen wirksam funktionieren (Limanowska 2000: 14). Eine nationalstaatliche Verfolgung von Frauenhandel stellt bislang eine paternalistische Kontrolle von Sexualität und Mobilität der Migrantinnen dar (vgl. Helwes 1998: 266).

Ich möchte daher den staatlichen dominanten Diskurs zur Prostitution und zum Frauenhandel als äußerst fragwürdig kritisieren, denn er blendet aus, dass Migrantinnen gerade auf Grund einer restriktiven Migrationspolitik bewusst auf Strukturen des Frauenhandels zurückgreifen und ihre Situation in diesen Strukturen gestalten wollen. Der staatliche Diskurs, der sie zu „Opfern" dieser Strukturen reduziert, stellt eine Form der Viktimisierung dar, die meiner Meinung nach Individuen entmächtigt und sie als handlungsohnmächtig festschreibt, um letztendlich die eigenen politischen Absichten – nämlich Zuwanderung zu verhindern – zu legitimieren.

Neben der Viktimisierung habe ich einen weiteren Kritikpunkt am gängigen Diskurs zur Migration von Frauen. Die Gefahr, dass Migrantinnen als Folie dienen, vor der „die moderne, emanzipierte West-Frau" sich abbilden kann, besteht nach wie vor (vgl. Bitzan in diesem Band). Indem ihnen Naivität unterstellt und keine Spielräume zum selbständigen Agieren aufgrund des kulturellen Netzwerks zugestanden werden, das sie wie ein „schweres Gepäckstück" tragen (Huth-Hildebrandt 1999: 103), wird eine Biopolarität zwischen patriarchal dominierten, unbeweglichen Frauen einer Migrationsgemeinschaft und emanzipatorisch orientierten, dynamischen Frauen der Aufnahmegesellschaft konstruiert (ebd.: 104). Darin sehe ich die Gefahr der Konstruktion, Fortschreibung und Verankerung kultureller Differenz und Hierarchie.

Der Versuch eines Gegendiskurses will nicht die Selbstwahrnehmung- oder Bezeichnung der Sexarbeiterinnen als „Opfer" abstreiten. Solange dominante Diskurse bestehen, die Solidaritäten gegenüber Sexarbeiterinnen entlang der Kategorien von „Opfern" und „Selbstverschuldeten" verteilen,

---

14 Dies bleibt auch bestehen, wenn – wie im Fall der BRD und der Republik Polen – die Gesetzeslage komplett differiert. In Deutschland ist Sexarbeit inzwischen nur für Staatsbürgerinnen ein „anerkannter" Beruf (vgl. die Debatte zum neuem Prostitutionsgesetz seit 2001).

wird es immer die Selbstbezeichnung und Identifikation dieser Frauen als „Opfer" geben, um einer gesellschaftlichen Repression zu entgehen (vgl. Murray 1998: 56). Es sollte daher genau beachtet werden, in welchem politischen Kontext die Opferkategorie kritisiert wird.

Diskurse der Sexarbeit und des Frauenhandels werden hier als definierende Strukturen sozialer Praxis verstanden. Es bedarf zudem einer Differenzierung der Diskurse, in denen Wissen über und Verständnis von Sexarbeit hergestellt wird (vgl. Locher 2002: 156). Dominante Diskurse beinhalten weitgehend Stigmatisierungen und Viktimisierungen von Sexarbeiterinnen. Gegendiskurse, wie sie hier zu Grunde liegen, durchkreuzen hingegen diese Bilder der Sexarbeit und des Frauenhandels, indem sie migrantische Sexarbeiterinnen möglichst jenseits von „Schamlosigkeit", Naivität, oder „unvernünftigem" Handeln wiedergeben. Dass zur gleichen Zeit in der Grenzprostitution erlebbar wird, wie sich ausbeuterische Machtverhältnisse manifestieren, ist kein Widerspruch in sich. Eine positive Betrachtung der Sexarbeit ist Teil der sozialen Realität, muss aber erst diskursiv erfasst und benannt werden. Ich möchte mit diesem Beitrag eine Kritik der Viktimisierung der Sexarbeiterinnen formulieren und gleichzeitig Anerkennung für betroffene Frauen als „Opfer" von gewaltförmigen und ausbeuterischen Machtverhältnissen glaubhaft machen. Es gilt danach zu fragen, wie Sexarbeiterinnen als Subjekte in der Lage sind, diese Opferkonstruktionen für sich in der sozialen Realität umzudeuten und sich damit verschiedener Positionen zu bemächtigen.

Migrantische Sexarbeiterinnen als soziale Akteurinnen

Theoretische Zugänge zur Subjekt- und Handlungsanalyse

In der Handlungsanalyse migrantischer Sexarbeiterinnen wende ich grundlegend Pierre Bourdieus praxeologisches Konzept (vgl. Bourdieu/Wacquant 1996: 153) sozialer Akteurinnen und ihrer Machtoptionen entlang von Besitz ökonomischer und sozialer Kapitalformen an, da es eine vermittelbare und greifbare soziale Praxis zugängig macht. Wo sie aber meiner Meinung nach in den Machtanalysen der Individuen nicht weit genug geht, greife ich Michel Foucaults dekonstruktivistisches Konzept der Subjekte und der sie herstellenden produktiven Macht hilfreich auf (vgl. z.B. Foucault 1977: 106). Der Fokus fällt dabei auf ein sehr mächtiges und gängiges Konzept der geschlechtlichen und kulturellen Differenzherstellung von Subjekten. Dies ermöglicht einerseits zu erkennen, auf welche Weise Sexarbeiterinnen als Subjekte entmächtigt werden, andererseits eröffnet sich eine bisher wenig thematisierte Perspektive auf Differenzherstellung und -perpetuierung als Chance für Migrantinnen, sich zu ermächtigen. Zentral ist dabei die Betrachtung des sozialen Geschlechtes „Frau" als soziales Kapital, das von Sexarbeiterinnen selbst hergestellt und pragmatisch eingesetzt wird. Nicht zuletzt geht es um ein Verständnis von lokal geprägten und im Kontext der nationalen Grenze stehenden Handlungsstrategien und von Widerstandsformen, die sich nicht leicht in Kategorien des Aktiven und Passiven beschreiben lassen.

Ausgangspunkt meiner Herangehensweise ist die Anerkennung der migrantischen Sexarbeiterinnen neben Händlern, Zuhältern, Freiern und Behörden als wichtige soziale Akteurinnen im Prozess der alltäglichen Entstehung der Grenzprostitution in Verbindung mit Frauenhandel, ohne sie dabei als völlig autonom handelnde Subjekte zu sehen. Ihre Position als Akteurinnen im Machtgefüge der Grenzprostitution wird entsprechend der Handlungsanalysen nach Bourdieu und Foucault vor dem Hintergrund sich gegenseitig bedingender politischer, ökonomischer und kultureller Felder konstituiert.

Handlungsstrategien sind nicht autonom, nicht als vollkommen individuelle, rational durchgeplante Handlungsabläufe zu betrachten. Sie mögen sogar widersprüchlich zur formulierten Zielsetzung der Akteurinnen erscheinen. Ich lege Wert darauf, MigrantInnen nicht zu neuen fixierten Identitäts-/Subjektkategorien zu verfestigen, da sie in ihren Handlungsweisen widersprüchlich sind. Im Zusammenhang mit ihrem Agieren muss es um ihre sinnhafte und handhabbare Gestaltung jenseits der Dichotomie von Freiwilligkeiten und Zwängen, um das Management von Alltagsleben gehen (Olwig/Hastrup 1997 zit. in Bräunlein/Lauser 1997: VI-VII). In Anlehnung an Foucault und Bourdieu betrachte ich die Handlungsrationalität der Sexarbeiterinnen unbedingt vor dem Hintergrund ihrer Ausgangssituation, ihrer bereits gemachten Erfahrungen und ihrer kulturell hergestellten Struktur. Aus dieser Perspektive wird es plausibel, wie Sexarbeit und Frauenhandel für eine ganze Bandbreite von Migrantinnen aus den ehemaligen Sowjetrepubliken zur Überlebensstrategie und Chance wird.

Das Handeln kann im wesentlichen durch die Beachtung und Anerkennung von Subjektivierung erfasst werden, also z.B. als Herstellung der Identität ‚der Sexarbeiterinnen'. Dank dieser produktiven Perspektive auf Macht bei Sexarbeiterinnen wird plausibel, dass Sexarbeit in Zusammenhang mit Migration für diese Frauen zum positiven Lösungsansatz ihrer benachteiligten Position, zur Überlebens- und Handlungsstrategie wird und sie daran als soziale Akteurinnen festhalten. Foucaults Subjektbegriff, auf den ich mich in meinem Verständnis der Sexarbeiterinnen berufe, scheint mir eine geeignete Folie zu bieten, vor der verdeutlicht werden kann, wie Sexarbeiterinnen erst zu Subjekten gemacht werden, wie ihre Identitäten produziert werden, wie sie aber auch sich selbst in ihrer Subjektivität herstellen. Da sich das Individuum mehrfach subjektivieren kann, ist die Subjektposition ‚Sexarbeiterin' nur eine von vielen. So können die Frauen nicht darauf reduziert werden. Die im gängigen öffentlichen Diskurs als passive und machtlose Opfer dargestellten Sexarbeiterinnen werden im vorliegenden Gegendiskurs wie alle Subjekte als durch ihre eigene Herstellungspraxis ermächtigt (und gleichzeitig entmächtigt) betrachtet. Denn als ‚Sexarbeiterinnen' sind sie Produkte ihrer eigenen Subjektivierungsmacht und der anderer AkteurInnen der Grenzprostitution.

An Bourdieus Handlungsrahmen anknüpfend gehe ich auch im Sinne Foucaults davon aus, dass sie ihre Identitäten als Produkte der Subjektivierung nur vor dem Hintergrund der kulturellen Felder konstruieren können. Subjektivierungsformen der Macht, z.B. in Form der Naturalisierung/Normalisierung von Subjektpositionen, spielen eine zentrale Rolle für die kulturelle Herstellung und Positionierung migrantischer Sexarbeiterinnen als ‚der Anderen'. Es ist zu beobachten, wie Sexarbeiterinnen in einem komplexen Netz aus unterschiedlichen Elementen wie Raum, Institutionen, Regeln und Diskursen durch Machtpraktiken der kulturellen und geschlechtlichen Differenzherstellung zu Frauen und Migrantinnen kategorisiert und hierarchisiert werden. Als transnational agierende Subjekte werden Migrantinnen aus ehemaligen Sowjetrepubliken auf einem Arbeitsmarkt, der von Wohlstandsgefällen und Exklusionspolitiken geprägt ist, auf geschlechtliche, sexualisierte, ethnisierte und nationalisierte Repräsentationen reduziert (vgl. Biemann 2000: 147). Diese Exklusion aufgrund von Differenzierungen wird für sie einerseits zum großen Hindernis im Migrationsprozess.

An dieser Stelle kann Foucaults Perspektive auf Subjektivierung als Machtverhältnis unter Zuhilfenahme des Kapitalverständnisses von Bourdieu aber auch positiv ausgedrückt werden. Die Differenzkategorie „soziales Geschlecht" wird unter Subjektivierungsbedingungen hergestellt und verweist daher auf eine Macht- und Handlungsoption der Sexarbeiterinnen als soziale Akteurinnen, indem sie sich zu Subjekten mit bestimmten Geschlechteridentitäten machen und gemacht werden. Soziales Geschlecht kann in der sexuellen Ökonomie der Grenzprostitution selbst zur Ressource sozialen Kapitals werden. Dieses konstruierte Differenmerkmal wird zur Ressource für migrantische Sexarbeiterinnen, die auf dem sexualisierten und ethnisierten Dienstleistungsmarkt eingesetzt werden kann, um Migrationsziele zu verfolgen. Im Gegensatz zu Thomas Faists (1997) These des unflexiblen sozialen Kapitals im Zusammenhang mit Migration lege ich meinen Fokus auf die Bedeutung des sozialen Geschlechtes als Ressource sozialen Kapitals, das im Zuge der Migration durchaus zum Einsatz kommt. Es muss stets differenziert werden, in welchen Situationen und zu welchen Zwecken Sexarbeiterinnen stereotypen Geschlechterrollen entsprechen, die von ihnen als Migrantinnen erwartet werden. Die Identität des Subjekts Sexarbeiterin behandle ich daher insoweit, als damit ihre Subjektivierung als politischer Akt der Sexarbeiterinnen zu erkennen ist.

Wenn Individuen durch die dekonstruktivistische Perspektive auf Subjektivierung selbst als „Orte geronnener Macht" des Widerstandes betrachtet werden, fordert mich dies dazu auf, die lokalspezifische Bedeutung der territorialen Grenze für das Machtgefüge der Grenzprostitution zu untersuchen, die Sexarbeiterinnen als Subjekte hervorbringt, sie prägt und von ihnen wiederum geprägt wird. Die Macht der Grenze als Produkt sozialer Auseinandersetzungen wird gleichzeitig ihre spezifischen Widerstandsformen hervorbringen, z.B. die Überschreitung und Verschiebungen von Begrenzungen. So kann die deutsch-polnische Staatsgrenze nicht nur als ein Gefahrenraum für migrantische Sexarbeiterinnen, sondern auch als ein Raum gesehen werden, der ihre kreativen Handlungsstrategien fördert (vgl. Rosaldo 1988: 207).

Der hier gerichtete Blick auf die Situation migrantischer Sexarbeiterinnen im Machtgefüge der Grenzprostitution kann nicht nur Eindeutigkeiten erfassen, sondern auch Unregelmäßigkeiten und scheinbare Widersprüche aufdecken und hinterfragen (vgl. Alvarez 1995). Entgegen der Annahme, dass die Sexarbeiterinnen ein primäres Interesse daran haben müssten, sich aktiv gegen die Gewalt zu wehren, die ihnen in der Grenzprostitution entgegengebracht wird, scheinen sie den Zustand zu perpetuieren und bemühen sich sogar, die Machtverhältnisse zu erhalten. Dies wirkt widersprüchlich und naiv in Bezug auf ein Risiko-Bewusstsein. Ich halte den Versuch des postkolonialen Kritikers Homi Bhabha, Handlungsoptionen und Widerstand von Individuen im Konzept der Überlebensstrategie zu erkennen, die Machtverhältnisse vielmehr überdauern will als sie aufzulösen, sowie gängige Verständnisse von ‚Passivität' zu hinterfragen, für geeignet, um eine weitere Untersuchung des hier skizzierten Spannungsfeldes voranzubringen (vgl. Bhabha 2000).

Pragmatismus ist nicht gleich Opportunismus

Handlungsstrategien migrantischer Sexarbeiterinnen zur Lebensgestaltung in der Grenzprostitution

Anhand dieser Perspektiven und theoretischen Zugänge habe ich vier Handlungsstrategien migrantischer Sexarbeiterinnen herausarbeiten können, die Sexarbeiterinnen als handlungsfähige Subjekte erkennen lassen.

Die erste Handlungsstrategie betrifft die aktive Entscheidung der Frauen zur Migration. Die aktive Entscheidung ist Teil einer kulturellen Strategie. Sie wird als Chance wahrgenommen, eigene ökonomische und soziale Benachteiligung zu beheben. Im Zuge der Migration werden die Frauen aber mit den ausschließenden und beschränkenden Konzepten von Nationalstaaten und ihren Territorialgrenzen konfrontiert, die auf Differenzherstellung basieren. In diesem Kontext werden die Frauen erst in fixierende Subjektpositionen ‚der Migrantinnen', ‚der Anderen', ‚der Armen' und ‚der Rechtlosen' verwiesen. Hier zeigen sich also Grenzen der optimistischen Perspektive der Handlungsfähigkeit von Sexarbeiterinnen. Jedoch hat Foucault den Weg geebnet, um zu verstehen, welches Macht- und Handlungspotential in der Subjektivierung der Individuen liegt, auf die die Differenzherstellung zurückgreift. Diesem Verständnis folgend sehe ich auch für Migrantinnen als Produkten von Subjektivierung Machtkapazitäten. Ihre Subjektivierung als ‚Frauen', ‚Migrantinnen' und ‚Sexarbeiterinnen' erfolgt aus zweifacher Perspektive.

Zum einen beruht sie auf Herstellung geschlechtlicher und kultureller Differenz durch das Konzept der Nationalstaaten. Zum anderen wird die Subjektivierungspraxis von den Frauen selbst verfolgt. Die zweite Handlungsstrategie der Sexarbeiterinnen besteht also darin, dass sie auf die Konzepte kultureller und geschlechtlicher Differenz zurückgreifen und sie ihre Selbstkonstitutionen entlang dieser Differenzlinien herstellen. Dies wird am Beispiel des Frauenhandels und der Grenzprostitution besonders deutlich. In ihrem Rahmen wird auf dem sexuellen Markt die Nachfrage nach Verkörperungen kulturell und geschlechtlich differenter Subjekte geäußert. In einer kapitalistischen Konsumgesellschaft werden Erwartungen gehegt, sowohl Beziehungsformen als auch das, was als kulturell ‚fremd' und ‚anders' definiert wird, auf dem Sexdienstleistungsmarkt konsumieren zu können. Frauen aus den Ländern des Ostens und Südens werden nicht zufällig als anschmiegsam, treu und anspruchslos beschrieben und angeboten. Es scheint für etliche Männer in westlichen Gesellschaften attraktiv zu sein, vermeintlich verständnisvolle, sanfte, emotionale und liebenswerte Ehe-/Frauen zur Verfügung haben zu wollen, die wenig konkurrenzfähig und fordernd gegenüber Männern sind, sondern eher „formbar" und „handlich". Die Freier der Grenzprostitution, die als Kunden durch diese Attritbute angesprochen werden, verwenden diese gleichbedeutend mit dem Subjekt „der osteuropäischen Frau" und verbinden es für sich positiv mit Weiblichkeit und einem Rest von Humanität, während sie die vermeintlich emanzipierte, und für sie damit negativ beurteilte „westeuropäische Frau" gegenüber stellen (vgl. Helwes 1998: 250). Motivationen von Frauen, jenseits dieser Verbindung von Sexualisierung und Ethnisierung, Sexdienstleistungen anzubieten, geraten dabei völlig aus dem Blickwinkel.[15] Im Zusammenhang mit dem Wohlstandsgefälle, das die Beziehungen von AkteurInnen in der Grenzprostitution mitbestimmt, bildet diese Nachfrage eine Chance für die Migrantinnen. Aus ihren Subjektpositionen als Sexarbeiterinnen heraus können sie weiterhin handeln, indem sie die Differenzen verkörpern und fortschreiben. Dazu wird soziales Geschlecht als soziales Kapital eingesetzt, um die Akkumulation ihres sozialen Kapitals langfristig zu

---

15 Es muss in der Untersuchung darauf geachtet werden, die einzelnen AkteurInnen nicht entlang von Genderkategorien, nationaler Zugehörigkeit und kulturellem Hintergrund zu homogenisieren. So werden die Geschlechterrollenkonstruktionen von Frauen der eigenen Gesellschaft und der aus Gesellschaften osteuropäischer Staaten in einem heterogenen, männlichen, westlichen Freierspektrum sicherlich differieren. Sie werden aus ihren privilegierten ökonomischen Positionen heraus durch die entsprechende Kaufkraft bestimmen können, welche Attribute Frauen aus Osteuropa als Sexarbeiterinnen verkörpern sollen. Die Verständnisse von geschlechterspezifischen Rollen und Repräsentationen osteuropäischer Sexarbeiterinnen werden sich ebenfalls unter den polnischen Akteuren klassen- und geschlechterspezifisch unterscheiden. Außerdem kann nicht davon ausgegangen werden, dass die geschlechterspezifischen Rollen, die Migrantinnen aus den ehemaligen sowjetischen Republiken von sich selbst sowie von Frauen und Männern aus Westeuropa konstruieren, einheitlich sind. Damit treffen im Spannungsfeld der Grenzprostitution Geschlechterbilder unter unterschiedlichen kulturellen, hierarchischen, klassenspezifischen Herstellungsbedingungen aufeinander. Trotz der starken Heterogenität, die es wert ist, empirisch differenziert untersucht zu werden, sind grundlegende Tendenzen von Geschlechteridentitäten der jeweiligen AkteurInnen im Grenzprostitutionsmachtgefüge ablesbar.

steigern. Wenn (unterstellte oder tatsächliche) traditionelle Geschlechterrollen der eigenen Kultur zum sozialen Kapital in Emigrationsländern werden und in eigener Wahrnehmung mit sozialem Aufstieg verbunden sind (Thadani/Todaro 1987 zit. in Huth-Hildebrandt 1999: 59), warum sollten sie nicht von Migrantinnen eingesetzt werden? Im Rahmen meiner Untersuchung stelle ich fest, dass die Frauen in der Grenzprostitution nicht an bestehenden Geschlechterhierarchien „rütteln", auch wenn sie den Wunsch nach gleichberechtigten Geschlechterbeziehungen als ihr Migrationsziel angeben. Vielmehr erhalten sie die auf kultureller und geschlechtlicher Differenz beruhenden Machtstrukturen des Grenzprostitutionsgefüges, nutzen sie doch die Differenzen pragmatisch für sich. An der Stelle, wo Differenz zum Hindernis wird, entwickelt sie sich gleichzeitig auch zur pragmatisch wahrgenommenen Chance.

Bei der dritten Handlungsstrategie, die unmittelbar mit der Bedeutung der Staatsgrenze zusammenhängt, kommt die spezifische Beschaffenheit der Grenze als sozialem Raum zum Tragen. Dieser steht exemplarisch für Machtauseinandersetzungen zwischen Individuen und Nationalstaaten. Hierbei geht es entlang der Staatsgrenze um das Aushandeln von kultureller und nationaler Zugehörigkeit. Im gängigen Diskurs wird die Staatsgrenze mit den dazugehörenden Ausschlussmechanismen unter Betonung ihres Hindernischarakters für Migrantinnen dargestellt. Das Ziel von Migrantinnen ist, die Staatsgrenze zu übertreten, um weitere gesetzte Ziele zu verfolgen. An dieser Stelle hört der gängige Diskurs aber auf, die offensichtlichen zugrunde liegenden Machtverhältnisse zwischen Nationalstaaten und MigrantInnen zu hinterfragen. Die Schranken der Handlungsfähigkeit werden entlang der Staatsgrenze benannt und nicht in Frage gestellt. Die diesem Beitrag zugrunde liegende Perspektive möchte hingegen deutlich machen, dass die territoriale Grenze nicht nur als ein Hindernis für Migrantinnen zu verstehen ist. Die Bedeutung der Grenze wird von AkteurInnen ständig umkämpft und ausgehandelt. Das Migrationsziel der Sexarbeiterinnen gibt staatlichen Instanzen Anlass dazu, die Grenzregion verstärkt gegen Grenzüberschreitungen zu sichern, weil es sonst ihrer Migrationspolitik widerspräche. Die Sexarbeiterinnen müssen sich einerseits den Machtverhältnissen an der Grenze stellen, die sie erst zu ‚Rechtlosen', ‚Illegalen' und ‚Fremden' macht. Andererseits bietet ihnen gerade die Grenzregion die besondere Möglichkeit, ihre Ziele über die Grenzen hinweg durch die Arbeit in der Grenzprostitution zu verfolgen. Ohne eine Staatsgrenze mit einem relevanten Wohlstandsgefälle, entlang der eine nationalstaatliche Kategorisierung der Sexarbeiterinnen als ‚Andere' verläuft, gäbe es keine Nachfrage der sexuellen Ökonomie nach Migrantinnen. Damit wäre auch die Grenzprostitution als zentrale Einnahmequelle und Sprungbrett der Migrantinnen in den Westen ohne Relevanz. Indem die Möglichkeiten, die die Grenzprostitution den Sexarbeiterinnen bietet, nicht negiert werden, lässt es sich gerade verdeutlichen, dass die Auseinandersetzung von staatlicher Macht und von Individuen erst die Qualitäten der Grenze als Begrenzung fördert. Diese sich gegenseitig bedingende Macht des Staates, die gesetzlichen Legitimierungen für gesellschaftliche Normierungspraktiken hervorzubringen, und Macht der Kunden und HändlerInnen sowie der Sexarbeiterinnen selbst, die sich an den Normierungspraktiken orientieren, schlägt sich schließlich auf Strategien der Sexarbeiterinnen in der Grenzprostitution nieder. Das Handlungspotential migrantischer Sexarbeiterinnen in der Grenzprostitution in Form einer dritten Handlungsstrategie besteht also darin, dass sie aushandeln, was die Bedeutung der Grenze als Begrenzung durch kulturelle, geschlechtliche, nationalstaatliche, klassenspezifische Zuordnung mit sich bringt. In einer pragmatischen Strategie einer Umdeutung der Begrenzung, beziehen sich Sexarbeiterinnen auf geschlechtliche und kulturelle Differenzlinien und setzen diese auch gezielt ein. Dazu unternehmen die migrantischen Sexarbeiterinnen „Grenzgänge" auf unterschiedlichen psychischen, kulturellen und sozialen Ebenen, um immer wieder neu und z.T. auf widersprüchlich erscheinende Weise in ihren Migrationsbestrebungen weiterzukommen. Dabei kommt zum Vorschein, dass die Sexarbeiterinnen, um ihre Ziele langfristig zu verfolgen vor dem gegebenen Hintergrund ihrer Ausgangssituation und des Machtgefüges in der Grenzprostitution versuchen, positive Bedeutungen ihrer Situation und der Machtverhältnisse hervorzuheben. Dabei sind sie daran beteiligt, dieses Machtgefüge aufrechtzuerhalten, da sie es für sich zur Zielverfolgung nutzen. Das ist in meinen Augen ein wesentliches Handlungsbestreben. Ausgehend von diesem Aspekt kann nicht länger von ohnmächtigen Sexarbeiterinnen gesprochen werden.

Diese Beobachtung soll nicht dazu verleiten, anzunehmen, dass die Sexarbeiterinnen offenen Widerstand gegen die ihnen entgegenwirkenden Begrenzungen leisten. Ihre vierte Handlungsstrategie besteht nicht darin, sich grundlegend gegen Gewalt und andere Begrenzungen zur Wehr zu setzen. Vielmehr gehen die Frauen möglichst pragmatisch vor, um die langfristig chancenbringende Option der Grenzprostitution so lange wie möglich zu erhalten. Sie müssen sich, um ihre Ziele verfolgen zu können, zwischen Widerstand gegen die Begrenzungen der Machtstrukturen und einer „Anpassung" bewegen, da sie ja ein Interesse an der Erhaltung der Strukturen haben, die ihnen so lange eine Chance bieten, wie es restriktive Migrationspolitiken gibt. Die wenigsten Frauen sind einverstanden oder zufrieden mit der gegebenen Lage. Sie fühlen sich missbraucht, betrogen von Zuhältern, BetreiberInnen, Freundinnen. Sie wissen, dass sie von ihnen abhängig sind, auch wenn diese sie quälen. Doch die Sexarbeiterinnen haben eine Handlungsweise des scheinbar passiven Ertragens entwickelt. Erst wenn der Druck nicht mehr ertragbar erscheint, sind sie bereit, ihre Situation zu verändern, d.h. z.B. die Hilfe der Organisation „Belladonna" in Anspruch zu nehmen. Die Frauen schätzen ihre Lage entlang der Erfahrung mit Verhältnissen zwischen Frauen und Männern in ihrem Herkunftsland bzw. ihrer Ausgangssituation ein, die Ähnlichkeiten mit der vorherrschenden Situation aufweisen. Den Willen, sich offen zu wehren, setzen die Frauen in einer solchen angespannten, illegalisierten Situation häufig nicht um. Sie akzeptieren es, im Sexdienstleistungsgewerbe zu arbeiten, so lange die Umstände erträglicher erscheinen als im Herkunftsland. Erst wenn die Situation unerträglich wird und lebensbedrohlich erscheint, sind sie bereit, nach Auswegsmöglichkeiten zu suchen. Langfristig gesehen erscheint es ihnen angemessener, sich den Regeln anzupassen und nicht gegen die Gewalt vorzugehen. Damit kann diese Strategie nicht als widersprüchlich und naiv bezeichnet werden. Sie entscheiden dabei selbst, wann sie aus dieser scheinbaren Passivität heraustreten wollen (Belladonna 2000/2001: 9). Die sogenannte Passivität kann in dem Fall auch eine Handlungsstrategie darstellen, mit der sie scheinbar alle Strukturen erhalten, nichts hinterfragen, aber gleichzeitig dies pragmatisch für sich nutzen. Den hier zugespitzten Pragmatismus halte ich für eine wesentliche Handlungsstruktur migrantischer Sexarbeiterinnen an der deutsch-polnischen Grenze. Der Optimismus und Pragmatismus in dieser Lebenssituation erscheint notwendig, um Migrationsziele solange wie möglich verfolgen zu können.

Fazit

Insgesamt sehe ich meine Untersuchung als eine Darstellung der Macht- und Handlungsverhältnisse im Kontext von Migration, Nationalstaaten, Grenzen und sexueller Ökonomie jenseits der gängigen Erklärungsmuster, die in der vereinfachenden „Täter-Opfer" – Rhetorik verfangen sind. Die Beachtung kultureller und geschlechtlicher Differenz im Kontext von Grenzprostitution ermöglicht meiner Meinung nach, eine breitere gesellschaftliche Verantwortung an den Machtverhältnissen offen zu legen. Die Herstellung von Differenzen ist ein grundlegendes gesellschaftlich-kulturelles Konzept, das die Basis für Grenzprostitution bildet. Damit mache ich meine Aufforderung verständlich, Staaten und ihre Migrationspolitiken zur Verantwortung für die Machtverhältnisse in der Grenzprostitution zu ziehen und darüber hinaus die diesen Politiken und den gesamten Gesellschaften zugrunde liegenden Konzepte der Differenzherstellung zu hinterfragen und zu kritisieren. Gerade deshalb bleiben europäische Staaten wegen ihrer Migrations- und Prostitutionspolitiken kritisierbar. Während sich die Europäische Staatengemeinschaft über die Verhältnisse in Osteuropa entrüstet, ermöglicht sie selbst entlang kultureller und geschlechtlicher Differenzierungslinien die Nachfrage nach rechtlosen Migrantinnen.

Die von mir eingenommene Perspektive ermöglicht zudem, zu erkennen, dass migrantische Sexarbeiterinnen selbst am Diskurs der Differenz teilhaben. Nicht zuletzt eignen sich solche handlungsmachtsensiblen Untersuchungen, wie sie hier zu unternehmen versucht wurden, für eine solidarische politische Praxis mit migrantischen Sexarbeiterinnen und eine professionelle Praxis zu ihrer Unterstützung. Dabei besteht geringere Gefahr, dass sie – wie im caritativen Modell – paternalistisch behandelt und bemitleidet werden. Im Gegenteil können sie so als politische Akteurinnen respektiert und einbezogen werden. Sie entscheiden selbst, wann und wie sie offen agieren und wann sie pragmatisch verdeckt vorgehen.

Der hier genannte Pragmatismus der Sexarbeiterinnen stellt nationale Grenzen in einem alltagspraktischen Licht dar. Sie sind einerseits als Schranken für Migrantinnen zu verstehen. Daher bleibt die Kritik am Konzept der Nationalstaatlichkeit unbeeindruckt notwendig, wenn die Machverhältnisse aufgebrochen werden sollen. Andererseits werden Grenzen offensichtlich von Migrantinnen gleichzeitig als Chancen genutzt. Dieser Pragmatismus muss anerkannt werden, denn er verdeutlicht, dass auch in derzeitigen Machtverhältnissen eine Handlungsfähigkeit von Migrantinnen möglich ist.

Literatur

Altink, Sietske 1995: Stolen Lives. Trading Women into Sex and Slavery. London
Alvarez, Robert R. Jr. 1995: The Mexican-US Border. The Making of Anthropology of Borderlands. In: Annual Review of Anthropology 42, S.447-470
Anthias, F./Lazaridis, G. (Hrsg.) 2000: Gender and Migration in South Europe. Oxford u.a.
Arbeitsbericht der Frauenfachberatungsstelle Belladonna 2000/2001nicht veröffentlicht
Bhabha, Homi. 2000: Vortrag im Kontext einer Ausstellung und eines Symposium zu kultureller Praxis in Südafrika. In: Biemann, Ursula (Hrsg.) 2000: been there and back to nowhere: Geschlecht in transnationalen Orten. Berlin; S.146-159
Biemann, Ursula. 2002: Das Begehren nach Eroberung. Ein Versuch, die sexuelle Ökonomie neu zu kodieren. In: Backes, Martina/Goethe, Tina/Günther, Stephan und Magg, Rosalie (Hrsg.): Im Handgepäck Rassismus. Freiburg/Brsg., S. 57-70
Biemann, Ursula. 2000: been there and back to nowhere. Geschlecht in transnationalen Orten/Gender in transnational spaces. Berlin
Bourdieu, Pierre./Wacquant, L. J. D. 1996: Reflexive Anthropologie, Frankfurt am Main
Bräunlein, Peter. J./Lauser, Andrea 1997: Grenzüberschreitungen, Identitäten. Zu einer Ethnologie der Migration in der Spätmoderne. In: KEA 10, Ethnologie der Migration, S. I-XVIII
Doezema, Jo 1998: Forced to choose. In: Kepadoo, K./Doezema, J. (Hrsg.): Global Sex Workers. Rights , Resistance and Redefinition. London, New York, S. 34-50
Faerber-Husemann, Renate. 1999: Osteuropas verkaufte Frauen. Bonn. http: //library.fes.de/ fulltext/id/00565003.htm (6.03.2003)
Faist, Thomas 1997: Migration und der Transfer sozialen Handelns. In: Pries, L. (Hrsg.): Transnationale Migration, Soziale Welt, Sonderband 12. Baden-Baden, S. 63-81
Foucault, Michel 1977: Sexualität und Wahrheit I: Der Wille zum Wissen. Frankfurt am Main
Helwes, Frauke 1998: Migration, Prostitution und Frauenhandel. In: PROKLA. Zeitschrift für kritische Sozialwissenschaft. 28.Jg.. Nr.2 Ausgabe 111, S. 249-269
Howe, Christiane 1999: Frauenhandel – Strukturen und Verhältnisse eines Phänomens. In: Informationspapier von agisra e.V. Frankfurt am Main, S. 1-14
Hughes, D.M. 2000: The Internet and Sex Industries. In: Technology and Society Magazine. http: //www.uri.edu/artsci/wms/hughes/siii.htm (Frühjahr 2000)
Huth-Hildebrandt, Christine 1999: Die fremde Frau – Auf den Spuren eines Konstrukts der Migrationsforschung. Interkulturelle Studien 29. Münster
Die drei Interviews wurden als Niederschrift nur in der zugrunde liegenden Magisterarbeit verarbeitet und sind unveröffentlicht:
Interview mit Belladdonna-Mitarbeiterinnen Silvia, Waclawa, am 18.11.02
Interview mit Streetworkerin Nadja am 19.11.02.
Interview mit Belladdonna-Mitarbeiterin Sylvia am 19.11.02

Kempadoo, Kamala 1998: Introduction: Globalizing Sexworker's Rights. In: Kempadoo, Kamala/Doezema, Jo (Hrsg.): Global Sex Workers. Right, Resistance, and Redefinition. London, New York, S.1-27
Le Breton Baumgartner, Maritza 2000: Die Feminisierung der Migration. In: Klingebiel, Ruth/Randeria, Shalini (Hrsg.): Globalisierung aus Frauensicht. Bilanzen und Visionen. Bonn, S. 112-134
Limanowska, Barbara 2000: Gegen Opfermythen. In: Frauensolidarität 1, S. 13-15
Locher, Birgit 2002: Die Konstruktion des Opfers. In: Zentrum für Interdisziplinäre Geschlechterforschung der Universität Oldenburg (Hrsg.): Körper und Geschlecht. Opladen, S. 153-166
Murray, Alison 1998: Debt-bondage and trafficking. In: Kempadoo, Kamala/Doezema, Jo (Hrsg.): Global Sex Workers: Rights, Resistance, and Redefinition. London, New York, S. 51-64
Okólski, Marek. 2001: Trafficking in Women in the Baltic States. IMO: http: //www.focus-on-trafficking.net (21.02.03), S. 96-154
Rosaldo, Renato 1988: Ideology, Place and People without Culture. In: Cultural Anthropology 3, S. 77-78;
Sullivan, Barbara 1995: Rethinking Prostitution. In: Caine, B./Pringle, R. (Hrsg.): 1005 Transitions. New Australian Feminisms. Sydney, S. 184-197
Summer, A. 1975: Dammed Whores and God´s police. The Colonisation of Women in Australia. London
Un-Menschenrechtskommission. 10.12.1996: Special Rapporteur on Violence against women, its causes and consequences (Ms. Radhika Coomarashramy). http: // 193.135.156.15/ html/menue4/chrrep/4797a/htm (04.08.97), S. 1-29
Vartti, Riitta 2002: Equal Partners online? In: Lenz, Ilse (Hrsg.): Crossing Borders and Shifting Boundaries. Vol.I: Gender on the move. Opladen, S. 177-206

Antje Schulz

Leistungsfähig, männlich, weiß
Bevölkerungspolitik im Zeitalter der
Reproduktionsmedizin

Bevölkerungspolitik im Sinne eines geplanten, methodischen Eingriffs in das generative Verhalten von Bevölkerungen wird heute sowohl von einzelnen Staaten gegenüber der eigenen Bevölkerung als auch gegenüber der Bevölkerung anderer Staaten praktiziert. Sie ist nicht nur fester Bestandteil internationaler und nationaler Politik, sondern hat in Folge des Konsenses von Kairo auch eine neue öffentliche Legitimation erlangt. Wie alle anderen Politikfelder wird auch Bevölkerungspolitik maßgeblich von den Interessen der Hauptakteure bestimmt. Im Bereich der Bevölkerungspolitik gehören dazu sowohl einflussreiche private Organisationen, die häufig von Industriellen unterstützt werden, internationale Organisationen wie die *UNO* oder die *Weltbank* und nationale Regierungen als auch zahlreiche reformerische Bewegungen und religiöse Gruppen (vgl. Mertens 1998: 156f.). Zu den von ihnen verfolgten Interessen zählen vor allem die Aufrechterhaltung des kapitalistischen Wirtschaftssystems und die Ausdehnung des eigenen Einflussbereiches, die Sicherung von Ressourcen, die Entwicklung neuer Technologien, die „Optimierung" der Bevölkerung, die Kontrolle der Gebärfähigkeit von Frauen und der Erhalt der natürlichen Umwelt (vgl. Schneider 2000: 10). Nach Aufnahme der zentralen Forderungen der Frauengesundheitsbewegung in das Abschlussdokument der jüngsten Weltbevölkerungskonferenz 1994 in Kairo verbleibt nur noch ein kleiner Teil von Kritikerinnen, die Bevölkerungspolitik und das ihr zugrundeliegende Dogma der „Überbevölkerung" noch immer als eine Strategie zur Aufrechterhaltung eines auf westlichen Werten basierenden, männlich dominierten kapitalistischen Weltsystems grundsätzlich ablehnen. In der offiziellen Rhetorik der *UN* und zahlreicher anderer Organisationen haben seitdem Frauenförderung, Umweltschutz und Entwicklung oberste Priorität erlangt. Ein wirklicher Paradigmenwechsel müsste allerdings sowohl auf der Ebene des Diskurses als auch im Bereich der praktischen Umsetzung von bevölkerungspolitischen Maßnahmen eine Abkehr von dem Ziel der Ausdehnung westlicher Hegemonie mittels rassistischer und sexistischer Selektion erkennen lassen. In diesem Beitrag soll deshalb untersucht werden, ob es im Zeitalter zunehmender Rationalisierung, in dem die menschliche Fortpflanzung zu einem lukrativen Geschäft für Industrie und Forschung geworden ist, tatsächlich Anzeichen für eine solche Entwicklung gibt. Zum besseren Verständnis der aktuellen Situation soll zuerst ein kurzer Rückblick auf die Entwicklung bevölkerungspolitischer Vorstellungen gegeben werden.

Eine lange Geschichte

Der Wunsch nach Einflussnahme auf die Quantität und Qualität der Bevölkerung lässt sich historisch weit zurückverfolgen. Nach Ingrid Strobl basiert er wie andere Unternehmungen des „weißen Mannes" zum Erhalt seiner Privilegien auf der zu diesem Zweck entwickelten Philosophie der Differenz (vgl. Strobl 1993: 51). Konnten die Differenzen im Mittelalter noch als gottgewollt dargestellt werden, musste der Mensch der europäischen Aufklärung eine auf Differenz beruhende Ungleichbehandlung mit weltlichen Gesetzen und Gesetzmäßigkeiten begründen können (vgl. Strobl 1993: 51). Im Zuge der Aufklärung avancierte darüber hinaus das selbstverantwortliche Individuum zum Leitbild gesellschaftlicher Entwicklung, die infolgedessen immer stärker auf die rationale Planbarkeit des einzelnen Lebens sowie des gesellschaftlichen Zusammenlebens ausgerichtet war. Mithilfe der im 19. Jahrhundert entwickelten Statistik wurde Bevölkerung erstmals als Einheit erfassbar. „Anders als die alten Menschenzählungen machte (...)(sie) die Bevölkerung zu einem Volks„körper", dessen Quantität steuerbar ist und für dessen Qualität die Gesellschaft Gütekriterien entwickeln kann" (Wichterich 1994: 112). Die Sorge um diesen Volkskörper wurde das zentrale Anliegen der sich in Nordamerika und Europa seit Mitte des 19. Jahrhunderts entwickelnden eugenischen Bewegung, die darum bemüht war, „die Qualität des „Bevölkerungskörpers" zu sichern bzw. zu steigern, indem die Fortpflanzung der sogenannten Tüchtigen (positive Eugenik) gefördert und jene der sogenannten Minderwertigen (negative Eugenik) verhindert (werden sollte)" (Aufhäuser 2001: 14). Durch den Ende des 19. Jahrhunderts einsetzenden Rückgang der Geburtenzahlen wohlhabenderer Bevölkerungsgruppen und die nach wie vor hohen Geburtenzahlen der ärmeren sozialen Schichten sahen die Eugeniker die soziale Qualität des Bevölkerungskörpers gefährdet. In ihren Darstellungen konnten sie sich auf biologistisch argumentierende Theoretiker wie Thomas Robert Malthus und Herbert Spencer berufen, die die Fortpflanzung der „Armen" und „Schwächeren" als Resultat „unnatürlicher" staatlicher Unterstützung dieser Bevölkerungsgruppen ansahen und verurteilten (vgl. Többe 2001: 10f.).

Etwa zur gleichen Zeit entstand in mehreren Ländern Europas die Geburtenkontrollbewegung, die starke Kritik an der herrschenden Sexualmoral der bürgerlichen Gesellschaft übte und das Ideal einer „neuen", ihre eigene Körperlichkeit bewusst bejahenden Frau entwarf. Diese sollte durch die Inbesitznahme ihres Körpers zur Persönlichkeit reifen und zu einem neuen, verantwortungsbewussten Umgang mit der „eigenen Natur" gelangen (vgl.

Zimmermann 1988: 56). „Verantwortungsbewusst" implizierte dabei nicht nur das Bewusstsein um die eigene Subjekthaftigkeit, sondern auch die Verantwortung für die nächste Generation und die Höherentwicklung der Gesellschaft als Ganze.

„Wurde eine Person im Zusammenhang mit der Nachwuchsproduktion für unfähig erachtet, den Ansprüchen der sich selbst steuernden, selbstverantwortlichen Persönlichkeit zu genügen, so legitimierte die Sorge um die Interessen des Nachwuchses hier den staatlichen Eingriff in die persönliche Freiheit dieser Person, und zwar bis hin zu direkten staatlichen Eingriffen in deren Körper" (Zimmermann 1988: 65).

Als in diesem Sinn zur Selbstverantwortung unfähig galten unter anderem Alkoholiker, Geisteskranke sowie Menschen mit Erbkrankheiten, Syphilis, Missbildungen, Körperschwäche, Gicht oder Kropf (vgl. Zimmermann 1988: 65). Die innerhalb der Geburtenkontrollbewegung erhobenen Forderungen nach einem Recht auf Verhütung, Abtreibung und Mutterschutz wurden so schließlich mit dem Anliegen zahlreicher Sozialdarwinisten und Eugeniker nach einer „Verbesserung der Rasse" verknüpft. „Das Konzept einer Geburtenkontrolle mit einem emanzipatorischen Anliegen und das einer Bevölkerungskontrolle mit dem Ziel der politischen Steuerung und Herrschaftssicherung verschmolzen" (Wichterich 1994: 115).

In Deutschland wurden ebenso wie in anderen europäischen Ländern und den USA in den dreißiger und vierziger Jahren aus eugenischen Gründen Sterilisationen durchgeführt. 1930 existierten in mehr als der Hälfte der amerikanischen Bundesstaaten Gesetze, die solche Maßnahmen legitimierten. Im „Deutschen Reich" wurden auf der Grundlage des 1933 erlassenen „Gesetzes zur Verhütung erbkranken Nachwuchses" 300 000 bis 400 000 Menschen zwangsweise unfruchtbar gemacht (vgl. Weikert 2001: 37f.). Neben Schizophrenen, Epileptikern, Personen mit erblicher Taub- und Blindheit, schweren körperlichen Missbildungen und AlkoholikerInnen wurden von den dazu geschaffenen Erbgesundheitsgerichten auch sozial unangepasste Personen als so genannte „moralisch Schwachsinnige" zur Zwangssterilisation verpflichtet (vgl. Köbsel in Wichterich 1994: 88). Die Abtreibung sogenannter „rassisch wertvoller" Nachkommen war dagegen bei Todesstrafe verboten. Trotz dieser Erfahrung der gezielten Massenvernichtung auf der Grundlage eugenischer Selektionskriterien durch die Nationalsozialisten verschwand nach 1945 auch in Deutschland lediglich der Begriff „Eugenik" aus der Bevölkerungspolitik, eugenische Gedanken prägten dagegen nicht zuletzt durch eine erstaunliche personelle Kontinuität auch in der Nachkriegszeit den nationalen und zunehmend internationalisierten bevölkerungspolitischen Diskurs. Mit Verweis auf die Existenz ähnlicher Gesetze im Ausland wurde das Gesetz zur Verhütung erbkranken Nachwuchses in Deutschland als nicht spezifisch nationalsozialistisch rehabilitiert (vgl. Hahn 1999: 55).

Ausgehend von den bevölkerungspolitischen Aktivitäten in den USA verschob sich die Aufmerksamkeit der Bevölkerungspolitiker in den 50er Jahren auf die Entwicklung der Geburtenzahlen in den ehemaligen Kolonien. Das Dogma der „Überbevölkerung" trat seinen internationalen Siegeszug an und diente in den folgenden Jahrzehnten als Legitimation zahlreicher antinatalistischer Maßnahmen, die zum Großteil in den Ländern des Südens durchgeführt wurden. Erste „Experimentierfelder" waren unter anderem Indien, Pakistan und zahlreiche Länder Lateinamerikas. Im Rahmen von sogenannten Familienplanungsprogrammen wurden dort vor allem Sterilisationen durchgeführt sowie in großen Mengen Pillen und Spiralen verteilt. „Die jeweils neuen Präparate wurden mit einer solchen Rücksichtslosigkeit an die Frauen gebracht, Nebenwirkungen bagatellisiert, Begleituntersuchungen vernachlässigt, dass sich schon nach kurzer Zeit Widerstand dagegen regte" (Heim/Schaz 1994: 141). Als Organisatoren und Finanziers traten zuerst vor allem private Organisationen und die Regierungen der Industrieländer auf. Später kamen die großen internationalen Organisationen sowie die Regierungen der Entwicklungsländer selbst dazu. Unterstützt von Industriellen wie John D. Rockefeller, Hugh Moore, der *Ford Foundation*, *Standard Oil* und *General Motors* sowie zahlreichen Wissenschaftlern bildete sich in den USA eine einflussreiche Lobby heraus, die unter anderem mit großen Öffentlichkeitskampagnen das Bild einer Bedrohung der Industrieländer durch das Bevölkerungswachstum in den Entwicklungsländern international verbreitete (vgl. Mertens 1998: 168). Mit ihrer Unterstützung wurde 1952 der *Population Council* gegründet, der sich die wissenschaftliche Erforschung des „Bevölkerungsproblems" zur Aufgabe machte und bis heute einer der größten privaten Träger von Bevölkerungsprogrammen ist (vgl. Heim/Schaz 1994: 133, Mertens 1998: 168). Im gleichen Jahr entstand mit der *International Planned Parenthood Federation (IPPF)* eine internationale Organisation auf dem Gebiet der Bevölkerungspolitik. Auch *Weltbank* und *Weltgesundheitsorganisation (WHO)* richteten Bevölkerungsprogramme ein, so dass die Lobby bereits in den 70er Jahren stark international vernetzt war (vgl. Mertens 1998: 168). Zentraler Bestandteil dieses Netzwerkes sind die seit 1954 alle 10 Jahre abgehaltenen internationalen Bevölkerungskonferenzen, die seit der Gründung des *UNO*-eigenen *Fund for Population Activities (UNFPA)* von der internationalen Staatengemeinschaft organisiert werden (vgl. Spiller 1994: 153). Anhand dieser „diskursiven Großereignisse" lassen sich die jeweiligen Schwerpunkte und wechselnden Argumentationslinien innerhalb des bevölkerungspolitischen Diskurses der letzten 50 Jahre anschaulich verfolgen (vgl. Aufhauser 2001: 19). Wurde Anfang der 50er Jahre vor allem auf neomalthusianischer Grundlage mit der Gefährdung der Entwicklung der Länder des Südens argumentiert, rückte bald die Bedrohung des Weltfriedens durch den anvisierten Kampf um wichtige Ressourcen ins Zentrum der Legitimationsbemühungen. Auf der Weltbevölkerungskonferenz in Bukarest 1974 protestierten in Folge dessen zahlreiche Repräsentanten der Länder des Südens gegen den Begriff der „Bevölkerungsexplosion" und die bis dahin praktizierte Verteilung von Verhütungsmitteln ohne begleitende soziale Maßnahmen. Sie forderten die Anerkennung sozialer Veränderungen als Voraussetzung einer effektiven Familienplanung. Durch die Strukturanpassungsprogramme von *IWF* und *Weltbank* zunehmend verschuldet und unter finanziellen Druck gesetzt, mussten sich viele in den folgenden Jahren aber den Forderungen der Industriestaaten nach Implementierung eigener Bevölkerungsprogramme beugen (vgl. Mertens 1998: 171). In den 80er Jahren gerieten dann vor allem Umweltzerstörung und Ressourcenknappheit als Auswirkungen eines angeblich noch immer ungebremsten Bevölkerungswachstums ins Visier der Bevölkerungslobby. Bevölkerungspolitik wurde als entscheidendes Instrument für nachhaltige Entwicklung dargestellt, die Fruchtbarkeit der Frauen des Südens implizit als ökologische Bedrohung (vgl. Aufhauser 2001: 24).

In die Vorbereitung der Weltbevölkerungskonferenz 1994 in Kairo wurde dann erstmals auch eine große Anzahl von Nichtregierungsorganisationen eingebunden. Die in diesem Rahmen durchgeführte aktive Lobbyarbeit eines Teils der internationalen Frauengesundheitsbewegung führte zum einen dazu, dass feministische Konzepte wie reproduktive Rechte, reproduktive Gesundheit und *Empowerment* in das offizielle Abschlussdokument der Konferenz Eingang fanden und damit als Teil des Diskurses verankert wurden. Auf der anderen Seite bewirkte das damit verbundene Bekenntnis zur Notwendigkeit von Bevölkerungskontrolle eine Spaltung innerhalb der Frauengesundheitsbewegung (vgl. Mertens 1998: 172).

Während die Industriestaaten mithilfe der soeben beschriebenen Argumente und Organisationen in den Entwicklungsländern vor allem auf eine Reduzierung des Bevölkerungswachstums drängten, propagierten Politiker und Familienplanungsstellen in zahlreichen europäischen Ländern einen „dramatischen Bevölkerungsrückgang", dem in der Bundesrepublik mit restriktiven Abtreibungsregelungen und steuerlichen Anreizen entgegengewirkt werden sollte. Neue Forschungsergebnisse im Bereich von Reproduktionsmedizin und Humangenetik eröffneten ab den 80er Jahren zusätzliche Möglichkeiten, die Krankheit „Kinderlosigkeit" zu bekämpfen. Protest gegen die pronatalistischen Bestrebungen der Regierungen in den Industrieländern wurde vor allem aus den Reihen der in den USA und in Europa Ende der 60er Jahre entstanden Neuen Frauenbewegung geäußert. Im Namen des Rechts auf Selbstbestimmung der Frau über ihren Körper führten die Aktivistinnen Kampagnen für legalen Schwangerschaftsabbruch und das Recht auf Verhütung und Sterilisation durch (Kozuch 1999: 18). Innerhalb dieser Bewegung formierte sich ebenfalls ein breiter Widerstand gegen die internationale Bevölkerungspolitik, dem unter anderem im März 1976 auf dem ersten Internationalen Tribunal über Verbrechen gegen Frauen Ausdruck gegeben wurde. Die Frauen forderten unter anderem die freie Entscheidung über Kindergeburt und Sexualität, den Stopp von Experimenten und Zwangssterilisation sowie ein internationales Verbot gesundheitlich riskanter Methoden und Medikamente (Kozuch 1999: 19). In den folgenden Jahren fanden dann regelmäßig Internationale Frauengesundheitstreffen statt, an deren Ausrichtung ab 1987 auch Trikontländer beteiligt waren. Trotz des gemeinsamen Anliegens zeichneten sich zwischen den Frauen der verschiedenen Organisationen auch Konflikte ab, die dann im Vorfeld der Weltbevölkerungskonferenz in

Kairo 1994 zur Spaltung der Bewegung führten. Auf die unterschiedlichen Positionen innerhalb der Bewegung soll im Folgenden genauer eingegangen werden.

Rassismus und Sexismus als alte und neue Mechanismen von Bevölkerungspolitik

Der historische Rückblick veranschaulicht, dass Bevölkerungspolitik von Anfang an in engem Zusammenhang mit den Ängsten der wohlhabenderen Bevölkerungsteile stand, die den Verlust von Wohlstand und Macht fürchteten. Bereits Malthus, der Vater des sogenannten „Bevölkerungsgesetzes" wehrte sich in seinem zweiten „Essay on the Principles of Population" gegen eine gesellschaftliche Umverteilung zur Verbesserung der Situation der Armen im England des 18. Jahrhunderts (vgl. Többe 2001: 10). Auch heute besteht eines der Hauptargumente der Kritiker von Bevölkerungspolitik darin, dass mit ihrer Hilfe die herrschende Wirtschaftsordnung und das westliche Konsummodell legitimiert werden und von den wahren Ursachen der ungleichen Ressourcenverteilung abgelenkt werden soll (vgl. Spiller 1994: 151). In der 1993 im Vorfeld der Weltbevölkerungskonferenz in Kairo verabschiedeten Deklaration von Comilla heißt es: „Bevölkerungspolitik vertritt die Interessen der privilegierten Schichten, die im Norden wie im Süden ihren verschwenderischen Lebensstil verteidigen" (Kozuch 1999: 61). Um diesen zu legitimieren, baut Bevölkerungspolitik auf rassistischer Argumentation und rassistischen Techniken auf. Nach Foucault handelt es sich dabei nicht um einen im engeren Sinn ethnischen Rassismus, sondern um eine biologische Variante, die gezielt eingesetzt wird, um die im Rahmen der Optimierung der Lebensqualität einiger Bevölkerungen angewandten Maßnahmen der Auslese und des indirekten Tötens zu rechtfertigen (vgl. Foucault 1992: 45). Ein solcher der Ausübung von Bio-Macht zugrundeliegender Rassismus beginnt dort, wo grundsätzlich zwischen Menschen unterschieden wird, die als Teil der optimierbaren Bevölkerung angesehen werden und solchen, deren Anteil zur Optimierung des Ganzen minimiert werden soll (vgl. Foucault 1992: 42). Diese Unterscheidung lässt sich bis heute durch diverse bevölkerungspolitische Überlegungen und Aktivitäten verfolgen. Waren es zuerst die Armen und Kranken der eigenen Länder, führte die zunehmende Internationalisierung auch zu einer Neudefinition dieser beiden Positionen im Weltmaßstab. Heute zählen zur Gruppe der Menschen, deren Fortpflanzung unerwünscht ist, neben den alten, kranken und behinderten Menschen der Industrieländer vor allem die Bevölkerung in den Entwicklungsländern und die farbigen ZuwanderInnen. In den Ländern des Südens selbst sind es darüber hinaus oft ethnische Minderheiten und Mädchen, deren Anzahl mithilfe bevölkerungspolitischer Programme dezimiert werden soll. Aufgrund neuerer Entwicklungen im Bereich der Gentechnik und der Reproduktionsmedizin wird der Kreis der

Leistungsfähig, männlich, weiß 73

„Auserwählten" auch in den Industrieländern immer kleiner. Im Zuge der „neuen Eugenik" gelten Leistungsfähigkeit, Funktionstüchtigkeit und Wirtschaftlichkeit als neue Selektionskriterien (vgl. Köbsell 1994: 90). Während der soeben beschriebene Rassismus vor allem für die Legitimation von Bevölkerungspolitik von Bedeutung ist, stellt die Kontrolle der Fruchtbarkeit von Frauen und der damit verbundene Sexismus die wichtigste Bedingung für den Erfolg dieser Art von Machtausübung dar. Innerhalb der letzten Jahrzehnte gelang es der Bevölkerungslobby beide Mechanismen mithilfe von zahlreichen rhetorischen „Kunstgriffen" unkenntlich zu machen. Immer wieder waren es gerade das Wohlergehen und die Gesundheit der Frauen, die als Anliegen bevölkerungspolitischer Maßnahmen dargestellt wurden. Die Vereinnahmung der Forderungen der Geburtenkontrollbewegung für den Erhalt der bürgerlichen Klasse sowie die nationalsozialistische Rassenideologie standen damit lediglich am Anfang eines Diskurses, der die Bedürfnisse von Frauen und die Forderungen feministischer Gruppen je nach politischer Konjunktur ignoriert oder für die eigenen Zwecke instrumentalisiert hat (vgl. Spiller 1994: 151, Mertens 1998: 174). Nachdem Selbstbestimmung der Frauen bei der Fortpflanzung in der „Männerwelt der neuen Bevölkerungslobbyisten" in den 60er Jahren zuerst „keine Rolle spielte, führte das Scheitern der einseitig an demografische Zielvorgaben und auf die Verteilung von Verhütungsmitteln ausgerichteten Bevölkerungsprogramme Mitte der 70er Jahre zu der Einsicht, „dass der effizienteste Weg zum Geburtenrückgang zwangsläufig über die Frauen bzw. über die Frauenförderung führen musste" (Wichterich 1994: 119). Zahlreiche bevölkerungspolitische Organisationen öffneten sich gegenüber Frauenprojekten und richteten feministische Abteilungen ein, so unter anderem die *Rockefeller Foundation* und die *Ford Foundation* (vgl. Schwarz 2001: 73). Nach der Weltbevölkerungskonferenz in Bukarest 1974 begann die UN-Dekade der Frauen. Auf der Folgekonferenz 1984 in Mexiko wurde der Rolle und dem Status von Frauen bereits ein eigenes Kapitel im Aktionsplan gewidmet.

> „Neue Strategien der achtziger Jahre waren die Verbindung von Frauenbildung und Familienplanung, einkommensschaffenden Projekten und Familienplanung, sowie im Zuge der in Strukturanpassungsprogrammen geforderten Liberalisierung der Verkauf von Verhütungsmitteln auf dem freien Markt" (Mertens 1998: 171f.).

Auf der Bevölkerungskonferenz 1994 in Kairo waren die Forderungen nach der Ausrichtung bevölkerungspolitischer Maßnahmen an den Bedürfnissen von Frauen dann aufgrund der vor allem von der *International Women's Health Coalition (IWHC)* betriebenen Lobbyarbeit allgegenwärtig. Zentrale Begriffe der Frauenbewegung wie *„Empowerment"*, „reproduktive Rechte" und „reproduktive Gesundheit" wurden erstmals in das offizielle Abschlussdokument aufgenommen und damit als neue Richtlinien für nationale und internationale Maßnahmen festgehalten (vgl. Mertens 1998: 172).

Die Erfahrungen, die Frauen über die letzten Jahrzehnte mit Bevölkerungsprogrammen gemacht haben, zeigen dagegen, dass trotz fortschrittlicher

Rhetorik die Interessen der einzelnen Frauen immer wieder hinter ökonomischen und politischen Zielen zurückstehen mussten. Anzeichen dafür waren unter anderem die kontinuierliche Anwendung und Weiterentwicklung von Langzeitkontrazeptiva wie der Dreimonatsspritze, dem Implantat *Norplant* oder der sogenannten Anti-Schwangerschaftsimpfung, der Einsatz von Präparaten, deren Langzeitwirkungen noch nicht eindeutig festgestellt waren oder die wie *Depro-Povera* in einigen Industriestaaten wegen zu starker Nebenwirkungen sogar verboten worden waren, sowie eine mangelhafte medizinische Betreuung während und nach operativen Eingriffen (vgl. Schlehbusch 1994: 154ff.). Auch von Sterilisationen im Zusammenhang mit anderen Operationen und nach Kaiserschnittgeburten sowie von „Massensterilisationen" und ungenügender Aufklärung über die Folgen einer Sterilisation wurde immer wieder berichtet. In vielen Programmen haben in den letzten Jahren zwar so genannte „Anreizsysteme", bei denen die Bereitschaft zur Familienplanung mit Kleinkrediten oder anderen wirtschaftlichen Leistungen honoriert wird, die international stark kritisierten Zwangsmaßnahmen abgelöst.

> „(Aber auch) wirtschaftlicher Anreiz kann nur dann dem Kriterium der Freiwilligkeit entsprechen, wenn den Menschen Alternativen offen stehen. (...) In dem Moment, in dem z.B. Frauen keine andere Möglichkeit der Kreditaufnahme unabhängig von Familienplanungsprogrammen haben, ist die Freiwilligkeit eingeschränkt. Das Gewaltverhältnis, das sich vorher in direktem Zwang zur Geburtenkontrolle äußert, erscheint nur weniger sichtbar, ist deshalb aber nicht aufgehoben" (Schlehbusch 1994: 162).

Im Rahmen „integrierter Familienplanungsprogramme" werden heute die ohnehin knappen Ressourcen im Bereich Gesundheitsversorgung zunehmend für Familienplanung eingesetzt. „Die unmittelbare Verquickung zwischen Geburtenkontrolle und dem Ziel der Mutter-Kind-Fürsorge leistet der Ansicht Vorschub, Familienplanung sei schon optimale Gesundheitsversorgung" (Schlehbusch 1994: 165). Feministinnen kritisieren darüber hinaus, dass auch weiterhin hauptsächlich Frauen AdressatInnen von Familienplanungsprogrammen und der Verhütungsindustrie sind. So werden immer noch überwiegend Frauen sterilisiert, obwohl der Eingriff bei Männern viel unproblematischer durchführbar ist. Auch eine Thematisierung des Sexualverkehrs als „Teil gelebter Machtbeziehungen zwischen Mann und Frau" findet im bevölkerungspolitischen Diskurs nicht statt (vgl. Wichterich 1994: 122). Die Realität bevölkerungspolitischer Programme war demnach bisher weit entfernt davon, den Frauen des Südens zu einer besseren allgemeinen Gesundheit, mehr Ausbildung und einem höheren Status in Gesellschaft und Familie zu verhelfen. Gesundheitsgefährdende Verhütungsmittel und medizinisch unzureichend betreute operative Eingriffe stellten sogar zusätzliche Risiken für ihre Gesundheit dar. Langzeitkontrazeptiva brachten sie in Abhängigkeit von medizinischem Personal und Familienplanungsdiensten und verdrängten darüber hinaus in vielen Fällen traditionelle Enthaltsamkeitsregeln, die auch den Männern Verantwortung und Respekt abverlangten (vgl. Mertens 1998: 177).

Die große Anzahl solcher Erlebnisse und Berichte veranlassten zahlreiche Frauenorganisationen vor allem aus den Ländern des Südens dazu, ihre

Unterschrift unter die von der *International Women's Health Coalition* *(IWHC)* im Vorfeld der Bevölkerungskonferenz von Kairo in Umlauf gebrachte Erklärung „*Women's Voices*" zu verweigern. Die Initiatorinnen von *Women's Voices* hatten sich zum Ziel gesetzt, durch eine grundsätzliche Reform des Konzeptes, der Strukturen und der Durchführung von Bevölkerungspolitik eine feministische Bevölkerungspolitik zu schaffen, mit deren Hilfe das Ziel des „*empowerment*" von Frauen erreicht werden sollte (vgl. Kozuch 1999: 40). In der Erklärung fordern sie von internationalen und nationalen Institutionen unter anderem die Verminderung und Beseitigung der allgemein anzutreffenden Ungleichheiten in allen Aspekten des sexuellen, gesellschaftlichen und wirtschaftlichen Lebens, die Unterstützung von Frauenorganisationen, die sich für die reproduktive Gesundheit und die reproduktiven Rechte einsetzen, die Sicherstellung von individuell und örtlich geeigneten, preiswerten, qualitativ guten, umfassenden Gesundheitsfürsorgediensten sowie die Bereitstellung einer größtmöglichen Palette geeigneter Verhütungsmittel, die die vielgestaltigen Bedürfnisse der Frauen während ihres Lebens befriedigen (vgl. *Women´s Voices* in Kozuch 1999: 45f.). Darüber hinaus lehnen sie jegliche Anwendung von Zwang oder Anreizsystemen ab. Die Frauen, die sich unter anderem im Dezember 1993 auf dem vom *Feminist International Network of Resistance to Reproductive and Genetic Engineering* (FINRRAGE) organisierten Symposium in Comilla, Bangladesh, versammelten, lehnen dagegen nicht nur eine feministische „Humanisierung" von Bevölkerungspolitik ab, sondern wenden sich auch gegen die Zusammenarbeit mit Regierungen und internationalen Organisationen (vgl. Schwarz 2001: 75). In der von ihnen verabschiedeten *Declaration of Peoples Perspectives on Population* heißt es:

> „Bevölkerungspolitik hat zum Ziel, über die Körper, die Fruchtbarkeit und das Leben von Frauen zu bestimmen, denn bisher sind es immer noch die Frauen, die die Kinder bekommen. Bevölkerungspolitik ist rassistisch und eugenisch und bedeutet Selektion: Sie spricht den einen das Recht auf Leben zu, während sie es gleichzeitig allen anderen abspricht: indigenen Menschen, behinderten Menschen und Schwarzen. Sie hat das Ziel, die Armen abzuschaffen nicht die Armut. (...) Es kann keine feministische Bevölkerungspolitik geben, denn das würde allen Positionen von Frauenbefreiung widersprechen und ihre Grundsätze verletzen" (zitiert nach Kozuch 1999: 61).

Die beiden Erklärungen sind Ausdruck einer grundsätzlichen Kontoverse, die bereits seit den 70er Jahren zu Auseinandersetzungen innerhalb der internationalen Frauengesundheitsbewegung geführt hat, im Vorfeld von Kairo aber erstmals ganz offen zutage trat. Auch über den Begriff der Selbstbestimmung sind innerhalb der Frauengesundheitsbewegung vor allem aber zwischen den Frauen des Nordens und des Südens immer wieder Kontroversen entbrannt. So kritisieren Aktivistinnen aus Trikontländern zunehmend die von westlichen Feministinnen häufig praktizierte Gleichsetzung von Emanzipation mit einer möglichst großen Planbarkeit von Zahl und Zeitpunkt der Geburten (vgl. Hummel 1998: 208). Eine solche Individualisierung hat ihrer Meinung nach mit den Zielen und Lebensentwürfen vieler Frauen des Südens nichts zu tun. Stellvertretend für andere Aktivistinnen des Trikonts kritisiert Farida Akther darüber hinaus die mangelnde Einbettung feministischer Forderungen in den gesamtgesellschaftlichen Kontext.

„Bei der Forderung nach reproduktiven Rechten geht es von Seiten westlicher Feministinnen um das individuelle Recht einer Frau über ihren eigenen Körper zu bestimmen, während die ganze Frage der politischen Emanzipation von Individuen – Männern wie Frauen – als Personen oder Bürgerinnen innerhalb eines größeren Zusammenhangs, nämlich der Emanzipation der Gesellschaft, ausgeschlossen wird" (zitiert nach Kozuch 1999: 29).

Neue Reproduktionstechnologien und Bevölkerungspolitik

Der Durchbruch auf dem Gebiet der Humangenetik und Reproduktionsmedizin zu Beginn der 80er Jahre veränderte sowohl die Möglichkeiten der bevölkerungspolitischen Lobby ihre Ziele durchzusetzen als auch die Breite des feministischen Widerstandes. Mithilfe der neuen Erkenntnisse und Technologien wurde auf der einen Seite der pronatalistische Bevölkerungspolitik im Norden zahlreiche Methoden an die Hand gegeben um die „Krankheit Kinderlosigkeit" zu bekämpfen. Auf der anderen Seite wurde das Spektrum der Kontrazeptiva zur geburtenverhindernden Bevölkerungssteuerung im Süden ebenfalls in eine bedenkliche Richtung erweitert. Sogenannte Anti-Schwangerschafts-Impfstoffe und neue Methoden der In-Vitro Fertilisation sind deshalb lediglich „zwei Seiten derselben Medaille" (vgl. Schneider 1994: 42). Aus Protest gegen diese weltweit propagierte angebliche Ausweitung weiblicher Wahl- und Entscheidungsmöglichkeiten durch die neuen Technologien entstanden Mitte der 80er Jahre zahlreiche Frauenorganisationen und -netzwerke. Bei der Mobilisierung des Frauenwiderstandes spielte sowohl in der Bundesrepublik als auch im internationalen Kontext das *Feminist International Network of Resistance to Reproductive and Genetic Engineering (FINRRAGE)* eine zentrale Rolle. Die Aktivistinnen von *FINRRAGE* brachten ihre Positionen auch in zahlreiche Veranstaltungen und Initiativen anderer gemischter Widerstandsgruppen ein, traten als Rednerinnen auf Kongressen auf und gaben die Zeitung *„Issues In Reproductive and Genetic Engineering. Journal of International Feminist Analysis"* heraus, in der neue Entwicklungen der Reproduktionsmedizin aus feministischer Perspektive kommentiert wurden (vgl. Hofmann 1999: 102). In Deutschland waren darüber hinaus neben zahlreichen sogenannten Gen- und Reprogruppen vor allem das *Genarchiv* in Essen und das *Genetische Netzwerk in Berlin (GeN)* über einen längeren Zeitraum im Rahmen der Auseinandersetzung mit den neuen Biotechnologien und deren Auswirkungen auf Bevölkerungspolitik und auf die Situationen von Frauen weltweit aktiv (vgl. Kozuch 1999: 80, Hofmann 1999: 101). Auf dem ersten bundesweiten Frauenkongress gegen Gen- und Reproduktionstechnik im April 1995 in Bonn wendeten sich die Teilnehmerinnen vor allem gegen die zunehmende Instrumentalisierung des weiblichen Körpers für die Zwecke von Industrie und Forschung, die dadurch hervorgebrachten neuen Formen von Rassismus und Gewalt und die zunehmende Abhängigkeit der Frauen von männlich dominierter Information und Technik.

"Diese Technologie muss sexistisch sein, weil es doch gerade darum geht, dass Frauen den freien, autonomen Umgang mit ihrer Gebärpotenz an Experten, an Mediziner und Bio-Techniker übergeben, die das Kindermachen zu einer industriellen Produktion machen, bei der die Frau nur das Rohmaterial liefert und das Kind die fertige Ware ist" (Mies 1986: 45).

Dass durch ihren Einsatz wiederum sowohl frauenfeindliche als auch rassistische Tendenzen weltweit verstärkt wurden, veranschaulichen die folgenden Beispiele: In einer Reihe südasiatischer Länder, darunter China und Indien, werden heute pränatale Untersuchungstechniken zur Feststellung vorgeburtlicher Defekte des Embryos wie Ultraschall, Fruchtwasseranalyse und Placentauntersuchungen zur Geschlechtsbestimmung missbraucht und weibliche Föten anschließend abgetrieben bzw. deren Entstehung bei der In-Vitro-Fertilisation gezielt verhindert (vgl. Wichterich 1994: 116). In den USA, wo die kommerzielle Leihmutterschaft nicht wie in der Bundesrepublik gesetzlich verboten ist, erwägen sogenannte Gebär-Mutter-Vermittlungsagenturen die Anwerbung von Frauen aus Mexiko und anderen Ländern des Südens für die Austragung der leiblichen oder aus entsprechenden Keimzellenbanken zusammengestellten Embryonen ihrer meist weißen, wohlhabenden Kunden (vgl. Schneider 1994: 44). Bereits heute sind es zum großen Teil ärmere Frauen hispanischer Herkunft, die sich als „Mietmütter" zur Verfügung stellen. Während Krankenkassen in Industrieländern nach kürzester Zeit erfolgloser Empfängnisversuche ihren staatszugehörigen Patientinnen die aufwendigen und oft erfolglosen Behandlungen der künstlichen Befruchtung finanzieren, beklagen Migrantinnen in den gleichen Ländern ungleiche gynäkologische Behandlung und Beratung. In England wird schwarzen Migrantinnen (...) von GynäkologInnen häufig eine Abtreibung oder Sterilisation empfohlen (vgl. Wichterich 1994: 117f.). Innerhalb der Industrieländer werden darüber hinaus wieder Überlegungen angestellt, wie sie bereits zum Beginn des Jahrhunderts geäußert wurden. So begann bereits kurz nach der Zulassung des Implantats Norplant in US-amerikanischen Zeitungen eine Diskussion über dessen Eignung als Instrument zur Bekämpfung der „Schwarzen Armut" und „zur Reduktion von Asozialen" (vgl. Wichterich 1994: 118). In den Augen einiger Kritikerinnen liegt eine weitere frauenfeindliche Komponente in den Bemühungen um eine erneute Stilisierung der Mutterrolle, die hinter dem Aufschwung im Bereich Forschung und Herstellung von Reproduktionstechniken verborgen werden.

"Verpackt in Emanzipationsrhetorik wird der Frau damit erneut angedient, nur in der Mutterschaft liege ihre eigentliche Erfüllung nur die technisch hergestellte, gesundheitlich äußerst riskante Anpassung an die männliche Norm, die lebenslange Zeugungsfähigkeit, verheiße gesellschaftliche Gleichberechtigung" (Schneider 1994: 52).

Den angeblichen neuen Entscheidungsfreiheiten der Frau entsprechen deshalb in der Realität keine Handlungsfreiheiten. Die Alternative besteht lediglich darin, aus der im Norden wie im Süden heute breiteren Angebotspalette von medizinischen und technischen Hilfsmitteln zu wählen und selbst zu bestimmten, mit welchen Methoden sie ihre Fruchtbarkeit kontrollieren oder künstlich ersetzen lassen will. Möchte eine Frau als Staatsangehörige eines Industrielandes ein als behindert diagnostiziertes Kind zur Welt bringen, sich mit ihrer Unfruchtbarkeit abfinden oder bewusst auf Kinder verzichten, wird ihr von Seiten der Krankenkassen, Familienpolitiker und der öffentlichen Meinung zunehmend die Unterstützung verweigert. Lebt sie in einem Entwicklungsland und gehört nicht zu der verschwindend geringen Minderheit wohlhabender, gebildeter Bürger und möchte sich dennoch für eine über die westliche Norm der Zweikindfamilie hinausgehende Kinderzahl entscheiden und diesen Kindern ein menschenwürdiges, gesundes Leben bieten, wird ihr dieses durch neue, ihrer Kontrolle entzogene Kontrazeptiva und der im Rahmen von Strukturanpassungsmaßnahmen immer schlechter werdenden Gesundheits- und Bildungsversorgung praktisch verwehrt.

> „Das ‚neue' an den Biotechnologien ist also, dass Auslese und Ausmerze zur Züchtung höherwertiger Rassen bereits im vorembryonalen Stadium stattfindet und dass es in der Macht von ‚Spezialisten', der Medizin, der Justiz, der Bürokratie und der Industrie liegt, zu entscheiden" (Kayser 1986: 198).

Wie sich die bisher dargestellten Entwicklungen im Bereich der Bevölkerungspolitik und Reproduktionsmedizin auf die Situation von Frauen in Deutschland auswirken, soll im folgenden Abschnitt erläutert werden.

Bevölkerungspolitik in Deutschland

Wie andere Regierungen Westeuropas bemüht sich die Bundesrepublik das Wachstum der eigenen Bevölkerung zu steigern, während sie sich gleichzeitig im Rahmen der Entwicklungszusammenarbeit an Programmen zur Reduktion der Geburtenzahlen in den Ländern des Trikont beteiligt. Obwohl Begriffe wie Eugenik oder „Volksgesundheit" nach den Erfahrungen im Nationalsozialismus aus dem bevölkerungspolitischen bzw. gesundheits- und familienpolitischen Diskurs entfernt wurden, tauchten bereits kurz nach Kriegsende Forderungen nach einer Wiedereinführung der eugenischen Sterilisation auf. Vor dem Hintergrund sinkender Geburtenzahlen „sollten einerseits gesunde Kinder um jeden Preis geboren werden, weshalb sich die Zulässigkeit des Abbruchs auf medizinische Indikation begrenzte, andererseits als lebensunwert definiertes Leben weiterhin möglichst vermieden werden" (Hahn 2000: 76). Da Zwangsmaßnamen allein schon aus historischen Gründen nicht durchsetzbar waren, wurde versucht über ein umfassendes und zum Teil verpflichtendes Beratungsangebot von Ehe- und Familienberatungsstellen sowie anderen Instanzen der reproduktiven Einflussnahme die Angehörigen der letztgenannten Gruppe zum „freiwilligen Verzicht" auf Fortpflanzung zu bewegen (vgl. Hahn 2000 76ff.). Die Abtreibung ist bis heute in der Bundesrepublik rechtswidrig. Von einer Strafverfolgung wird deshalb nur unter bestimmten Ausnahmebedingungen abgesehen.[1] Mit der Neuregelung des § 218 im Jahr 1995 wurde die Genehmigung des Schwangerschaftsabbruchs aufgrund zu erwartender schwerwiegender Schädigungen des Kindes (eugenische oder embryopathische Indikation) abgeschafft. Gleichzeitig wurde aber die medizinische Indikation dahingehend erweitert, dass im Fall einer bevorstehenden schweren psychischen Beeinträchtigung der Mutter aufgrund der Geburt eines geschädigten Kindes der Abbruch sogar ohne zeitliche Befristung und ohne Beratung möglich ist (vgl. Klinkhammer 2003: A1913). In der Praxis hat dies sowohl zu einem starken Anstieg der Spätabtreibungen als auch zu einem zusätzlichen ethischen Konflikt bei den beteiligten Eltern und Ärzten geführt, da Föten jenseits der 23. Schwangerschaftswoche in vielen Fällen lebend zur Welt kommen. Der behandelnde Arzt kann außerdem wegen Nichterkennung einer Behinderung des erwarteten Kindes haftbar gemacht werden, was trotz massiver Kritik aus den Reihen der Ärzte dazu beiträgt, dass diese im Zweifelsfall eher zu einem Abbruch raten und gegebenenfalls den „Behandlungserfolg" sicherstellen (vgl. Klinkhammer 1999: AA-1335). Auf der anderen Seite gilt Sterilität in der Bundesrepublik als Krankheit. Nach einem Grundsatzurteil des Bundessozialgerichtes aus dem Jahre 1967 stellt „die starke Einengung der Zeugungsfähigkeit einen der Behandlung zugänglichen regelwidrigen Körperzustand dar und ist deshalb als Krankheit im versicherungsrechtlichen Sinne anzusehen" (zitiert nach Hofmann 1998: 192). Auf dieser Grundlage hat sich auch in Deutschland die künstliche Befruchtung im Reagenzglas zu einem Routineverfahren entwickelt, das als Standardtherapie eingesetzt wird, für die die Krankenkassen jährlich mehrere Millionen Euro

---

1 Wird der Schwangerschaftsabbruch innerhalb der ersten 12 Wochen unter Nachweis einer Beratung von einer anerkannten Beratungsstelle, von einem Arzt oder einer Ärztin vorgenommen, ist dieser zwar rechtswidrig aber straffrei. Über die 12. Woche hinaus ist der Abbruch ebenfalls straffrei, wenn bestimmte Indikationen vorliegen. Seit der Neuregelung des § 218 durch das Schwangeren- und Familienhilfeänderungsgesetz im August 1995 zählen dazu nur noch die kriminologische und medizinische Indikation. (vgl. Presse- und Informationsdienst der Bundesregierung 1995: 3ff.). „Eine medizinische Indikation liegt vor, wenn die Fortsetzung der Schwangerschaft das Leben oder die Gesundheit der Frau bedroht. [...] Eine kriminologische Indikation liegt vor, wenn die Schwangerschaft durch Vergewaltigung oder ein anderes Sexualdelikt, z.B. sexueller Missbrauch von Kindern oder Widerstandsunfähiger und sexuelle Nötigung verursacht wurde (Kozuch 1999: 161).
Schwangerschaftsabbrüche aufgrund zu erwartender schwerwiegender gesundheitlicher Schädigung des Kindes (eugenische Indikation) oder lediglich nach einer speziellen sozialen Beratung (soziale Indikation) sind heute nicht mehr zulässig. Anstelle der eugenischen Indikation kann aber eine medizinische geltend gemacht werden, wenn von ärztlicher Seite die entsprechenden Voraussetzungen als gegeben anerkannt werden (Kozuch 1999: 161).

ausgeben (vgl. Hofmann 1998: 190). Zusätzlich steht heute zur Umsetzung der pronatalistischen Regierungsbestrebungen ein ganzer Katalog von Maßnahmen sowohl aus dem Bereich der Gesundheits- als auch der Familienpolitik zur Verfügung. Kinder- und Mutterschaftsgeld, Elternurlaub, Erziehungsgeld und Steuererleichterungen dienen dazu, die Geburtenraten vor einem weiteren Absinken zu bewahren. Dass dabei dennoch selektiv vorgegangen wird, beweisen Erfahrungen, die in den letzten Jahrzehnten unter anderem Migrantinnen mit dem deutschen Gesundheitssystem gemacht haben. So berichten Frauen aus Migrantinnenprojekten immer wieder, dass sie Abtreibungen leichter durchsetzen konnten als deutsche Frauen. Neben Migrantinnen sind es vor allem Frauen mit Behinderungen und einkommensschwache Frauen, denen vergleichsweise häufig Sterilisationen und Gebärmutterentfernungen sowie hormonelle Langzeitverhütungsmittel empfohlen werden (vgl. Kozuch 1999: 131). Sie alle gehören zu den Personen, deren Fortpflanzung ähnlich wie die der Frauen in Entwicklungsländern dem weitgehend anerkannten System der internationalen Bevölkerungskontrolle unterworfen werden soll. Die rassistischen Selektionskriterien dieses Systems werden dabei zunehmend in positiv klingende Dogmen der Modernisierung und der Fortschrittlichkeit eingehüllt.

Im Zusammenhang mit der Anwendung neuer Technologien im Bereich der menschlichen Reproduktion spielt in der Bundesrepublik vor allem der Einsatz diverser Methoden zur pränatalen Diagnostik eine wichtige Rolle. Zu den Neuen Reproduktionstechnologien zählen neben der künstlichen Befruchtung (In-vitro-Fertilisation) auch damit zusammenhängende Techniken wie Keimzellenspende, Embryonenspende, Geschlechtswahl, Leihmutterschaft und Embryonenforschung (vgl. Hofmann 1999: 23). In Deutschland sind allerdings sowohl die Präimplantationsdiagnostik, als auch die Eizellspende, die Geschlechtswahl und die Forschung an Embryonen bislang verboten (vgl. EschG unter juris 2003: 1f.). Die rechtliche Grundlage bildet das 1990 verabschiedete Embryonenschutzgesetz. Aber selbst diese im westeuropäischen Vergleich restriktive Gesetzesgrundlage wird durch private Nachfrage und den internationale Markt immer weiter ausgehöhlt. Der sogenannte „Befruchtungstourismus" ist auch unter deutschen Frauen mit entsprechenden finanziellen Möglichkeiten bereits weit verbreitet. Amerikanische Privatkliniken bieten per Anzeigen Spendereizellen auf dem europäischen „Markt" an (vgl. Hofmann 1999: 26). Ein anderer treibender Faktor sind die Interessen von Wissenschaft und Industrie, die im Bereich der Reproduktionsmedizin ebenfalls darauf gerichtet sind, den menschlichen Embryo für die Forschung zugänglich zu machen (vgl. Kollek 1998: 226f.).

Eine neue Ära der Bevölkerungspolitik?

Aufgrund der bereits erwähnten hohen Beteiligung von Nichtregierungsorganisationen und dem Eingang zahlreicher Forderungen aus *„Women's Voices"* in das Abschlussdokument wird die letzte Weltbevölkerungskonferenz (ICPD) 1994 in Kairo von zahlreichen Politikern, Bevölkerungswissenschaftlern und Frauengruppen als Wendepunkt in der bisher betriebenen Bevölkerungspolitik gefeiert. Auch auf den Folgekonferenzen im Februar 1999 in Den Haag und während der UN-Sondersitzungen zum Fünfjahresrückblick auf die Umsetzung des Aktionsprogramms von Kairo im Juli des gleichen Jahres dominierten nationale Erfolgsmeldungen und Lobreden. Im Bericht des *Secretary General* heißt es: „The Programme of Action of the International Conference on Population and Development (…) marked the beginning of a new era in population and development." (United Nations 1999: 1) Auch Francoise Girard von der *International Women's Health Coalition* resümiert:

> „ICPD Plus Five showed that the ICPD has changed the international discourse on matters of population. ‚Reproductive health' and ‚reproductive rights' are now part of the language of diplomacy. Even the governments that opposed the ICPD Programme of Action in 1994, turned, at ICPD Plus Five, into staunch defenders of every word contained in the programme of Action (…)" (Girard 1999: 2).

Der Geschäftsführer der Deutschen Stiftung Weltbevölkerung, Hans Fleisch, weist darauf hin, dass sich viele Länder heute um eine Verbesserung von Qualität, Umfang und Verfügbarkeit von Diensten zur Förderung reproduktiver Gesundheit bemühen. „Sie bilden Personal aus, um bessere Informationen, ein umfassenderes Angebot und eine bedarfsorientierte Versorgung bereitzustellen. Kurz, die politische Wirkung der Kairoer Konferenz von 1994 ist heute unübersehbar" (Fleischer 2002: 34).

Kritik wird von offizieller Seite lediglich in Bezug auf den aktuellen Stand der Finanzierung geäußert. Im Abschlussdokument hatten sich die Industrieländer verpflichtet ein Drittel der veranschlagten finanziellen Kosten für die Umsetzung der Beschlüsse von Kairo im Rahmen von Bevölkerungsprogrammen zu übernehmen. Für das Jahr 2000 waren insgesamt 17 Billionen Dollar veranschlagt worden. Die tatsächlich zur Verfügung stehende Summe belief sich dann lediglich auf 10.9 Billionen. Der Anteil der Geberländer betrug 2.6 Billionen Dollar, weniger als die Hälfte der 1994 zugesagten Unterstützung. Die Entwicklungsländer selbst kamen ihren Verpflichtungen dagegen zu 73 Prozent nach (UNFPA 2002: 4). Darüber hinaus kritisieren Wissenschaftler aus den Ländern des Südens die mangelnde Bereitschaft der politischen Eliten in ihren Ländern völkerrechtliche Verträge und Konventionen wie das Aktionsprogramm von Kairo auch praktisch umzusetzen. Da international kein Druck auf diese Eliten ausgeübt würde, bliebe es häufig bei Absichtsbekundungen auf dem Papier (vgl. Asmah 1999: 53). In manchen Ländern hat deshalb der „Kompromiss von Kairo" lediglich zu einer Umbenennung der Programme nicht aber zu einer Umorientierung der Inhalte geführt. Ein eindrucksvolles Beispiel sind die an die Öffentlichkeit gelangten und sogar international unterstützten Sterilisationskampagnen, die der peruanische Präsident Fujimori im Nachfeld von Kairo durchführen ließ. Im Rahmen eines „Programms zu reproduktiver Gesundheit und Familienerziehung" wurden in Peru zwischen 1995 und 1998 300 000 Menschen sterilisiert. Über

90 Prozent der Betroffenen waren Frauen. Die Eingriffe erfolgten zum einen im Rahmen sogenannter „Sterilisationsfestivals", bei denen Frauen mit kostenlosen Haarschnitten und Zahnbehandlungen gelockt oder mittels bewusst falscher Informationen unter Druck gesetzt wurden. Zum anderen wurden Sterilisationen im Anschluss an stationäre Behandlungen oder während gynäkologischer Untersuchungen sowie nach Geburten zumeist ohne das Wissen der Betroffenen durchgeführt (vgl. Schultz/Tamayo 1998: 1). Nachdem der Staat zuerst als positiven Anreiz für jede durchgeführte Sterilisation dem Gesundheitspersonal zwischen 3 und 10 Dollar gezahlt hatte, wurde die Einhaltung der staatlichen „Planziele" ab 1997 über eine Mindestquote an Sterilisierten sichergestellt, die von jedem Angestellten nachgewiesen werden musste. Der peruanische Präsident Fujimori hatte sowohl den Aktionsplan von Kairo unterzeichnet als auch an der Weltfrauenkonferenz in Peking teilgenommen (vgl. Schultz/Tamayo 1998: 3).

Auf internationaler Ebene gehen unterdessen die Forschungen an Langzeitkontrazeptiva ungebremst weiter. Im Oktober 1998 fand in Indien der 7. Internationale Kongress für reproduktive Immunologie statt. Mit der Entwicklung eines sogenannten „Schwangerschaftsimpfstoffes" soll ein neues, über längere Zeit in seiner Wirkung irreversibles, leicht zu verabreichendes und aufgrund der positiven Analogie mit anderen Impfstoffen sowie der Aussparung des Genitalbereiches kulturell unproblematisches Mittel entwickelt werden, das aufgrund dieser Kriterien eindeutig zur einfachen Massenverabreichung missbrauchbar ist (vgl. Richter 1994: 173). Die Wirkung eines solchen Mittels beruht auf einer gegen die Strukturen des eigenen Körpers gerichtete Immunreaktion, die in ihrer Stärke und Dauer für die individuelle Frau unvorhersehbar ist, da Immunreaktionen von genetischen, psychischen und umwelttechnischen Faktoren beeinflusst werden (vgl. Richter 1994: 169ff.). Als Geld– und Auftraggeber in diesem Forschungsbereich fungieren heute unter anderen der *Population Council*, *USAID* und die *WHO* (Will, 1999: 3). Dagmar Schultz stellt darüber hinaus in ihrer Studie zur Gesundheitsversorgung von Frauen fest, dass ein enger Zusammenhang zwischen den makro-ökonomischen Reformen im Zuge der Globalisierung und der „Aushöhlung der Rechte von Frauen" besteht (Schultz 1998: 174). Die Abnahme öffentlicher Ausgaben für Gesundheit, die Reduzierung öffentlicher Gesundheitsdienste, der Anstieg an Gebühren im Gesundheitsbereich sowie eine wachsende Tendenz zur Privatisierung und Abschaffung von Kontrollen und Richtlinien führen ihren Erkenntnissen nach zu einem weltweiten „Zusammenbruch von Prävention und medizinischer Versorgung", der dazu beiträgt dass: „Frauen in verstärktem Maße weniger Versorgung erhalten als Männer und dass noch weniger öffentliche Gelder für die Gesundheit von Frauen und Mädchen verwendet werden als zuvor" (Schultz 1998: 176). Auch in den westlichen Industrienationen spiegelt sich diese Tendenz wider. So wird beispielsweise in der Bundesrepublik mithilfe von Reformen die paritätische Finanzierung der gesetzlichen Krankenversicherung zunehmend aufgekündigt. Angesichts dieser eindeutig gegen eine bessere und umfassende gesundheitliche Versorgung von Frauen gerichteten globalen Entwicklung kommt Schultz zu der Einschätzung, dass sich „Veränderungen eher auf der rhetorischen Ebene (bewegen) und bezwecken, Frauenprojekten ihren politischen Charakter zu nehmen" (Schultz 1998: 182). Bei genauerer Analyse lassen bereits die im Aktionsplan selbst aufgestellten Ziele an der Intention der Veranstalter, eine neue Ära der Bevölkerungspolitik einzuleiten, zweifeln. So bedeutet beispielsweise das im Aktionsplan enthaltene Vorhaben, bis zum Jahr 2050 eine „Stabilisierung" der Weltbevölkerung bei rund 8 Milliarden Menschen zu erreichen, keine grundsätzliche Abkehr von demografischen Zielvorgaben (vgl. Hummel 1998: 194). Christa Wichterich bemerkt außerdem, dass ein Finanzierungsplan, der 65 Prozent der Mittel für Kontazeptiva und deren Verbreitung dagegen aber nur 30 Prozent für umfassende Gesundheitsdienste und gar keinen Betrag für Bildung vorsieht, an der Ernsthaftigkeit der Priorität von reproduktiver Gesundheit und *„Empowerment"* von Frauen zweifeln lässt (Wichterich 1994: 11). Eine ganze Anzahl vorwiegend weiblicher Wissenschaftler und organisierter Frauen bewerten den Konsens von Kairo deshalb als „faulen Kompromiss". Allerdings waren ihre Stimmen auf dem internationalen Forum zur Evaluation der Umsetzung des Aktionsplans von Kairo in Den Haag kaum noch zu hören. „Der offizielle Konferenzton der Regierungsvertreter dominierte und mit ihm die statistische Berechnung demographischer „Erfolge" nach Kairo" (Hoffmann 1999: 237).

Schlussbemerkungen

Festzuhalten bleibt also, dass es trotz positiver Veränderungen auf der Ebene der Beteiligung, der Rhetorik und auch bei der konkreten Durchführung zahlreicher Maßnahmen im Bereich der Familienplanung keineswegs zu einer grundlegenden Veränderung der Machtverhältnisse oder einer Relativierung des herrschenden Paradigmas im Bereich der Bevölkerungspolitik gekommen ist. Im Gegenteil: Das Konzept von den global verheerenden Auswirkungen der „Überbevölkerung" in den Ländern des Südens hat sich gegenüber Forderungen nach einer gerechteren Verteilung von Wirtschaftsgütern und einer kritischen Auseinandersetzung mit dem Ressourcenverbrauch der Industrieländer weitgehend durchgesetzt. Westlich geprägte Vorstellungen vom Umgang mit Sexualität, von Selbstbestimmung, Zusammenleben in der Familie und lebenswertem Leben sind im Rahmen von bevölkerungspolitischen Maßnahmen und verstärkt durch wirtschaftlichen Druck universell verbreitet worden und gelten heute weitgehend unangefochten als Königsweg zur Modernisierung und zu einer nachhaltigen Entwicklung. Neue Forschungsergebnisse im Bereich von Gentechnologie und Reproduktionsmedizin ermöglichen eine immer effektivere Selektion weißer, gesunder, männlicher und zunehmend auch leistungsfähiger und intelligenter Nachkommen, wodurch das Spektrum der unerwünschten Bevölkerungsgruppen stetig wächst und die

Bevölkerungskontrolle zu einem lukrativen Sektor für die Wirtschaft wird. Auf der anderen Seite entstehen daraus neue, subtile Zwänge für Frauen, deren Fortpflanzung weltweit einer immer stärkeren gesellschaftlichen Kontrolle unterworfen wird und die immer mehr in Abhängigkeit von zumeist männlichen Experten geraten. An die Stelle einer grundlegenden Reformierung von Bevölkerungspolitik ist damit in den letzten Jahren hauptsächlich eine stärkere Akzeptanzbeschaffung für die Notwendigkeit und die Durchführung von Bevölkerungskontrollmaßnahmen getreten, die dazu beiträgt, dass Rassismus und Sexismus als grundlegende Mechanismen dieser Maßnahmen weltweit zugunsten der Erlangung eines Stückchens vom Kuchen aus Macht und Wohlstand in Kauf genommen werden.

Literatur

Asmah, Gladys 1999: Bevölkerungspolitik in Afrika. In: ders. (Hrsg.): Kairo+5. Chancen und Hindernisse einer erfolgreichen Bevölkerungspolitik. Sankt Augustin, S. 52-55

Aufhauser, Elisabeth 2001: Diskursfeld Bevölkerungspolitik. Zwischen „Menschenökonomie" und „Menschenrechten". In: Journal für Entwicklungspolitik XVII Jahrgang (2001)1, S. 7-28

Fleischer, Hans/Hinz Catherina 2002: Dynamik und Divergenz. Bevölkerungspolitik in Entwicklungsländern. In: Internationale Politik 57. Jahrgang (2002) Nr.11, S. 31-36

Foucault, Michel 1992: Leben machen und sterben lassen: Die Geburt des Rassismus. In: Schwarz, Richard (Hrsg.): Bio-Macht. Duisburg, S.27-52

Gesetz zum Schutz von Embryonen. Unter: www.juris.de (14.03.03)

Girard, Francoise 1999: Cairo+Five: Reviewing progress for women five years after the international conference on population and development. In: Journal of Women's Health and Law vol 1(1999) no 1. Unter: http: //www.unfpa.org/gender/pubs.htm (10.3.03)

Hahn, Daphne 2000: Modernisierung der Biopolitik. Sterilisation und Schwangerschaftsabbruch in Deutschland nach 1945. Frankfurt am Main

Heim, Susanne/Schaz, Ulrike 1994: „Das Revolutionärste, was die Vereinigten Staaten je gemacht haben". Vom Aufstieg des Überbevölkerungsdogmas. In: Wichterich, Christa (Hrsg.): Menschen nach Maß. Göttingen, S. 129-150

Hoffmann, Monika 1999: Mehr Geld für weniger Menschen. In: Blätter des Informationszentrums 3. Welt (1999) 237. Ausgabe, S. 16

Hofmann, Heidi 1999: Die feministischen Diskurse über Reproduktionstechnologien. Positionen und Kontroversen in der BRD und den USA. Frankfurt am Main

Hummel, Diana 2000: Feministische Debatten über Bevölkerungspolitik und reproduktive Rechte: Einmischung und Abgrenzung. In: Klingebiel, Ruth/Randeria, Shalini (Hrsg.): Globalisierung aus Frauensicht. Bilanzen und Visionen. Bonn. 2. Aufl., S.186-213

Kayser, Gundula 1986: Aktionswoche: Frauengruppen gegen Gen- und Fortpflanzungstechniken. In: Die Grünen im Bundestag/AK Frauenpolitik & Sozialwissenschaftliche Forschung und Praxis für Frauen e.V.(Hrsg.): Frauen gegen Gentechnik und Reproduktionstechnik, Dokumentation zum Kongreß vom 19.-21.4. 1985 in Bonn. Köln, S. 198f.

Klinkhammer, Gisela 1999: Pränatale Diagnostik: „Ein für Ärzte bedrückendes Dilemma." In: Deutsches Ärzteblatt 96. Jahrgang (1999) Heft 20, S. A-1332-A-1335

Klinkhammer, Gisela 2003: Pränatale Diagnostik: Engere Grenzen für Spätabtreibung. In: Deutsches Ärzteblatt 100. Jahrgang (2003) Heft 28-29, S. A-1913

Köbsell, Swantje 1994: Die Guten ins Töpfchen, die Schlechten...? Alte und neue Eugenik in Deutschland. In: Wichterich, Christa (Hrsg.): Menschen nach Maß. Göttingen, S. 85-106

Kollek, Regine 1998: Jenseits der guten Hoffnung. Vom Schwangerschaftskonflikt zur Embryonenselektion. In: Arbeitskreis Frauen und Gesundheit (Hrsg.): Frauen und Gesundheit(en) in Wissenschaft, Praxis, Politik. Bern/Göttingen etc., S. 220-235

Kozuch, Karin 1999: Zwischen Gebärzwang und Zwangssterilisation. Die bevölkerungspolitische Debatte in der internationalen Frauenbewegung. Münster

Mertens, Heide 1998: Frauen und internationale Bevölkerungspolitik. Was heißt hier Selbstbestimmung? In: Ruppert, Uta (Hrsg.): Lokal bewegen – global verhandeln: internationale Politik uns Geschlecht. Frankfurt am Main/New York, S. 156 – 182

Mies, Maria 1986: Reproduktionstechnik als sexistische und rassistische Bevölkerungspolitik. In: DIE GRÜNEN im Bundestag/AK Frauenpolitik & Sozialwissenschaftliche Forschung und Praxis für Frauen e.V. (Hrsg.): Frauen gegen Gentechnik und Reproduktionstechnik. Dokumentation zum Kongreß vom 19.-21.4.1985 in Bonn. Köln, S. 44-47

Presse- und Informationsamt der Bundesregierung 1995: Die Bundesregierung informiert. §218 StGB-Was ist neu ? Bonn

Richter, Judith 1994: Außer Kontrolle: Anti-Schwangerschafts-„Impfstoffe", „Schwangerschaftsepidemien" und Mißbrauch. In: Wichterich, Christa (Hrsg.): Menschen nach Maß. Göttingen, S. 163-180

Schlehbusch, Cornelia 1994: Bevölkerungspolitik als Entwicklungsstrategie. Frankfurt am Main

Schneider, Ingrid 1994: Befruchtungs-Märkte – Frauen als Lieferantinnen und Konsumentinnen der Fortpflanzungsindustrie. In: Wichterich, Christa (Hrsg.): Menschen nach Maß. Göttingen, S. 39-66

Schneider, Sonya 2000: Bevölkerungspolitik – Vom Zwang zum Konsens. Eine Analyse des bevölkerungsökonomischen und bevölkerungspolitischen Diskurses sowie des Diskurses der Frauen(gesundheits)bewegung. Bremen

Schultz, Dagmar 1998: Die Gesundheitsversorgung von Frauen im Spannungsfeld von Globalisierungsprozessen – ein internationaler Vergleich. In: Beiträge zur feministischen Theorie und Praxis 21. Jahrgang (1998) Heft 49/50, S. 165-192

Schultz, Susanne 1995: Feministische Bevölkerungspolitik? Zur internationalen Debatte um Selbstbestimmung. In: Eichhorn, Cornelia/Grimm, Sabine (Hrsg.): Gender Killer. Texte zu Feminismus und Politik. Berlin. 2. Auflage, S. 11-23

Schultz, Susanne/Tamayo, Giulia 1998: Kairo in Peru: Die bittere Realität der „Reproductive Rights". In: ak-analyse + kritik. Zeitung für linke Debatte und Praxis Nr.421 (1998). Unter: www.akweb.de/ak_s/ak421/13.htm (14.03.03)

Schwarz, Ingrid 2001: Bevölkerungspolitik, reproduktive Rechte und Empowerment von Frauen. Durch globale Perspektiven zu lokalen Veränderungen. In: Journal für Entwicklungspolitik XVII (2001)1, S. 69 – 86

Smyth, Ines 1995: Bevölkerungspolitik: Offizielle Antworten auf feministische Einsprüche. In: Feministische Studien Band 13 (1995) 2, S. 92-106

Spiller Ingrid 1994: Objekt „Frau" in Familienplanungsprogrammen. In: Wichterich, Christa (Hrsg.): Menschen nach Maß. Göttingen, S.151-162

Strobl, Ingrid 1993: Strange Fruit. Bevölkerungspolitik: Ideologien – Ziele – Methoden – Widerstand. Berlin; Amsterdam, 3. Aufl.

Többe, Bianca 2001: Wie Malthus nach Kairo (+5) kam. Der Überbevölkerungsdiskurs wechselt seine Vorzeichen. In: Blätter des Informationszentrums 3. Welt (2001) 250. Ausgabe, S. 10-12

UNFPA 2002: State of the world population: people, poverty and possibilities. Press summary. www.unfpa.org/swp/2002/pdf/english/swp2002summary_eng.pdf (10.03.03)

United Nations 5 October 1999: Twenty-first special session of the General Assembly for an overall review and appraisal of the implementation of the Programme of Action of the International Conference on Population and development. Report of the Secretary-General. http: //www.un.org/popin.unpopcom/32endsess/gass/54442e.pdf. (10.03.03)

Weikert, Aurelia 2001: Zu viel oder zu wenig? Alte Ideen vom „besseren" Menschen und neue Reproduktionstechnologien. In: Journal für Entwicklungspolitik XVII (2001)1, S. 29-46

Wichterich, Christa 1994: Frei und verantwortlich. Geburtenkontrolle, Reproduktionstechnologie und Bevölkerungspolitik zwischen Zwang und Freiwilligkeit. In: Beiträge zur feministischen Theorie und Praxis 17. Jahrgang (1994) Heft 37, S. 111-126

Wichterich Christa 1995: Frauen der Welt. Vom Fortschritt der Ungleichheit. Göttingen

Will, Annette 1999: Angst vor der entscheidungsfähigen Frau. In: Freitag. Die Ost-West Wochenzeitung 23. Juli 1999. Unter: www.freitag.de/1999/30/99301802.htm (17.03.03)

Zimmermann, Susan 1988: Weibliches Selbstbestimmungsrecht und auf „Qualität" abzielende Bevölkerungspolitik. In: Beiträge zur feministischen Theorie und Praxis 11. Jahrgang (1988) Heft 21/22, S. 53-71

2. Migration und Staatsbürgerschaft in Deutschland

Veronika Kabis

Die aktuelle Zuwanderungspolitik

Sprache ist verräterisch. Wenn mit dem Übergang von einer „Ausländerpolitik" zu einer „Zuwanderungspolitik" Ende der neunziger Jahre vielleicht tatsächlich der viel beschworene Paradigmenwechsel in Gang gesetzt wurde, so ist sie aber doch keine *Ein*wanderungspolitik. Vor der Endgültigkeit, Unumkehrbarkeit der Einwanderung scheut sich auch die neue Politik; die halbherzige Rede vom „Zuwandern" trägt noch immer die Option eines Bleibens auf begrenzte Zeit in sich. Die deutsche Sprache hält einen erstaunlichen Vorrat an Nuancierungen bereit, mit denen das Gesagte zum Euphemismus wird.

So halbherzig wie sie klingt, gebärdet sich die Zuwanderungspolitik seit dem rot-grünen Regierungswechsel von 1998. Ungestüm galoppierte sie mit dem großen Staatsbürgerschaftsprojekt los, strauchelte, tänzelte unentschlossen, um sich schließlich enge Zügel anlegen zu lassen; probierte mit dem Projekt eines Zuwanderungsgesetzes einen neuen Anlauf, ließ sich ungeschickt ausbremsen und trat lange auf der Stelle, um am Ende eine Kehrtwende zu machen. Der „Zuwanderungskompromiss" vom Juni 2004 erinnert nur noch von Ferne an die früheren Versprechungen.

Es gibt sicherlich unterschiedliche Herangehensweisen, um eine Analyse aktueller Zuwanderungspolitik vorzunehmen: etwa im historischen Längsschnitt, wie er vielfach vorgenommen wurde, um politische und gesellschaftliche Entwicklungen aufzuzeigen (vgl. z.B. Münz 1999, Meier-Braun 2002, Ulrich 2001), oder in Form der Diskursanalyse, mit der am Beispiel „diskursiver Ereignisse" Trendwenden nachgezeichnet wurden[1]. Im folgenden Beitrag soll dagegen der Versuch unternommen werden, im Sinne einer Momentaufnahme die politische Zuwanderungsdiskussion auf Bundesebene, aber auch mit Blick auf Europa, mit einer (Behörden)Praxis zu vergleichen, die für MigrantInnen im Alltag spürbare Auswirkungen hat. Wenn Einbürgerung der „Schlussstein" der Integration sein soll, dann lässt sich gerade an der Einbürgerungspraxis ablesen, welche Bilder von Zuwanderung, Integration und Staatsbürgerschaft im Alltag wirken. Und wenn Staatsbürgerschaft in ih-

---

1 So zum Beispiel der Schrödersche Ruf nach der Green Card 1998 oder die Unterschriftenkampagne der hessischen CDU gegen die Zulassung der doppelten Staatsbürgerschaft 1999 (vgl. z.B. Klärner 2001).

ren historischen Ursprüngen ein spezifisch männliches Konzept ist (vgl. Appelt 1999), dann ist der Analysegegenstand „Einbürgerung" hervorragend geeignet, um geschlechtsspezifische Einsichten in eine Politik und Praxis zu erhalten, hinter der sich bestimmte Bilder und Projektionen über Migrantinnen und Migranten[2] verbergen.

Die neue Zuwanderungspolitik: Pragmatisch, nützlich, preiswert

Zugespitzt ließe sich vielleicht sagen, dass die Zuwanderungspolitik um die Jahrtausendwende und das Zuwanderungsgesetz als ihr augenfälligstes Produkt ein großes Missverständnis sind. Diejenigen, die eine liberale und humanitäre Einwanderungspolitik befürworten, müssen hinnehmen, dass das Gesetz, als vermeintlich „modernstes in Europa" verbrämt, kaum wirkliche Zugangsmöglichkeiten birgt – allenfalls Optionen für bestimmte Berufsgruppen, die es im Einzelnen auszuhandeln gilt und für die in Anbetracht der Arbeitsmarkt- und Wirtschaftslage der Zeitpunkt ihrer Umsetzung womöglich der Sankt Nimmerleinstag sein wird. Die sonstigen fortschrittlichen Aspekte, wie etwa die Anerkennung nichtstaatlicher und geschlechtsspezifischer Verfolgung als Asylgrund, lassen sich an den Fingern einer Hand aufzählen (vgl. Brabandt in diesem Band). Umgekehrt erzeugt es bei seinen Gegnern allein durch seinen Namen eine durch nichts gerechtfertigte Angst vor „massenhafter" Zuwanderung. Für die Bundesarbeitsgemeinschaft Pro Asyl ist das Zuwanderungsgesetz „weitaus schlechter als sein Ruf". Das Bild des „Ausländers" als Gefahr, die es abzuwehren gälte, präge große Teile des Gesetzes (vgl. Förderverein Pro Asyl 2003).

Die Zuwanderungsdiskussion schwankt zwischen Emotionalität und Pragmatismus. Seit Bundeskanzler Schröder im Februar 2000 die Green-Card Diskussion ausgelöst hat, hat sich zwischen extremen Positionen von den „offenen Grenzen", die heute kaum mehr jemand ernsthaft fordert, und rigoroser Ablehnung von Zuwanderung ein vermeintlicher Königsweg aufgetan, auf den sich viele einigen konnten. Seither steht die „Nützlichkeit" von Zuwanderung als pragmatische Argumentation im Raume: als Stütze für den Wirtschaftsstandort Deutschland und als Heilmittel gegen den demographischen Schwund. Schnell sind neue Polarisierungen entstanden. Nun ist die Rede von Ausländern, die uns nützen, und denen, die uns ausnützen. In der Integrationsdiskussion findet diese Argumentation ihr Pendant: Willkommen ist, wer sich integrieren möchte und am besten schon integriert kommt. Die Integrationsleistungen werden noch immer – auch wenn nun mit Jahrzehnte

---

2 Oder aber auch über die Männer und Frauen, die eine Verbindung mit ihnen eingehen. Siehe dazu weiter unten die Ergebnisse des Projektes „Fabienne" über die Diskriminierung binationaler Familien und Partnerschaften.

Die aktuelle Zuwanderungspolitik 91

langer Verspätung an einem Integrationskonzept gearbeitet wird – überwiegend an die Zuwanderer delegiert. Oder anders gesagt: Deutschland leistet sich den Luxus, die Integration mehr oder minder externen Faktoren und dem Zufall zu überlassen. Die Ergebnisse sind alarmierend: eine Arbeitslosenquote unter MigrantInnen, die doppelt so hoch ist wie die von deutschen Staatsangehörigen; 33% ausländische Jugendliche ohne Ausbildung, eine deutliche Unterrepräsentanz an Realschulen und Gymnasien.

Wenn die Zuwanderungsdebatte etwas bewirkt hat, dann eine Polarisierung, in der mit harten Bandagen um ein virtuelles Objekt gekämpft wird. Aber: Wenn zwei sich streiten, freut sich der Dritte, denn vielfach ist darüber aus dem Blickfeld geraten, dass derweil die entscheidenden Pflöcke an anderer Stelle, nämlich in der Europapolitik, eingeschlagen werden.

Deutschland und die Europäische Einwanderungspolitik

Beim Sondergipfel des Europäischen Rates in Tampere am 15. und 16. Oktober 1999 haben die Mitgliedsstaaten zugesichert, dass die Europäische Union „Drittstaatsangehörige, die sich rechtmäßig im Hoheitsgebiet der Mitgliedstaaten aufhalten, gerecht behandeln wird. Eine energischere Integrationspolitik soll darauf ausgerichtet sein, ihnen Rechte zuzuerkennen, die denen der EU-Bürger vergleichbar sind".[3]

ExpertInnen europäischer Migrationspolitik reagierten verhalten. So wurde bezweifelt, „ob diese Schritte (die Integration der Zuwanderungspolitik in die erste Säule der europäischen Politik, d.Verf.) tatsächlich den Anfang einer neuen Ära europäischer Zuwanderungspolitik markieren, täuschen sie doch eine umfassende Europäisierung vor, obgleich auch zukünftig keine Zuwanderungspolitik ohne Berücksichtigung nationaler Einzelinteressen möglich erscheint" (Märker 2001: 9). Die Skepsis scheint aus heutiger Sicht begründet gewesen zu sein. Das Beispiel der am 3. Oktober 2003 veröffentlichten europäischen Richtlinie bezüglich des Rechts auf Familienzusammenführung von Drittstaatsangehörigen mag dies verdeutlichen. Die nationalen Egoismen – und allen voran der deutsche – haben dafür gesorgt, dass hier eben keine Vergemeinschaftung im eigentlichen Sinne erfolgte, sondern aus einem erstaunlich liberalen Richtlinienentwurf der EU-Kommission lediglich ein Grundgerüst mit einer Reihe von Ausnahmeregelungen entstanden ist, die deutlich die Handschrift der Bundesregierung tragen. Der Familienbegriff wurde am Ende wieder auf seine engste Auslegung zurechtgestutzt: Das Recht auf Familiennachzug gilt, von wenigen Ausnahmen abgesehen, nur für EhegattInnen und Kinder. Verwandte in aufsteigender Linie und Seitenverwandte bleiben davon ausgeschlossen. Eine Ausnahmeregelung soll die Absenkung des Nachzugsalters für Kinder ermöglichen – eine Regelung, die

---

3 Punkt 18 der Schlussfolgerungen von Tampere

sich bekanntlich auch im ersten Entwurf zum Zuwanderungsgesetz findet und die bislang in keinem anderen EU-Mitgliedstaat ernsthaft diskutiert wurde.

Nach Meinung vieler NGOs verstößt die Einführung von Alters- und Integrationsklauseln bei Kindern, die zu ihren Eltern oder Verwandten nachziehen sollen, gegen Artikel 3 und 9 der UN-Kinderrechtskonvention, die von allen Mitgliedstaaten der EU unterzeichnet wurde (von der Bundesregierung allerdings unter dem Vorbehalt, dass ausländerrechtliche Belange Vorrang haben vor dem Kindeswohl).[4] Das Europaparlament hat diese Kritik aufgegriffen und im Dezember 2003 Klage gegen Teile der Richtlinie beim Europäischen Gerichtshof eingereicht. Die Richtlinie gestaltet nicht nur die Familienzusammenführung schwieriger, sondern macht auch den Aufenthalt der nachgezogenen Familienmitglieder unsicherer. So kann nachziehenden Ehegatten der Zugang zum Arbeitsmarkt ein Jahr lang untersagt werden, womit sich die finanzielle Situation der ganzen Familie verschlechtert. Diese Regelung stellt im Übrigen eine indirekte Diskriminierung von Frauen dar, denn die überwiegende Mehrzahl der nachziehenden Ehepartner sind Frauen, die damit daran gehindert werden, finanzielle Unabhängigkeit zu erlangen und statt dessen in Abhängigkeit von ihren Ehemännern geraten. Diese Abhängigkeit wird noch dadurch verstärkt, dass ihr Aufenthaltstitel entzogen werden kann, wenn sich erweist, dass ihr Ehemann eine dauerhafte Beziehung zu einer anderen Person eingegangen ist. In der Richtlinie gehen wirtschaftliche Kriterien generell gegenüber dem Schutz und den Rechten des Einzelnen vor. Die Bestimmung, wonach im ersten Jahr ab dem Zeitpunkt der Familienzusammenführung der Aufenthaltstitel wieder zurückgenommen werden kann, wenn sich die Wohn- und Einkommenssituation verschlechtert, bedeutet konkret, dass eine Person, die arbeitslos wird, darüber hinaus mit dem Verlust des Rechtes auf Familienleben rechnen muss.

Es bleibt abzuwarten, wie die Richtlinie in deutsches Recht umgesetzt wird. Da die Bundesregierung jedoch schon maßgeblich an der rigiden Fassung des Richtlinientextes beteiligt war, ist kaum damit zu rechnen, dass Spielräume zu Gunsten von MigrantInnen bei der Umsetzung in die nationale Gesetzgebung genutzt werden.

Dass sich die Diskussion um den Familiennachzug so schwierig und langwierig gestaltete, verweist übrigens nicht nur darauf, dass der Familiennachzug eines der letzten legalen „Schlupflöcher" der Einwanderung ist und damit fast zwangsläufig ins Visier der Gesetzgeber geraten musste. Es ist auch der Begriff von Familie selbst, der vor dem Hintergrund der Einwanderung neue Fragen aufwirft.

In Europa existiert heute eine Vielzahl von Familienformen, deren Entwicklung sowohl von internen als auch von externen Faktoren beeinflusst wird. Das viel beschworene europäische Modell der Kernfamilie ist in per-

---

4   Vgl. Kampagne der Europäischen Koordination für das Recht von MigrantInnen auf Schutz der Familie: „Nichtigerklärung der EU-Richtlinie bezüglich des Rechts auf Familienzusammenführung". www.coordeurop.org (September 2003)

manentem Wandel begriffen. Die Einelternfamilie, die Patchworkfamilie, die Elternschaft gleichgeschlechtlicher Paare machen der Kernfamilie ihren Rang als „Normalfall" zunehmend streitig. Gleichzeitig haben die Einwanderer andere Familienmodelle „importiert" (aber auch diese verändern sich wiederum in der Exilsituation und in Auseinandersetzung mit hier vorgefundenen Modellen): Die Großfamilie hat in vielen Herkunftsländern noch eine viel größere Bedeutung; Großeltern, Cousins und Cousinen, Onkel und Tanten spielen etwa in der Erziehung der Kinder eine mitunter ebenso große Rolle wie Eltern und Geschwister.

Wenn es nun darum geht, ausländerrechtliche Regelungen, etwa in Bezug auf den Familiennachzug, zu treffen, und wenn die Betroffenen aus Gesellschaften kommen, in denen die Familiensysteme sozial, kulturell und rechtlich von den mitteleuropäischen Normen abweichen, dann wird von diesen MigrantInnen verlangt, dass sie sich an das Modell der Kernfamilie in seiner strengsten Auslegung anpassen. Anders gesagt, das Recht eingewanderter Familien orientiert sich an einem Modell, das nur mehr von einem abnehmenden Teil der einheimischen Bevölkerung gelebt wird.

Deutlich wird dies etwa am Beispiel binationaler Familien. Die Entscheidung, ob Paare verheiratet oder unverheiratet zusammen leben möchten, steht ihnen oft nicht frei. Wenn der/die ausländische PartnerIn kein eigenständiges Aufenthaltsrecht besitzt, kann das Zusammenleben nur durch Eheschließung abgesichert werden.[5] Umgekehrt bringt die Orientierung am Kernfamilienmodell eine Asyl- und Abschiebepraxis mit sich, die etwa die Abschiebung von Achtzehnjährigen und damit die Trennung von ihrer Familie bedeuten kann, mit der Begründung, es handele sich bei jungen Volljährigen und ihren Eltern nur mehr um eine „Begegnungsgemeinschaft", die auch vom Ausland aus aufrechterhalten werden könne. Eine Interpretation, der sich auch deutsche Familien vermutlich nur schwerlich anschließen könnten.

Wenn von Familientraditionen der Einwanderer die Rede ist, dann zumeist im Zusammenhang mit den augenfälligen negativen Erscheinungen. So ist es ein bekanntes Phänomen, dass eingewanderte Familien gerade in der Anfangszeit starken Druck auf ihre Mitglieder ausüben, indem sie sich auf das berufen, was sie für ihre „Tradition" halten – etwa die arrangierte Ehe oder gar die Zwangsehe. Aus Angst vor den Verwerfungen, die die Migration mit sich bringen kann, ziehen sie sich auf rigide Auslegungen der gesellschaftlichen oder rechtlichen Normen zurück, auch wenn diese in ihrem Herkunftsland bereits im Wandel sind (vgl. Erel in diesem Band). Würde Europa einen tatsächlichen Willen zur Integration von Migranten beweisen, müsste diese Erkenntnis zu einer möglichst offenen Auslegung der familiären Beziehungen führen, die es den Menschen erlaubt, sich von überholten Gesetzen

---

5   Diese fehlende Wahlmöglichkeit beklagte die Mehrzahl der knapp 700 im Rahmen des Projektes „Fabienne" befragten binationalen Paare. Den Zwang zur Eheschließung in einer Zeit, da der Trauschein immer mehr an Bedeutung verliert, empfanden sie als eine Form der Diskriminierung.

oder Normen in ihrem Herkunftsland – vor denen sie vielleicht sogar geflüchtet sind – zu befreien. Anstatt sie den Zwängen anderer Normen wie der der Kernfamilie zu unterwerfen, die in Europa in Auflösung begriffen sind, würde eine umsichtige Einwanderungspolitik gut daran tun, sie am Umbau unserer Gesellschaften teilhaben zu lassen.

Integriere sich, wer kann

Die Rede von der Zuwanderung geht Hand in Hand mit der Rede von der Integration. Das freimütige Bekenntnis etwa der Süßmuth-Kommission, dass es in der Vergangenheit kein wirkliches Integrationskonzept gab, sondern die Teilhabe an den Strukturen der Gesellschaft mehr oder minder das Ergebnis von Eigenleistungen der MigrantInnen oder von Zufällen war, ist positiv zu vermerken. Und doch ist Vorsicht geboten, wenn das Zauberwort von der Integration fällt.

Sehr prägnant fällt die Kritik am Integrationsprogramm der Bundesregierung, das ursprünglich mit dem Zuwanderungsgesetz am 1.1.2003 starten sollte und insbesondere die Sprachförderung neu regelte, beim Migrantennetzwerk „Kanak Attak" aus:

„Jetzt, wo man weiß, dass mit einer dauerhaften Niederlassung zu rechnen ist, will man vorbereitet sein und sich die richtigen rauspicken. Das neue Interesse an den Einwanderern und ihren Problemen erweist sich für diese aber nicht unbedingt von Segen. Die Knöpfchen auf der Sortiermaschine leuchten in den Farben der New Economy. Wen hat es schon interessiert, ob die Arbeiter bei Opel Rüsselsheim deutsch sprachen? Die kleinen Wörterbücher, die man ihnen aushändigte, enthielten das, was die Arbeitgeber und Behörden eben für sie vorgesehen hatten. Von Landeskunde gar nicht zu sprechen. Die angedrohten indirekten oder direkten Strafen für die, die an solchen Kursen nicht teilnehmen, dienen nur oberflächlich dazu, Integration mit Nachdruck zu erzwingen. Der Sinn besteht wie bei jedem Strafsystem in der Schaffung eines Instrumentariums zur Klassifizierung. Migrantische Populationen sollen unterteilbar sein in Spitzen- und Lumpeneinwanderer (…)." (Kanak Attak 2003)

Anders gesagt: Der Nachweis bzw. die vermutete Befähigung zur Integration wird zu einer neuen Geißel für MigrantInnen, zur Legitimation für Ausschluss oder Einschluss in die Gesellschaft. Kinder über sechzehn Jahren sollen zu ihren Eltern nach Deutschland nur nachziehen dürfen unter der Voraussetzung einer guten Integrationsprognose oder gar wenn sie vorher schon Deutsch sprechen; Eingebürgert wird nur, wer ausreichend Deutsch spricht; Der Zuzug von SpätaussiedlerInnen soll drastisch reduziert werden, indem die Anforderungen an die Deutschkenntnisse auch bei den Familienangehörigen erhöht werden.

Gewiss, wer mag bestreiten, dass sprachliche Defizite in der Vergangenheit ein wichtiger Faktor für das überdurchschnittlich hohe Scheitern von Migrantenjugendlichen in Schule und Ausbildung waren; auch wäre es wenig hilfreich, die Forderung nach einem umfassenden Sprachförderkonzept des

Die aktuelle Zuwanderungspolitik 95

Bundes zurückzunehmen, denn Sprache ist der Schlüssel zur gesellschaftlichen Teilhabe. Gerade Frauen haben hier großen Nachholbedarf. Aber hinter der Rede von der Integration verbirgt sich ein Konzept, das eben nicht staatsbürgerrechtlich gefasst ist. Was hier geschieht, ist vielmehr die Konstruktion eines normativen Begriffes von Integration, an dem sich MigrantInnen zunehmend messen lassen müssen und der davon ausgeht, dass Integration – im Wesentlichen gedacht als Spracherwerb und Zugang zum Arbeitsmarkt – ein ausschließlich willentlich zu beeinflussender Prozess sei, eine Leistung, die jede und jeder erbringen kann, wenn sie oder er sich nur genügend Mühe gibt.

Dass diese Gleichung so einfach nicht aufgeht, liegt auf der Hand. Lässt man einmal die Widerstände, die die deutsche Gesellschaft der Integration von Zuwanderern ideologisch und emotional ohnehin entgegen setzt, ganz außer Acht, stellt sich die Frage, wo hinein integriert werden soll. In einen schrumpfenden Arbeitsmarkt, in dem Arbeitslosigkeit quer durch alle Schichten vom Sonder- zum Normalfall geworden ist? In ein Bildungssystem, dem die Überwindung sozialer Herkunft generell schon nicht gelingt und das MigrantInnen nur als eine weitere Problemgruppe begreift? Die sollen erst einmal Deutsch lernen, heißt es pauschal. Fordern allein genügt jedoch nicht. Die Sprachförderpolitik des Bundes war in den letzten Jahrzehnten wenig geeignet, um der sprachlichen Defizite von MigrantInnen Herr zu werden. Ein selektives System, das die TeilnehmerInnen an öffentlich geförderten Kursen nach Aufenthaltsstatus und Nationalität sortierte, schloss immer größer werdende Zielgruppen gänzlich vom Spracherwerb aus (vgl. Kabis 2002). Menschen, die in den ersten Jahres ihres Aufenthalts in Deutschland keinen Zugang zum gesteuerten Spracherwerb hatten (zum Beispiel Flüchtlinge), können später nur mit Mühe das bis dahin erreichte Sprachniveau überschreiten. Die Sprachwissenschaft hat schon in den siebziger Jahren das Phänomen der „Sprachfossilierung" bei Gastarbeitern beschrieben. Das unzureichende Angebot an Deutschkursen, vorschulischer und schulischer Sprachförderung, fehlende Einbindung in eine deutschsprachige Umgebung insbesondere bei Frauen, Arbeitslosigkeit, Ghettoisierung, insbesondere aber auch mangelhafte Bildungsvoraussetzungen bereits im Herkunftsland sind Faktoren, die den Spracherwerb negativ beeinflussen. Dass hier eine enorme Herausforderung und Zukunftsaufgabe liegt, an der sowohl die Aufnahmegesellschaft als auch die MigrantInnen selbst arbeiten müssen, steht außer Frage.

Dies ist in anderen Einwanderungsländern nicht grundlegend anders. So musste sich auch Frankreich inzwischen darauf einstellen, dass die Einwanderer längst nicht mehr nur aus frankophonen Sprachgebieten kommen, sondern die französische Sprache häufig erst in Frankreich erlernen müssen. Und dennoch weist die deutsche Sprachenpolitik einen entscheidenden Unterschied auf: Sie ist auf noch nie da gewesene Weise zum Steuerungsinstrument der Zuwanderungs- und Integrationspolitik geworden. Augenfälliges Beispiel ist die Aussiedlerpolitik. Als sich die Integrationsprobleme von SpätaussiedlerInnen nicht mehr verleugnen ließen, wurde die Beherrschung der deutschen Sprache als Ventil entdeckt, mit dem der zuvor jahrelang erwünschte und geförderte Zuzug von SpätaussiedlerInnen gedrosselt werden kann. Prompt sank die Zahl der Neuanträge im Jahre 2002 um 30%, als das Zuwanderungsgesetz kurz vor der Verabschiedung stand. Offensichtlich verzichteten nämlich viele Menschen auf einen Aussiedlungsantrag, da künftig nicht nur die Antragsteller selbst, sondern auch ihre Familienangehörigen einen Sprachtest ablegen sollten. Damit war das politische Ziel, das hinter dieser Neuregelung stand, erreicht, obwohl das Gesetz zum geplanten Zeitpunkt dann gar nicht in Kraft trat. Die politisch Verantwortlichen machen keinen Hehl daraus: Nach Einschätzung des Bundesaussiedlerbeauftragten sei der hohe Anteil von Personen ohne Deutschkenntnisse das entscheidende Problem bei Integration und Akzeptanz in Deutschland. Wir finden hier also dieselbe Argumentation wie bei der ursprünglich geplanten Herabsetzung des Nachzugsalters von Kindern auf zwölf Jahre – die sprachliche Integrationsfähigkeit muss von den Zuwanderern selbst, am besten schon vom Ausland aus, nachgewiesen werden. Und Deutschland stiehlt sich damit aus der Integrationsverantwortung.

Einbürgerung: Nie war sie so schwer wie heute

Die Sprache als Selektionsmechanismus setzt sich auch an anderer Stelle, nämlich bei der Einbürgerung, fort. Ein einfaches „Sich verständlich machen" war schon früher Voraussetzung für die Einbürgerung. Doch mit der Reform des Staatsbürgerschaftsrechts von 2000 ist die Beherrschung der Sprache zum Dreh- und Angelpunkt geworden. Die einzelnen Bundesländer handhaben den Sprachtest unterschiedlich. Während die einen zur auf den ersten Blick einheitlichen und rechtssicheren Sprachprüfung durch externe Träger, etwa Volkshochschulen, übergegangen sind, verwenden die anderen Zeitungstexte, anhand derer die MitarbeiterInnen der Einbürgerungsstellen sprachliches Verständnis und Ausdrucksfähigkeit der AntragstellerInnen prüfen sollen. Entscheidend ist letztlich die politische Haltung der Bundesländer zur Einbürgerung: Die Praxis der Sprachtests anhand von Zeitungstexten ist in Dortmund vielleicht weniger transparent als der strukturierte Test im Saarland, dafür wurde aber in Nordrhein-Westfalen der Grundsatz ausgegeben, dass Einbürgerungswillige möglichst nicht an ihrer sprachlichen Ausdrucksfähigkeit scheitern sollen, da Einbürgerung ausdrücklich erwünscht ist. Im Saarland hingegen scheitert rund ein Drittel der Prüflinge am „objektiven" Sprachtest. MigrantInnen mit hoher Einbürgerungsmotivation haben angesichts der sprachlichen Hürde übrigens einen intelligenten „Umweg" entdeckt: Der Ehegatte bzw. die Ehegattin mit den höheren Einbürgerungschancen (zumeist jedoch der Mann) lässt sich zunächst allein einbürgern, während der bzw. die andere den Antrag erst später stellt, um dann als EhegattIn eines/einer Deutschen ein erleichtertes Einbürgerungsverfahren zu durchlaufen...

Geht man davon aus, dass Frauen beim Spracherwerb nach wie vor besonders benachteiligt sind, ist auch zu vermuten, dass sie überdurchschnittlich häufig am Sprachtest für die Einbürgerung scheitern. In der Tat weist die Einbürgerungsstatistik eine interessante Besonderheit auf. Lagen die Einbürgerungszahlen von Frauen bis zum Jahr 1999 deutlich über denen der Männer, hat sich dieses Verhältnis seit 2000 umgekehrt.[6] Die Zahlen lassen zunächst nur Vermutungen zu, so etwa, dass die Männer den Frauen „nachziehen", sprich: Was die Frauen können, können auch wir Männer! Es ist aber keineswegs unwahrscheinlich, dass der Einbruch bei den Einbürgerungszahlen von Frauen auch auf die gestiegenen sprachlichen Anforderungen und das Scheitern beim Sprachtest zurückzuführen ist.

Erfahrungen aus der Praxis bestätigen dies, wenngleich sie hier sicher nicht als repräsentativ zu bewerten sind. So ließen sich bei einer spontanen Umfrage im Bekanntenkreis gleich mehrere Fälle finden, in denen beide Ehegatten einen gemeinsamen Einbürgerungsantrag gestellt haben, aber nur der Ehemann eingebürgert wurde. Zum Beispiel Familie C. aus Frankfurt: Die sechzigjährige Mutter lebt, wie ihr Ehemann, seit über dreißig Jahren in Deutschland, ist berufstätig, geht alleine zum Arzt, hat deutsche Nachbarn im Haus und im Gartenverein, mit denen sie sich in einfachen Sätzen unterhalten kann. Ihren vier erwachsenen Kinder haben die Eheleute das Studium ermöglicht. Der Hinweis darauf, dass Frau C. Analphabetin sei, wurde von der Einbürgerungsstelle ignoriert (obwohl es gesetzliche Sonderregelungen für Analphabetinnen gibt) und die Einbürgerung abgelehnt.

Zum Beispiel auch Familie A.: Das Ehepaar aus Lörrach führt seit zehn Jahren gemeinsam ein Taxiunternehmen. Aber auch Frau A. wurde die Einbürgerung verweigert, da sie den Sprachtest nicht bestand. Den Rechtsweg, der durchaus Aussicht auf Erfolg gehabt hätte, haben beide Frauen nicht beschritten – zu tief war die Kränkung, die mit diesen Ablehnungen verbunden war.

Wenn Einbürgerung der Schlussstein der Integration sein soll und die Beherrschung der deutschen Sprache dabei zum ausschlaggebenden Kriterium erhoben wird, dann offenbart sich hier ein Integrationsbegriff, der der gesellschaftlichen Realität gerade der ersten Einwanderergeneration, und hier wieder insbesondere der Frauen, nicht gerecht wird.

Wer will ernsthaft bestreiten, dass die beiden Frauen aus den oben genannten Beispielen enorme Integrationsleistungen erbracht haben? Diese Leistungen haben sie in erster Linie nicht für sich erbracht, sondern für ihre Kinder. Sie haben damit genau das getan, was gesellschaftlich lautstark eingefordert wird: Sie haben ihren Kindern eine Zukunft in Deutschland aufgebaut. Das Scheitern an einer Sprachprüfung nimmt sich dagegen wie ein Hohn aus.

Der Streit um die Reform des Staatsbürgerschaftsrechts hat im Übrigen mehr über die tiefsitzende Ablehnung von Einwanderung offenbart als die Diskussion um das Zuwanderungsgesetz. Mit der Einbürgerung werden un-

---

6 1997 wurden 132912 Männer und 138861 Frauen eingebürgert; 1998 waren es 138584 Männer und 145020 Frauen, 1999 waren es 117479 Männer und 124493 Frauen; im Jahr 2000 gingen die Zahlen zurück auf 97634 Männer und 89054 Frauen, 2001 waren es 92579 Männer und 85519 Frauen und im Jahr 2002 wurden 79721 Männer und 74826 Frauen eingebürgert. Quelle: Statistisches Bundesamt.

umkehrbare Fakten geschaffen, sie lässt keinen Zweifel mehr daran, dass Menschen aus aller Welt ihr Leben „unter uns" einrichten. Sie schafft NeubürgerInnen, neue Deutsche, „andere Deutsche" (vgl. Mecheril/Teo 1994). Sie zwingt dazu, dieses Deutschsein selbst neu zu definieren, die bis dato noch immer völkisch verstandene deutsche Identität in Frage zu stellen (vgl. Brabandt in diesem Band). Der Stachel sitzt tief. Tiefer als etwa in Frankreich, wo sich das Verständnis von Staatsbürgerschaft in erster Linie an den republikanischen Grundwerten festmacht und eben nicht an jener Tradition der Romantik mit ihren antiaufklärerischen Zügen ethnischen Denkens. Es ist kein Zufall, dass in Alltagsdiskursen und in Medienberichten noch immer derselbe Mechanismus greift: Menschen, die ihre deutsche Staatsbürgerschaft durch Einbürgerung erlangt haben, werden entsprechend gekennzeichnet. Bei der Kopftuch tragenden Lehrerin darf nie der Hinweis darauf fehlen, dass sie gebürtige Afghanin war, bevor sie Deutsche wurde; ein straffällig gewordener jugendlicher Spätaussiedler wird kurzerhand zum Russen erklärt; schwarze Deutsche müssen sich noch immer regelmäßig als Deutsche erklären. Wenn das Grundgesetz auch keine Staatsbürger erster und zweiter Klasse kennt – im gesellschaftlichen Bewusstsein wird diese Unterscheidung tagtäglich vollzogen.

Dass diese Diskussion nach dem Scheitern des ursprünglichen rot-grünen Staatsbürgerschaftsprojektes und der Verabschiedung einer letztlich nur halbherzigen Reform zum 1.1.2000 noch lange nicht beendet ist, zeigten die Änderungsanträge von CDU/CSU zum Zuwanderungsgesetz. Erstaunlich wenig wurde öffentlich darüber diskutiert, dass sich eine Vielzahl dieser Änderungsanträge auf das Staatsbürgerschaftsrecht bezog. So soll insbesondere das ius-soli-Prinzip für die zweite Generation rückgängig gemacht und erst auf die dritte Generation angewendet werden. Zur Begründung hieß es: „Das Abstellen auf die dritte Generation für den Erwerb der deutschen Staatsangehörigkeit kraft Gesetzes erlaubt eine zuverlässigere Integrationsdiagnose als bei der gegenwärtigen Rechtslage."[7] Aus den Begründungen zu den Änderungsanträgen lässt sich eine deutliche Verknüpfung der Diskursstränge „innere Sicherheit" und „Einwanderung" ablesen. Unter dem Eindruck des 11. September spielt die CDU/CSU mit der Angst vor „importiertem Terror", wie sie sie schon in der Diskussion um die doppelte Staatsbürgerschaft beschworen hat.[8] Betrachtet man die Änderungsanträge in Bezug auf die Staatsbürgerschaft unter geschlechtsspezifischen Aspekten, so fallen zwei unterschiedliche Argumentationsstränge auf: die Terrorgefahr, die besonders bei Männern vermutet wird, und das Argument der Nicht-Integrierbarkeit und Rückständigkeit, das eine spezifisch weibliche Komponente hat, wie man an

---

7   Punkt 99 der Änderungsanträge der CDU/CSU-Bundestagsfraktion zum Zuwanderungsgesetz vom 2. Mai 2003
8   Klärner (2001) zitiert Günther Beckstein in einem Focus-Interview vom 7.12.98, wo dieser unter der Überschrift „Importierter Terror" sagte, nach den Plänen von Rot-Grün könnten mehrere zehntausend Ausländer, die als extremistisch eingestuft seien, einfach Deutsche werden.

der seit dem Urteil des Bundesverfassungsgerichtes vom September 2003 neu entbrannten Kopftuch-Debatte deutlich sehen kann. Auch hier wird ein Diskurs fortgeführt, der an die Kampagne gegen die doppelte Staatsbürgerschaft anknüpft, wo etwa der CSU-Landesgruppenchef Michael Glos sagte: „Wir wollen nicht, dass sich in Deutschland auf Dauer Lebensformen etablieren, die nicht unsere Lebensformen sind." (zitiert nach Klärner 2001: 97)

Bilder von Frauen

In der Zuwanderungspolitik und der Einwanderungsrealität gibt es eine ganze Reihe von frauenspezifischen Aspekten, deren nähere Betrachtung an dieser Stelle zu weit führen würde. Frauenhandel, Prostitution, Migrantinnen als billige Arbeitskräfte in Haushalt und Pflege, Muslima als Projektionsfläche für die Angst vor dem Rückfall in vorfeministische Zeiten mögen als Stichworte genügen (vgl. auch Zimowska, Brabandt und Bitzan in diesem Band). Unter dem Blickwinkel der Machtverhältnisse zwischen Männern und Frauen, deutschen und eingewanderten, werfen sie vielfältige Fragen auf. Zwei Beispiele möchte ich herausgreifen.

Wenig bekannt ist etwa das Dilemma von Au-Pair-Mädchen. Sie kommen heute aus allen Teilen der Erde, meist nicht über private Kontakte, sondern über Vermittlungsstellen. Vor wenigen Jahren erst ist dieser neue Frauen-Arbeitsmarkt, der lange Zeit ausschließlich über die Arbeitsämter beschickt wurde, auch für private Anbieter geöffnet worden. Seither fehlt es an jeglicher Kontrolle. Konkret bedeutet dies: Die aufnehmenden Familien werden nur oberflächlich, wenn überhaupt, auf ihre Eignung geprüft; im Konfliktfall wird kaum ernsthaft interveniert. Was sich für die jungen Frauen aus Tschechien, Russland, der Dominikanischen Republik in diesen Familien an Ausbeutung ihrer Arbeitskraft, Verstößen gegen vertragliche Vereinbarungen, sexueller Belästigung bis hin zur versuchten Vermittlung auf dem Heiratsmarkt abspielt, bleibt unter der Decke. Gehen die Frauen ins Frauenhaus, erfolgt in der Regel eine Meldung an das Sozialamt, da dies die Kosten übernehmen muss. Damit wiederum ist die vorzeitige Beendigung des Aufenthalts in Deutschland oder das Untertauchen in die Illegalität programmiert.

Das Beispiel binationaler Paare verweist auf einen anderen, überaus interessanten Aspekt der Einwanderungsgesellschaft und der Diskurse, die sie hervorbringt. Frauen, die sich mit Männern anderer „Herkunft" einlassen, sind Fremdgängerinnen. Sie verletzen die Norm der endogamen Heiratsregel und werden für diese Grenzüberschreitung bestraft. Als „Komplizinnen" der „Fremden" müssen sie fortan deren Los teilen: Rassismus und Sexismus schlagen in besonderer Weise auch auf sie nieder. Der Diskurs über binationale Partnerschaften reproduziert Bilder von Männern und Frauen, wonach die inländischen/weißen Partnerinnen naiv, unkritisch und unbesonnen seien.[9] Die unbesonnene Frau sei die weiße Frau – jeder sozialen Schicht –, die mit ihrem Verhalten nicht nur sich selbst, sondern auch die Gesellschaft in Gefahr bringe. Sie habe einige emanzipierte Neigungen – vor allem ihren Unwillen, sich anzupassen. Sie begebe sich schicksalhaft in Situationen, von denen sie nichts verstehe und deren Konsequenzen sie nicht überblicken könne. Mit ihrem Verhalten durchbricht sie Tabus für sich selbst und die Gesellschaft und deshalb müsse sie bestraft werden.

Im Rahmen des Projektes „Fabienne" wurden rund siebenhundert Paare in Deutschland nach ihren Erfahrungen mit Behörden befragt (Kabis 2001). Rund ein Drittel von ihnen beklagte diskriminierende/beleidigende Äußerungen durch BehördenmitarbeiterInnen. Viele davon lassen sowohl einen rassistischen als auch sexistischen Hintergrund vermuten: „Ihr Pech, dass es alles so kompliziert ist. Warum mussten Sie denn einen Ausländer heiraten?" „Haben Sie keinen Deutschen gefunden?" „Sie sind doch eine intelligente Frau. Nach Erteilung der Aufenthaltserlaubnis ist der sowieso weg." „Da wohnen Sie wohl gleich neben dem Asylbewerberheim." „Negerhure." „Die wollen nur dasselbe." „Wie viel Geld haben Sie denn dafür bekommen?" „Das Verfahren ist so aufwändig, damit Sie vor solch einer Ehe geschützt werden."

Letztere Äußerung ist besonders aufschlussreich: Sie legitimiert die paternalistischen Haltungen, wonach Frauen davor bewahrt werden müssten, in ihr eigenes Unglück zu laufen. „Opferlämmer", „Türkenflittchen", „schwarze Perlen" – die Diskurse über Frauen in der Einwanderungsgesellschaft verweisen auf den untrennbaren Zusammenhang von Rassismus und Sexismus (vgl. Fuchs/Habinger 1996).

Wenn denn das Bekenntnis, dass Deutschland ein Einwanderungsland ist, schon sehr verspätet formuliert wurde, so zeigen die Blitzlichter auf die aktuelle Zuwanderungspolitik, die Lebensrealität von MigrantInnen und die Einwanderungsdiskurse, dass es sich im Wesentlichen um ein Lippenbekenntnis handelt. Der Übergang zur Einwanderungs*normalität* erscheint vor diesem Hintergrund noch immer als eine Zukunftsaufgabe für Generationen.

Literatur

Appelt, Erna 1999: Geschlecht – Staatsbürgerschaft – Nation. Politische Konstruktionen des Geschlechterverhältnisses in Europa. Frankfurt am Main
Förderverein Pro Asyl e.V. (Hrsg.) 2003: Zuwanderungsgesetz: schlechter als sein Ruf. Frankfurt am Main
Fuchs, Brigitte/Habinger, Gabriele (Hrsg.) 1996: Rassismen & Feminismen. Differenzen, Machtverhältnisse und Solidarität zwischen Frauen. Wien
Kabis, Veronika 2002: Sprachförderung – Nicht für die Schule, sondern für das Leben lernen. in: Zeitschrift Ausländer in Deutschland 4/2002, Saarbrücken

---

9 Diese Typisierung bezeichnet Vron Ware als „*gullible sponsor*" (Ware 1992).

Die aktuelle Zuwanderungspolitik 101

Kabis, Veronika 2001: Vor dem Gesetz sind alle gleich (Abschlussbericht des Projektes „Fabienne" – Binationale Familien und Lebensgemeinschaften in Europa), Hrsg.: Verband binationaler Familien und Lebensgemeinschaften iaf e.V., Frankfurt am Main
Kanak Attak 2003: Die freundliche Einwanderungsgesellschaft. www.kanak-attak.de
Klärner, Andreas 2001: Aufstand der Ressentiments. Einwanderungsdiskurs, völkischer Nationalismus und die Kampagne der CDU/CSU gegen die doppelte Staatsbürgerschaft, Köln
Märker, Alfredo 2001: Zuwanderungspolitik in der Europäischen Union. In: Aus Politik und Zeitgeschichte. Beilage zur Wochenzeitung Das Parlament, B 8, 16. Februar 2001
Mecheril, Paul/Teo, Thomas (Hrsg.). 1994: Andere Deutsche. Zur Lebenssituation von Menschen multiethnischer und multikultureller Herkunft. Berlin
Meier-Braun, Karl-Heinz 2002: Deutschland, Einwanderungsland. Frankfurt am Main
Münz, Rainer/Seifert, Wolfgang/Ulrich, Ralf 1999: Zuwanderung nach Deutschland. Strukturen, Wirkungen, Perspektiven. Frankfurt am Main
Ulrich, Herbert 2001: Geschichte der Ausländerpolitik in Deutschland. München
Ware, Vron 1992: Beyond the pale. White Women, racism and history. London/New York

Heike Brabandt

Frauen und Asyl
Geschlechtsspezifische Fluchtgründe im deutschen
Asyl- und Ausländerrecht[1]

Bis heute finden in Deutschland geschlechtsspezifisch verfolgte Mädchen und Frauen kaum ausreichenden asyl- und ausländerrechtlichen Schutz. Im Folgenden zeige ich, dass dies aus zwei Gründen der Fall ist: Erstens liegen dem deutschen Asyl- und Ausländerrecht und insbesondere seiner gängigen Interpretation sexistische Annahmen zugrunde. Zweitens führt das vorherrschende Konstrukt exklusiver deutscher Identität zu einem weitverbreiteten Rassismus, der sich in den Programmen und Politiken der meisten Parteien widerspiegelt und eine entsprechende Änderung des Asyl- und Ausländerrechts bis heute verhindert hat.

Frauen leiden weltweit unter einer systematischen und universalen Struktur der Unterdrückung (Charlesworth 1995: 107). Sie nimmt zwar je nach Klasse und Ethnie unterschiedliche Formen an, ist aber ein charakteristisches Merkmal globaler Herrschaftsstrukturen. Die Verstümmelung der weiblichen Genitalien, Vergewaltigungen, Zwangsabtreibungen und ähnliche Verbrechen an Frauen dienen dazu, ihnen das Recht auf ein selbstbestimmtes Leben zu verweigern. Vorherrschende soziale Normen, die allein für Frauen gelten, wie sie z.B. in islamischen Ländern bestehen[2], verfolgen dasselbe Ziel. Angesichts solcher Unterdrückungsformen sehen viele Mädchen und Frauen die Flucht als einzige Möglichkeit, um ihre psychische und physische Unversehrtheit zu bewahren. In diesen Fällen wird von geschlechtsspezifischer Verfolgung gesprochen.[3]

---

1 Dieser Beitrag beruht auf einem Ausschnitt meines Dissertationsprojektes. Für wertvolle Hinweise bin ich Rainer Baumann, Anna Büllesbach, Regina Kalthegener, Sabine Lenz, Bettina Roß und den MitarbeiterInnen von PRO ASYL dankbar.
2 Wie z.B. Kleiderordnungen oder das Verbot, sich ohne Begleitung eines männlichen Verwandten in der Öffentlichkeit zu bewegen.
3 In der angelsächsischen Literatur wird in der Regel zwischen *„gender-specific persecution"* und *„gender-related persecution"* unterschieden (Crawley 2001: 7f.), während in Deutschland beides unter „geschlechtsspezifischer Verfolgung" gefasst wird. Bei der „gender-specific persecution" handelt es sich um Verfolgungs*formen* von denen hauptsächlich oder alleinig Frauen betroffen sind wie z.B. die Verstümmelung der weiblichen Genitalien, Zwangsabtreibungen u.ä.. „Gender-related persecution" be-

Weltweit sind etwa 48% aller vom UNHCR betreuten Flüchtlinge Frauen und Mädchen (UNHCR 2002a). Nicht alle litten unter geschlechtsspezifischer Verfolgung im Heimatland. Viele flüchteten auch vor marodierenden Banden, Bürgerkriegen, repressiven Regimen, Hunger und Not. Die große Mehrheit der weltweiten Flüchtlinge, nämlich ca. 72%, bleibt in der Heimatregion (UNHCR 2002b). Nur sehr wenigen Frauen und Mädchen (und etwas mehr Männern und Jungen) gelingt die Flucht in eines der so genannten westlichen Industrieländer. Die Zahl geschlechtsspezifisch verfolgter Frauen, die Deutschland erreichen, ist gering. Im Jahr 2000 machten nur ca. 300 Asylbewerberinnen solche Verfolgungsgründe geltend (Blickpunkt Bundestag Mai 05/2000).

In Deutschland angekommen, werden sie nicht selten – auch von Frauenrechtlerinnen – als passive Opfer unzivilisierter Kulturen gezeichnet. In postkolonialen feministischen Diskursen wird dies zurecht kritisiert (vgl. Dhawan/Dol Mar in diesem Band). Chandra Talpade Mohanty argumentiert z.B., dass sich westlich orientierte Feministinnen häufig selbst als impliziten Bezugspunkt setzen, um sich und ihre Lebenswelt in ein positives Licht zu rücken: „Ohne die Diskurse, die die *dritte* Welt schaffen, gäbe es keine einheitliche und privilegierte erste Welt" (Mohanty 1988: 160). Nur durch die Gegenüberstellung mit der „Dritten-Welt-Frau" wird die eigene Wahrnehmung als „befreit" und das eigene Leben kontrollierend ermöglicht (ebd). Dabei wird übersehen, dass es sich gerade bei Frauen und Mädchen, die vor geschlechtsspezifischer Verfolgung fliehen, nicht um passive Opfer handelt, sondern um Menschen, die ihr Schicksal trotz schwierigster Rahmenbedingungen aktiv in die Hand nehmen. Diejenigen unter ihnen, die Deutschland erreichen, geraten jedoch in ein Rechtssystem, dem sexistische Prämissen zugrunde liegen, und werden somit erneut mit patriarchalen Mechanismen konfrontiert.

Im folgenden Abschnitt zeige ich, dass die Anerkennung geschlechtsspezifisch Verfolgter in Deutschland zumeist daran scheitert, dass ihre Verfolgung nicht als „politisch" im Sinne des Grundgesetzes betrachtet wird. Eine Analyse der Konstruktion „politischer Verfolgung", wie sie in der deutschen asyl- und ausländerrechtlichen Rechtsprechung vorherrscht, macht deutlich, dass sie nicht „geschlechtsneutral" ist. Im Gegenteil: Das ihr zugrundeliegende Individuum ist männlichen Geschlechts. Obwohl Deutschland mit dieser Rechtsauslegung inzwischen international isoliert ist, wurde daran – trotz einiger Anläufe – bis heute nichts verändert. Dies erkläre ich im dritten Abschnitt mit dem Konstrukt exklusiver deutscher Identität, das sich aus der Konzeption der Deutschen als Volksgemeinschaft nährt und zu einem weit verbreiteten Rassismus führt. Im letzten Abschnitt fasse ich die Ergebnisse dieser Untersuchung zusammen.

---

zieht sich auf Verfolgungs*gründe*, die im Geschlecht der Verfolgten liegen, wie z.B. Auspeitschungen wegen des Übertretens von nur für Frauen geltenden Normen.

Frauen und Asyl

1. Asyl- und ausländerrechtliche Bestimmungen in Deutschland

Staaten wirken durch die von ihnen ausgehenden Gesetzgebungen und Politiken als zentrale „Hauptorganisatoren" sozialer Beziehungen und nehmen damit eine strategische Rolle bei der Formung der Geschlechterverhältnisse ein. Sie sind u.a. für die Grenzziehung zwischen der öffentlichen und der privaten Sphäre verantwortlich. Sie definieren das, was in einer Gesellschaft und deren Rechtssystem als „öffentlich" und damit „politisch" ebenso wie das, was als „privat" und damit „unpolitisch" gilt.

Die Idee der Grenzziehung zwischen öffentlicher und privater Sphäre entstammt der klassischen liberalen Theorie. Ihre Grundannahmen prägen bis heute die politischen Systeme westlicher Industrienationen. Da sie nicht zu unterschätzende Auswirkungen auf die Organisation der Geschlechterverhältnisse einschließlich des Status geschlechtsspezifisch Verfolgter in Deutschland haben, werden sie im Folgenden vorgestellt.

1.1 Grenzziehung zwischen öffentlich und privat und ihre Auswirkung auf die Organisation der Geschlechterverhältnisse

In der klassischen liberalen Theorie wird zwischen einer durchregulierten öffentlichen Sphäre und einer privaten Sphäre differenziert. Die öffentliche Sphäre des klassischen Liberalismus (Thomas Hobbes, John Locke, Jean-Jacques Rousseau) ist die der Politik. Sie wird entsprechend der Konventionen des geltenden Gesellschaftsvertrags verregelt. Der zwischen den männlichen Familienoberhäuptern ausgehandelte Gesellschaftsvertrag soll Gerechtigkeit im Umgang der Familienoberhäupter untereinander schaffen und dem Schutz ihrer angeborenen Rechte dienen. Wenn in der klassischen liberalen Theorie von Individuen gesprochen wird, sind damit die Familienoberhäupter gemeint. Als „politisch" gelten in dieser Konzeption *nur* die Beziehungen zwischen den Haushaltsvorstehern und der Person (z.B. dem König) bzw. der Organisation (z.B. dem Staat), der sie ihre Macht durch den Gesellschaftsvertrag übergeben haben.

Die Legitimität des durch den Gesellschaftsvertrag geschaffenen Staates beruht darauf, dass er die Rechte der Individuen (= Familienoberhäupter) in allen substantiellen Lebenslagen, d.h. vor allem der Privatsphäre, unbeschädigt lässt. Im klassischen Liberalismus, der in der Zeit des aufstrebenden Bürgertums entwickelt wurde, wird der Markt als Privatsphäre konzipiert.[4] Die Trennung zwischen öffentlicher (politischer) und privater (wirtschaftli-

---

4 Erst mit den Romantikern und in Opposition zum klassischen Liberalismus wurde im letzten Jahrhundert damit begonnen, den Markt zur öffentlichen Sphäre zu rechnen und nur die Familie zur Privatsphäre (Kymlicka 1990: 247-262).

cher) Sphäre ist daher eine Trennung innerhalb der Männerwelt (Pateman 1987: 107). Die von männlichen Haushaltsvorstehern dominierte Familie wird in dieser Konzeption als natürliche, biologisch bestimmte Einheit angenommen, die außerhalb der öffentlichen und privaten Sphäre steht und für den Staat nicht von Interesse ist (Kymlicka 1990: 253). Die Beziehungen innerhalb der Familie werden auf diese Weise „unsichtbar gemacht" (Pateman 1988: 91-3). Die Unterdrückung der weiblichen Haushaltmitglieder wird damit zu einer der Grundannahmen der klassischen liberalen Theorie.[5] Frauen sind, wie Pateman herausgearbeitet hat, „not party to the original contract through which men transform their natural freedom into the security of civil freedom. Women are the subject of the contract" (Pateman 1988: 6).

Die westlichen Rechtssysteme, die auf Basis der klassischen liberalen Theorie entwickelt wurden, spiegeln die Trennung in eine öffentliche und eine private Sphäre wider. Der Gleichberechtigung von Frauen wurde insofern Rechnung getragen, als sie formal gleichen Zugang zur öffentlichen und wirtschaftlichen Sphäre haben. An den übrigen Grundannahmen der klassischen liberalen Theorie wurde nichts verändert. Es wurde ignoriert, dass es sich bei dem klassischen liberalen Individuum nicht um eine abstrakte, geschlechtsneutrale Person handelt sondern um ein männliches Familienoberhaupt. „In this way, gender is given a highly specific and structuring role within liberal theory at the same time as liberal theory presents itself as gender-neutral" (Squires 1999: 29). Die Übernahme klassischer liberaler Grundannahmen in die Rechtssysteme „westlicher" Staaten muss daher zum Nachteil von Frauen sein.

Im deutschen Recht hat sich die Konzeption des geschlechtsneutralen Individuums ebenso erhalten wie die Konzeption der politischen als der öffentlichen Sphäre[6] und die Idee der Nicht-Intervention in die häusliche Sphäre. Letztere hatte unter anderem dazu geführt, dass die Vergewaltigung in der Ehe erst in den späten 1990er Jahren zum Straftatbestand wurde.

Auch im traditionellen – internationalen – Menschenrechtsparadigma lassen sich klassische liberale Annahmen erkennen.[7] Während bei „richtigen" Menschenrechtsverletzungen die Taten zumindest von der Staatengemeinschaft offiziell gerügt wurden und die Betroffenen auch Möglichkeiten des Schutzes in Drittstaaten hatten, wurden die Verbrechen an Frauen wie die

---

5 Natürlich sind auch die männlichen Haushaltsmitglieder, die nicht Familienoberhaupt sind, wie z.B. Söhne von der Unterdrückung durch das Familienoberhaupt betroffen. Im Gegensatz zu den weiblichen Haushaltsmitgliedern handelt es sich aber bei ihnen um potenzielle zukünftige Familienoberhäupter. Ihre Unterordnung ist nicht unverrückbar in den Gesellschaftsvertrag eingemeißelt.
6 Die Trennung in Öffentliches – und Privatrecht im deutschen Rechtssystem lässt diese Herkunft aus dem klassischen Liberalismus erkennen. Die Konzeption der privaten Sphäre wurde allerdings verändert. Ihr wird heute nicht nur die wirtschaftliche, sondern auch die häusliche Sphäre zugerechnet.
7 Vgl. die „Allgemeine Erklärung der Menschenrechte".

Verstümmelung der weiblichen Genitalien, Zwangsverheiratungen, Ehrenmorde und Säureattentate in der Regel ignoriert.

Feministische Forscherinnen kritisieren daher am traditionellen Menschenrechtsparadigma, dass es hauptsächlich Schutz in Situationen bietet, die immer noch maßgeblich von Männern beherrscht werden.[8] Die Sphärentrennung ist „ein einseitig auf Kosten von Frauen gehandhabtes ideologisches Konstrukt" (Schmidt-Häuer 1998: 138), das hauptsächlich dazu dient, die Unterdrückung von Frauen in der Privatsphäre zu erhalten (Bunch 1995: 14).

Diese Erkenntnis führte Ende der 1980er Jahre zur Bildung einer internationalen FrauenMenschenrechtsbewegung, die eine großangelegte Kampagne für die Anerkennung von Frauenrechten als Menschenrechte führte. 1993 wurde bei der Wiener Weltmenschenrechtskonferenz das traditionelle Menschenrechtsparadigma erweitert. In den Abschlussdokumenten der Konferenz, der Wiener Erklärung und dem Aktionsprogramm wird Gewalt gegen Frauen in der öffentlichen und der privaten Sphäre erstmals als Menschenrechtsverletzung anerkannt (Schmidt-Häuer 1998: 146). Die bis dahin dem internationalen Menschenrechtsparadigma zugrundeliegende Trennung zwischen öffentlicher und privater Sphäre wurde damit aufgehoben.

Die darauf folgende Neukonzeptualisierung der Menschenrechtsidee hatte auf fast alle Bereiche des Völkerrechts Auswirkungen – unter anderem auch auf das Flüchtlingsrecht. Durch sie wurden die frühen Versuche des UNHCR-Exekutiv-Komitees[9] aufgewertet, Staaten dazu zu drängen, geschlechtsspezifisch Verfolgten Schutz im Sinne der Genfer Flüchtlingskonvention (GFK) zu gewähren. Inzwischen existiert eine internationale Norm, die von den Staaten erwartet, dass sie geschlechtsspezifisch Verfolgten entsprechend der GFK Schutz gewähren (vgl. Brabandt 2002a). Sie wurde von der Mehrzahl westlicher Aufnahmeländer in der zweiten Hälfte der 1990er Jahre umgesetzt, hatte aber kaum Auswirkungen auf das deutsche Asyl- und Ausländerrecht und die hier vorherrschende höchstrichterliche Rechtsprechung.[10] Insbesondere letztere beruht bis heute maßgeblich auf der Konzeption der Sphärentrennung und den mit ihr verbundenen Annahmen. Darunter haben hauptsächlich geschlechtsspezifisch Verfolgte zu leiden. Ihnen wird in der Regel höchstens ein humanitäres Abschiebungshindernis nach § 53 Absatz 6 AuslG

---

8   Das soll nicht heißen, dass nicht auch Frauen von dem Schutz, der unter dem traditionellen Menschenrechtsparadigma geboten wird, profitiert haben. Es ist allerdings so konzipiert, dass es ausgerechnet in der sog. Privatsphäre, in der die physische und psychische Integrität von Frauen am meisten bedroht wird, nicht schützt (Bunch 1995: 13f.).
9   Das UNHCR-Exekutiv-Komitee ist das Interpretationsorgan der Genfer Flüchtlingskonvention.
10 Seit etwa 1998 haben einzelne VerwaltungsrichterInnen in einer Reihe von Präzedenzfällen teilweise mit expliziter Referenz zu der genannten internationalen Norm zugunsten geschlechtsspezifisch verfolgter Frauen entschieden (Krause 2000). Diese Urteile bilden jedoch Ausnahmen. An der gängigen Interpretation des Asyl- und Ausländerrechts hat sich bisher (leider) nichts geändert.

zugesprochen, durch das sie eine Duldung erhalten. Bei einer Duldung handelt es sich um keinen legalen Aufenthaltstitel, sondern nur um die temporäre Aussetzung der Abschiebung, die jederzeit aufgehoben werden kann. Sie wird in der Regel nur für 3 Monate ausgesprochen und lässt die Geflüchteten auf „gepacktem" Koffer sitzen.[11] Dieser Zustand ist für traumatisierte Mädchen und Frauen unhaltbar. Im Folgenden werde ich zwei für sie besonders problematische Interpretationsweisen des Asyl- und Ausländerrechts analysieren, die zu diesem Missstand führen und zeigen, dass sie auf den sexistischen Annahmen der klassischen liberalen Theorie beruhen: 1) die Konstruktion der „politischen Verfolgung" als „(quasi)staatliche" Verfolgung und 2) die mangelnde Anerkennung des Verfolgungsgrunds „Geschlecht".[12]

1.2 Konstruktion politischer Verfolgung als (quasi)staatliche Verfolgung

Nach dem geltenden[13] deutschen Asyl- und Ausländerrecht und der vorherrschenden Rechtsprechung können nur sog. politisch Verfolgte Asyl oder den Status des Konventionsflüchtlings im Sinne der Genfer Flüchtlingskonvention erhalten.[14] In beiden Fällen muss ein Asylantrag gestellt werden (§ 13 AsylVfG). Dessen Grundlage ist Artikel 16 a (1) des Grundgesetzes (vor 1993 16 (2) GG), der besagt, dass „politisch Verfolgte" Asyl genießen.[15] Die

---

11 Nach der ersten drei-monatigen Duldung entscheidet das Ausländeramt über den weiteren Status. Es kann die Aussetzung der Abschiebung aufheben oder aber weitere Duldungen erteilen. Diese werden häufig über Jahre hinweg nur für 3-6 Monate ausgesprochen (sog. Kettenduldungen). Es besteht aber auch die Möglichkeit, der Ausländerin eine zweijährige Aufenthaltsbefugnis zuzusprechen (§ 30 Absatz 3 AuslG), die aber in der Praxis kaum wahrgenommen wird (Heinold 2003: 171f.).
12 Aus Raumgründen kann ich nicht auf weitere problematische Rechtsauslegungen des Asyl- und Ausländerrechts eingehen. Wie ich anderseitig gezeigt habe, sind darüber hinaus die Interpretation der schweren Rechtsgutverletzung durch die Verfolgungsmaßnahme und die Erstellung der Zukunftsprognose sowie die Auslegung möglicher inländischer Fluchtalternativen häufig durch einen „gender-bias" geprägt (Brabandt 2002a: 89).
13 Stand Juni 2004.
14 Nach § 16 (a) GG anerkannte Asylberechtigte erhalten eine unbefristete Aufenthaltserlaubnis. Nach § 51 AuslG anerkannte Konventionsflüchtlinge erhalten Abschiebungsschutz, der zu einer (befristeten) Aufenthaltsbefugnis (sog. „kleines Asyl") führt. Seit dem Asylkompromiss von 1993 wird insbesondere mit der sog. Dritt-Staaten-Regelung der Mehrheit der Flüchtlinge der Zugang zum Asyl verwehrt. Sie sind nun auf ihre Anerkennung als Konventionsflüchtlinge angewiesen.
15 Die EinzelentscheiderInnen des Bundesamtes für Anerkennung ausländischer Flüchtlinge entscheiden zuerst über die Asylgewährung und dann das Vorliegen von Abschiebungsschutz. Flüchtlinge können gegen ihre Entscheidung Einspruch einlegen. Dieser wird vor dem zuständigen Verwaltungsgericht behandelt. Die Entscheidungen der EinzelentscheiderInnen werden nicht veröffentlicht und sind nur dem Bundesinnenministerium und dem UNHCR zugänglich.

Tatsache, dass der Kreis derjenigen, denen Asyl gewährt werden soll, auf *politisch* Verfolgte beschränkt wird, hängt mit der zur Zeit der Entwicklung des Grundgesetzes vorherrschenden Idee der Sphärentrennung zusammen, die sich auch in den internationalen Menschenrechtsdokumenten, die im selben Zeitraum entwickelt wurden, zeigt.[16]

Weder im Grundgesetz noch im Ausländergesetz wurde konkretisiert, was genau unter „politischer Verfolgung" zu verstehen ist. Insofern wurde hier Raum für eine Anpassung an neue Entwicklungen gelassen. Die inhaltliche Konkretisierung von „politischer Verfolgung" wurde vom Bundesverfassungsgericht (BVG) und Bundesverwaltungsgericht (BVerwG) vorgenommen (Laubenthal 1999: 56f.). Nach ihren Vorgaben wird sie bis heute als „staatliche" Verfolgung interpretiert. Diese höchstrichterlich vorgegebene Auslegung entspricht den Grundannahmen der klassischen liberalen Theorie und der Idee der Sphärentrennung. Sie kommt hauptsächlich männlichen Flüchtlingen zu gute, die verfolgt werden, weil sie politische Aktivitäten im klassischen liberalen Sinne ausgeübt hatten. Geschlechtsspezifische Formen der Verfolgung, finden insbesondere dann, wenn sie von nicht-staatlichen AkteurInnen ausgehen, häufig keine asyl- und ausländerrechtliche Anerkennung.

Die Interpretation politischer Verfolgung als staatliche Verfolgung führte schnell zur Problematik des Umgangs mit Herrschaftsterritorien, in denen sich eine Herrschaftsgruppe etabliert hat, die völkerrechtlich nicht anerkannt wird. Da ihr kein Staatsstatus zukommt, kann von ihr per definitionem keine politische Verfolgung ausgehen. Um diesen Widerspruch zu lösen, wurde das Konzept des Quasi-Staates entwickelt. Er existiert dann, wenn in einem Herrschaftsterritorium staatsähnliche Strukturen bestehen.[17]

Die Gleichsetzung des Adjektivs „politisch" mit dem Adjektiv „(quasi-)staatlich" wird in der Rechtssprechung damit begründet, dass Asyl ebenso wie Abschiebeschutz nach § 51 AuslG (Status des Konventionsflüchtlings) nicht Schutz schlechthin – vor Familie und Gesellschaft – bieten soll, sondern *nur* Schutz vor dem Zugriff des (Quasi-)Staates.[18] Daher werden allein Übergriffe durch (quasi-)staatliche Organe bzw. durch Personen in Ausübung (quasi-)staatlicher Gewalt als „politische" Verfolgung anerkannt. Sexuelle Gewalt, die Verstümmelung der Genitalien, Mitgift- und Ehrenmorde sowie Witwenver-

---

16 Im zeithistorischen internationalen Vergleich handelt es sich bei der Festschreibung des Rechts auf Asyl in die Verfassung um ein absolutes Novum, das maßgeblich durch die Erfahrungen mit der nationalsozialistischen Diktatur bedingt war.

17 Die höchstrichterlich festgelegten Anforderungen an die Qualität dieser Strukturen waren aber lange Zeit so hoch, dass nur die palästinensischen Autonomiegebiete als Quasi-Staat anerkannt wurden, nicht aber Afghanistan unter den Taliban. Erst ein BVG-Urteil im August 2000 (2BvR 260/98) setzte die Anforderungen an die staatsähnlichen Strukturen, die bei Vorhandensein eines Quasi-Staates existieren müssen, herab.

18 Sowohl die Bundesregierung unter Helmut Kohl als auch die unter Gerhard Schröder betonten dies. Vgl. für die Regierung Kohl die Antwort 13/8281 auf eine parlamentarische Anfrage und für die Regierung Schröder die Antwort 14/1058.

brennungen, um nur einige Beispiele zu nennen, gelten in dieser Konzeption als „private Probleme".

Geschlechtsspezifisch verfolgte Frauen, die von nicht-staatlichen AkteurInnen verfolgt wurden, können höchstens über den „Umweg" der mittelbaren Verfolgung die Asylberechtigung oder die Anerkennung als Konventionsflüchtling bekommen. Eine von nicht-staatlichen AkteurInnen betriebene Verfolgung kann dem Staat dann zugerechnet werden, wenn er diese anregt, unterstützt, billigt oder tatenlos hinnimmt (BVG 54, 341). Bei der Überprüfung, ob eine mittelbare Verfolgung vorliegt, wird allerdings *nicht* der konkrete Einzelfall betrachtet. Es wird nur überprüft, ob der Herkunftsstaat generell zum Schutz bereit ist (sog. „genereller Schutzwille") und zwar *unabhängig* davon, ob er die konkrete Person, deren Asylgesuch verhandelt wird, zu schützen vermag. Die Chancen für die Anerkennung „mittelbarer Verfolgung" sind gering, auch wenn in Einzelfällen Verwaltungsgerichte beim Verfolgungsgrund „Genitalverstümmelung" eine solche „mittelbare Verfolgung" feststellten.[19]

Darüber hinaus finden Frauen selbst dann, wenn sie von (quasi-)staatlichen AkteurInnen geschlechtsspezifisch verfolgt werden, häufig keinen ausreichenden asyl- und ausländerrechtlichen Schutz. Auch Fälle, in denen Frauen/Mädchen z.B. durch staatliche Agenten wie Polizeibeamte oder Soldaten sexuell gefoltert oder vergewaltigt wurden, werden nicht unbedingt als „politische Verfolgung" gewertet. Die Zurechenbarkeit der Tat zu dem Staat, für den der Täter arbeitet, wird prinzipiell in Frage gestellt. Auch hier wird nicht der konkrete Einzelfall geprüft, sondern nur der generelle Schutzwille des Staates. Wenn letzterer gegeben scheint, gilt die Verfolgung als nicht dem Staat zurechenbar, selbst wenn im konkreten Einzelfall kein effektiver staatlicher Schutz geleistet worden ist. Besonders in Fällen von sexueller Gewalt durch Staatsbedienstete wird häufig ein sog. Amtswalterexzess unterstellt (Gottstein 1998: 8). Dabei handelt es sich um eine begriffliche Konstruktion, die den Arbeitgeber des Täters entlastet, in dem sie die Tat als einzelnen Exzess eines Amtsinhabers darstellt. Mit einer solchen Sichtweise wird ignoriert, dass sexuelle Folter in patriarchalen Herrschaftssystemen ganz bewusst (wenn auch nicht „offiziell") eingesetzt wird, um weibliche Oppositionelle und Frauen, die gegen die vorherrschende Geschlechterordnung verstoßen haben, zu bestrafen. Eine zairische Frau, die nach einer Demonstration von einem Offizier vergewaltigt worden war, wurde vom Bundesamt mit der Begründung abgelehnt, dass sich dieser privat „belustigt" habe (Laubenthal 1999: 79).[20] Das Oberverwaltungsgericht Nordrhein-Westfalen teilte einer Tamilin, die genau wie eine Vielzahl anderer Frauen ihrer Ethnie im Rahmen der militärischen Einsätze der Regierungstruppen Sri Lankas gegen ihre

---

19 Für mehr Informationen über das Konzept der „mittelbaren Verfolgung" und dessen Auslegung siehe Brabandt 2002a: 87 und Müller 2000.
20 Für eine anschauliche Darstellung der dieser Interpretation zugrundeliegenden Annahmen über das männliche Geschlecht siehe Crawley 2000: 94.

Frauen und Asyl

Volksgruppe vergewaltigt wurde und in Deutschland Zuflucht suchte, folgendes mit:

> „Die vorwiegend bei der Großoffensive ... verübten Vergewaltigungen sind ... nicht dem Tatbestand einer dem Staat zuzurechnenden Verfolgung, sondern dem Bereich der Exzesse einzelner zuzuweisen. Auch wenn die Kampfführung der Truppen insbesondere bei der Großoffensive allgemein durch Rücksichtslosigkeit und Brutalität gegenüber der Zivilbevölkerung bestimmt war, werden die Vergewaltigungen nach den übereinstimmenden Auskünften den unteren Rängen der Streitkräfte zugeschrieben und mit – auch alkoholbedingter – Disziplinlosigkeit in Zusammenhang gebracht" (Urteil vom 14.06.1996, 21 A 5046/94.A).

Die inhaltliche Konkretisierung des Begriffs „politischer Verfolgung" auf Basis klassischer liberaler Annahmen führt also dazu, dass geschlechtsspezifisch Verfolgte kaum Chancen auf ausreichenden Schutz haben.

1.3 Mangelnde Anerkennung des Verfolgungsgrunds „Geschlecht"

Für die Gewährung von Asyl und von Schutz nach der GFK muss nach der gegenwärtigen asyl- und ausländerrechtlichen Rechtsprechung die „politische Verfolgung" nicht nur vom (Quasi-)Staat ausgehen bzw. ihm zurechenbar sein, sondern in der Regel auch durch einen der fünf in der GFK erwähnten Verfolgungsgründe konstituiert werden.[21] Art. 1 A. (2) der GFK besagt, dass ein Flüchtling eine Person ist, die sich „aus der begründeten Furcht vor Verfolgung wegen ihrer Rasse, Religion, Nationalität, Zugehörigkeit zu einer bestimmten sozialen Gruppe oder wegen ihrer politischen Überzeugung" außerhalb des Landes befindet, dessen Staatsangehörigkeit sie besitzt. Als die Konvention 1951 entwickelt wurde, gab es kaum Bewusstsein für geschlechtsspezifische Formen der Verfolgung. Der vom UNHCR-Exekutiv-Komitee zwischenzeitlich vorgeschlagene Brückenschlag, nach dem geschlechtsspezifisch Verfolgte als Zugehörige einer „bestimmten sozialen Gruppe" im Sinne der GFK interpretiert werden sollen, wird in der deutschen Rechtsprechung nicht berücksichtigt. Auch hierfür sind die bis heute geltenden Annahmen der klassischen liberalen Theorie verantwortlich, die alle Menschen als gleiche abstrakte Individuen konzeptualisiert. Das Geschlecht ist demnach keine Kategorie, die in der öffentlichen (= politischen Sphäre) eine Rolle spielt.

Trotz einer Entscheidung des BVG von 1987, dass kein Staat Leib, Leben oder die persönliche Freiheit des Einzelnen aus Gründen gefährden darf, die in unverfügbaren, jedem Menschen von Geburt anhaftenden Merkmalen

---

21 Die höchstrichterliche Rechtsprechung ging bis in die 1970er Jahre von einer „Vollidentität" von den sog. asylerheblichen Merkmalen für die Gewährung der Asylberechtigung mit den in der GFK genannten legitimen Fluchtgründe aus. Diese „These von der Vollidentität" wurde zwar 1978 durch das BVG relativiert, aber abgesehen von einigen wenigen einzelnen Urteilen sind die in der GFK genannten Fluchtgründe für die deutsche Asylgewährung maßgeblich geblieben (Laubenthal 1999: 65-89).

liegen, wurde das Geschlecht nur in seltenen Einzelfällen als ein solches unveräußerliches Merkmal interpretiert (Laubenthal 1999: 64-68). Das BVG stellte erst im Juni 2000 am Beispiel eines männlichen Flüchtlings fest, dass Verfolgung grundsätzlich auch an das unveräußerliche Merkmal des Geschlechts anknüpfen könne (9 C 28.99). Dieses Urteil hatte gemeinsam mit zwei weiteren höchstrichterlichen Urteilen (vgl. Brabandt 2002a: 87f.) zur Folge, dass sich die ausländerrechtliche Situation für afghanische Flüchtlingsfrauen, die vor dem frauenverachtenden Regime der Taliban flohen, deutlich verbesserte. Die große Mehrzahl von ihnen wurde als Flüchtlinge im Sinne der GFK anerkannt. Geschlechtsspezifisch Verfolgte aus anderen Herkunftsländern, die ebenso vor (quasi-)staatlichen AkteurInnen flohen, profitierten allerdings nur in Ausnahmefällen von diesen höchstricherlichen Urteilen.

1.4 Asyl- und ausländerrechtliche Stellung geschlechtsspezifisch Verfolgter in Deutschland

Zusammenfassend lässt sich festhalten, dass nicht nur das Asyl- und Ausländerrecht, sondern insbesondere auch seine Interpretation zum Nachteil von geschlechtsspezifisch Verfolgten ist. Die Trennung zwischen öffentlicher (politischer) und privater (wirtschaftlicher und häuslicher) Sphäre führt zu der Interpretation von politischer als „quasi-staatlicher" Verfolgung und gemeinsam mit der Idee des geschlechtsneutralen abstrakten Individuums zur Nicht-Anerkennung des Verfolgungsgrunds „Geschlechts".

Um der internationalen Norm gerecht zu werden, die von den Staaten erwartet, dass sie geschlechtsspezifisch verfolgten Frauen und Mädchen Schutz bieten, müsste vor allem die vorherrschende Interpretation der gesetzlichen Bestimmungen verändert und der Begriff der „politischen Verfolgung" im Asyl- und Ausländerrecht erweitert werden. D.h. die Anerkennung als Asylberechtigte bzw. Konventionsflüchtling dürfte erstens nicht mehr von der (quasi-)staatlichen Qualität der Verfolger abhängig gemacht werden, und das Geschlecht müsste zweitens zu den bisherigen fünf legitimen Verfolgungsgründen hinzugefügt werden. Die einzige Möglichkeit des Gesetzgebers auf die höchstrichterliche Rechtsprechung Einfluß zu nehmen, besteht in einer entsprechenden gesetzlichen Neuregelung. Das vor dem Bundesverfassungsgericht im Dezember 2002 aus formalen Gründen gescheiterte Zuwanderungsgesetz enthielt eine Neuregelung, die die oben genannten beiden Punkte berücksichtigte.[22] Die innenpolitische Diskussion um das Gesetz sowohl im Jahr 2002 als auch in den Jahren 2003 und 2004 zeigt, wie umstritten die Themenbereiche „Asyl- und Flüchtlingspolitik" sind. Letztendlich scheiterte das Gesetz im ersten Anlauf am Widerstand der CDU/CSU, die mit

---

22 Vgl. § 60 des abgelehnten Gesetzes.

Frauen und Asyl

ihrer Ausländerpolitik ein großes Segment der deutschen Bevölkerung repräsentiert.[23]

Im Folgenden argumentiere ich, dass das in Deutschland vorherrschende Konzept exklusiver deutscher Identität zu einem weitverbreiteten Rassismus führt, durch den die längst überfällige Änderung des Asyl- und Ausländerrechts bis heute verhindert wurde.

2. Das Konstrukt deutscher Identität und die Stellung geschlechtsspezifisch Verfolgter in Deutschland

Die Geschichte Deutschlands im 20. Jahrhundert wurde entscheidend durch die unter nationalsozialistischer Herrschaft verübten Verbrechen an so genannten rassisch Minderwertigen geprägt. Trotz dieser Erfahrungen hat Deutschland im Gegensatz zu anderen westlichen Ländern ein Staatsbürgerrecht, das in seinen Grundzügen seit 1913 besteht und auf dem Abstammungs- bzw. Blutsprinzip basiert (*ius sanguinis*). Ihm liegen biologischorganische Vorstellungen der Volksgemeinschaft zugrunde (Santel 1999: 525).

Die Zugehörigkeit zur Volksgemeinschaft kann in dieser Vorstellung nur durch „Blut" weitergegeben werden und geht der Zugehörigkeit zum Staat voraus. Nach deutscher Rechtslage sind nicht nur Personen mit deutscher Staatsangehörigkeit „Deutsche" im Sinne des Grundgesetzes, sondern auch StaatsbürgerInnen anderer Länder, wenn sie der deutschen Volksgemeinschaft per Abstammung angehören und eine Affinität zur deutschen Kultur zeigen.[24] Gemeinsam führt beides, die Kombination aus Abstammung und Nähe zur deutschen Kultur, zu einer exklusiven deutschen Identität. Bei der Konstruktion dessen, was jemanden zur Deutschen macht, kommen daher biologistische und kulturelle Elemente zusammen. „Deutschsein" wird über eine gemeinsame ethno-kulturelle Herkunft konstruiert (Brubaker 1992: 168-178).

Aus dieser Konzeption erfolgt die Auffassung des deutschen Volkes als Abstammungsgemeinschaft, die im Kollektivbesitz eines gemeinsamen kul-

---

23 Auch im zweiten Anlauf scheiterte das Gesetz an den CDU-regierten Ländern und Bayern, die die Mehrheit im Bundesrat haben. Sie lehnten es dort am 20. Juni 2003 ab.

24 Vgl. Art. 116 des Grundgesetzes und das Bundesvertriebenengesetz vom 29.05.1953. Diese Besonderheit ist historisch bedingt. Mit der absehbaren Auflösung des Heiligen Römischen Reiches Deutscher Nationen setzte sich Ende des 18. Jahrhunderts zu Beginn des 19. Jahrhunderts die apolitische Idee der „Deutschen" als Kulturnation durch. Dieses Konstrukt ermöglichte es, sich weiterhin als Nation zu begreifen, obwohl kein einheitliches deutsches Territorium mehr existierte (Brubaker 1992: 6). Deutscher Volkszugehörigkeit ist nach dem Bundesvertriebenengesetz, wer sich in der Heimat zum deutschen Volkstum bekannt hat. Dieses Bekenntnis muss außerdem durch bestimmte Merkmale wie Abstammung, Sprache, Erziehung oder Kultur bestätigt werden (Santel 1999: 525). Die Affinität zur deutschen Kultur *allein* reicht *nicht* aus, um Zugang zur deutschen Staatsangehörigkeit zu erhalten

turellen Feldes durch jahrhundertealte geteilte kulturelle Traditionen ist. Durch sie werden ArbeitsmigrantInnen und Flüchtlinge, die weder Teilhabe an der gemeinsamen Abstammung noch an dem kulturellen Erbe des so definierten deutschen Volkes haben, automatisch ausgegrenzt (Niedermüller 2000: 40f.). Eine solche Ausgrenzung von Menschen aufgrund ihrer Nicht-Zugehörigkeit wird als Rassismus bezeichnet.

Rassismus bedeutet, dass Menschen wegen ihrer angeblichen biologischen oder kulturellen Fremdheit[25] das Anrecht auf gleiche Rechte und Menschenwürde aberkannt wird und sie diskriminiert werden (von Freyhold 1992). Neben sehr offensichtlichen Formen des Rassismus, wie z.b. tätlichen Angriffen, schließt diese Definition auch sehr subtile Formen ein: „nämlich einen abwertenden pauschalisierenden, vereinheitlichenden Diskurs über ... Fremde, der mit einer Ausgrenzungs- und Diskriminierungspraxis gekoppelt ist" (Singer 1997: 53).

Die Konstruktion der deutschen Identität als gemeinsame ethnokulturelle Herkunft muss zwangsläufig zu rassistischen Erscheinungen innerhalb der Gruppe der Deutschen führen. Im Gegensatz zum Territorialprinzip (*ius soli*) erlaubt sie keine unproblematische Integration von Menschen, die nicht per Abstammung zur deutschen Volksgemeinschaft gehören. „Fremde" bleiben in dieser Konstruktion zeitlebens fremd. Die Angst vor „Überfremdung" ist eine logische Konsequenz dieser Konstruktion.[26]

Auch die jüngste Reform des Staatsbürgerschaftsrechts vom 1. Januar 2000 enthielt keine grundsätzliche Neuorientierung hin zur prinzipiellen Einführung des Territorialprinzips. Sie ergänzte nur das Abstammungsprinzip um einige wenige Ausnahmen, in denen ein sehr eingeschränktes Territorialprinzip zur Geltung kommt.[27] An diese Ausnahmen sind so hohe Vorbe-

---

25 Werden nicht biologische Faktoren, sondern Sozialisation, Religion oder kulturelle Tradition zur Kennzeichnung der ausgegrenzten Gruppe verwendet, wird von Neorassismus oder Kulturrassismus gesprochen. Die Konstruktion exklusiver deutscher Identität aufgrund von 1) gemeinsamer Abstammung und darauf aufbauend 2) der Pflege deutscher Kultur führt zwangsläufig zu einer Form von Rassismus, die aus biologistischen und kulturellen Elementen genährt wird.
26 Damit soll nicht behauptet werden, dass es in Gesellschaften, deren Staatsbürgerschaftsrecht auf dem Territorialprinzip beruht, keinen Rassismus gibt. Rassismus wird aber zwangsläufig in den Ländern auftreten, die ihrem Staatsbürgerschaftsrecht das Abstammungsprinzip zugrunde legen.
27 In der Reform zum Staatsbürgerschaftsrecht wird das Abstammungsprinzip durch ein sehr eingeschränktes Territorialprinzip ergänzt. Ein Kind nicht-deutscher Eltern, das in Deutschland geboren wird, ist nicht automatisch Deutsche, wie es das Territorialprinzip erwarten würde (vgl. USA und Großbritannien), sondern nur wenn sich ihre Eltern zum Zeitpunkt der Geburt bereits acht Jahre in Deutschland regel- und rechtmäßig aufgehalten hatten *und* a) eine Aufenthaltsberechtigung besitzen oder b) seit mindestens drei Jahren im Besitz einer Aufenthaltserlaubnis sind. Das Kind kann darüber hinaus die deutsche Staatsbürgerschaft über das 23. Lebensjahr nur behalten, wenn es bereit ist, die ausländische, von den Eltern vererbte Staatsbürgerschaft aufzugeben.

Frauen und Asyl 115

dingungen geknüpft, dass von einer prinzipiellen Bestätigung des Abstammungsprinzips gesprochen werden muss.

Die Konstruktion der deutschen Identität über eine gemeinsame ethnokulturelle Herkunft prägt einen nicht zu unterschätzenden Teil der deutschen Bevölkerung ebenso wie die ihn repräsentierenden Parteien. Insbesondere die politische Identität der CDU – aber auch die von Teilen der SPD – basiert auf dieser Konstruktion.[28] Die CDU[29] ist tief verwurzelt in einem hegemonialen kulturellen System des „Deutschseins" (Niedermüller 2000: 42). Ihr Standpunkt, so der Ethnologe Niedermüller, besteht „aus einer merkwürdigen Mischung von verborgener Fremdenfeindlichkeit, kulturellem Nationalismus und Eurozentrismus"[30] (Niedermüller 2000: 45). Die deutsche Asyl- und Ausländerpolitik der vergangenen dreißig Jahre kann nur vor dem Hintergrund des beschriebenen Konstrukts deutscher Identität und des darauf basierenden „Systems hegemonialen Deutschseins", das insbesondere von den Unionsparteien vertreten wird, verstanden werden. Die Diskussion um den Status geschlechtsspezifisch Verfolgter war wiederum maßgeblich von den grundlegenden Entwicklungen in der Asyl- und Ausländerpolitik geprägt. Daher wird im Folgenden ein kurzer Überblick über sie gegeben.

2.1 Asyl- und Ausländerpolitik seit den 1970er Jahren

Bereits Ende der 1970er Jahre führten steigende Zahlen von Flüchtlingen aus dem nicht-europäischen Ausland (also auch über das Gebiet der Warschauer Pakt-Staaten hinaus) zu Besorgnis in der Bevölkerung. Die CDU/CSU sprach schon damals von einer „Überflutung" durch AusländerInnen (Thränhardt 1997: 14). Mit den weltpolitischen Veränderungen 1989 stieg die Zahl der nach Deutschland kommenden Flüchtlinge weiter an. Bundeskanzler Kohl, der bereits 1986 das Horrorszenario „von der ganzen Welt", die ihre sozialen Probleme durch „Einwanderung in die Bundesrepublik" lösen wolle, gezeichnet hatte, sprach zwischenzeitlich vom „Staatsnotstand", der durch die „Asylantenflut" herbeigeführt sei (Nuscheler 1995: 133; 226). Die Medien schürten planmäßig die Fremdenfeindlichkeit (Thränhardt 1997: 16), und solchermaßen motivierte Gewalttaten erreichten ein bis dahin ungekanntes Ausmaß. Unter dem Motto „Deutschland den Deutschen" und dem – auch

---

28 Bei der SPD wird dies allerdings weniger deutlich an die Öffentlichkeit getragen und weniger politisch im Sinne von mobilisierenden Kampagnen gegen Nicht-Deutsche genutzt (zur Identität der SPD siehe auch Niedermüller 2000: 50).
29 Ähnliches gilt für ihre kleine Schwesterpartei „CSU".
30 In der Unterschriftenkampagne gegen die doppelte Staatsbürgerschaft (Januar bis März 1999) wurde zum einen eine Grenze zwischen Deutschen und Nicht-Deutschen gezogen, die zum anderen durch eine Grenze zwischen Europäern und Nicht-Europäern ergänzt wurde. Letztere bezog sich auf die „Bedrohung der europäischen abendländischen christlichen Kultur" insbesondere durch muslimische MigrantInnen aus Afrika und Asien (Niedermüller 2000: 45).

von PolitikerInnen häufig wiederholten – Mantra „Deutschland ist kein Einwanderungsland" nahmen Brandattacken und Überfälle auf AsylbewerberInnenheime und auf „nicht-deutsch" aussehende MitbürgerInnen zu. In Hoyerswerda, Rostock-Lichtenhagen, Mölln und Solingen wurden AsylbewerberInnen und türkische MitbürgerInnen ermordet und/oder lebensgefährlich bedroht und verletzt. Eine Reihe von verständnisvollen Äußerungen über die TäterInnen und deren UnterstützerInnen bestärkte die massiv auftretende Gewalt. Bundesinnenminister Rudolf Seiters (CDU) erklärte beispielsweise die Überforderung der deutschen Bevölkerung angesichts der großen Zahlen an AusländerInnen als Grund für den Pogrom in Rostock-Lichtenhagen (Kopp 2002: 34).[31]

Die damalige Bundesregierung forcierte die fremdenfeindliche Stimmung weiter, indem sie das Bild vom massenhaften Asylmissbrauch[32] zeichnete und zugleich auf eine Einschränkung des Asylrechts drängte. Nach massiver Propaganda der Unionsparteien[33] (die die SPD als „Verhinderungspartei" titulierten) und der Massenmedien stimmten die SozialdemokratInnen im Mai 1993 der Änderung des Grundgesetzes zu (Nuscheler 1995: 134f.). Der so genannte „Asylkompromiss" wurde zum 1. Juli 1993 rechtskräftig. Er schränkt den Kreis der Flüchtlinge, die überhaupt Zugang zum Asylverfahren erhalten, maßgeblich ein und führte zu einem starken Rückgang der AsylbewerberInnenzahlen.[34]

Auch nach Einschränkung des Rechts auf Asyl sahen die Unionsparteien und die Bevölkerungssegmente, die sie repräsentieren, weiterhin ihre Identität durch Fremde bedroht. Die Unterschriftenkampagne der CDU gegen die Einführung des „Doppelpasses", durch den ein Schwinden deutscher Kultur und Traditionen, die Entstehung „halber Loyalitäten" und eine Massenimmigration nach Deutschland befürchtet wurde, entsprang dieser Motivation.[35]

---

31 Edmund Stoiber äußerte sich ähnlich in der Süddeutschen Zeitung, als er darauf hinwies, dass die deutsche Bevölkerung nicht für diese Taten verantwortlich gemacht werden könne, da sie überfordert sei (SZ, 24. August 1992).
32 Die auf 4,25 Prozent gesunkene Anerkennungsquote lieferte hierfür Munition (Nuscheler 1995: 121). Die Nennung solcher Zahlen dient (bis heute) dazu, den Eindruck zu erwecken, bei den verbleibenden abgelehnten AsylbewerberInnen handele es sich um Menschen, die im Heimatland keiner Verfolgung ausgesetzt waren und ungerechtfertigt Asyl in Deutschland beantragt hätten. Dabei wird wissentlich übersehen, dass es sich bei der „Anerkennungsquote" in der Regel um die Anerkennung als Asylberechtigte/r handelt und nicht um die Anerkennung als Flüchtling im Sinne der GFK (AuslG § 51) oder um die Zuerkennung von Abschiebehindernissen (AuslG § 53) (vgl. dazu Beck 2000: 12).
33 Der damalige CDU Generalsekretär Volker Rühe gab die Parole aus, dass jeder „Asylant" fürderhin ein „SPD-Asylant" sei, wenn sich die SPD weiterhin einer Änderung des Art. 16 GG verschließe (Nuscheler 1995: 134).
34 Für mehr Informationen über die Einschränkung des Geltungsbereichs des vormaligen Artikels 16 (2) des Grundgesetzes siehe Nuscheler 1995: 160-62.
35 Um eine Änderung des Staatsbürgerrechtes zu verhindern, die die Mehrstaatigkeit erlauben würde, begann die CDU im Januar 1999 (kurz vor den Landtagswahlen in Hessen) eine erfolgreiche Unterschriftenkampagne (vgl. dazu Götz 2000). Sie hatte

Das in der ersten Jahreshälfte 2000 von Jürgen Rüttgers (CDU) kreierte Motto „Kinder statt Inder", mit dem er die Diskussion über die Green-Card, die vor allem indischen ComputerexpertInnen die Zuwanderung nach Deutschland ermöglichen sollte, im Sinne seiner Partei beeinflussen wollte, ist ein weiteres Beispiel dafür. Auch die von Friedrich Merz (CDU) im Herbst 2000 angeschobene Diskussion über die „deutsche Leitkultur" zeigt, dass CDU/CSU die deutsche Kultur und Identität – wie im vorherigen Kapitel dargestellt – durch eine mögliche Zunahme von AusländerInnen massiv bedroht sehen.

2.2 Diskussion um den Status geschlechtsspezifisch Verfolgter

Die Diskussion um den asyl- und ausländerrechtlichen Status geschlechtsspezifisch Verfolgter begann Mitte der 1990er Jahre und erfolgte vor dem Hintergrund der Ereignisse der frühen 1990er Jahre und parallel zu den oben beschriebenen Vorgängen. Insbesondere im Zeitraum von 1995 bis 1998 brachten Bundestagsabgeordnete der SPD und der Bündnisgrünen eine Reihe parlamentarischer Initiativen zur asyl- und ausländerrechtlichen Anerkennung geschlechtsspezifischer Verfolgung ein.[36] In kleinerem Umfang war auch die PDS zu diesem Thema aktiv. Ein Teil der Initiativen handelte fast ausschließlich über Frauen/Mädchen, die vor der Verstümmelung ihrer Genitalien flohen.[37]

Eine Analyse der Bundestagsdiskussionen anlässlich dieser parlamentarischer Initiativen zeigt, dass sich die VertreterInnen aller Fraktionen in ihrer Verurteilung der Genitalverstümmelung und anderer Formen der geschlechtsspezifischen Verfolgung einig waren. Dennoch weigerte sich die damals aus CDU/CSU und F.D.P. bestehende Regierungskoalition, die asyl- und ausländerrechtlichen Bestimmungen dahingehend zu verändern, dass solche Mädchen und Frauen als „politisch Verfolgte" anerkannt würden. Die Rede vom Parlamentarischen Staatssekretär Eduard Lintner (CSU) beim Bundesministerium des Innern anlässlich der Bundestagsdebatte zum Internationalen Frauentag 1998 macht die Gründe dafür deutlich:

> Das beklagenswerte Schicksal der davon Betroffenen [von der nicht-staatlichen Verfolgung; Anm. der Autorin], zum Beispiel von Frauen, soll nicht kleingeredet werden.

---

zur Folge, dass die rot-grüne Bundesregierung von ihrem Vorhaben abließ und ihre Reform modifizierte.

36 Ein Teil der Anträge forderte die Anerkennung geschlechtsspezifisch Verfolgter als Asylberechtigte – ein anderer Teil ihre Anerkennung als Flüchtlinge im Sinne der GFK.

37 Da es aus juristischer Sicht nicht zu rechtfertigen wäre, nur *einen* geschlechtsspezifischen Verfolgungsgrund anzuerkennen und andere nicht, handelte es sich bei der Forderung, den von der Genitalverstümmelung bedrohten Mädchen/Frauen Asyl zu gewähren bzw. sie als Konventionsflüchtlinge anzuerkennen, de facto um die Forderung nach der generellen Anerkennung geschlechtsspezifischer Verfolgung.

Aber eine solch generelle Ausweitung, die auf jegliche Zurechenbarkeit einer Verfolgungsmaßnahme zum Verfolgerstaat verzichten will, würde zu zahlenmäßig unabsehbaren Aufnahmeverpflichtungen führen. – Ich gehe davon aus, dass auch Sie,..., diese Forderung nicht erheben wollten. Stellen Sie sich vor, Sie müssten das vor Ihren Mitgliedern und der deutschen Bevölkerung vertreten! – Es liefe darauf hinaus, dass dieser Schutz nicht auf die betroffenen Frauen beschränkt werden könnte. Vielmehr müssten auch alle sonstigen Personen und Gruppen einbezogen werden, die in ihrem Heimatstaat durch eine von Privaten ausgehende Gefahr bedroht sind..." (13. Wahlperiode – 222. Sitzung. Bonn, Donnerstag, den 5. März 1998).

Mit der Wahl der rot-grünen Regierung im September 1998 änderte sich zunächst nichts an dieser Haltung. Die Bemühungen von Politikerinnen beider Fraktionen, die Änderung der asyl- und ausländerrechtlichen Bestimmungen im Koalitionsvertrag dahingehend zu erreichen, dass geschlechtsspezifisch Verfolgte Asyl erhalten, waren nicht erfolgreich. Sie scheiterten am Widerstand der männlichen Rechts- und Innenpolitiker der SPD-Fraktion, insbesondere des zukünftigen Bundesinnenministers Otto Schily (SPD).[38] Diese Politi*ker* fürchteten, dass eine entsprechende Änderung des Asyl- und Ausländergesetzes in den Medien mit einem „Aufmachen des Asylkompromiss" gleichgesetzt und zu Zustimmungsverlusten in der Bevölkerung führen würde. Der aus ihrer Sicht einzige akzeptable Kompromiss bestand in der Überarbeitung der Verwaltungsvorschriften zur Anwendung des Asylrechts mit dem Ziel der Beachtung geschlechtsspezifischer Verfolgungsgründe.[39]

Darüber hinaus machte auch die neue Regierung in parlamentarischen Anfragen klar, dass sie nicht vorhabe, das Asyl- und Ausländerrecht zu Gunsten geschlechtsspezifisch Verfolgter zu verbessern und betonte genau wie die Vorgängerregierung, dass Asyl (und Schutz nach der GFK) nicht Schutz schlechthin – vor der Familie und Gesellschaft – bieten solle, sondern nur Schutz vor dem Zugriff des (Quasi-)Staates.[40]

Selbst zunehmender gesellschaftlicher Druck durch Nicht-Regierungsorganisationen wie amnesty international, PRO ASYL und TERRE DES FEMMES sowie die wachsende Erkenntnis, dass sich Deutschland mit der Nicht-Anerkennung nicht-staatlicher und geschlechtsspezifischer Verfolgung

---

38 Interview mit einer führenden Frauenrechtspolitikerin der SPD-Fraktion am 27.01.1999 in Bonn. Die Politikerin berichtete in dem Interview, dass dies ausschließlich an den Männern der Fraktion und nicht an führenden weiblichen Fraktionsmitgliedern, wie beispielsweise Herta Däubler-Gmelin, lag (Brabandt 2002a: 94).

39 Die Überarbeitung bezog sich nur auf die sog. Abschiebungshindernisse, die in der Regel zu einer 3-6 monatigen Duldung führen. Darüber hinaus handelt es sich um eine Kann-Vorschrift, d.h. die EinzelentscheiderInnen oder VerwaltungsrichterInnen *können* mögliche geschlechtsspezifische Verfolgungsgründe in ihre Entscheidung einbeziehen, müssen dies aber nicht (Brabandt 2002a: 94).

40 Vgl. zum Beispiel die Antwort der Regierung Schröder auf eine kleine Anfrage der PDS (14/1058).

international isoliere, führten zu keiner Änderung in dieser Haltung.[41] Im Gegenteil, bei einem Treffen der EU-Staaten in Tampere im Oktober 1999 dachte Bundesinnenminister Otto Schily laut über die Abschaffung des Rechts auf Asyl nach (DIE ZEIT, 11. November 1999).

In Übereinstimmung mit dieser Position sah der Referentenentwurf für ein Zuwanderungsgesetz, der vom Bundesinnenministerium unter Otto Schily im Sommer 2001 vorgelegt wurde, *nicht* die Anerkennung geschlechtsspezifischer und nichtstaatlicher Verfolgung im Sinne der GFK vor. Nur ein strategisches Koppelungsgeschäft der Bündnisgrünen, die im November 2001 der SPD-Fraktion bedeuteten, dass sie den Anti-Terrorgesetzen, die in Folge der Attentate vom 11. September 2001 eiligst durch den Bundestag gebracht werden sollten, nur zustimmen würden, wenn die Anerkennung geschlechtsspezifischer und nichtstaatlicher Verfolgung in das Zuwanderungsgesetz aufgenommen würde, ermöglichte eine entsprechende Änderung des Entwurfes (Brabandt 2002a: 98f.). Bei der ExpertInnenanhörung des Innenausschusses des Bundestags über den Gesetzesentwurf am 16. Januar 2002 wurde wiederum die Angst vor „Überfremdung" deutlich. Die große Mehrzahl der geladenen ExpertInnen war sich zwar einig, dass Deutschland durch internationales Recht zur Anerkennung geschlechtsspezifischer und nicht-staatlicher Verfolgung im Sinne der GFK verpflichtet sei. Es wurden aber auch Stimmen laut, die eine solche Änderung aus Furcht vor einer großen Zunahme an AsylbewerberInnen als nicht wünschenswert empfanden.

Die CDU/CSU sah die deutsche Identität durch das Zuwanderungsgesetz massiv bedroht. Friedrich Merz (CDU) erklärte die Ablehnung des Gesetzes durch die Unionsparteien mit der Befürchtung, dass das Zuwanderungsgesetz eine multikulturelle Gesellschaft ermögliche. Edmund Stoiber (CSU) befand, dass die Grenze der Integrationsfähigkeit bereits erreicht sei (SZ, 2/3. März 2002). Die Verlautbarungen nach der erfolgreichen Klage einiger unionsgeführter Bundesländer vor dem BVG spiegeln diese Ängste wider. So sprach Edmund Stoiber „von einem wichtigen Tag für die Bewahrung der Identität Deutschlands" (SZ, 19. Dezember 2002).

Letztendlich spielte die Haltung der CDU/CSU den ähnlich denkenden Politik*ern* in der SPD in die Hände, wie das Verhalten von Bundesinnenminister Otto Schily (SPD) bei den Verhandlungen über die EU-Richtlinie zur „Festlegung von Mindestnormen für die Anerkennung und den Status von Drittstaatsangehörigen und Staatenlosen als Flüchtlinge" (sog. Qualifikationsrichtlinie) in der zweiten Hälfte des Jahres 2002 und in der ersten Jahreshälfte 2003 zeigte. In Erwartung der BVG-Entscheidung über das Zustandekommen des Zuwanderungsgesetzes legte Otto Schily Vorbehalte gegen die Anerkennung nicht-staatlicher und geschlechtsspezifischer Verfolgung durch die Richtlinie ein. Während er den Vorbehalt gegen die geschlechtsspezifi-

---

41 Vgl. die Berichterstattung in „heute im Bundestag" (hib) des Jahres 1999 (z.B. hib 17. März 1999 und hib 29. November 1999).

sche Verfolgung bereits im November 2002 zurückzog, blieb er bei dem Vorbehalt gegen die Anerkennung nicht-staatlicher Verfolgung hart (UNHCR 2002c). Wie wir gesehen haben, ist aber gerade sie von immenser Bedeutung für geschlechtsspezifisch Verfolgte.[42] Schily zog diesen Vorbehalt erst im März 2003 nach großem gesellschaftlichem und inner-koalitionärem Druck zurück (PRO ASYL 2003a). Trotz der zwischenzeitlichen Rücknahme beider Vorbehalte blockiert die Bundesregierung die Verabschiedung der Richtlinie noch immer. Sie ist ihr in Fragen des subsidiären Schutzes und des Familiennachzuges weiterhin zu liberal (PRO ASYL 2003b).

Die Bundesregierung gab erst 2004 ihre Blockadehaltung auf, nachdem die Richtlinie eine Vielzahl von Verwässerungen erfahren hatte, um die zahlreichen deutschen Vorbehalte auszuräumen (PRO ASYL 2004). Es folgt ein kurzer Überblick über die wichtigsten Bestimmungen der Richtlinie:

Geschlechtsspezifische Verfolgung. Die Richtlinie erkennt geschlechtsspezifische *Formen* der Verfolgung im Sinne der GFK insofern an, als unter Artikel 11(2) festgestellt wird, dass „acts of persecution" die Form von „acts of a gender-specific or child-specific nature" (Artikel 11(2)f) haben können. Bei den in der Richtlinie aufgeführten legitimen *Gründen* für die Verfolgung ist für geschlechtsspezifisch Verfolgte insbesondere die Zugehörigkeit zu einer bestimmten sozialen Gruppe relevant (vgl. S. 111). Hier heißt es unter anderem:

> „a group shall be considered to form a particular social group where in particular ... members of that group share an innate characteristic, or a common background that cannot be changed, or share a fundamental characteristic or belief that is so fundamental to identity or conscience that a person should not be forced to renounce it" (Artikel 12(1)d).

Die Tatsache, dass unter „acts of persecution" explizit geschlechtsspezifische Formen genannt werden (hierunter würde z.B. die Vergewaltigung fallen), ist positiv zu bewerten. Die Erläuterungen zum Verfolgungsgrund „Zugehörigkeit zu einer bestimmten sozialen Gruppe" ähneln dem auf S. 111 aufgeführten BVG-Urteil von 1987.[43] Allerdings wurde trotz dieses Urteils das Geschlecht erst im Jahr 2000 durch das BVerwG als ein solches unveräußerliches Merkmal interpretiert. Bedauerlicherweise blieb diese Interpretationsweise mit Ausnahme afghanischer Asylbewerberinnen, die vor den Taliban flohen, selten. Es muss abgewartet werden, ob die Richtlinie daran etwas ändern wird.

---

42 Würde nur die Anerkennung von geschlechtsspezifischer Verfolgung erfolgen, so würde dies in der deutschen Rechtsprechung zur Folge haben, dass weiterhin nur der Staat oder staatliche Agenten als legitime Verfolger im Sinne des Asyl- und Ausländerrechts gelten. D.h. nur die unter Kapitel 2.2. genannten konstitutiven Verfolgungsgründe würden erweitert. Alle Formen von geschlechtsspezifischer Verfolgung durch nicht-staatliche AgentInnen würden weiterhin nicht anerkannt.

43 Nach ihm darf kein Staat Leib, Leben oder die persönliche Freiheit des Einzelnen aus Gründen gefährden, die in unverfügbaren, jedem Menschen von Geburt anhaftenden Merkmalen liegen.

Nicht-staatliche Verfolgung. Die Richtlinie erkennt die Verfolgung durch Parteien oder Organisationen, die in zerfallenden Staaten wesentliche Teile des Territoriums kontrollieren, an. Dagegen ist die Formulierung zur „reinen" nicht-staatlichen Verfolgung problematisch. Sie betrifft Fälle von Verfolgung durch private Dritte, wie z.b. Ehemänner und Familienangehörige, die nicht ein Territorium eines zerfallenden Staates kontrollieren. Der Wortlaut ist dem BVG-Urteil über „mittelbare Verfolgung" (vgl. S. 110), in dem die so genannte Zurechnungslehre konkretisiert wird, sehr ähnlich. Nicht-staatliche Verfolgung kann nach Artikel 9 (c) der Richtlinie nur dann anerkannt werden, wenn erfolgreich demonstriert wird, dass der Staat oder Parteien und Organisationen, die Teile des staatlichen Territoriums beherrschen, unfähig oder unwillig sind, Schutz zu bereiten. Diese Formulierung stellt die deutsche Zurechnungslehre und das Konzept der „mittelbaren Verfolgung" nicht *per se* in Frage.

Die Zurechnungslehre hat auch zur Folge, dass sexuelle Folter und Vergewaltigungen durch (quasi-)staatliche Agenten nicht *per se* als (quasi-)staatliche Verfolgung gelten, sondern – weil dem Staat ein genereller Schutzwille unterstellt wird – häufig als „private" Exzesse von Amtsinhabern gewertet werden (vgl. S. 110). Da die Richtlinie die Zurechnungslehre nicht ad acta legt, ist es meines Erachtens unwahrscheinlich, dass sich die deutsche Rechtspraxis in naher Zukunft verändern wird, obwohl in der Richtlinie explizit „acts of a gender-specific nature" als legitime Verfolgungsformen genannt werden.

Die Beurteilung der Richtlinie muss daher ambivalent bleiben. Zum einen gibt es Anlass zu der Sorge, dass die auf S. 110 dargestellte Problematik bei der Anwendung der Zurechnungslehre und des Konzeptes der „mittelbaren Verfolgung" bestehen bleibt. Davon wären in ganz besonderem Maße geschlechtsspezifisch Verfolgte betroffen. Zum anderen besteht die Hoffnung, dass in einem solchen Fall der Wille der RichtlinienverfasserInnen höchstrichterlich ausgelegt werden wird und bei einer solchen Auslegung die Rechtspraxis der Mehrheit der EU-Staaten als Maßstab herangezogen wird. Dort wird in Fällen nichtstaatlicher Verfolgung nicht nur der generelle Schutzwille des Staates, sondern auch der konkrete Einzelfall überprüft. Eine verbindliche Auslegung von EU-Recht kann nur durch den EuGH vorgenommen werden. Allerdings ist zu befürchten, dass Jahre vergehen, bevor eine Entscheidung des EuGH in dieser Frage getroffen wird, da zuerst der nationale Rechtsweg ausgeschöpft werden muss.

Im Juni 2004 gilt in Deutschland noch immer die in Abschnitt zwei vorgestellte Gesetzeslage und höchstrichterliche Interpretation, die dazu führt, dass geschlechtsspezifisch Verfolgte in Deutschland kaum ausreichenden Schutz erhalten. Anfang 2003 beschloss die rot-grüne Regierungskoalition das vom BVG wegen Verfahrensfehlern aufgehobene Zuwanderungsgesetz erneut im Bundestag. Bei der darauffolgenden Lesung im Bundesrat bestanden die Unionsländer zwar auf Druck der F.D.P. nicht auf der Abstimmung der 137 Änderungsanträge, die sie vorbereitet hatten und die sich unter anderem gegen die Anerkennung geschlechtsspezifischer und nicht-staatlicher Verfolgung aussprachen. Am 20. Juni 2003 lehnten sie aber das Zuwanderungsgesetz bei der Abstimmung im Bundesrat ab (SZ, 21./22. Juni 2003). Der Vermittlungsausschuss, der sich daraufhin mit dem Gesetz beschäftigte, kam zu keinem Ergebnis. Die Positionen der Regierungskoalition und der Unionsparteien blieben in einer Reihe von Fragen unvereinbar. Hiervon betroffen waren insbesondere die Anerkennung der geschlechtsspezifischen und der nicht-staatlichen Verfolgung sowie Sicherheitsfragen. Auch die Verteilung der Kosten für die so genannten Integrationskurse blieb strittig (taz, 02. April 2004; Berliner Zeitung, 01. April 2004). Am 3. Mai 2004 erklärte Reinhard Bütikofer (Bündnis90/Die Grünen) den Ausstieg seiner Partei aus den Verhandlungen zum Zuwanderungsgesetz (FR, 5. Mai 2004). Bundeskanzler Gerhard Schröder (SPD) machte daraufhin das Zustandekommen des Gesetzes zur „Chefsache" und lud Angela Merkel (CDU) und Edmund Stoiber (CSU) zum Spitzengespräch ein. Wie die CDU in ihrem Newsletter am 26. Mai 2004 mitteilte, führte dieses Gespräch auch in Fragen der nichtstaatlichen und geschlechtsspezifischen Verfolgung zum Kompromiss:

> „Eine unterschiedliche Bewertung zwischen Regierung und Opposition besteht im Bereich der nicht staatlichen Verfolgung, insbesondere hinsichtlich der Formulierungen zur geschlechtsspezifischen Verfolgung. Zu dieser Frage hat der Bundesinnenminister eine Formulierung vorgeschlagen, auf deren Grundlage eine Einigung auf einen Kompromiss mit der Union erfolgen könnte" (CDU 2004: 1).

Das Ergebnis dieses Kompromisses zwischen Unionsparteien und SPD (die Bündnisgrünen durften an den Spitzengesprächen nicht teilnehmen), wie es am 17. Juni 2004 vorliegt[44], trägt die restriktive Handschrift der Unionsparteien. In § 60 (1) des ursprünglichen Gesetzestextes heißt es, dass in Anwendung der GFK kein Ausländer in einen Staat abgeschoben werden darf, in dem sein Leben oder seine Freiheit „wegen seiner Rasse, Religion, Staatsangehörigkeit, *seines Geschlechtes,* seine Zugehörigkeit zu einer bestimmten sozialen Gruppe oder wegen seiner politischen Überzeugung bedroht ist" (Hervorhebung HB.). Wenn diese Voraussetzungen zutreffen, ist es nach dem ursprünglichen Text „*unerheblich,* ob die Verfolgung dem Herkunftsstaat zugerechnet wird" (Hervorhebung HB.).

Geschlechtsspezifische und nicht-staatliche Verfolgung im Zuwanderungskompromiss. In dem nun vorliegenden Kompromiss wurde das Geschlecht in der oben genannten Aufzählung ersatzlos gestrichen. Statt dessen heißt es zwei Sätze später: „Eine Verfolgung wegen der Zugehörigkeit zu einer bestimmten sozialen Gruppe kann auch dann vorliegen, wenn die Bedrohung des Lebens, der körperlichen Unversehrtheit oder der Freiheit allein an das Geschlecht anknüpft." Bei der nicht-staatlichen Verfolgung durch private Dritte wird die Formulierung der EU-Richtlinie fast vollständig übernommen. Sie wird dann anerkannt, wenn der Staat oder Parteien und Organisatio-

---

44 Die Bündnisgrünen behalten sich allerdings noch eine Prüfung des Textes durch einen kleinen Parteitag vor (SZ, 18. Juni 2004).

nen, die wesentliche Teile des staatlichen Territoriums kontrollieren, „nicht willens oder in der Lage sind, Schutz vor der Verfolgung zu bieten...".

Bei der Bewertung des Kompromisses stechen zwei Punkte ins Auge. Erstens ist das Wort „kann" in der Formulierung zur Anerkennung geschlechtsspezifischer Verfolgungsgründe problematisch. Es lässt den EntscheiderInnen und RichterInnen einen Ermessensspielraum.[45] Es wird abzuwarten bleiben, wie sie mit dieser „Kann"-Bestimmung umgehen. Zweitens gelten bezüglich der nicht-staatlichen Verfolgung die Bedenken, die schon bei der Bewertung der EU-Richtlinie ausgeführt wurden. Im Gegensatz zum ursprünglichen Gesetzestext, nach dem es unerheblich sein sollte, ob die Verfolgung dem Herkunftsstaat *zugerechnet* wird, setzt der jetzt gefundene Kompromiss die Zurechnungslehre nicht außer Kraft.

Zusammenfassend muss daher festgestellt werden, dass der ursprüngliche Gesetzestext sowohl geschlechtsspezifisch als auch nicht-staatlich Verfolgte deutlich besser abgesichert hätte. Trotz gegenteiliger Verlautbarungen von PolitikerInnen der SPD und Bündnisgrünen wurde der Kompromiss auch im Bereich des Schutzes für nicht-staatlich und geschlechtsspezifisch Verfolgte auf den Schultern der potentiell betroffenen Flüchtlinge getroffen.[46] Dies darf angesichts des Einflusses der Unionsparteien nicht erstaunen.

Die Rechtspraxis wird zeigen müssen, wie sich die Auslegung der Bestimmungen des Zuwanderungskompromisses entwickelt. Ebenso wie bei der nicht-staatlichen Verfolgung bleibt auch bei der geschlechtsspezifischen Verfolgung die Möglichkeit einer Klage vor dem EuGH.

3. Zusammenfassung

In diesem Beitrag habe ich gezeigt, dass das bisher in Deutschland geltende Asyl- und Ausländerrecht und seine höchstrichterliche Interpretation auf Annahmen der klassischen liberalen Theorie beruhen, die zum Nachteil von Frauen sind. Die Konzeption der Sphärentrennung und des abstrakten, geschlechtsneutralen Individuums lassen die Anerkennung geschlechtsspezifisch Verfolgter als Asylberechtigte oder Flüchtlinge im Sinne der GFK bis heute zumeist scheitern. Ihre Verfolgung wird häufig nicht als „politisch" im Sinne des Grundgesetzes betrachtet. Grund dafür ist die Interpretation, in der „politisch" mit „staatlich" gleichgestezt wird und allein Übergriffe durch staatliche Agenten als Menschenrechtsverletzung gelten sowie die Nichtanerkennung des Ver-

---

45 Die Formulierung „Eine Verfolgung wegen der Zugehörigkeit zu einer bestimmten sozialen Gruppe liegt auch dann vor, wenn die Bedrohung des Lebens, der körperlichen Unversehrtheit oder der Freiheit allein an das Geschlecht anknüpft" hätte den Status von geschlechtsspezifisch Verfolgten besser abgesichert.

46 Um in Kraft zu treten, muss der Kompromiss noch den Vermittlungsausschuss, den Bundestag und Bundesrat passieren.

folgungsgrund „Geschlecht". Obwohl die deutsche Asyl- und Ausländerpolitik wegen ihrer kruden Ablehnung der Anerkennung geschlechtsspezifischer und nicht-staatlicher Verfolgung international zunehmend isoliert ist, wurde bis vor kurzem dennoch an ihr festgehalten. Der nach langen Verhandlungen gefundene Kompromiss geht deutlich hinter das ursprüngliche Gesetz, dessen Zustandekommen vom BVG auf grund von Formfehlern bei der Abstimmung im Bundesrat für verfassungswidrig erklärt wurde, zurück. Im Laufe der Verhandlungen mit den Unionsparteien wurden beim Schutz für nicht-staatlich und geschlechtsspezifisch Verfolgte deutliche Abstriche gemacht.

Die Haltung der Unionsparteien lässt sich nur mit der Konstruktion deutscher Identität als gemeinsame ethno-kulturelle Herkunft erklären. Diese Konstruktion hat zur Folge, dass Menschen nicht-deutscher Abstammung nicht in die „Volksgemeinschaft" integriert werden können.

Insbesondere größere Gruppen „Fremder" werden fast zwangsläufig als Bedrohung für das „Eigene" angesehen. Vor diesem Hintergrund ist es nicht überraschend, dass die seit Ende der 1970er Jahre steigende Zahl an AsylbewerberInnen zu einer Bedrohungswahrnehmung und zur Angst vor „Überfremdung" führte. Die abstruse Schlussfolgerung, dass deutsche BürgerInnen nicht für die pogromartigen Angriffe auf AusländerInnen in den frühen 1990er Jahren verantwortlich zu machen seien, entspringt ebenso dieser Vorstellung wie Edmund Stoibers Erleichterung über den Entschluss des BVGs, als es das ursprüngliche Zuwanderungsgesetz für ungültig erklärte. Die Aktivitäten der Unionsparteien gegen die Anerkennung geschlechtsspezifischer und nicht-staatlicher Verfolgung und die Unterstützung, die ihr dabei von großen Bevölkerungssegmenten zuteil wurde, lässt sich nur vor diesem Hintergrund erklären. Die Neuregelung der asyl- und ausländerrechtlichen Bestimmungen ist bisher an diesem vorherrschenden Konzept exklusiver deutscher Identität gescheitert.

Literatur

Bade, Klaus J. 1992: „Politisch Verfolgte genießen...": Asyl bei den Deutschen – Idee und Wirklichkeit. In: Bade, Klaus J. (Hrsg.): Deutsche im Ausland – Fremde in Deutschland: Migration in Geschichte und Gegenwart. München, S. 411-422
Beck, Marielouise 2000: Die fünf Mythen des Asylrechts. Über das Grundrecht auf Asyl wird wieder einmal ideologisch und mit den falschen Argumenten gestritten. In: DIE ZEIT 46, S. 12
Brabandt, Heike 2002a: Internationale FrauenMenschenrechtsnormen und ihre Implementierung in Deutschland – Der Fall der geschlechtsspezifischen Verfolgung. In: WeltTrends 36, Herbst, S. 81-102
Brabandt, Heike 2002b: Global Culture and International Human Rights Norms: The Case of Female Genital Mutilation in Germany. In: Fuchs, Doris A./Kratochwil, Friedrich (Hrsg.): Transformative Change and Global Order. Reflections on Theory and Practice. Münster, S. 181-202
Braun, Eberhard/Heine, Felix/Opolka, Uwe 1990: Politische Philosophie. Ein Lesebuch. Texte, Analysen, Kommentare. Reinbek

Brubaker, Rogers 1992: Citizenship and Nationhood in France and Germany. Cambridge, Mass.
Bunch, Charlotte 1995: Transforming Human Rights from a Feminist Perspective. In: Peters, Julie/Wolper, Andrea (Hrsg.): Women's Rights, Human Rights. International Feminist Perspectives. London, S. 11-17
CDU 2004: Neues aus Berlin. CDU-Newsletter Nr. 12/2004, Berlin
Charlesworth, Hilary 1995: Human Rights as Men's Rights. In: Peters, Julie/Wolper, Andrea (Hrsg.): Women's Rights, Human Rights, International Feminist Perspectives. London, S. 103-113
Crawley, Heaven 2000: Engendering the State in Refugee Women's Claims for Asylum. In: Jacobs, Susie/Jacobson, Ruth und Marchbank, Jennifer: States of Conflict. Gender, Violence and Resistance. London, S. 87-104
Crawley, Heaven 2001: Refugees and Gender: Law and Process. Bristol
Freyhold, Michaela von 1992: Rassistische Mobilisierung in England. In: Butterwege, Christoph/Jäger, Siegfried (Hrsg.): Rassismus in Europa. Köln, S. 161-177
Gottstein, Margit 1995: Asyl und Flucht in der sozialwissenschaftlichen Literatur. In: BAFl (Bundesamt für die Anerkennung ausländischer Flüchtlinge)/IZ (Informationszentrum Sozialwissenschaften) (Hrsg.): Einwanderung und Asyl. Eine Dokumentation sozial- und rechtswissenschaftlicher Literatur und Forschung. Nürnberg/Bonn, S. 9-30
Gottstein, Margit 1998: Frauenspezifische Verfolgung: Eine Zwischenbilanz. In: PRO ASYL (Hrsg.): Verfolgte Frauen schützen! Materialien zum Umgang mit geschlechtsspezifischer Verfolgung und Flüchtlingsfrauen in der Bundesrepublik Deutschland und anderen Ländern, Frankfurt am Main, S. 5-15
Götz, Irene (Hrsg.) 2000: Zündstoff doppelte Staatsbürgerschaft. Zur Veralltäglichung des Nationalen. Berliner Blätter 21
Heinold, Hubert 2003: Recht für Flüchtlinge. Ein Leitfaden durch das Asyl- und Ausländerrecht für die Praxis. 4. Auflage. Frankfurt am Main
Kopp, Karl 2002: Asyl. Wissen 3000. Hamburg
Krause, Peter (2000): Die geschlechtsspezifische Verfolgung von Frauen und das deutsche Flüchtlingsrecht. In: DAMID 6/7, S. 32-33
Kurthen, Hermann/Bergmann, Werner/Erb, Rainer 1997: Introduction. Postunification Challenges to German Democracy. In: Kurthen, Hermann/Bergmann, Werner/Erb, Rainer (Hrsg.): Antisemitism and Xenophobia in Germany after Unification. Oxford, S. 3-17
Kymlicka, Will 1990: Contemporary Political Philosophy. An Introduction. Oxford
Laubenthal, Barbara 1999: Vergewaltigung von Frauen als Asylgrund: Die gegenwärtige Praxis in Deutschland. Frankfurt am Main
Müller, Kerstin 2000: Nichtstaatliche Verfolgung. Untersuchung der Trageseite der Schutzlücke im deutschen Asylrecht. Oldenburg
Mohanty, Chandra Talpade 1988: Aus westlicher Sicht: Feministische Theorie und koloniale Diskurse. In: beiträge zur feministischen theorie und praxis, 23, S. 149-162
Niedermüller, Peter 2000: Der Mythos „Deutsch zu sein" – Zum Verhältnis von Politik und Kultur. In: Götz, Irene (Hrsg.): Zündstoff doppelte Staatsbürgerschaft. Zur Veralltäglichung des Nationalen. Berliner Blätter 21, 39-51
Nuscheler, Franz 1995: Internationale Migration: Flucht und Asyl. Opladen
Pateman, Carole 1988: The Sexual Contract. Cambridge
Pateman, Carole 1987: Feminist Critiques of the Public/Private Dichotomy. In: Phillips, Anne (Hrsg.): Feminism and Equality. Oxford, S. 103-126
PRO ASYL 2004: Infoservice Nr. 89 – April 2004. Frankfurt. URL: http://www.proasyl.de (18.06.04)
PRO ASYL 2003a: Europäisches Asylrecht: Deutschland zieht den Vorbehalt zur nichtstaatlichen Verfolgung zurück. Presseerklärung vom 5. März 2003. URL: http://www.proasyl.de/presse03/mar05.htm (20.03.03)

PRO ASYL 2003b: Europäische Asylpolitik: Deutschland blockiert zentrale Richtlinie. Presseerklärung vom 6. Juni 2003. URL: http: //www.proasyl.de/presse03/jun06.htm (10.07.03)

Santel, Bernhard 1999: Staatsangehörigkeit/Staatsbürgerschaft. In: Andersen, Uwe/Woyke, Wichard (Hrsg.): Handwörterbuch des politischen Systems der Bundesrepublik Deutschland. Bonn, S. 524-526

Schmidt-Häuer, Julia 1998: Feministische Herausforderungen an das herkömmliche Menschenrechtsparadigma. In: Ruppert, Uta (Hg.): Lokal bewegen – global verhandeln, Internationale Politik und Geschlecht. Frankfurt am Main, S. 130-155

Singer, Mona 1997: Fremd.Bestimmung. Zur kulturellen Verortung von Identität. Tübingen

Squires, Judith 1999: Gender in Political Theory. Oxford

Thränhardt, Dieter 1999: Ausländer und Asyl. In: Andersen, Uwe/Woyke, Wichard (Hrsg.): Handwörterbuch des politischen Systems der Bundesrepublik Deutschland. Bonn, S. 12-17

UNHCR 2002a: Die Welt der Flüchtlinge auf einen Blick. URL: http: //www.unhcr.de/ unhcr.php/cat/34/aid/568 (17.07.03)

UNHCR 2002b: Entwicklungsländer nehmen die meisten Flüchtlinge auf. URL: http: //www.unhcr.de/unhcr.php/cat/14/aid/469 (13.03.2003)

UNHCR 2002c: Vorbehalte gegen EU-Richtlinie zurückziehen. Pressemitteilung vom 19. Dezember 2002. URL: http/www.unhcr.de/unhcr.php/cat/27/aid/537 (17.07.03)

Susanne Köhring

Bewegungsfreiheit als Privileg[1]

Sie sind unsichtbar – und doch von enormer Bedeutung für das alltägliche Leben von Flüchtlingen. Keine Mauer, kein Stacheldraht, keine weiße Linie markiert die Landkreisgrenzen. Grenzen, die Flüchtlinge innerhalb Deutschlands in bestimmten Regionen einschließen und vom gesellschaftlichen und politischen Leben ausschließen (sollen).

Die so genannte Residenzpflicht verbietet Flüchtlingen, den ihnen zugewiesenen Landkreis ohne spezielle Reiseerlaubnis der Ausländerbehörde zu verlassen, außer zur Wahrnehmung von Terminen bei Behörden und Gerichten, bei denen ein persönliches Erscheinen erforderlich ist. Für Flüchtlinge mit einer Duldung ist der Aufenthalt auf das jeweilige Bundesland beschränkt. Die Residenzpflicht ist Teil des Asylverfahrensgesetzes, das 1982 aus dem allgemeinen Ausländergesetz ausgegliedert wurde.

Dieses Gesetz ist einzigartig in Europa. Deutschland ist das einzige Land mit einer Residenzpflicht. Nach Auffassung des UNHCR ist diese Praxis mit dem internationalen Recht nicht vereinbar. Nach Artikel 26.1 der Genfer Flüchtlingskonvention (GFK) sind die Vertragsstaaten verpflichtet, Flüchtlingen, die sich rechtmäßig auf ihrem Staatsgebiet befinden, Freizügigkeit zu gewähren. Es ist ebenso wenig mit Artikel 13 der Allgemeinen Erklärung der Menschenrechte vereinbar. Beide Artikel erklären das Recht auf freie Wohnungswahl und freie Bewegung innerhalb eines Staates.[2]

---

1   In diesem Artikel soll es nicht so sehr um die rechtlichen Aspekte der Residenzpflicht gehen. Ich beschreibe eher die Auswirkungen, die in der Praxis eine Rolle spielen. Ob zum Beispiel eine Umverteilung oder eine Reiseerlaubnis auf gerichtlichem Wege zu erwirken ist, spielt deshalb hier keine Rolle, weil die Wege dahin so umständlich und schwierig sind, dass sie für den Alltag kaum Auswirkungen haben und die wenigsten Flüchtlinge sie überhaupt in Anspruch nehmen.
2   Artikel 13 der Allgemeinen Erklärung der Menschenrechte: „(1) Jeder Mensch hat das Recht auf Freizügigkeit und freie Wahl des Wohnsitzes innerhalb eines Staates. (2) Jeder Mensch hat das Recht, jedes Land, einschließlich seines eigenen, zu verlassen oder in sein Land zurückzukehren."
    Artikel 26 der GFK: „Jeder vertragsschließende Staat wird den Flüchtlingen, die sich rechtmäßig in seinem Gebiet befinden, das Recht gewähren, dort ihren Aufenthalt zu

Die Kritik des UNHCR von 1983 bezog sich auch auf andere flankierende Maßnahmen zur Abschreckung von Flüchtlingen, wie zwangsweise Unterbringung in Lagern, Arbeitsverbot, Gemeinschaftsarbeit oder Nichtanerkennung des Prinzips der Familieneinheit. Das Bundesinnenministerium fand sich jedoch zu Unrecht kritisiert und sah keine Veranlassung die Maßnahmen aufzuheben oder einzuschränken.

„Inlandslegitimierungszwang"

Der Versuch, Ausländer an bestimmte Orte zu binden und sie einer möglichst umfassenden Kontrolle zu unterwerfen, ist keine neue Erfindung der Bundesrepublik. Bereits Anfang des 20. Jahrhunderts wurde eine Legitimationspflicht für Ausländer entwickelt, die die Ausländer an bestimmte Orte, genauer an bestimmte Arbeitgeber, binden sollte. Die damaligen Arbeitsmigranten, die vor allem aus Polen kamen, protestierten oftmals gegen ihre schlechten Arbeits- und Lebensbedingungen, indem sie einfach ihre Arbeitsstellen verließen und sich anderswo Arbeit suchten. Schon seit Ende der 1890er Jahre forderten daher die großagrarischen Interessenvertreter staatliche Maßnahmen zur Verminderung der „Kontraktbrüche".

1908 trat der „Inlandslegitimierungszwang" in Kraft, mit dem die Forderungen der Arbeitgeber erfüllt wurden. Alle ausländischen Arbeiter bekamen eine Legitimationskarte von den Polizeibehörden ausgestellt mit Angabe der Nationalität, der Personalien und dem Namen des Arbeitgebers. Bei einem Stellenwechsel musste die Karte umgeschrieben werden, was im Falle eines Kontraktbruches natürlich nicht erfolgte. Die Arbeitskarte musste bei Arbeitsantritt dem Unternehmer ausgehändigt werden, ein Doppelexemplar blieb bei den Polizeibehörden. In der Folge führte das unerlaubte Verlassen der Arbeitsstelle zur Ausweisung. Für die Arbeitgeber war das ein unschätzbares Instrument zur Ausbeutung. Die Arbeiter hatten theoretisch keine Möglichkeit mehr, sich den schlechten Arbeitsbedingungen durch Stellenwechsel zu widersetzen. Schlimmer noch – auch „mangelnder Arbeitseifer" galt als Kontraktbruch und führte zur Ausweisung (vgl. Herbert 2001: 35f.).

> „Insgesamt stellte der Legitimationszwang ein Sonderrecht für ausländische Arbeiter dar, das (...) gleichermaßen als Regulationsschleuse für die Nachfrage nach ausländischen Arbeitskräften wie als Disziplinierungsmittel diente." (Herbert 2001: 36)

1933 fanden die Nationalsozialisten bereits ein Instrumentarium vor, „das die Organisation der Ausländerbeschäftigung stark zentralisiert und effektiviert hatte" (Herbert 2001: 122). Die ausländerpolizeiliche Erfassung wurde zu-

---

wählen und sich frei zu bewegen, vorbehaltlich der Bestimmungen, die allgemein auf Ausländer unter den gleichen Umständen Anwendung finden."

nächst auf der Basis des alten Legitimationssystems ausgebaut und zentralisiert.

In der Ausländerpolizeiverordnung von 1938 ist dann bereits festgeschrieben: „Beantragt der Ausländer die Aufenthaltserlaubnis, ... so gilt sein Aufenthalt im Bereich der Kreispolizeibehörde, bei der der Antrag gestellt ist, als erlaubt". Wer gegen die räumliche Beschränkung verstößt, „wird mit Gefängnis bis zu einem Jahr und mit Geldstrafe oder einer dieser Strafen bestraft", heißt es dort weiter. In einer aus dem Jahr 1944 stammenden Polizeiliste im Stadtarchiv Neuss findet sich eine Aufzählung mit Namen von polnischen und russischen Zwangsarbeitern, die mit einem Bußgeld von 15 oder 20 Reichsmark belegt wurden, weil sie im Stadtgebiet Neuss angetroffen worden waren, ohne schriftliche Genehmigung der zuständigen örtlichen Polizeibehörde (Stoffels 2002: 160)

Die Residenzpflicht ist heute unter §56 Asylverfahrensgesetz geregelt: „1. Die Aufenthaltsgestattung ist räumlich auf den Bezirk der Ausländerbehörde beschränkt, in dem die für die Aufnahme des Ausländers zuständige Aufnahmeeinrichtung liegt." Auch heute noch droht Geldstrafe oder Freiheitsstrafe bis zu einem Jahr. Bei wiederholten Verstößen gegen die Residenzpflicht kann sogar die Abschiebung drohen.

Es ist auffällig, wie ähnlich sich die Gesetzestexte sind und dass genau die gleichen Strafen drohen. Die Ausländerpolizeiverordnung des Nationalsozialismus von 1938 galt faktisch auch in der Nachkriegszeit. Erst 1965 trat ein neues Ausländergesetz in Kraft. Vorlage für das neue war aber das alte. Der Zusammenhang liegt auf der Hand. Es blieb ein (Sonder-)Gesetz, das nur für bestimmte Personengruppen gilt und deren Kontrolle und Disziplinierung dient.

Mobilität als kriminelles Delikt

Die Residenzpflicht beschränkt die Bewegungsfreiheit der Flüchtlinge auf den ihnen zugewiesenen Landkreis. Ein Rechtsanspruch auf eine „Reiseerlaubnis" besteht für Flüchtlinge nicht, es gibt auch keine Durchführungsverordnung mit genauen Kriterien. Die Ausländerbehörden haben einen großen Ermessensspielraum zur Erteilung von Reisegenehmigungen. Es hängt oft vom Gutdünken des einzelnen Sachbearbeiters ab, wie ein Antrag beschieden wird. Besonders fatal ist diese erzwungene Bewegungslosigkeit, wenn die Flüchtlinge in kleinen Dörfern am Rande von Landkreisgrenzen untergebracht sind.

> „Ich kann nicht mal eben von Markersdorf nach Gera fahren um einzukaufen, Verwandte oder Freunde zu besuchen, geschweige denn nach Köln oder so. Ich kann eine Reiseerlaubnis beantragen, klar, aber die wird uns oft verweigert. Warum? Da musst du in der Ausländerbehörde nachfragen. Die geben uns keine Begründung." So ein Flüchtling in einem persönlichen Gespräch.[3]

---

3   Seit Anfang 1999 dürfen Flüchtlinge aus Markersdorf die nahegelegene Stadt Gera außer „zu Behördengängen" nicht mehr betreten. Die Ausländerbehörde des Land-

Gerade die Lager für Flüchtlinge stehen oft in entlegenen Gegenden, Familien sind durch die Flucht auseinander gerissen worden und daher oft in verschiedenen Regionen untergebracht. In den nächsten Dörfern gibt es kaum adäquate Einkaufsmöglichkeiten. Freizeitmöglichkeiten sind gleich null. Kulturelle oder politische Veranstaltungen finden meist in größeren, entfernteren Städten statt.

Viele überlegen sich zweimal, ob sie wirklich zum Einkaufen in die nächste, aber „verbotene" Stadt fahren wollen. Gerade in abseits gelegenen Lagern wächst die Vereinsamung und Isolation. Nicht selten leiden Flüchtlinge deshalb, zusätzlich zu den psychischen Auswirkungen, die mit ihrer Fluchtgeschichte verbunden sind, an Depressionen.

Aus all diesen Gründen ist die Residenzpflicht wahrscheinlich eines der Ausländergesetze, das am häufigsten übertreten wird (vgl. Schmoliner in diesem Band). Es gehört zum Alltagsleben vieler Flüchtlinge dazu, ohne Reiseerlaubnis den Landkreis zu verlassen Zu wichtig sind soziale Kontakte, die Aufrechterhaltung von Essgewohnheiten und kulturellen Bräuchen oder die politische Betätigung.

Außerdem liefert jeder Antrag den Ausländerbehörden Einblicke in das Privatleben der Flüchtlinge, über die familiären und sozialen Beziehungen, ihre sozialen, kulturellen oder politischen Aktivitäten. Privatsphäre gibt es nicht.

Durch die in den letzten Jahren ausgebauten Befugnisse von Polizei und BGS (verdachtsunabhängige Kontrollen und Schleierfahndung) wird es für Flüchtlinge immer schwieriger, sich ohne Reiseerlaubnis zu bewegen. Die Kontrolle von nicht-deutsch-aussehenden Personen durch den BGS in Zügen beispielsweise ist inzwischen Normalität. Mitfahrende, die sich bei derartigen Kontrollen einmischen und gegen diese rassistische Praxis protestieren, werden ihrerseits mit Anzeigen z.B. wegen Beleidigung konfrontiert.

Der Druck auf die Flüchtlinge wächst. Mehr und mehr Kontrollen kriminalisieren die Flüchtlinge. Geldstrafen, die sie nicht bezahlen können, bis hin zu Gefängnisstrafe und Abschiebung sind die Folgen.

Der bisher bekannteste Fall ist wohl der von Jose Maria Jones. Die Ausländerbehörde sah in seinen mehrmaligen Verstößen gegen die Residenzpflicht eine maßgebliche Beeinträchtigung der öffentlichen Sicherheit und Ordnung. Worin diese Bedrohung bestehen soll, wird allerdings nicht erklärt. Jose Maria Jones wird allerdings unterstellt, „auch künftig gegen geltende Gesetze der BRD" zu verstoßen. Außerdem sei die Ausweisung auch aus „generalpräventiven Gründen geboten, um andere Ausländer von einem derartigen Verhalten abzuschrecken".

---

kreises schreibt als Begründung, das Gera „einen unkontrollierten Zugang nicht zu ihrem Aufenthaltsbereich gehörender Ausländer unterbinden wollte". (Brief vom 20.09.1999)

Bewegungsfreiheit als Privileg

... und wir bewegen uns doch!

Im Mai 2000 wurde in Jena ein Kongress durchgeführt unter dem Motto „Wir sind hier, weil ihr dort seid". Dieser Kongress wurde vor allem von Flüchtlingsselbstorganisationen wie „The Voice" und der „Karawane für die Rechte von Flüchtlingen und MigrantInnen" organisiert und getragen. Gerade ihnen aber wurde mit der Verweigerung einer Reiseerlaubnis die Teilnahme an diesem Kongress verwehrt. Eine Kampagne für das Recht auf Bewegungsfreiheit war daher für viele Flüchtlinge die logische Konsequenz. Mit vielen verschiedenen Aktionen wurde die Residenzpflicht als rassistisches Sondergesetz immer und immer wieder angeprangert. Die damit einhergehende rassistische Praxis der Ausländerbehörden wurde öffentlich thematisiert. Vor allem der Prozess gegen Cornelius Yufanyi trug dazu bei, den „verbeamteten Rassismus", wie eine Prozessbeobachterin es nannte, aus den Schreibtischstuben in die Öffentlichkeit zu zerren.

Cornelius Yufanyi, einer der Hauptkoordinatoren des Kongresses in Jena, stand vor dem Amtsgericht Worbis, weil ein Sachbearbeiter der Ausländerbehörde ein Interview über diesen Kongress gelesen hatte. Seine Schlussfolgerung: Yufanyi war ohne Reisegenehmigung dort. Also sollte er Strafe zahlen. Yufanyi jedoch weigert sich, für seine Bewegungsfreiheit zu bezahlen.

In den bisher drei Prozessterminen gegen Yufanyi war der „verbeamtete Rassismus" immer wieder das Hauptthema. Der Leiter der Ausländerbehörde Heiligenstadt sagte z.B., Gründe für eine Erlaubnis seien für ihn Familien- und Freundesbesuche unter Vorlage der Adresse, Expo-Besuche und religiöse Aktivitäten, wenn sie dem Flüchtling Halt gäben. Auch spielten Häufigkeit und Ziel der Anfragen eine Rolle. Es gäbe ja auch Ladendiebstähle. Da werde er einem Antragsteller kaum ein zweites Mal eine Reisegenehmigung erteilen.

Yufanyi wurde die Genehmigung zur Teilnahme an dem Flüchtlingskongress in Jena angeblich nicht erteilt, weil er „sein Kontingent an Reisen" überschritten habe. Wer dieses Kontingent festlegt und wie hoch es ist, das wurde nicht gesagt.

Ähnlich verlief der Prozeß gegen Sunny Omwenyeke vor dem Amtsgericht Braunschweig. Hier sagte die Sachbearbeiterin aus, der Kongress sei als „verfassungsfeindliche Veranstaltung" einzustufen. Dies würde durch das Motto: „Wir sind hier, weil ihr dort seid" deutlich. Und überhaupt habe Sunny Omwenyeke nur an dem Kongress teilnehmen wollen, um seiner drohenden Abschiebung zu entgehen, was der Titel des Kongresses nahelege. Der lautete nämlich „Gemeinsam gegen Abschiebung...".

Aber trotzdem, oder gerade deshalb, geht der Kampf gegen die Residenzpflicht weiter. Cornelius Yufanyi ist bei seinem dritten Prozesstermin verurteilt worden zu 15 Tagessätzen a 10 Euro. In der Urteilsbegründung heißt es, Freiheit sei die Freiheit, die einem der Staat zugestehe. Yufanyi wird Widerspruch einlegen und vor die nächste gerichtliche Instanz gehen. Sein Ziel ist das Bundesverfassungsgericht.

Frauen in Bewegung(slosigkeit)

Die Kampagne für Bewegungsfreiheit hat einiges erreicht. Was, wie so oft, ausgeblendet blieb, waren besondere Auswirkungen der Residenzpflicht auf Frauen. Das Zusammenwirken von Rassismus und Sexismus führt auch bei diesem Gesetz zu besonderen Unterdrückungsmustern.

Eheschließung nicht möglich!

Fatimah S.[4] aus Syrien lebt mit ihrer Familie in Nordrhein-Westfalen. Ihr Bewegungsradius ist auf den Landkreis Unna in Nordrhein-Westfalen beschränkt. Ihr zukünftiger Ehemann darf den Landkreis Hannover nicht ohne Erlaubnis verlassen. Beide leben von Sozialhilfe. Weil die beiden heiraten wollen, stellt Fatimah S. einen Antrag auf Umverteilung. Der Antrag wird abgelehnt. Wie üblich zieht Fatimah S. deshalb ohne Erlaubnis der Ausländerbehörde nach Niedersachsen zu ihrem Mann.

Nach kurzer Zeit wird sie schwanger. Erneut stellt sie einen Antrag auf Umverteilung. Erneut wird ihr Antrag abgelehnt. Die Ehe wird nicht anerkannt, da sie nur nach islamischem Recht geschlossen worden ist. Die Krankenscheine des Sozialamtes gelten nur für Nordrhein-Westfalen. Mehrfach fährt sie deshalb für die Vorsorgeuntersuchungen hin und her. Mehrmals wird sie dabei vom BGS kontrolliert und muss Ordnungsstrafen wegen Verstoß gegen die Residenzpflicht bezahlen.

Schließlich findet sie einen Arzt in Niedersachsen, der sie untersucht. Ihr Kind bekommt sie im Krankenhaus ebenfalls in Niedersachsen. Und wieder bekommt sie eine Geldstrafe, da die Krankenhausrechnung an das Sozialamt in Unna geschickt wird. Nun lebt sie mit ihrem Kind immer noch ohne Genehmigung in Niedersachsen. Durch die zunehmenden Kontrollen ist sie mehr und mehr ans Haus gefesselt. Die Familie kann die Geldstrafen nicht mehr bezahlen. Die Folgen hat (einmal mehr) die Frau zu tragen.

Dieses Beispiel kommt unter Flüchtlingen sehr häufig vor. Immer ist es die Regel, dass die Frau zu ihrem Mann zieht. Durch einen verbesserten Aufenthaltsstatus, den viele in der Folgezeit erlangen, kommt es schon oft zur Legalisierung des Aufenthalts. Aber gerade in den ersten Jahren nach einer Eheschließung hat vor allem die Frau die Probleme zu tragen. Patriarchale Strukturen, die die Frauen sowieso an das Haus fesseln, werden dadurch einmal mehr gestärkt.

---

4   Die zwei Beispiele sind nicht real. Sie sind aus verschiedenen Lebensgeschichten zusammengesetzt worden. Die Namen der Frauen und die Orte sind von der Verfasserin willkürlich gewählt.

Häusliche Gewalt ist kein Grund umzuziehen

Die Afghanin Masuhme F. lebt mit ihrem Mann und den gemeinsamen drei Kindern in einem Asylwohnheim am Rande einer Kleinstadt gemeinsam mit vier anderen Familien aus anderen Ländern. Eine Kommunikation ist daher untereinander kaum möglich.
Sie wird von ihrem Mann geschlagen und misshandelt. Einfach in eine andere Stadt ziehen kann sie nicht. Also versucht sie heimlich bei der Ausländerbehörde einen Antrag zu stellen auf Umverteilung in eine andere Stadt. Schon beim Vorsprechen wird ihr mitgeteilt, dass ihr Antrag negativ beschieden werden würde. Den Antrag wird sie nie stellen.

Ihre einzige Zuflucht ist eine Freundin in einem benachbarten Ort. Der Ort liegt allerdings außerhalb ihres Landkreises. Als sie bei einer Kontrolle im Zug erwischt wird und der Bescheid mit der Ordnungsstrafe eintrifft, eskaliert die Situation. Ihr Mann schlägt sie so brutal, dass sie schwer verletzt ins Krankenhaus gebracht werden muss. Ihre Genesung dauert ein halbes Jahr. Die Kinder sind solange bei ihrer Schwester in München untergebracht. Sie stellt einen Antrag auf Umverteilung nach München. Abgelehnt. Sie muss zurück in den ihr zugewiesenen Landkreis, in das Asylheim. Ihr Mann wurde inhaftiert und zu einer Gefängnisstrafe von zwei Jahren verurteilt. Was passieren wird, wenn ihr Mann seine Strafe verbüßt hat, ist ungewiss.

Auch dies ist ein typisches Beispiel für die Auswirkungen der Residenzpflicht auf Frauen. Männliche Gewalt gegen Ehefrauen ist keine Randerscheinung, auch wenn nicht alle Fälle so brutal enden wie bei Masumeh F. und dadurch öffentlich werden. Die Residenzpflicht verhindert, dass die betroffenen Frauen in eine andere Stadt ziehen können, um sich so in Sicherheit zu bringen. Und sie verhindert, dass Frauen sich zum Beispiel bei Freundinnen oder Verwandten Unterstützung und Hilfe suchen können. So wird jede Zuflucht für die Frauen beschnitten.

Erschwert wird die Situation noch dadurch, dass der Mann zu Arbeitslosigkeit und Bewegungslosigkeit verurteilt, den ganzen Tag zu Hause ist. Aggressionsausbrüche treten dadurch noch öfter auf. Es gibt keine Zeit und keinen Ort, an dem die Frau vor ihrem Mann „sicher" sein kann.

Im Zusammenspiel mit der aufenthaltsrechtlichen Situation (das Aufenthaltsrecht der Frauen ist oft an das der Männer gebunden und wird über Familienasyl geregelt) schränken die zusätzlichen Sondergesetze wie das Asylbewerberleistungsgesetz und die Residenzpflicht Frauen in ihrer freien Entscheidung bezüglich ihrer Lebensperspektive erheblich ein und zwingen sie oft zurück zum gewalttätigen Ehemann. Die Frauen werden geradezu in eine Opferrolle gezwungen.

Perspektiven

Perspektivisch werden die Sondergesetze gegen Flüchtlinge immer weiter ausgebaut, die Repressionen immer weiter verschärft – nicht nur in Deutschland sondern europa- bzw. weltweit (vgl. Kabis in diesem Band). In England beispielsweise wird gegenwärtig darüber diskutiert, allen Asylbewerbern elektronische Fußfesseln anzulegen, damit sie nicht mehr „untertauchen" können. Gleichzeitig aber wächst der Widerstand von Flüchtlingen, auch weltweit. Hungerstreiks und Revolten gegen Lagerunterbringung wie in Australien, Italien oder Frankreich sind die sichtbarsten Widerstandspraktiken. Die täglichen Selbstermächtigungen wie eben die Übertretung der Residenzpflicht werden selten wahrgenommen. Deshalb ist es wichtig, auch solche Aktionen und Forderungen zu unterstützen, die die täglichen Kämpfe um Handlungsmöglichkeiten thematisieren und sie um die frauenspezifischen Belange zu erweitern.

Die Abschaffung der Residenzpflicht ist eine dieser Forderungen. Letztlich aber kann es nur um die Abschaffung aller Sondergesetze für Flüchtlinge und MigrantInnen gehen, inklusive aller speziellen Aufenthaltsregelungen. Gerade die aufenthaltsrechtliche Situation ist die größte Schwierigkeit für Frauen, ein selbstbestimmtes Leben zu beginnen.

Literatur

Herbert, Ulrich 2001: Geschichte der Ausländerpolitik in Deutschland; Saisonarbeiter, Zwangsarbeiter, Gastarbeiter, Flüchtlinge. München

Stoffels, Michael 2002: Die Residenzpflicht – eine rassistische Auflage für Ausländer. In: Müller-Heidelberg/Finckh/Steven/Neubert/Micksch/Kaleck und Kutscha (Hrsg.) 2002: Grundrechte-Report 2002. Hamburg

Stephanie Schmoliner

Vom Mythos der „Ausländerkriminalität" – MigrantInnen im deutschen Recht

Überlegungen zu einer kritischen Rechtswissenschaft

Einleitung

Kriminalität ist männlich. Im Zuge der Anwerbung von so genannten „Gastarbeitern" seit den sechziger Jahren geriet auch die Kriminalität der Migranten in den Blickpunkt der KriminologInnen. Schon damals hatte die ausländische Bevölkerung eine andere Zusammensetzung als die deutsche Bevölkerung. Für die Rechtswissenschaften ist der vergleichsmäßig höhere Anteil junger Männer von Bedeutung, die unabhängig von der Nationalität die kriminologisch am höchsten belastete Gruppe darstellen. Immer mehr ausländische Männer gerieten schnell in den Blickpunkt der Kriminologie und des Strafrechts.

Wird im Alltag über Kriminalität gesprochen, haben viele das Bild vom ausländischen „Fremden" im Kopf, der schwere und gefährliche Straftaten begeht. Ein solches Bild wird sowohl von den Medien[1] als auch von den Lehrbüchern[2] unterstrichen, ein Zusammenhang zwischen Ethnizität und Kriminalität wird beständig suggeriert.

Erklärt wird bis heute die „Delinquenz" der Gastarbeiter überwiegend mit der Kulturkonflikttheorie. Nach dieser Theorie kann es zu einem Normenkonflikt kommen, wenn ein Mensch in ein für ihn neues Land einwandert. Dort herrschende Ordnungssysteme und Normen können dem bisher Erlebten widersprechen oder unverständlich wirken. Es komme zu einem Konflikt und einer erhöhten Gefahr, gegen die Normen der Majoritätsgruppe zu verstoßen. In diesem Fall werde der Migrant straffällig (vgl. dazu Rebmann 1988: 46ff.).

Migration[3] ist weiblich. Zwar sprechen die Zahlen in Deutschland 2002 von rund 46% weiblicher Migrierter[4], weltweit gesehen gibt es jedoch mehr

---

1 Vgl. Der Spiegel 48/ 1999, S. 32 : „Ausländer sind im Schnitt krimineller, da hilft kein Schönreden".
2 Vgl. Schwind 2002; auffallend sind die dargestellten Zeitungsartikel, die ebenfalls einen Zusammenhang zwischen Pass und Kriminalität suggerieren.
3 Unter Migration ist hier die Wanderungsbewegung über Staatsgrenzen gemeint. An dieser Auffassung gibt es zunehmend Kritik aufgrund der Ungenauigkeit des Begriffes. So kann unter Migration auch die Wanderungsbewegung zwischen Stadt und

Migrantinnen als Migranten. Und obwohl sie fast die Hälfte der hier lebenden ausländischen Bevölkerung darstellen, werden sie nur marginal wahrgenommen. Wird in der Gesellschaft und in den Medien von Migration gesprochen, geht es überwiegend um männliche Arbeitsmigranten, um männliche Illegale, männliche Asylbewerber und Flüchtlinge. Frauen werden mehrheitlich aus dieser Sichtweise ausgeklammert.

Gleichzeitig wird ein Bild der „typischen Ausländerin" entworfen: unemanzipiert, unterdrückt von männlichen Familienangehörigen, zurückgedrängt in den häuslichen Bereich und darin eingeschlossen (vgl. Bitzan und Zimowska in diesem Band). Frauen als eigenständige Personen mit eigenen Bedürfnissen und Problemen, gar mit eigenen Gründen zur Migration werden häufig gar nicht wahrgenommen (vgl. Brabandt in diesem Band). Dagegen wird das Bild der „typischen deutschen Frau" konstruiert, emanzipiert und selbstbewusst, Mutter, Frau und Karrieristin. Beide Einschätzungen spiegeln jedoch in keinem Fall die reale Lebenssituation der Frauen wider.

Aus rechtswissenschaftlicher Sicht möchte ich im Folgenden zuerst den Begriff der „Ausländerkriminalität" als auch das Begriffspaar „Migration und Kriminalität" kritisch hinterfragen. Meiner Meinung nach ist eine rassistische Grundhaltung in beiden Begriffspaaren auszumachen, was für die Ablehnung dieser Kategorien sprechen würde. Aber wäre es nicht auch ein Fehler, die vorhandenen konstruierten Kategorien auszublenden und damit ebenfalls gegen die Realität zu argumentieren? In einem zweiten Teil möchte ich die Auswirkungen der kriminologischen Diskussion um Kriminalität und Ethnizität insbesondere für weibliche Migrierte zeigen.

Diskussion um „Ausländerkriminalität" versus „Migration und Kriminalität"

Die Diskussion um die Kategorie „Ausländerkriminalität" wird bereits seit längerem in der Fachliteratur geführt. Zunehmend melden sich Stimmen kritischer JuristInnen, die auf die fehlerhafte und zu leichtfertige Verwendung dieses Begriffes aufmerksam machen (vgl. Rebmann 1998, Geißler 2001). Nach rechtswissenschaftlichen Lehrbüchern sind Ausländer „Menschen, dessen Lebensmittelpunkt sich außerhalb des Landes befindet und der somit nicht zu dem Land und seiner Gesellschaft gehört" (Rebmann 1998: 46). Mit dieser Definition zeigen sich bereits deutlich einige Probleme. AusländerInnen werden verstanden als UrlauberInnen und TouristInnen, die nur kurzfristig nach Deutschland kommen. Was aber ist mit den Menschen, die bereits seit langem in Deutschland wohnen und ihren Lebensmittelpunkt in

---

Land verstanden werden. Diese Diskussion wird in den Rechtswissenschaften noch nicht geführt und so verwende ich diesen Begriff mit dem Hinweis auf Ungenauigkeit.
4 Statistisches Bundesamt Deutschland, 2002

Deutschland haben? Was ist mit den Menschen, die hier geboren sind? Nach der oben genannten Definition wären diese Menschen keine AusländerInnen. Das Ausländergesetz hingegen versteht alle als Ausländer, die nicht Deutsche sind.[5] Deutsche nach dem Gesetz sind hingegeben aber alle AussiedlerInnen, die von vielen Deutschen aufgrund ihrer anderen Sprache und ihres „Aussehens" aber als AusländerInnen wahrgenommen werden. So werden häufig Verdächtigungen aufgrund des „Aussehens" gegen „AusländerInnen" in der Polizeilichen Kriminal-Statistik (PKS)[6] aufgenommen, die sich im Grunde als inhaltslos entpuppen, dass sie Aussiedler, rechtlich also Deutsche sind. Trotzdem werden sie als „verdächtige Ausländer" in der PKS geführt. Bereits hier muss sich die Frage nach der Sinnhaftigkeit und dem Gebrauchswert einer solchen Kategorie stellen.

Auch weitere Unterschiede werden gerne ausgeblendet. So spielt der Aufenthaltsgrund eine wichtige Rolle und kann keinesfalls als unwesentlich abgetan werden. Es gibt Menschen, die flüchten vor Bürgerkriegen mit der Absicht in ihr Land zurückzukehren, wenn sich die politische Situation dort verbessert hat. Es gibt Menschen, die flüchten aufgrund von Verfolgung, um ihr Leben zu retten. Weiterhin gibt es Menschen, die als ArbeitnehmerInnen nach Deutschland kommen, und solche die sich aus Katastrophengebieten retten wollen. Manchmal kann sich die politische Situation im Heimatland aber auch ändern und eine Rückkehr wird nicht mehr als akzeptabel erlebt. Weiterhin variieren außer dem Grund des Aufenthalts auch die Dauer des Aufenthalts sowie die rechtliche Stellung der Menschen. Es gibt unterschiedliche Aufenthaltsgenehmigungen[7] und einen deutlichen Unterschied zum Asylverfahren. Es ist also zu bezweifeln, dass eine einheitliche Kategorie angebracht ist. Dies schließt die Forderung einer Aufhebung der Kategorie Nationalität in Statistiken wie der PKS mit ein.

„Migration und Kriminalität" als Kategorie wird daher von kritischen WissenschaftlerInnen als eine Alternative vorgeschlagen (vgl. Geißler 2001). Dabei wird nur in den seltensten Fällen darauf hingewiesen, dass die Kombination der Begriffe Kriminalität und Migration als von einander abhängige Begriffe verstanden werden kann. Auch in der juristischen Fachliteratur wird jedoch nicht ernsthaft ein Zusammenhang zwischen kriminellem Verhalten und Nationalität bestätigt. So ist nicht nur die Kategorie „Ausländerkriminalität" kein wertneutraler Begriff, sondern auch die Paarung „Migration und Kriminalität" kann nicht als Alternative gesehen werden. Es wird dabei nicht deutlich gemacht, dass in diesem Begriffspaar – Kriminalität und Migration – der Migrant oder die Migrantin als Ursache für Kriminalität dargestellt wird. Statistische Mängel werden ebenso ausgeblendet wie soziale Gründe für

---

5 §1, Abs. 2 Ausländergesetz: „Ausländer ist jeder, der nicht Deutscher im Sinne des Artikels 166 Abs. 1 des Grundgesetz ist".
6 Die Polizeiliche Kriminalstatistik ist eines der wichtigsten Messinstrumente der Kriminologen, leider auch ein sehr ungenaues Instrument mit einer Vielzahl an Verzerrungsfaktoren. Im folgenden wird die Statistik als PKS angekürzt.
7 Vgl. §5 AuslG

Kriminalität und so nicht zuletzt Diskriminierung weiter verfestigt (vgl. Steffen 1995: 134).

Obwohl selbst in der Fachliteratur gemahnt wird, sensibler mit diesen Bezeichnungen umzugehen, besser noch diese neu zu gestalten oder meiner Meinung nach so einfach abzuschaffen, scheint kein Umdenken in greifbarer Nähe. Jährlich wird die Präsentation der neuen PKS von der Presse begierig erwartet. Schlagzeilen wie „Ausländer, die ihre Identität verschleierten oder sich weigerten, Auskunft über ihre Herkunft zu geben, will Nockemann (Hamburger Innensenator, die Verf.) künftig in Beugehaft nehmen lassen" (Die Welt. 26.09.03 „Neue Fehler der Kriminalstatistik") werden zum medialen Ereignis. Dass das Bundeskriminalamt, das jährlich die PKS erstellt, selbst mittlerweile darauf hinweist, dass diese ein äußerst ungenaues Messinstrument ist und in nur sehr vorsichtigem Maße die Realität abbildet, wird einfach überhört.

Wichtigster Verzerrungsfaktor, auf den hier hingewiesen werden soll, ist die Tatsache, dass es sich um eine reine Verdächtigen-Statistik handelt, also keine Aussagen zum eigentlichen Täter oder zur eigentlichen Täterin macht. Trotz der Kenntnis darüber wird die PKS als Maßstab für die zunehmende Gefahr der „Ausländerkriminalität" angewandt. Tatverdächtigungsbelastungen werden zudem präsentiert ohne den Hinweis, dass die deutsche und ausländische Bevölkerung eine in erheblichem Maße andere Zusammensetzung in Alters- und Geschlechtsstruktur hat und somit nicht miteinander eins zu eins verglichen werden kann. Noch eine große und bedeutende Verzerrung spielen die Angaben der Dunkelfeldforschung. Bei Hochrechnungen auf nicht angezeigte Straftaten wird von der derzeitigen Wohnbevölkerung ausgegangen. Diese spiegelt wiederum kein reales Bild der wirklichen Bevölkerung wieder. Illegale, Touristen, Durchreisende, Stationierungskräfte und andere sich nur kurzfristig in Deutschland aufhaltende Menschen werden nicht erfasst. Konkret heißt das, dass die Zahl der eigentlich hier lebenden Menschen wesentlich höher ist, und die Anteile auf einer höheren Ausgangszahl zu berechnen wären. Somit würde man im Endergebnis einen niedrigeren Wert erhalten.

Auch werden alle Verdächtigen erfasst, denen Verstöße gegen das Ausländergesetz und/oder das Asylverfahrensgesetz vorgeworfen werden (vgl. Kabis und Köhring in diesem Band). Diesen Tatbestand können Menschen mit deutschem Pass nur in den seltensten Fällen als MithelferIn erfüllen, die Verdächtigenzahlen der ausländischen Personen liegen bei über 95%. Sie stellen somit einen erneuten Verzerrungsfaktor da. Die PKS müsste um diese Zahlen bereinigt werden, würde man eine genauere Statistik wünschen. Gibt es doch zudem eine Vielzahl an Theorien, die erklären, warum Straftaten eher im städtischen, insbesondere im großstädtischen Raum, begangen werden als in ländlichen Gegenden und warum Zugehörigkeiten zur Unter-, Mittel oder Oberschicht ausschlaggebend für spezifisches straffälliges Verhalten sein kann.

Migration und Kriminalität als Thema hat besondere Auswirkungen auf unser Zusammenleben, da vorbelastete und emotionale Meinungen einen wichtigen Faktor darstellen. Sachliche Diskussionen und notwendige Konsequenzen werden bei einer solchen Stimmung nur schwer möglich.

Auswirkungen auf Migrantinnen

Zur Lebenssituation ausländischer Frauen und Mädchen in Deutschland hat sich insgesamt nur ein zaghaftes Interesse eingestellt (z.B. Leyer 1991, Veneto-Scheib 1993, Warzecha 1990). Frauenkriminalität spielt in der Rechtswissenschaft nur eine untergeordnete Rolle, Kriminalität von Migrantinnen wird gänzlich ausgeblendet. Die Gründe sind vielschichtig. Zum einen werden Frauen insgesamt seltener straffällig als Männer. Heute wird dies überwiegend mit rollen- und sozialtheoretischen Theorien erklärt. Von großer Bedeutung ist die Erklärung von Elsbeth Bröckling, die geringere Frauenkriminalität mit der „Theorie der doppelten Unterdrückung", also der kapitalistischen und patriarchalen Unterdrückung, erklärt (vgl. Bröckling 1980). Es handelt sich hierbei nicht um eine geschlossene Theorie, sondern um den Versuch einer Neubestimmung mit Blick auf spezielle weibliche Konfliktlagen, dem sozialen Gehalt einzelner Straftaten und der besonderen Rolle der Frau in der Gesellschaft. Schwierig erscheint dabei, dass Frauenkriminalität nicht als eigenständiges Phänomen erfasst wird, sondern nur durch Abgrenzung und Vergleich zur Männerkriminalität gemessen wird (vgl. Bröckling 1980: 127). Als Folge dessen wird kriminelles Verhalten von Frauen nicht aus der besonderen gesellschaftlichen Lage der Frauen heraus begriffen.

Überträgt man diese Annahmen auf Migrantinnen, erscheint die Theorie der doppelten Unterdrückung als nicht ausreichend. Überträgt man die schlechten sozialen Bedingungen männlicher Migranten, die besser erforscht sind, auf die Lebenssituation der weiblichen Migrantinnen, wird man zu dem Ergebnis kommen, dass die sozio-ökonomischen Bedingungen und die soziale Stellung noch schlechter sein wird. Eigentlich müsste diese Tatsache das Interesse der KriminologInnen wecken, doch das Gegenteil ist der Fall. Derzeit gibt es so gut wie keine Untersuchungen über das Verhältnis von Migrantinnen und Kriminalität. Dahinter steckt das bereits im ersten Teil beschriebene Bild der „Familienangehörigen", das auch viele RechtswissenschaftlerInnen von diesen Frauen haben. Es erscheint zunächst schwierig auf der einen Seite dafür einzutreten, die Kategorie „Ethnizität" endlich aus den Erklärungsansätzen, auch aus der Kriminalstatistik und den Rechtswissenschaften insgesamt, verschwinden zu lassen und nun für die Untersuchung der Zusammenhänge beziehungsweise der Ursachen für die Kriminalität von Migrantinnen zu plädieren. Die Folgen der in der Realität aber noch immer zusammen benutzten Begriffe äußern sich im sozialen und politischen Leben der MigrantInnen. Derzeit ist die Kategorie „Ethnizität" noch nicht aus der Rechtswissenschaft wegzudenken, und so ist es wichtig, die Folgen dieser Kategorie zu betrachten und nicht die Augen vor besonderen Problemlagen zu verschließen. Ich möchte aber ausdrücklich drauf hinweisen, dass es nicht um die Findung spezieller Erklärungsansätze einer konstruierten Kriminalität geht, sondern um Auswirkungen des Unsichtbarmachens auf einen Kreis an Personen durch die Rechtswissenschaften.

Noch immer herrscht die Meinung vor, Frauen begingen weniger Straftaten, weil sie nur selten Zugang zu kriminellem Verhalten haben. Straftaten spielen sich häufig im öffentlichen Raum ab, der klar von Männer dominiert wird. Hier setzten auch Präventionsmaßnahmen an. Häufig ist dies eine Mischung aus Integration und Vorbeugung. Der integratorische Faktor ist insbesondere für Jugendliche, bessere, annehmbarere und integrative Freizeitmöglichkeiten zu schaffen. Dieser neu geschaffene Raum und das dort stattfindende Programm bleibt jungen Frauen in den meisten Fällen verschlossen oder ist nicht für sie konzipiert. Das Beispiel für Jugendliche ist nur eins von vielen, jedoch symptomatisch für den Umgang mit allen Altersgruppen. Erneut wird die Hälfte der Bevölkerung einfach ausgeblendet.

Umso erstaunlicher ist es, dass in der juristischen Fachliteratur keine Untersuchungen zu finden sind, die sich mit dem Lebensraum von Migrantinnen beschäftigen, speziell zum Beispiel zur Situation innerhalb der Familie. Wenn festgestellt wurde, dass ausländische männliche Jugendliche wesentlich häufiger unter Gewalt in der Familie und Gewalt zwischen den Eltern leiden[8], leiden Frauen wahrscheinlich zum einen ebenso häufig darunter, werden aber in den meisten Fällen auch Opfer dieser familiären Gewalt sein. Durch nichtvorhandene Beziehungen zu diesen Frauen ist Hilfe nur in seltenen Fällen möglich. Statistiken zeigen, dass Straftaten, insbesondere Gewalttaten häufig innerhalb einer Gruppe begangen werden. Frauen werden auch hier Opfer sein. Viktimologie, also auch Opferschutz für Migrantinnen, gibt es faktisch gar nicht.

Für Migrantinnen bedeutet die Nichtwahrnehmung auch, dass sie wesentlich schlechtere Zugangsmöglichkeiten zu integrativen Zusammenhängen haben, weil für sie kein Angebot geschaffen wird. Angebote werden scheinbar nur dann geschaffen, wenn dies der Prävention „anerkannter" Straftaten gilt. Wird Vorbeugung für nicht nötig gehalten, sind die Frauen auf sich allein gestellt.

Diese Tatsache verstärkt meine Ausgangsforderung, den Zusammenhang von Kriminalität und Ethnizität aufzulösen und andere Kriterien in den Mittelpunkt der Betrachtung zu stellen. Innerhalb der Kriminologietheorien gibt es eine Vielzahl von Faktoren, die Kriminalität teilweise erklärbar machen. Die sozioökonomische Position innerhalb einer Gesellschaft spielt häufig eine tragende Rolle. Zwar wäre auch hier kritisch zu fragen, ob der sozialökonomische Status die Realität, beziehungsweise die realen Lebensumstände abbilden kann, trotzdem ist dies ein Merkmal was von Bedeutung ist. Eine Präventionsmaßnahme ist die Beschaffung von Arbeitsplätzen, Umschulungen und Ausbildungsplätzen. Die zur Verfügung stehenden Kontingente sind gering, für Frauen geringer, für Migrantinnen faktisch nicht vorhanden. Polemisch ausgedrückt müssten Migrantinnen stärker auf sich aufmerksam machen und eine größere Gefahr darstellen, um wahrgenommen zu werden und an die Vorteile funktionierender Integrationsmaßnahmen zu gelangen. Aufgelöst werden müssen die Vorstellungen einer ausschließlich haushaltsfüh-

---

8 Vgl. die Untersuchungen von Pfeiffer 1995

renden Migrantin, die keine Ausbildung hat. Dies entspricht ebenfalls definitiv nicht dem realen Bild. Integration ist jedoch in den meisten Fällen mit Geld verbunden, dies einzusetzen ist die Gesellschaft häufig nur dann bereit, wenn Probleme nicht mehr verdeckt gehalten werden können oder die mediale Inszenierung ein derart großes Gefahrenszenario der „kriminellen Migranten" hergestellt hat und die Innere Sicherheit bedroht scheint, dass die Wahl nur besteht zwischen Abschiebung oder vermehrter Integration.

Ein weiteres Beispiel, an denen ich die Auswirkungen für Migrantinnen beschreiben möchte, ist der deutsche Strafvollzug. Für Umgestaltungen oder Änderungsbedarf muss ein Problembewusstsein vorhanden sein. Da aber Migrantinnen im Strafvollzug keine Beachtung finden und Frauenstrafvollzug insgesamt nur marginal behandelt wird, ist die Möglichkeit bessere Bedingungen zu erwirken, wesentlich schlechter als bei männlichen Gefangenen. „Ausländische Frauen" im deutschen Strafvollzug ist für die Fachliteratur kein Thema und es wird lediglich diskutiert, ob es eine Reformierung des Frauenstrafvollzugs geben muss. Als eine Alternative wird überlegt, Freiheitsstrafen für Frauen im Strafvollzug komplett aufzugeben, wenn davon ausgegangen wird, dass keine „wirkliche" Gefahr von ihnen ausgeht. Solange diese Diskussion aber eher in kleinerem Kreis geführt wird, muss man sich die derzeit herrschenden Bedingungen ansehen. Arbeitsangebote im Strafvollzug für Migrantinnen sind äußerst eingeschränkt. Untersuchungen zu türkischen Gefangenen haben gezeigt, dass auch hier Vorurteile die Vergabe von Arbeitsplätzen beeinflussen und überwiegend deutsche Gefangene diese begehrten Plätze erhalten, obwohl das InsassInnenverhältnis ausgeglichen ist.

Weitere Probleme liegen in Fort- und Weiterbildungsmöglichkeiten. Wenn für eine Migrantin aufgrund ihrer Straftat Ausweisung oder der Antrag auf Ausweisung gestellt wurde, hat sie keinerlei Ansprüche überhaupt an Weiterbildungsmaßnahmen teilzunehmen. Bekommt man jedoch einen dieser Plätze, ergibt sich ein neues Problem; die Teilnahme an einem Sprachkurs. Sprache wird immer wieder als eines der wichtigsten Integrationsinstrumente betont (vgl. Kabis in diesem Band). Umso wichtiger ist es also, Gefangenen die Möglichkeit zu Sprachkursen zu ermöglichen. Aufgrund der insgesamt kleineren Zahlen an Insassinnen des Frauenvollzugs werden diese Sprachkurse nur in geringerem Maße angeboten. Nicht für jede Muttersprache gibt es einen passenden Kurs. Diese Kurse finden hauptsächlich tagsüber statt, also zu einer Zeit, in der die Frauen eventuell einer Arbeit nachgehen können. Es muss also immer eine Entscheidung getroffen werden zwischen den beiden Angeboten, die unterschiedlich gewichtet Vorteile für die Frauen ermöglichen können. Und obwohl Sprache eine so tragende Bedeutung für gute Integration hat, werden diese Kurse, ebenso wie im Männerstrafvollzug, überwiegend von Ehrenamtlichen angeboten. Kontinuität, ein umfassendes und qualitativ überprüfbares Angebot findet nicht statt (vgl. Winkler 2003).

Fazit

Wie diese Ausführungen gezeigt haben, sind die vielfältigen Zusammenhänge zwischen Geschlecht, Ethnizität und Migration nicht untersucht. Teilweise auch aufgrund einer Taktik des Unsichtbarmachens, die die vorherrschenden Konstruktionen und Klischees von MigrantInnen bedient. Es muss versucht werden, insbesondere von kritischen RechtswissenschaftlerInnen, zukünftig dieses Thema in die Diskussion mit einzubeziehen und dabei zeitgleich die Abschaffung der Kategorie „Ethnizität" beispielsweise in der PKS zu fordern. Trotz der Kenntnisse darüber, dass Vorurteile verstärkt werden, lassen auch die juristischen Lehrbücher nicht davon ab, Kapitel mit der Überschrift „Ausländerkriminalität" zu betiteln. Die Zusammenhänge zwischen „Ausländerkriminalität" und „Innerer Sicherheit" werden zu innenpolitischen Zwecken missbraucht. Eine zukünftige Rechtswissenschaft darf nicht die Augen vor zweifelhaften Messinstrumenten verschließen und muss auch spezielle Lebenslagen von Frauen stärker in den Focus der Untersuchung mit einbeziehen.

Literatur

Bröckling, Elsbeth 1980: Frauenkriminalität, Darstellung und Kritik kriminologischer und devianzsoziologischer Theorien. Stuttgart

Geißler, Heiner 2001: Sind „Ausländer" krimineller als Deutsche? Anmerkung zu einem vielschichtigen Problem. In Gegenwartskunde, 1(2001), S. 27-41

Leyer, Emanuela Maria 1991: Migration, Kulturkonflikt und Krankheit: Zur Praxis der transkulturellen Psychotherapie. Opladen

Pfeiffer, Christian 1995: Das Problem der so genannten „Ausländerkriminalität" – empirische Befunde, Interpretationsangebote und (kriminal-)politische Folgerungen. KFN-Forschungsberichte Nr.42. Hannover

Rebmann, Matthias 1998: Ausländerkriminalität in der Bundesrepublik Deutschland. Freiburg

Schwind, Hans-Dieter 2002: Kriminologie. Eine praxisorientierte Einführung mit Beispielen. Heidelberg

Steffen, Wiebke 1995: Streitfall „Ausländerkriminalität". Ergebnisse einer Analyse der von 1983 bis 1994 in Bayern polizeilich registrierten Kriminalität ausländischer und deutscher Tatverdächtiger. In: Bewährungshilfe (1995), S. 133-154

Veneto-Scheib, Valentina 1993: Psychosoziale Versorgung ausländischer Frauen und Mädchen in der BRD. In: Lajios, Konstantin (Hrsg.): Die psychosoziale Situation von Ausländern in der Bundesrepublik. Integrationsprobleme und seelische Folgen. Opladen, S. 45-54

Warzecha, Birgit 1990: Ausländische verhaltensgestörte Mädchen im Grundschulalter. Eine Prozessstudie über heilpädagogische Unterrichtsarbeit. Frankfurt am Main

Winkler, Sandra 2003: Ausländer und Aussiedler im Strafvollzug, Gutachten zum 8. Deutschen Präventionstag. In: Kerner, Hans-Jürgen/Marks, Erich (Hrsg.): Internetdokumentation Deutscher Präventionstag. Hannover
http: //www.praeventionstag.de/content/8_praev/gutachten.html

Zeitungsartikel:
Die Welt, 26. Sep. 2003, „Neue Fehler in der Kriminalstatistik"
Der Spiegel 48/1999: „Ausländer sind im Schnitt krimineller, da hilft kein Schönreden", S. 32

3. Anforderungen und Perspektiven eines nicht-rassistischen Feminismus und solidarischer Interkulturalität

Birgit Seemann

„...ohne Angst verschieden sein..."[1]
Aspekte einer feministisch-pluralistischen Staatstheorie am Beispiel osteuropäisch-jüdischer Zuwanderung nach Deutschland

In meinem Beitrag werde ich das Themenfeld Staatsbürgerschaft – Migration – Minderheit aus der Sicht feministischer Staats- und Gesellschaftstheorie beleuchten, wie sie im hiesigen (nichtjüdisch dominierten) kulturellen Kontext bislang entwickelt wurde: Wie lassen sich angesichts deutscher Staatstradition, deren dezidert homogen-ethnische Nationalismusvariante letztlich der Schoa[2] den Weg ebnete, antirassistische und tendenziell multikulturalistische feministische Staatsansätze formulieren, die Judentum und Antisemitismus angemessen reflektieren?

Vor diesem Hintergrund werde ich zunächst eine Bestandsaufnahme feministischer Staatsforschung in Deutschland (vgl. ausführlicher Seemann 1996, 1998 u. 2002) vornehmen und ihre Positionen zu Minderheiten prüfen. Anschließend wird deren Öffnung in Richtung eines möglicherweise neopluralistisch-feministischen Staats- und Gesellschaftsansatzes angedacht, der sich dezidert den Gruppen und Minderheiten widmet. Beispielhaft folgt – anzusiedeln im interdisziplinären Feld von Politikwissenschaft, Frauenforschung und deutsch-jüdischen Studien – eine Darstellung der gesellschaftlichen und staatsbürgerlichen Situation der jüdischen Minderheit in Deutschland, vor allem bezogen auf die aktuelle osteuropäisch-jüdische Migration sowie (als Exkurs) auf das Verhältnis von deutschem Staat und jüdischen Bürgerinnen. Der Beitrag schließt mit Überlegungen zu der Frage, wie hiesige feministische Staatstheorie Bevölkerungsminoritäten mit ihren vielfältigen Überlieferungen, Erfahrungswelten, Lebenslagen und Interessen (noch) gerechter werden kann.

---

1 Theodor W. Adorno (Minima Moralia) in Holland-Cunz 2003:136; vgl. auch Khanide/Giebeler 2003.
2 „Schoa" (biblischer Ausdruck für Katastrophe, Vernichtung, Zerstörung, vgl. Jesaja-47,11) ist die hebräische Bezeichnung für den von Deutschen und ihren MithelferInnen begangenen Genozid am europäischen Judentum.

Feministische Staatstheorie in der Bundesrepublik Deutschland

Feministische Staatstheorie basiert selbst auf einem ‚Minderheitendiskurs' – formuliert aus der Frauenbewegung, die in mehrfacher Hinsicht selbst eine Minderheit bildet: u.a. innerhalb der größtenteils nicht-feministischen weiblichen Staatsbevölkerung, aber auch innerhalb (oder präziser: am Rande) der traditionell männlichen Staatswissenschaft und ihrer Institutionen. Während in den USA und Skandinavien bereits seit den 1970er Jahren über den geschlechterhierarchischen Wohlfahrtsstaat geforscht wird, setzte die feministische Sozialstaatskritik hierzulande erst ab Mitte der 1980er Jahre ein, gefolgt von der feministisch-politikwissenschaftlichen Staatsdiskussion der 1990er Jahre. 1985 wurde der Staat im Schwerpunktheft „unser staat?" der „feministischen beiträge zur theorie und praxis" zu Recht als eine „black box" der westdeutschen Frauenbewegung bezeichnet. Die Gründe sind vielfältig: So kann Deutschland, das Herkunftsland des „Männerbundes" als ausformuliertem Ideologie- und Staatskonzept (vgl. etwa Sombart 1997; Kreisky 2000), im Gegensatz etwa zu Österreich, England, Frankreich und Russland einflussreiche Regentinnen, Kurtisanen oder Revolutionärinnen kaum vorweisen. In dieser Tradition – Politik als „exklusiver Männersache" – blieb (bleibt?) der deutsche Staat für viele Bürgerinnen ein „Fremdkörper"; Akteurinnen werte(te)n ihr gesellschaftsgestaltendes Handeln nicht selten als „unpolitisch". In der im Umfeld der Außerparlamentarischen Opposition entstandenen hiesigen Neuen Frauenbewegung zeichnete sich anfangs eine Dämonisierung des patriarchalisch-kapitalistischen Staates ab. Der Erfahrungs-, Alltags- und Arbeitsschwerpunkt damaliger frauenbewegter Akteurinnen – vor allem Sozialarbeiterinnen, Soziologinnen und Pädagoginnen – lag jenseits der politischen Machtzentren. „Vater Staat und seine Töchter" – der Titel zweier von Barbara Schaeffer-Hegel und Heidi Kopp-Degethoff 1990 und 1991 edierten Symposienbände – signalisiert das geschlechterasymmetrische (Selbst-) Bild der unmündigen Schutzbefohlenen – weitab von der selbstbewussten Staatsbürgerin.

Mit der langjährigen „Staatsblindheit" der hiesigen Neuen Frauenbewegung und feministischen Forschung korrespondierte die tradierte „Geschlechtsblindheit" männlich dominierter Politikwissenschaft und Staatsforschung. Die außerhalb des etablierten „*Malestream*" zu Beginn der 1990er Jahre entstandene feministische Politikwissenschaft konnte dieses doppelte Defizit erfolgreich überwinden, in kurzer Zeit legte sie eine Vielzahl feministischer Staatsstudien vor (Nachweis der im Folgenden genannten, aus Platzgründen in der Bibliografie nur partiell aufgeführten AutorInnen bei Seemann 1996 u. 1998, Braun et al. 2000, Holland-Cunz 2003:273-309). Fazit: Der moderne Nationalstaat, traditionelle Arena ritualisierter Konkurrenz- und Kooperationsformen zwischen privilegierten organisierten Männerinteressen, verkörpert einen strukturellen Männerbund. Er konstituiert sich aus historisch-gesellschaftlichen Geschlechterverhältnissen und reproduziert sie, indem er symbolisch und materiell auf sie zurückwirkt (nach MacKinnon 1989); mit dem Wandel von Geschlechterbeziehungen verändert sich Staatlichkeit, Transformationen von Staatlichkeit beeinflussen wiederum die Geschlechterarrangements. Die Entwicklung und Interdependenz der geschlechterhierarchisch getrennten Sphären „Privatheit" und „Öffentlichkeit" bleiben im Kontext gesellschaftlicher Transformation, individueller Arrangements und des jeweiligen kulturellen Hintergrunds immerfort neu zu bestimmen.

Gleichwohl zeigt der inzwischen wieder gesunkene feministisch-politologische Publikationspegel an, dass die hiesige feministische Staatstheorie ihren Zenit offenbar schon überschritten hat (abgesehen von Sauer 2001 oder Kreisky et al. 2002). Teils konzentriert sich die aktuelle feministisch-politologische Forschung auf staatliche Politikfelder, teils platziert sie sich erfolgreich in den Internationalen Beziehungen (z.b. Holland-Cunz/Ruppert 2000, Harders/Roß 2002). Studien zur Gleichstellungspolitik (z.B. Kißler/Wiechmann 1999, für den EU-Bereich Liebert 2003), Sozialpolitik (z.B. Maier/Fiedler 2002, Dackweiler 2003), Arbeitsmarktpolitik (z.B. Henninger 2000), Partizipationspolitik (z.B. Geißel 1999), Bildungspolitik (z.B. Geißel/Seemann 2001), Recht und Staat (Wilde 2001), Staatsbürgerschaft (z.B. Appelt 1999) sowie zu dem der Staatstheorie verwandten Gebiet Demokratietheorie (z.B. Holland-Cunz 1998) untersuchen zentrale Aktionsfelder des Staates, ohne indes eine konsistente feministisch-politikwissenschaftliche Staatstheorie zu formulieren. Dabei sind wichtige Terrains erst noch zu erschließen: sog. „harte" Politikfelder wie Finanzpolitik, Industrie- und Technologiepolitik, Verteidigungspolitik, Außen- und Sicherheitspolitik, das Staat-Markt-Verhältnis (vgl. Young 2002), komparatistische Staats- und Patriarchatsforschung (vgl. Schunter-Kleemann 1992), des Weiteren die Aufzeichnung einer frauen- und genderorientierten Staatsgeschichte sowie Mikrostudien über politische Akteurinnen/-gruppen auch *jenseits* der feministischen Bewegung in staatlichen, zivilgesellschaftlichen und revolutionären Kontexten, schließlich (bei stärkerer Akzentuierung der Staatsforschung in den Internationalen Beziehungen) feministische Inspektionen von „Weltgesellschaft". Hier könnte die bislang europäisch und nordamerikanisch dominierte feministische Staatsdiskussion ihre internationale Perspektive ausbauen, z.B. durch die Rezeption der Gender-Mainstreaming-Debatte in Lateinamerika (z.B. Gabbert et al. 2000).

Dem antistaatlichen Beginn der westdeutschen Neuen Frauenbewegung entspricht der autonom-/radikalfeministische Ansatz etwa der „Bielefelderinnen" – Veronika Bennholdt-Thomsen, Maria Mies und Claudia von Werlhof: Als maskulinistischer, zentralistisch-einheitlicher „Gesamtpatriarch" steuert der Staat seinen („weiblichen"?) Widerpart, die Gesellschaft. Inzwischen dominiert seit der Institutionalisierungsphase der Neuen Frauenbewegung in den 1980er Jahren eine sozialliberal-partizipatorische Definition, die den Staat nicht allein als Organisationsform privilegierter Männerinteressen, sondern zugleich auch als transformationsfähiges und funktional handhabbares Steuerungsinstrument zur gesellschaftlichen Durchsetzung frauenpolitischer Partizipationsinteressen auffasst (etwa Gerhard 1987). Zu den minoritären feministischen Staatsansätzen, die einen „Staats-" und „Gleichstellungsfeminismus" ablehnen, zählt der neomarxistische/materialistische (Ursula Beer, Frigga Haug/Kornelia Hauser, auch Hildegard Heise), der sich allerdings zuwenig auf die neomarxistische Staatstheorie (u.a. Nicos Poulantzas, Bob Jessop, Josef Esser, Joachim Hirsch) mit ihrer Deutung des modernen Nationalstaats als Konfiguration gesellschaftlicher Kräfteverhältnisse bezieht. Der mit den Neuen sozialen Bewegungen entstandene anarchistische Feminismus oder „Anarchafeminismus" (Lohschelder et al. 2000) zielt gegen alle Herrschaftsformen und auf die Selbstorganisation in dezentralen und föderativ vernetzten Lebens- und Arbeitsgemeinschaften. Zugleich erinnert der Ansatz an die feministisch-politologisch noch zu leistende wissenschaftliche Analyse von „Revolution" (vgl. Tetreault 1992). Abseits der Neuen Frauenbewegung, wenn auch teils von ihr beeinflusst, ist als dritte minoritäre Richtung ein mit „konservativ-feministisch" zu umschreibendes, heterogenes und möglicherweise wachsendes Spektrum frauenpolitischer Aktivitäten in christlichen, jüdischen, muslimischen oder buddhistischen Glaubensgemeinschaften anzusiedeln, deren jeweiliges Staatsverständnis noch zu recherchieren bleibt.

Ein neuerer eher kultur- als staatsanalytischer Diskurs, der Kritische Feminismus, hat einen Paradigmenwechsel von der (durch den autonomen und sozial-liberalen Feminismus fokussierten) Frauenforschung zur Analyse von Geschlecht und Geschlechterarrangements vollzogen (Überblick bei Maihofer 1995). WissenschaftlerInnen wie Regina Becker-Schmidt, Gudrun-Axeli Knapp, Ulrike Teubner, Angelika Wetterer und aus der kritischen Männerforschung u.a. der Australier Robert W. Connell hinterfragen und dekonstruieren Weiblichkeits- und Männlichkeitsstereotype ebenso wie die in nahezu allen gegenwärtigen Kulturen dominierenden hierarchisierenden Zweigeschlechtermodelle. Die kritisch-feministische Sicht legt nahe, dass den Staat kein statisches Männerbündnis konfiguriert, sondern der jeweils gesellschaftlich hegemoniale Geschlechterentwurf.

Die Existenz von Minderheiten innerhalb der Frauenbewegung hat insbesondere der „postmodern" genannte Feminismus verdeutlicht (vgl. u.a. die Edition Knapp 1998). Zunächst in den USA wandten sich schwarze, jüdische, lesbische und kulturelle Minderheiten (von Audre Lorde über Susannah Heschel bis zu Chandra Mohanty, vgl. grundlegend Elshtain 1995) gegen die unhinterfragte Hegemonie eines weißen, akademischen und nordamerikanisch dominierten „Mittelschichtfeminismus", dem sie vorwarfen, ihm selbst inhärente Unterdrückungsformen wie Rassismus/Antisemitismus dem ‚Hauptwiderspruch' Sexismus unterzuordnen. An die Stelle eines offenbar imaginären feministischen „Wir"-Kollektivs gegen patriarchale Herrschaft rückte die Differenz unter Frauen (in der kritischen Männerforschung entsprechend die Differenz unter Männern). Der postmoderne (oder besser: pluralistische) feministische Diskurs wird angesichts des Zuwanderungs-, Integrations- und Globalisierungsthemas weiter an Bedeutung gewinnen. Auch hierzulande haben sich jüdische und schwarze Feministinnen zu Wort gemeldet (vgl. u.a. beiträge 1990, Oguntoye 1992, Hügel et al. 1993, Jacoby et al.

"...ohne Angst verschieden sein..." 149

1994, Hügel-Marshall 2001, Ayim 2002). Theoretikerinnen wie Christina Thürmer-Rohr (1997) und Birgit Rommelspacher (1995, 2002) (vgl. auch Ruf 1996) widmen sich der Realität unterschiedlicher Lebensformen, Konfliktlagen und kultureller Prägungen von Frauen und damit verbundenen Identitätspolitiken. Das frauenpolitische „Wir" wird in Ethnizitäten, Kulturen, Religionen, Klassen/Schichten, Generationen und sexuelle Lebensweisen differenziert, aber auch fragmentiert. Entsprechend heterogen präsentieren sich (bisher zumeist nordamerikanische und an Foucaults Machtanalysen orientierte) postmoderne/poststrukturalistische feministische Staatsversionen (exemplarisch Brown 1992): Der Staat wird nicht mehr als einheitliche Institution definiert, sondern als ein Geflecht pluralisierter politischer Machtarenen, die mit organisierten gesellschaftlichen Partikularinteressen, auch frauenpolitischen, kooperieren. Kontrovers bleibt, ob die (empirisch noch zu belegende) Dezentralisierung staatlicher Macht Geschlechterhierarchien eher einebnet oder mittels subtilerer maskulinistischer Herrschaftstechniken nicht im Gegenteil festigt. Insgesamt sind postmodern-feministische Staatsdiskurse innovativ, weil sie Geschlecht nicht isoliert, sondern in seiner Verschränkung mit weiteren gleichrangigen sozialen Kategorien bzw. gesellschaftlichen Rangzuweisungen betrachten.

Hier wäre, auf die hiesige Staats- und Gesellschaftsanalyse bezogen, ein neues Forschungsfeld zu öffnen, das Querverbindungen zwischen postmodern-feministischen Debatten und einem Diskurs ganz anderer wissenschaftlicher Herkunft aufweist: dem Neopluralismus.

Aspekte einer neopluralistisch-feministischen Staatstheorie

Nicht nur zu „Geschlecht", sondern auch zu „Ethnizität" verhält sich die deutsche Politikwissenschaft und Staatsforschung, ungeachtet der jeweiligen politischen Richtung, bislang vorwiegend ‚neutral', d.h. sie nimmt beide Kategorien zu wenig zur Kenntnis. Auch die hiesige feministische Politikwissenschaft hat sich bisher (implizit) eher auf die weibliche Bevölkerungsmehrheit in der BRD konzentriert: nichtjüdische, nichtmuslimische heterosexuelle weiße deutsche Staatsbürgerinnen der Mittelschicht. Die feministisch-politologische Herausforderung (für die u.a. diese Edition steht) liegt deshalb darin, die Forschungsperspektive zunehmend auf einheimische, zugewanderte und zuwandernde Minoritäten hin auszudehnen. Entsprechend vielgestaltig sind potenzielle Differenzen unter den Frauen(gruppierungen) (selbstverständlich auch unter Männergruppierungen, die hier aber nicht Thema sind): Frauen mit und ohne Staatsbürgerschaft, anerkannte und stigmatisierte Staatsbürgerinnen, Nichtjüdinnen und Jüdinnen, Einheimische und „Aussiedlerinnen", Christinnen und Musliminnen, weiße und schwarze Frauen, begüterte und materiell benachteiligte Frauen, ‚gesunde' und ‚behinderte' Frauen, ‚normale' und ‚verrückte' Frauen, Arbeitsmigrantinnen und „Karrierefrauen"... Auch unter und zwischen Minderheiten existieren Differenzen: deutsche und osteuropäische Jüdinnen, säkularisierte und fundamentalistische Musliminnen, Araberinnen und Jüdinnen usf. Kulturelle, ethnische und sozio-ökonomische Differenzen durchbrechen zudem Geschlechterbarrieren: so ist eine weiße deutsche Staatsbürgerin gegenüber einem schwarzafrikanischen Asylbewerber privilegiert.

Die real-existierende Vielgestaltigkeit hiesiger Frauenlebenszusammenhänge, das Mehrheiten-Minderheitenproblem, das Zuwanderungs- und Integrationsthema und ein reflektiert-multikulturalistischer Gesellschaftsansatz lassen sich durch eine aktualisierte feministische Staatstheorie sondieren, die – auch mit Rekurs auf entsprechende Studien etwa aus der Rassismus-/Antisemitismusforschung und der Tsiganologie – postmodern- und kritisch-feministische Ansätze mit dem Neopluralismus verknüpft.

„Das Gruppenproblem, das so eng mit dem Phänomen des Pluralismus verknüpft ist, bildet mein politisches Ur-Erlebnis." (Fraenkel 1973:15)[3] – so ein Zitat des jüdischen Remigranten und Mitbegründers der westdeutschen Politikwissenschaft Ernst Fraenkel (1898–1975), zugleich maßgeblicher Initiator der neopluralistischen Staatsdebatte in den 1960er Jahren (vgl. grundlegend Fraenkel 1972). Sein dezidiert gegen Totalitarismus und Fundamentalismus formuliertes Konzept eines neopluralistisch begründeten Verfassungs- und Rechtsstaats BRD wurde, wie der Pluralismusforscher Joachim Detjen (1988) nachwies, von der Staatslehre des deutsch-jüdischen Staatsrechtlers Hermann Heller (1891–1933) beeinflusst. Bereits 1915 hatte ein Angehöriger der britisch-jüdischen Minderheit, der Londoner Politikwissenschaftler Harold J. Laski, „Pluralismus" als Oppositionsbegriff gegen staatliche Omnipotenz in die Debatte eingeführt (vgl. Nuscheler/Steffani 1972:9). Der Pluralismusdiskurs lässt sich demnach auch als eine empiriebezogene politische Theorie rezipieren, die die Perspektive einer von den Mehrheitsgesellschaften und „ihren" Staaten stigmatisierten, seit 1933 vom deutschen Nationalsozialismus existenziell bedrohten Minderheit enthält.

Schon der ältere Neopluralismus stellte bisherige Auffassungen vom Staat als einer homogen-autonomen, angeblich ober- bzw. außerhalb der Gesellschaft agierenden Steuerungsinstanz in Frage und verortete ihn statt dessen inmitten der gesellschaftlichen Interessenkoalitionen und -kämpfe. Wie die wichtige Edition Nuscheler/Steffani (1972) zeigt, provozierte der neopluralistische Entwurf des Staates als Resultat gesellschaftlicher Heterogenität, auf die er als eine selbst interessengeleitete Institution zurückwirke, konservative (Angriff auf die staatliche Souveränität und das Gemeinwohl) wie marxistische Einwände (Relativierung der Kapital- und Klassenherrschaft). Rainer Eisfeld (1972) erkundete den Neopluralismus zwischen Liberalismus und Sozialismus. Intensiv erörtert und in der hiesigen etatistischen Debatte

---

3   Von Fraenkel stammt auch die bekannte Analyse des nationalsozialistischen „Doppelstaates", vgl. Fraenkel 2001; vgl. auch Fraenkel 1999–2000. Zu Fraenkel u.a.: Steffani 1988, Erdmann 1988, Buchstein/Göhler 2000.

für zu voluntaristisch befunden wurde Harold J. Laskis angelsächsische libertär-liberale Version, die die ‚Pluralisierung' (bzw. Dezentrierung) staatlicher Souveränität in autonome, föderal vernetzte Assoziationen vorsah, geschaffen und selbst geregelt von mündigen BürgerInnen (vgl. Laski-Beiträge in Nuscheler/Steffani 1972 u. in Hirst 1989). Die Gefahr einer in konkurrierende Partikularinteressen zerfallenden Gesellschaft wurde heraufbeschworen, wobei die deutschen Neopluralisten die Konsensbildung durch einen allseits anerkannten Koordinator und Moderator dem demokratischen Rechts- und Verfassungsstaat zuordneten und ihm damit eine relative Autonomie und Interessenneutralität zusprachen. Angesichts der unterschiedlichen Privilegierung von Gruppen und der Benachteiligung schwach organisierter Interessen sollte der Staat für Ausgleich sorgen. Hingegen stellte Laskis Vision einer pluralistischen politischen Gemeinschaft von Assoziationen hohe Ansprüche an die individuelle und gesellschaftliche Organisations-, Selbstregulations- und Integrationsfähigkeit. Die politikwissenschaftliche Neopluralismusdebatte brach später ab, um beispielsweise in Neokorporatismusanalysen zu münden (vgl. zur Staatsdiskussion in der BRD allgemein Jürgens 1990, Vogl 1994, auch Seemann 1996). „In den fünfziger Jahren vom Etatismus als staatszersetzend bekämpft, in den sechziger und siebziger Jahren vom Marxismus unter Ideologieverdacht gestellt, wird er in den achtziger Jahren für irrelevant erklärt", kommentierte Joachim Detjen (1988:15) den Verlauf des Neopluralismusdiskurses. Angesichts aktueller Entwicklungen wie der Europäisierung und Transnationalisierung organisierter Interessen könnte er wieder an Bedeutung gewinnen (vgl. etwa die aktuelle Studie van Ooyen 2003 über den (ebenfalls deutsch-jüdischen) Staatsrechtslehrer und Rechtsphilosophen Hans Kelsen; vgl. auch Goller 2002 über Hermann Heller).

Eine feministische Inspektion des (wie alle hiesigen Staatsdebatten nahezu exklusiv männlich-‚geschlechtsneutral' entworfenen) Neopluralismus könnte für unsere Diskussion wichtige Anhaltspunkte liefern, die hier nur stichwortartig benannt werden (ausführlicher Kremendahl 1977:31-49): die Anerkennung der Legitimität real-existierender Individuen- und Gruppenvielfalt als empirischer gesellschaftlicher Basis von Staat und Politik; die Anerkennung von Konflikten und Konkurrenzformen, auch als Signale für zu bearbeitende soziale Missstände; die Anerkennung der Priorität des Minderheitenschutzes vor der „Mehrheitsherrschaft" und damit verbunden der tendenziellen Egalisierung partikularer Interessen gegenüber einem dominanten Einzelinteresse; schließlich die Anerkennung des Gemeinwohls Aller als gesellschaftlichem Grundkonsens und „regulative Idee" (ebd.:33). Ein solcher auf Gegenwartsfragen hin aktualisierter Neopluralismus, der sich gegen fundamentalistische Anschauungen und totalitäre Regimes wendet, emanzipierte gesellschaftliche Sichtweisen gleichrangig behandelt sowie Mehrheits- und Minderheitsinteressen ausbalanciert, könnte m.E. real-existierende Heterogenität am differenziertesten abbilden. Hier gilt es weiter zu diskutieren, etwa bezüglich eines auch in der BRD nicht länger zu leugnenden real-existierenden „Multikulturalismus" (Picard 2001, Rommelspacher 2002) oder auch im

Hinblick auf die Partizipation diskriminierter Gruppen in Entscheidungsfragen, die sie selbst unmittelbar betreffen (aus anglo-amerikanischer Sicht I. M. Youngs (1993) Konzept einer differenzierten universalen StaatsbürgerInnenschaft).

Zur Veranschaulichung widme ich den folgenden Abschnitt einer traditionell bedrohten Minderheit, die in den letzten Jahren einen starken Zuwachs durch Migration erfahren hat: Jüdinnen und Juden in Deutschland.

Vergessene MigrantInnen? Osteuropäische JüdInnen in Deutschland

Seit der Perestroika gibt es insbesondere in den 1990er Jahren – wieder[4] – eine osteuropäisch-jüdische Zuwanderung nach Deutschland. Hauptsächlich handelt es sich um Angehörige der jüdischen Minorität in der früheren Sowjetunion, die sich – nach Verfolgungserfahrungen unter dem russischen Zarismus und dem stalinistischen Regime (vgl. Armborst 2001, Kuchenbecker 2000; s. auch Solschenizyn 2000) – von den Transformationsbedingungen in den ehemals realsozialistischen GUS-Staaten akut bedroht fühlt(e). Als Auswanderungsgrund wird häufig materielle Armut bzw. Verarmung genannt (Empiriestudie in Schoeps et al. 1999) und auch die Entfremdung von jüdischer Kultur und Überlieferung unter der – je nach politischer Lage – atheistisch-kommunistischen oder orthodox-christlichen Mehrheitsherrschaft angeführt (z.B. Vinogradowa 1994). Am meisten befürchtet(e) gerade die jüdische Minderheit in den russischen Kerngebieten angesichts sozio-ökonomischer Umbrüche und Ungewissheiten jedoch eine Renaissance traditioneller „Sündenbock"-Zuweisungen. Sogar von „antijüdischen Pogromstimmungen in der noch bestehenden UdSSR" war die Rede, weshalb die ehemalige DDR „aus eigener geschichtlicher Verantwortung" bereits im Frühjahr 1990 „die Grenzen für jüdische Zuwanderer und ihre Angehörigen" geöffnet hätte (Runge/Chalmiev 1996:9). Während russische JüdInnen einen fundamentalistisch-religiösen Nationalchauvinismus mit ausgeprägt antisemitischen Zügen beklagen, ist die jüdische Bevölkerung Transkaukasiens und Zentralasiens wachsendem islamischen Fundamentalismus ausgesetzt (vgl. Runge 1995).

Nach deutschem Recht gelten die osteuropäisch-jüdischen ZuwandererInnen als Kontingentflüchtlinge, deren (limitierte) Aufnahme bei nachweislicher Gefährdung von Leben und Gesundheit im Herkunftsland erfolgt:

---

4 Um die Wende 19./20. Jahrhundert und im Ersten Weltkrieg flohen viele JüdInnen vor zaristischen Pogromen nach Deutschland, vgl. u.a. Adler-Rudel 1959, Haumann 1999, Maurer 1986. Für Jüdinnen aus Osteuropa engagierte sich die jüdische Frauenrechtlerin Bertha Pappenheim (1859-1936), vgl. z.B. Pappenheim 1992. Nach dem Zweiten Weltkrieg kamen die sog. *Displaced Persons* in das von den Alliierten befreite Deutschland, vgl. z.B. Dietrich/Schulze Wessel 1998.

„Das Aufnahmeverfahren richtet sich nach dem Gesetz über Maßnahmen für im Rahmen humanitärer Hilfsaktionen aufgenommene Flüchtlinge (sog. Kontingentflüchtlingsgesetz). ... Die unter die Kontingentregelung fallenden Personen genießen einen besonderen Abschiebungsschutz. Sie dürfen nur bei schwerwiegenden Verstößen gegen die öffentliche Sicherheit und Ordnung ausgewiesen werden, aber nicht in das Heimatland, sondern allenfalls in ein Drittland" (John 1992:5).

Anerkannte Kontingentflüchtlinge erhalten vom Landeseinwohnermeldeamt (Abt. Ausländerangelegenheiten) eine unbefristete Aufenthaltserlaubnis sowie den Flüchtlingsreisepass bzw. eine entsprechende Bescheinigung über den Kontingentflüchtlingsstatus: die bisherigen Pässe werden einbehalten. Danach wird i.d.R. die Arbeitserlaubnis erteilt. Kontingentflüchtlinge unterliegen der Sozialversicherungspflicht und können deshalb Arbeitslosenunterstützung und Sozialhilfe beantragen. Der Wohnort in der BRD ist frei wählbar, der Nachzug noch in Osteuropa lebender enger Angehöriger möglich.

Nach siebenjährigem BRD-Mindestaufenthalt können Kontingentflüchtlinge die deutsche Staatsbürgerschaft[5] beantragen; die Eheschließung mit deutschen Staatsangehörigen verkürzt die Frist auf drei Jahre. Minderjährige Kinder werden miteingebürgert, über Sechzehnjährige stellen einen eigenen Antrag. Die Einbürgerung erfolgt bei nachgewiesener „freiwilliger und dauernder Hinwendung zu Deutschland sowie ausreichenden Kenntnissen der deutschen Sprache" bei gleichzeitiger Aufgabe der bisherigen Staatsbürgerschaft. Im Gegensatz zu den osteuropäisch-jüdischen Kontingentflüchtlingen – darunter Nachkommen jüdischer Überlebender des nationalsozialistischen Genozids in der damaligen Sowjetunion („Unternehmen Barbarossa", vgl. z.B. Kaiser 2002) – haben deutschstämmige AussiedlerInnen („Rußlanddeutsche", vgl. z.B. Ingenhorst 1997) sowie (i.d.R. nationalsozialistisch verfolgte) „Personen", die zwischen 1933 und 1945 die deutsche Staatsbürgerschaft verloren, Anspruch auf sofortige Einbürgerung (vgl. Runge/Chalmiev 1996), im Falle der AussiedlerInnen sogar unter Beibehalt ihrer alten Pässe (Ausnahmeprinzip doppelte Staatsbürgerschaft).

Die gesellschaftliche Integration jüdischer MigrantInnen aus Osteuropa wurde/wird keineswegs als Staatsaufgabe gesehen, sondern den einheimischen jüdischen Gemeinden im Bundesgebiet zugewiesen, die sich damit vor kaum zu bewältigende organisatorische und materielle Herausforderungen gestellt sahen (vgl. etwa Hess/Kranz 2000): Infolge der Zuwanderung – in einigen ostdeutschen Regionen kam es quasi zu Neugründungen jüdischer Gemeinden – ist die jüdische *community* in Deutschland inzwischen eine der größten Europas. Julius H. Schoeps zufolge leben zurzeit etwa 200.000 JüdInnen in Deutschland, darunter ca. 175.000 Kontingentflüchtlinge, von denen aber nur 60.000 bis 70.000 jüdischen Gemeinden angehören sollen (vgl. Jüdi-

---

5 Im deutschen Staatsangehörigkeitsrecht wurde das Abstammungsprinzip („ius sanguinis") durch die Staatsangehörigkeitsnovelle v. 01.01.2000 zumindest teilweise relativiert; so können auch MigrantInnenkinder der zweiten Generation unter bestimmten Auflagen die deutsche Staatsbürgerschaft erwerben (vgl. Kabis in diesem Band sowie Sturm/Sturm 2001).

sches Leben 2003:11). Der anlässlich des Gedenktages der Befreiung des Vernichtungslagers Auschwitz am 27. Januar 2003 unterzeichnete, am 06. Juni 2003 vom Bundestag ratifizierte Staatsvertrag zwischen der Bundesrepublik Deutschland und dem Jüdischen Zentralrat beinhaltet für die jüdischen BRD-Gemeinden nicht nur die lang ersehnte offizielle Gleichstellung mit den beiden christlichen Konfessionen, sondern auch ein Anrecht auf dringend benötigte Finanzhilfen für die Integration der Kontingentflüchtlinge.

Der Wunsch nach Sicherheit und Geborgenheit in einem gefestigten demokratischen Gemeinwesen hat sich für viele osteuropäisch-jüdische MigrantInnen als Illusion erwiesen: Neben – auch von den deutsch-jüdischen Gemeindemitgliedern trennenden – Sprach- und Kulturbarrieren trägt eine „dramatische Arbeitslosigkeit" (Schoeps et al. 1999:118) unter den zumeist technisch ausgebildeten Frauen und Männern, deren Qualifikationen hierzulande aber kaum anerkannt werden, gewiss nicht zu einer gelingenden Integration bei. Fremdheitsgefühle gegenüber der nichtjüdisch-deutschen Mehrheitsgesellschaft, die sie nicht gerade mit offenen Armen empfing (oder einfach ‚vergaß'?), sind weit verbreitet. Entsprechend gespalten ist die Haltung vieler osteuropäisch-jüdischer Kontingentflüchtlinge zur Einbürgerung: „54,9% bevorzugten eine doppelte Staatsbürgerschaft, 31,9% erachteten eine ‚europäische' für erstrebenswert – und lediglich 9,2% votierten für die alleinige deutsche Staatsbürgerschaft" (Umfrageergebnis nach Schoeps 1999:123).[6]

Vor Antisemitismus, möglicherweise auch vor Antislawismus (vgl. Rada 2001), sind osteuropäisch-jüdische MigrantInnen keineswegs sicher:

> „Auf unsere Frage, ob sie in Deutschland schon direkt mit antisemitischen Übergriffen oder Parolen konfrontiert wurden, antworteten 11,5% mit ‚häufig', 22,1% mit ‚manchmal' und 46,9% mit ‚selten oder nie'. In den ostdeutschen Bundesländern und Berlin war die Betroffenheit von antisemitischen Übergriffen deutlich höher. Allgemein ergab unsere Umfrage, daß es sich ... nicht etwa um abstrakte Beobachtungen von antisemitischen Schmierereien, Äußerungen in den Medien oder Pamphlete handelte, sondern in den meisten Fällen um Pöbeleien und Beschimpfungen, manchmal um Handgreiflichkeiten und oft um Benachteiligungen im Alltag, bei Behörden oder bei Veranstaltungen" (Schoeps et al. 1999:83; vgl. auch Tuor-Kurth 2001).

Den destruktiven Höhepunkt markiert bisher der offenbar rechtsextreme Sprengstoff-Anschlag vom 27. Juli 2000 am Düsseldorfer S-Bahnhof „Wehrhahn", der zehn russische ZuwandererInnen, darunter sechs jüdische Kontingentflüchtlinge, zum Teil schwer verletzte. Die Opfer sind traumatisiert, die Täter trotz intensiver Ermittlungen nicht gefasst.[7]

Interviews mit russisch-jüdischen Zugewanderten (z.B. Gundlach 2000 in Mecklenburg-Vorpommern) offenbaren eine Vielfalt an Haltungen: jüdisch-religiös, atheistisch, Heimweh nach Russland, Fernweh nach Amerika oder Israel, das Bekenntnis zu Deutschland bzw. der jeweiligen Wohnregion,

---

6   Wie nahezu alle Untersuchungen der osteuropäisch-jüdischen Zuwanderung nach Deutschland wurde auch diese nicht nach Geschlecht aufgeschlüsselt; weibliche Migranten werden i.d.R. unter „Familie" subsumiert.
7   Vgl. z.B. http://online.wdr.de/online/news2/werhahn/

„...ohne Angst verschieden sein..." 155

die Sehnsucht nach einer multikulturalistischen und transnationalen Völkergemeinschaft. Deutlich verorten sich die Kovarskis aus Leningrad: „... Wir gehören zu Europa. Amerika ist uns kulturell sehr fern. Nach Israel zu gehen, haben wir nicht erwogen, ein südlich-orientalisches Leben wäre sehr fremd für uns" (Kovarski 2000:39).

Trotz aller kulturellen Divergenzen – historisch bedingte Gemeinsamkeiten von den deutsch-jüdischen StaatsbürgerInnen und den osteuropäischjüdischen MigrantInnen sind unverkennbar: Ambivalenz gegenüber dem (hier: deutschen) Staat, der vergangenheitlich eher als Angreifer denn als Beschützer der jüdischen Bevölkerungsminderheit agierte; Verunsicherung durch Juden- und Fremdenhass; Internationalität auf Grund von Verfolgungserfahrungen („Sitzen auf gepackten Koffern"). Hier scheint es aus der Sicht von Frauen(bewegungs)geschichte, politologischer Frauenforschung und feministischer Staatstheorie angezeigt, das Verhältnis zwischen deutschem Staat und jüdischen Bürgerinnen, auch im Vergleich zu deutschen Nichtjüdinnen, näher zu untersuchen. Der folgende Exkurs soll einige wichtige Aspekte verdeutlichen.

Jüdinnen und BürgerInnenrechte im deutschen Staat

„Jüdin – Deutsche – deutsche Jüdin?" – der Titel einer Ausgabe (1993) der Zeitschrift Ariadne spiegelt die widersprüchliche Situation jüdischer Frauen in Deutschland wider. „Jüdin" markiert kulturelle Identität (Selbstverständnis) und gesellschaftliche Diskriminierung (Fremdzuweisung) zugleich (vgl. z.B. Gelbin 1999:100). Längst vor dem Nationalsozialismus unterlagen Jüdinnen in Deutschland – ungeachtet ihres orthodox-jüdischen, zionistischen, christlichen, liberalen oder atheistisch-sozialistischen Bekenntnisses – qua Geschlecht und qua Ethnizität doppelter Ausgrenzung. Das Deutsche Kaiserreich von 1870/71 formierte sich als völkisch-christlicher „Männerbund" unter Ausschluss alles „Fremden": des „Weiblichen" und des „Jüdischen" (vgl. Sombart 1997); Antisemitismus und Antifeminismus gingen „Hand in Hand" (Volkov 2000: 23). Von Beginn an konstituierte sich der ‚verspätete' deutsche Nationalstaat – trotz formaler Gleichstellung zumindest der jüdischen Männer – gegen seine jüdische Bevölkerung (vgl. Alter 1999). Inzwischen belegen Studien (vgl. aus der umfangreichen Literatur: Zimmermann 1997, Benz 1998, Schoeps/Schlör 1999, Brenner 2000) zum deutsch-jüdischen Verhältnis bis zum nationalsozialistischen Machtantritt, dass neben der geschlechtspolitischen auch die ethnopolitische Polarität der Wilhelminischen Gesellschaft den Ersten Weltkrieg überdauerte: Auch in der Weimarer Republik schied der deutsche Antisemitismus als „kultureller Code" (Shulamit Volkov) „die Juden" von der nichtjüdischen Mehrheitsgesellschaft. Nach Einführung des aktiven und passiven Frauenwahlrechts 1919 in Deutschland avancierten die Nichtjüdinnen zu – wenn auch weiterhin sexistisch benachteiligten – „Töchtern" des neugewählten demokratischeren „Vater Staat". Die staatsbürgerlich ebenfalls gleichgestellten, aber als „ethnisch fremd" aus dem homogenen Konstrukt „deutsche Nation" ausgeschlossenen Jüdinnen blieben hingegen seine „Stieftöchter". Die meisten Jüdinnen bekannten sich dennoch zur „deutschen Nation". Ihrer größten Gruppe, den liberalen „deutschen Staatsbürgerinnen jüdischen Glaubens", ist der 1904 gegründete Jüdische Frauenbund zuzuordnen, der 1929 mehr als ein Fünftel der weiblichen jüdischen Erwachsenen in Deutschland vereinigte (vgl. zur deutsch-jüdischen Frauenbewegung bis 1938 Kaplan 1981).

Während der christliche Antijudaismus des Mittelalters zumindest den Ausweg der (Zwangs-) Taufe zuließ, gab es aus dem von den Nationalsozialisten zur Vernichtungsideologie zugespitzten rassistischen Antisemitismus kein Entkommen. Die Schoa verbreitete die Kluft zwischen den dem Völkermord ausgelieferten Jüdinnen auf der Opferseite und den nationalsozialistischen Verfolgerinnen und Mitläuferinnen auf der Täterseite bis zum Unüberbrückbaren.

Dass sich in Deutschland nach der Schoa wieder jüdisches Gemeindeleben entwickelte, ist u.a. der SPD-Politikerin und zeitweiligen stellv. Vorsitzenden des Jüdischen Zentralrats Jeanette Wolff (1888–1976, vgl. u.a. Lange 1988, Seemann 2000a, Faulenbach 2002) zu verdanken; 1953 wirkte sie an der Wiederbegründung des 1938 zwangsaufgelösten Jüdischen Frauenbundes mit (vgl. Seemann 2000b). Anders als die meisten jüdischen BRD-Staatsbürgerinnen verstand sie sich nicht als ‚Jüdin in Deutschland', sondern ausdrücklich als ‚Deutsche jüdischen Glaubens'. Ein eigenes Verständnis von „deutscher Nation" aus jüdischer Frauenperspektive hat indes auch der zeitweise von ihr geleitete ‚neue' Jüdische Frauenbund nicht formuliert. Vorrangig galt es, das (Über-) Leben im ‚Land der TäterInnen' neu zu organisieren und mit Traumata umzugehen. Sicher hat die jüdische Diaspora in verschiedene Länder und Kontinente und der Ausschluss aus der „deutschen Nation" unter den jüdischen Bürgerinnen Deutschlands zu größerer internationaler Aufgeschlossenheit und interkultureller Kompetenz beigetragen.

Ohne Vergleiche mit dem singulären NS-Genozid anzustreben, ist auf die Kontinuität eines nichtjüdisch-deutschen Ethnozentrismus hinzuweisen, der deutsche StaatsbürgerInnen jüdischer Herkunft zu „Fremden", „Israelis" und „Zionistenfreunden" erklärt. Analysen (wie Alter et al. 1999) von Antisemitismus/Antijudaismus und der nichtjüdisch-jüdischen Beziehungen in Deutschland belegen, dass nach der deutsch-deutschen Einigung 1989 ein tradierter ethnisch-homogener Nationalismus aufkam, der sich gegen JüdInnen, Schwarze, NordafrikanerInnen oder VietnamesInnen richtete. Weitere Zäsuren im Verhältnis zwischen JüdInnen und NichtjüdInnen nach der Schoa markieren Diskurse wie „Bitburg", „Fassbinder-Kontroverse", „Börneplatz-Streit", „Historikerstreit", „Jenninger-Rede", „Walser-Debatte", „Möllemann-Affäre" usf. Jeder Konflikt vermittelte die alte Botschaft nichtjüdischer Deutscher an „die Juden", dass sie nicht ihresgleichen seien. Vergeblich hatte der 1999 verstorbene jüdische Zentralratsvorsitzende Ignatz Bubis in seinem letzten Interview wiederholt betont, „dass ich deutscher Staatsbürger jüdischen Glaubens bin. Ich wollte diese Ausgrenzerei, hier Deutsche, dort Juden, weghaben."[8] Aktuell scheint sich Judenfeindschaft im Konstrukt eines imaginären Kollektivs „Weltjudentum" oder „Weltzionismus" zu internationalisieren – Affekt gegen einen globalisierten Kapitalismus, der als „jüdisch" vorgestellt wird.

Trotz der antisemitischen Bedrohung sind die Standpunkte auch in der jüngeren jüdischen Generation zur heutigen „deutschen Nation" vielfältig: So überschrieb die Schriftstellerin Katja Behrens (nach Bubis' Tod) ihren ZEIT-Artikel v. 26.08.1999: „Juden mögen sich deutsch fühlen. Für Deutsche bleiben sie immer nur Juden. Nachruf auf eine Illusion." Ihr Kollege Rafael Seligmann riet hingegen den „jüdischen Deutschen", sich nicht in einem „Angstghetto" zu isolieren, sondern die deutsche Gesellschaft und Kultur – ihre eigene – aktiv mitzugestalten (ebd.); Katja Behrens' Verweis auf die Kontinuität der Ausgrenzung jüdisch-deutscher StaatsbürgerInnen als AusländerInnen stimmte er zu. Eine dritte Position formulierte Diana Pinto mit ihrer Perspektive einer europäisch-jüdischen Identität (vgl. Pinto 1999:15-34). Die Kontroverse jüngerer JüdInnen über ein zukunftsorientiertes Selbstverständnis ist längst nicht abgeschlossen. Markante Geschlechterunterschiede zeichnen sich dabei kaum ab, für Frauen wie Männer bleiben die Folgen des Genozids und der Antisemitismus bestimmend. Bis heute verlaufen Geschichtsdeutungen und Alltagserfahrungen von JüdInnen und NichtjüdInnen in der bundesdeutschen Demokratie keineswegs in gleichen Bahnen (vgl. aus Frauenforschungsperspektive Jacoby et al. 1994).

Anstöße

Fazit: Die Haltungen von Jüdinnen und Nichtjüdinnen zum deutschen Staat bleiben – auch in Bezug auf die Geschichte der Neuen Frauenbewegung bis hin zu aktuellen feministischen Diskursen – noch intensiver zu rekonstruieren. Ein homogenes feministisches „Wir" hat möglicherweise nie existiert und wird durch Migrantinnen unterschiedlicher Herkunft (vgl. z.B. Schmalz-Jacobsen/Hansen 1995) künftig weiter in Frage gestellt werden. Hier ist zunehmend eine personell wie inhaltlich tendenziell multikulturalistische feministische Politik- und Staatswissenschaft gefordert, die Sichtweisen auf Gesellschaft einheimischer wie zugewanderter Frauen und Frauengruppierungen gleichrangig und differenziert betrachtet, anstatt sie einem unhinterfragten Mehrheitskonsens zu unterwerfen.

Als innovativ könnten sich dabei inhaltliche Verknüpfungen von feministischer Gesellschafts- und Staatstheorie und einem auf Gruppen, Netzwerke und Mediationsformen aktuell Bezug nehmenden Neopluralismus erweisen:

---

8   Zit. nach: „Herr Bubis, was haben Sie bewirkt?" – „Nichts, fast nichts". Interview von Michael Stoessinger und Rafael Seligmann mit Ignatz Bubis, in: STERN, 29.07.1999.

So enttabuisieren und politisieren postmoderne (oder besser: pluralistische?) Feminismen Differenzen in der eigenen Bezugsgruppe, der Frauenbewegung. Hier lägen die Herausforderungen für einen feministisch interpretierten Neopluralismus in der sensiblen Wahrnehmung und sozial kompetenten Aushandlung innerfeministischer Kontroversen, in der dezidierten Gleichstellung innerfeministischer Minderheiten und im gemeinschaftlichen Entwurf eines zugleich Vielfalt bejahenden und Fragmentierungen überwindenden Grundkonsenses (vgl. Hügel et al. 1993, auch Gelbin 1999). Ergänzend verfügt der kritische/dekonstruktivistische Feminismus über das analytische Instrumentarium, soziale Kategorien und kollektive Identitäten zu hinterfragen und ‚Gruppendogmen' offen zu legen. So plädiert die einen „kritischen" Multikulturalismus vertretende Theoretikerin Birgit Rommelspacher für eine fortlaufende Inspektion folgender Themen: „Ethnizität" als gesellschaftlich geformte und wandelbare Kategorie; Zugehörigkeit eines Individuums zu verschiedenen Kategorien und Gruppierungen; Ideologiegehalt von Kategorien und Identitäten; Interkulturalität resp. der Wahrnehmung von Interdependenzen zwischen Kulturen (Rommelspacher 2002:185f.).

Bei aller Differenz besteht die Historizität, Universalität, Kontinuität und Aktualität militaristisch-maskulinistischer Herrschaftssysteme, in welchen Formationen auch immer, fort. Auch die Patriarchatsforschung, wie sie u.a. Drude Dahlerup (1987) innovativ vertreten hat, bedarf der Pluralisierung, d.h. einer von europäisch-nordamerikanischer Dominanz emanzipierten Differenzierung in verschiedene gleichwertige kulturelle Deutungen von Unterdrückung, Befreiung und Selbstbestimmung. Ohnehin wird sich der gegenwärtige Trend zur Transnationalisierung und Transkulturalität in sozialen Bewegungen und politischen Gruppierungen abzeichnen, worauf eine neopluralistisch inspirierte feministische Staatstheorie ebenfalls Bezug zu nehmen hat.

„... ohne Angst verschieden sein..." – meinen Beitrag habe ich mit Theodor W. Adorno begonnen und beende ihn mit Max Horkheimer, der wie Adorno, Ernst Fraenkel und Hans Kelsen der Schoa entkam:

> „Einen Menschen a priori, nicht als einzelnen, als Person, sondern generell und vornehmlich als Deutschen, Neger [sic!], Juden, Fremden oder Welschen zu behandeln, ohne daß man schon die Erfahrungen hätte, er ermangle eigenen Urteils und verdiene nicht, für sich selbst zu gelten, ist barbarisch. ... Es gibt Juden, die ich verehre, und solche, die ich verabscheue, genau wie es mir bei Deutschen oder Engländern geht. ... Das Begriffs-Paar Deutsche und Juden klingt allzu zeitgemäß in dieser Welt, die von Nationalismen und anderen Kollektivismen in steigendem Maß und nicht zu ihrem Vorteil gezeichnet ist und in der von der Masse abweichende Individuen und Gruppen es immer schwerer haben, friedlich mit ihr im selben Staat zu leben." (Horkheimer 1997, S. 277f.)

Literatur

Adler-Rudel, Salomon 1959: Ostjuden in Deutschland 1880-1940. Zugleich eine Geschichte der Organisationen, die sie betreuten. Tübingen

Alter, Peter et al. (Hrsg.) 1999: Die Konstruktion der Nation gegen die Juden. München
Appelt, Erna 1999: Geschlecht – Staatsbürgerschaft – Nation. Politische Konstruktionen des Geschlechterverhältnisses, Frankfurt am Main, New York
Ariadne. Almanach des Archivs der deutschen Frauenbewegung 1993: Jüdin – Deutsche – deutsche Jüdin? Auswirkungen des Antisemitismus in Deutschland. Ausgabe 23/1993
Armborst, Kerstin 2001: Ablösung von der Sowjetunion: Die Emigrationsbewegung der Juden und Deutschen vor 1987. Münster
Ayim, May 2002: Grenzenlos und unverschämt. Frankfurt am Main
beiträge 1985: beiträge zur feministischen theorie und praxis 8 (1985) 13 („unser Staat?")
beiträge 1990: beiträge zur feministischen theorie und praxis, 13 (1990) 27 („Rassismus – Antisemitismus – Fremdenhaß. Geteilter Feminismus")
Benz, Wolfgang et al. (Hrsg.) 1998: Jüdisches Leben in der Weimarer Republik. Jews in the Weimar Republic. London, Tübingen
Braun, Kathrin et al. (Hrsg.) 2000: Feministische Perspektiven in der Politikwissenschaft. München, Wien
Brenner, Michael 2000: Jüdische Kultur in der Weimarer Republik, München
Brown, Wendy 1992: Finding the Man in the State. In: Feminist Studies 18 (1992) 1, S. 7-34
Buchstein, Hubertus/Göhler, Gerhard (Hrsg.) 2000: Vom Sozialismus zum Pluralismus. Beiträge zu Werk und Leben Ernst Fraenkels. Baden-Baden
Dackweiler, Regina-Maria 2003: Wohlfahrtsstaatliche Geschlechterpolitik am Beispiel Österreichs. Arena eines widersprüchlich modernisierten Geschlechter-Diskurses. Opladen 2003
Dahlerup, Drude 1987: Confusing concepts – confusing reality: a theoretical discussion of the patriarchal state. In: Showstack Sassoon, Anne (Hrsg.): Women and the State. The shifting boundaries of public and private, London u.a., S. 93-127
Detjen, Joachim 1988: Neopluralismus und Naturrecht. Zur politischen Philosophie der Pluralismustheorie. Paderborn u.a.
Dietrich, Susanne/Schulze Wessel, Julia 1998: Zwischen Selbstorganisation und Stigmatisierung. Die Lebenswirklichkeit jüdischer Displaced Persons und die neue Gestalt des Antisemitismus in der deutschen Nachkriegsgesellschaft. Stuttgart
Eisfeld, Rainer 1972: Pluralismus zwischen Liberalismus und Sozialismus. Stuttgart u.a.
Elshtain, Jean Bethke 1995: Exporting Feminism. In: Journal of International Affairs 48 (1995) 2, S. 541-558
Erdmann, Heinrich 1988: Neopluralismus und institutionelle Gewaltenteilung: Ernst Fraenkels pluralistische Parteienstaatstheorie als Theorie parlamentarisch-pluralistischer Demokratie. Opladen
Faulenbach, Bernd (Hrsg.) 2002: „Habt den Mut zu menschlichem Tun". Die Jüdin und Demokratin Jeanette Wolff in ihrer Zeit (1888–1976). Mitarb. v. Anja Wißmann. Essen
Fraenkel, Ernst 1972: Der Pluralismus als Strukturelement der freiheitlich-rechtsstaatlichen Demokratie (1964) In: Nuscheler/Steffani 1973, S. 158–182
Fraenkel, Ernst 1973: Reformismus und Pluralismus. Materialien zu einer ungeschriebenen politischen Autobiographie. Zus.gestellt u. hrsg. v. Falk Esche u. Frank Grube. Hamburg
Fraenkel 1999–2000: Gesammelte Schriften. Hrsg. v. Alexander v. Brünneck. 4 Bde. Baden-Baden
Fraenkel 2001: Der Doppelstaat. Hrsg. v. Alexander v. Brünneck. 2. durchges. Aufl. Hamburg [US-amerikan. Erstausg. 1941]
Gabbert, Karin et al. (Hrsg.) 2000: Geschlecht und Macht. (Analysen und Berichte) Jahrbuch Lateinamerika 24 (2000). Münster
Geißel, Brigitte 1999: Politikerinnen. Politisierung und Partizipation auf kommunaler Ebene. Opladen
Geißel, Brigitte/Seemann, Birgit 2001: Bildungspolitik und Geschlecht. Ein europäischer Vergleich. Opladen

Gelbin, Cathy S. 1999: Die jüdische Thematik im (multi)kulturellen Diskurs der Bundesrepublik. In: Gelbin, Cathy et al. (Hrsg.): AufBrüche. Kulturelle Produktionen von Migrantinnen, Schwarzen und jüdischen Frauen in Deutschland. Königstein/Ts., S. 87-111

Gerhard, Ute 1987: Den Sozialstaat neu denken? Voraussetzungen und Preis des Sozialstaatskompromisses. In: Vorgänge 26 (1987) 87, H. 3, S. 14-32

Goller, Peter 2002: Hermann Heller : Historismus und Geschichtswissenschaft im Staatsrecht (1919-1933). Frankfurt/Main u.a.

Gundlach, Christine (Hrsg. i. A. der Stiftung Begegnungsstätte für jüdische Geschichte und Kultur/Max-Samuel-Haus, Rostock) 2000: Ein bißchen anders bleibt man immer. Jüdische Zuwanderer in Mecklenburg-Vorpommern. Vorgestellt von Christine Gundlach. Schwerin

Harders, Cilja/Roß, Bettina (Hrsg.) 2002: Geschlechterverhältnisse in Krieg und Frieden. Perspektiven der feministischen Analyse internationaler Beziehungen. Opladen

Haumann, Heiko 1999: Geschichte der Ostjuden. Aktualis. u. erw. Neuausg. München

Henninger, Annette 2000: Frauenförderung in der Arbeitsmarktpolitik. Feministische Rückzugsgefechte oder Zukunftskonzept? Opladen

Hess, Rainer/Kranz, Jarden 2000: Jüdische Existenz in Deutschland heute. Probleme des Wandels der Jüdischen Gemeinden in der Bundesrepublik Deutschland infolge der Zuwanderung russischer Juden nach 1989. Berlin

Hirst, Paul Q. (Hrsg.) 1989: The Pluralist theory of the state. Selected writings of G. D. H. Cole, J. N. Figgis, and H. J. Laski. London, New York

Holland-Cunz, Barbara 1998: Feministische Demokratietheorie. Thesen zu einem Projekt. Opladen

Holland-Cunz, Barbara 2003: Die alte neue Frauenfrage. Frankfurt am Main

Holland-Cunz, Barbara/Ruppert, Uta (Hrsg.) 2000: Frauenpolitische Chancen globaler Politik. Verhandlungserfahrungen im internationalen Kontext. Opladen

Horkheimer, Max 1997 [1961]: Nachwort. In: Koch, Thilo (Hrsg.): Porträts zur deutschjüdischen Geistesgeschichte. Köln, S. 262-278

Hügel, Ika et al. (Hrsg.) 1993: Entfernte Verbindungen. Rassismus, Antisemitismus, Klassenunterdrückung. Berlin.

Hügel-Marshall, Ika 2001: Daheim unterwegs. Ein deutsches Leben. Berlin

Ingenhorst, Heinz 1997: Die Rußlanddeutschen. Aussiedler zwischen Tradition und Moderne. Frankfurt am Main, New York

Jacoby, Jessica/Schoppmann, Claudia/Zena-Henry, Wendy (Hrsg.) 1994: Nach der Shoa geboren. Jüdische Frauen in Deutschland. Berlin

John, Barbara (Hrsg. i.A. Die Ausländerbeauftragte des Senats Berlin) 1992: Leitfaden für jüdische Zuwanderer aus der ehemaligen Sowjetunion [dt. u. russ.]. 2. Aufl. Berlin

Jüdisches Leben 2003: Jüdisches Leben in Deutschland. Schwerpunktausgabe. In. Das Parlament 53 (2003) 31-32, 28.07./04.08.2003

Jürgens, Ulrich 1990: Entwicklungslinien der staatstheoretischen Diskussion seit den siebziger Jahren. In: Aus Politik und Zeitgeschichte B 9-10/90 v. 23.Feb.90, S. 14-22

Kaiser, Wolf (Hrsg.) 2002: Täter im Vernichtungskrieg. Der Überfall auf die Sowjetunion und der Völkermord an den Juden. Berlin u.a.

Kaplan, Marion A. 1981: Die jüdische Frauenbewegung in Deutschland. Organisation und Ziele des Jüdischen Frauenbundes 1904-1938. Hamburg

Khanide, Marina/Giebeler, Karl 2003: Ohne Angst verschieden sein – in der Fremde sich selbst begegnen. Ein Praxisbuch für die interkulturelle Arbeit. Gütersloh

Kißler, Leo/Wiechmann, Elke (Hrsg.) 1999: Gleichstellungspolitik und kommunale Verwaltungsreform. Baden-Baden

Knapp, Gudrun-Axeli (Hrsg.) 1998: Kurskorrekturen. Feminismus zwischen Kritischer Theorie und Postmoderne. Frankfurt am Main, New York

Kovarski, Rima/Kovarski, Alexander 2000: Unabhängig, selbständig, europäisch leben. In: Gundlach 2000, S. 38-47

Kreisky, Eva 2000: Der Stoff, aus dem die Staaten sind. Zur männerbündischen Fundierung politischer Ordnung. In: Braun, K. et al. 2000, S. 144-181
Kreisky, Eva et al. (Hrsg.) 2002: EU, Geschlecht, Staat. Wien
Kremendahl, Hans 1977: Pluralismustheorie in Deutschland. Entstehung, Kritik, Perspektiven. Leverkusen
Kuchenbecker, Antje 2000: Zionismus ohne Zion. Birobidzan: Idee und Geschichte eines jüdischen Staates in Sowjet-Fernost. Berlin
Lange, Gunter 1988: Jeanette Wolff. 1888 bis 1976. Eine Biographie. Bonn
Liebert, Ulrike (ed.) 2003: Gendering Europeanisation. With the assistance of Stefanie Sifft. Contributions by Marina Calloni ... Brüssel u.a.
Lohschelder, Silke et al. 2000: AnarchaFeminismus. Auf den Spuren einer Utopie. Münster
MacKinnon, Catharine A. 1989: Toward a Feminist Theory of the State, Cambridge/Mass., London
Maier, Friederike/Fiedler, Angela 2002 (Hrsg.): Gender Matters. Feministische Analysen zur Wirtschafts- und Sozialpolitik. Berlin
Maihofer, Andrea 1995: Geschlecht als Existenzweise. Macht, Moral, Recht und Geschlechterdifferenz. Frankfurt am Main
Maurer, Trude 1986: Ostjuden in Deutschland 1918-1933. Hamburg
Nuscheler, Franz/Steffani, Winfried (Hrsg.)1973: Pluralismus. Konzeptionen und Kontroversen. 2. Aufl. München
Oguntoye, Katharina et al. (Hrsg.) 1992: Farbe bekennen. Afro-deutsche Frauen auf den Spuren ihrer Geschichte. Mit Beitr. v. Audre Lorde. Frankfurt am Main
Ooyen, Robert Christian van 2003: Der Staat der Moderne. Hans Kelsens Pluralismustheorie. Berlin
Pappenheim, Bertha 1992: Sysiphus. Gegen den Mädchenhandel. Galizien. Freiburg i. Br.
Picard, Jacques 2001: Antiuniversalismus, Ethnizismus, Geschichtspolitik. In: Tuor-Kurth 2001, S. 79-101
Pinto, Diana 1999: Europa – ein neuer „jüdischer Ort". In: Menora. Jahrbuch für deutschjüdische Geschichte (1999), S. 15-34
Rada, Uwe 2001: Berliner Barbaren. Wie der Osten in den Westen kommt. Mit Fotoessay v. Claudia C. Lorenz u. Nachw. v. Wolfgang Kil. Berlin
Römhild, Regina 1998: Die Macht des Ethnischen: Grenzfall Rußlanddeutsche. Perspektiven einer politischen Anthropologie. Frankfurt am Main
Rommelspacher, Birgit 1995: Schuldlos-schuldig? Wie sich junge Frauen mit Antisemitismus auseinandersetzen. Hamburg
Rommelspacher, Birgit 2002: Anerkennung und Ausgrenzung. Deutschland als multikulturelle Gesellschaft. Frankfurt am Main, New York
Ruf, Anja 1996: Vielfalt: die Sprache anderer Weltsichten. In: dies.: Weltwärts, Schwestern! Von der Weltfrauenkonferenz in die globale Zukunft. Bonn, S. 120-140
Runge, Irene 1995: „Ich bin kein Russe". Jüdische Zuwanderung zwischen 1989 und 1994. Berlin
Runge, Irene/Chalmiev, Igor 1996: Was ich von und in Deutschland wissen sollte. Kleine Integrationshilfe für russischsprachige jüdische Zuwanderer [dt. u. russ.]. 2. überarb. Aufl. (Hrsg.: Gesellschaftsanalyse und Politische Bildung e. V. in Zus.arbeit mit d. Ausländerbeauftragten d. Landes Brandenburg). Berlin
Sauer, Birgit, 2001: Die Asche des Souveräns. Staat und Demokratie in der Geschlechterdebatte, Frankfurt am Main, New York
Schmalz-Jacobsen, Cornelia/Hansen, Georg (Hrsg.) 1995: Ethnische Minderheiten in der Bundesrepublik. Red. Bearb.: Rita Polm. München
Schoeps, Julius H./Jasper, Willi/Vogt, Bernhard (Hrsg.) 1999: Ein neues Judentum in Deutschland? Fremd- und Eigenbilder der russisch-jüdischen Einwanderer. Potsdam
Schoeps, Julius H./Schlör, Joachim (Hrsg.) 1999:, Bilder der Judenfeindschaft. Antisemitismus – Vorurteile und Mythen. Augsburg

Schunter-Kleemann, Susanne (Hrsg.) 1992: Herrenhaus Europa – Geschlechterverhältnisse im Wohlfahrtsstaat. Berlin, S. 141-327
Seemann, Birgit 1996: Feministische Staatstheorie. Der Staat in der deutschen Frauen- und Patriarchatsforschung. Vorw. v. Barbara Holland-Cunz. Opladen
Seemann, Birgit, 1998: „Feminism has no theory of the state"? Perspektiven feministisch-politikwissenschaftlicher Staatsforschung in der BRD. In: femina politica 7 (1998) 1, S. 15-25
Seemann, Birgit 2000a: Jeanette Wolff (1888-1976). Politikerin und engagierte Demokratin, Frankfurt am Main/New York
Seemann, Birgit, 2000b: Stieftöchter der „deutschen Nation": Der Jüdische Frauenbund 1904–1938 und in der Bundesrepublik. In: Planert, Ute (Hrsg.): Nation, Politik und Geschlecht. Frauenbewegungen und Nationalismus in der Moderne. Frankfurt am Main, New York, S. 309–327
Seemann, Birgit 2002: Genese und Perspektiven genderbezogener Staats- und Gesellschaftstheorie (BRD). Bilanzvortrag auf der Jubiläumstagung des DVPW-Arbeitskreises Politik und Geschlecht, April 2002 (Vortragsmanuskript, unveröff.)
Sombart, Nicolaus, 1997: Die deutschen Männer und ihre Feinde. Carl Schmitt – ein deutsches Schicksal zwischen Männerbund und Matriarchatsmythos. [Tb-Ausg.]. Frankfurt am Main
Solschenizyn, Alexander 2002: Zweihundert Jahre zusammen. Die russisch-jüdische Geschichte. Bd 1. München
Steffani, Winfried 1988: Ernst Fraenkel – Begründer des Neopluralismus. In: ders.: Pluralistische Demokratie. Studien zur Theorie und Praxis. Opladen, S. 211–219
Sturm, Fritz/Sturm, Gudrun 2001: Die deutsche Staatsangehörigkeit. Grundriß und Quellen. Frankfurt am Main, Berlin
Tetreault, Mary Ann 1992: Women and Revolution: A Framework for Analysis. In: Peterson, V. Spike (ed.): Gendered States. Feminist (Re) Visions of International Relations Theory. Boulder/Colorado u.a., S. 99-121
Thürmer-Rohr, Christina [1997]: Die unheilbare Pluralität der Welt – von Patriarchatskritik zur Totalitarismusforschung. www.fu-berlin.de/postmoderne-psych/berichte2/thuermer_rohr.htm (22.10.2003)
Tuor-Kurth, Christina 2001: Neuer Antisemitismus – alte Vorurteile? Mit Beiträgen v. Werner Bergmann et al. Stuttgart, Berlin, Köln
Vinogradova, Anna 1994: Russische Juden wurden von der Gemeinde nicht mit offenen Armen aufgenommen. In: Jacoby et al, S. 175-178
Volkov, Shulamith 2000: Antisemitismus als kultureller Code. Zehn Essays. 2., durch e. Reg. erw. Aufl. München
Vogl, Jörg-Michael 1994: Paradigmenwechsel in der Staatsdiskussion. Ein Literaturbericht. In: Das Argument 206 (1994), S. 493-620
Wilde, Gabriele 2001: Das Geschlecht des Rechtsstaates. Herrschaftsstrukturen und Grundrechtspolitik in der deutschen Verfassungstradition, Frankfurt am Main, New York
Young, Brigitte (Hrsg.) 2002: Engendering der Makroökonomie. Schwerpunktheft femina politica 11 (2002)
Young, Iris Marion 1993: Das politische Gemeinwesen und die Gruppendifferenz. Eine Kritik am Ideal des universalen Staatsbürgerstatus. In: Nagl-Docekal, Herta/Pauer-Studer, Herlinde: Jenseits der Geschlechtermoral. Beiträge zur feministischen Ethik. Frankfurt am Main, S. 267-304
Zimmermann, Moshe 1997: Die deutschen Juden 1914-1945. München

Nils Pagels

Diversity Management als Instrument für feministische und antirassistische Praxen?

Einleitung

Dieser Beitrag soll ein Instrument vorstellen und kritisch diskutieren, das für sich in Anspruch nimmt, Differenz positiv aufzunehmen und zur Überwindung der Unterrepräsentanz von Frauen, Angehörigen ethnischer Minderheiten und VertreterInnen anderer gesellschaftlicher Gruppen beizutragen. *Diversity Management* ist ein Begriff, der in den letzten fünf Jahren Einzug in die bundesdeutsche Diskussion über Gleichstellungspolitik, Antidiskriminierungspolitik und Praxisansätze zur Überwindung von Rassismus gefunden hat. Für die einen bedeutet dieser Ansatz Hoffnung auf wirkliche Überwindung von Diskriminierung und Chancenungleichheit, für andere aber ist er wieder nur ein Modetrend, der nicht in der Lage sein wird, die bestehenden Probleme von Diskriminierung tatsächlich zu lösen.

Auf den folgenden Seiten soll zunächst vorgestellt werden, welches Konzept hinter dem *Diversity Management* Ansatz steht, um danach die Verbreitung und Anwendung in Deutschland und Europa zu beschreiben. Im abschließenden Kapitel soll kritisch diskutiert werden, welchen Beitrag *Diversity Management* für eine nicht-rassistische, diskriminierungsfreie Gesellschaft und für Gleichstellungspolitik leisten kann.

Was ist *Diversity Management*

Die Idee des *Diversity Managements* kommt aus den USA, wo es in Abgrenzung zu *Affirmative Action* seit Anfang der 80er Jahre entwickelt worden ist, und ist in erster Linie ein Ansatz zur Personalführung und Organisationsentwicklung, der in allen Organisationsformen angewandt werden kann, aber maßgeblich in Unternehmen und öffentlichen Einrichtungen (Schulen, Universitäten, Verwaltungen) diskutiert wird. *Diversity Management* ist eine Methode, um die innerorganisatorische Produktivität, Kreativität und Effizienz zu verbessern (SHRM 2003b:2). Der Grundgedanke richtet sich an der Idee aus, dass Vielfalt etwas Positives ist. Eine optimal geförderte Vielfalt hilft Spannungen unter KollegInnen zu lösen, aus den Spannungen entstehende Motivationsprobleme zu beseitigen und der Organisation dadurch zu mehr Kreativität, Effizienz und Produktivität zu verhelfen. Zusätzlich – so der Grundgedanke – werden die Organisationen, die *Diversity Management* durchführen, wesentlich besser als andere in der Lage sein, den Bedürfnissen der Gesellschaft gerecht zu werden, weil sie diese in der Struktur der Organisation abbilden und deshalb mehr über diese Bedürfnisse wissen. Hierbei kann es sich sowohl um das bessere Verkaufen von Produkten als auch um das bürgerInnenfreundliche Verhalten von öffentlichen Einrichtungen handeln. Somit können die Organisationen, die *Diversity Management* anwenden, auch zu einer Reduzierung von gesellschaftlichen Konflikten beitragen.

Die vielfältige Organisation wird im *Diversity Management* als die multikulturelle Organisation beschrieben, wobei mit multikulturell nicht wie sonst häufig üblich nur der Unterschied zwischen Menschen mit und ohne Migrationshintergrund gemeint ist, sondern Unterschiede generell (alt, jung, Mann, Frau, einheimisch, ausländisch, behindert, nicht-behindert, Arbeitstile, heterosexuell, homosexuell etc.). Ziel des Ansatzes ist es, durch gleiche Rechte und gleiche Zugangsmöglichkeiten für alle verschiedenen Gruppen, die in diesem Ansatz „Kulturen"[1] genannt werden, die Arbeitszufriedenheit und damit die Erreichung der Organisationsziele zu verbessern. *Diversity Management* wird als langfristiger Prozess beschrieben, der eine Veränderung im Denken von Organisationen (und damit natürlich auch der die Organisation prägenden Individuen) voraussetzt. Langfristig wird eine gleichmäßige Repräsentanz der unterschiedlichen Gruppen auf allen Organisationsebenen angestrebt.

Wie wird *Diversity Management* umgesetzt?

Um die Frage zu beantworten, wie *Diversity Management* umgesetzt wird, erscheint es mir zunächst sinnvoll, einen Blick auf die Motivationen zu werfen, aufgrund derer das Konzept aufgegriffen wird. Sepehri unterscheidet vier Grundmotivationen, die zum Einsatz von *Diversity Management* führen können: Die zunehmende Diversifizierung der Belegschaften, die Diversität von Märkten und KundInnen, die Vielfalt in Kooperationen und Fusionen sowie generell zunehmende Globalisierungstendenzen (Sepehri 2001:2). In Kombinationen hierzu werden wiederum vier verschiedene Formen des Umgangs mit *Diversity Management*-Ansätzen unterschieden: Die Resistenzperspektive lässt sich nicht auf die eben genannten Diversifizierungen ein, sie sieht nicht die Notwendigkeit, mit den Veränderungen umzugehen. Die Fairness- und Diskriminierungsperspektive versucht bestimmte benachteiligte Gruppen zu fördern. Die Marktzutrittsperspektive hat vor allem die vielfältigen Märkte

---

1   Da der Begriff Kulturen in der deutschen Sprache zu erheblichen Missverständnissen führt, soll im folgenden der Begriff Gruppen benutzt werden.

Diversity Management als Instrument 165

und KundInnen im Blick und strebt dort Verbesserungen an, wo eine bessere Effizienz in der Erreichung dieser unterschiedlichen Märkte und KundInnen möglich erscheint. Als viertes und letztes wird die Lern- und Effektivitätsperspektive genannt, die beide letztgenannten Perspektiven miteinander zu verbinden versucht und davon ausgeht, dass der größtmögliche Erfolg von Organisationen sowohl von der optimalen Erreichung der KundInnen als auch von der Zufriedenheit aller MitarbeiterInnen abhängt und deshalb nach einer „lernenden Organisation" verlangt, die die optimale Förderung aller MitarbeiterInnen ermöglicht (Sepehri 2001:23). Als zusätzlicher Unterscheidungsfaktor wird außerdem betrachtet, welche Formen von Vielfalt in der Umsetzungspraxis berücksichtigt werden. Sepehri und Wagner unterscheiden hierbei in Anlehnung an verschiedene US-amerikanische Autoren (u.a. Cunnings, Jackson, Miliken und Martins) in wahrnehmbare Erscheinungsformen und kaum wahrnehmbare (Sepehri, Wagner 2000:56). Als wahrnehmbare Erscheinungsformen werden hierbei vor allem Geschlecht, Alter, Behinderung, Nationalität und Hautfarbe[2] erwähnt. Als kaum wahrnehmbare Erscheinungsformen gelten auf der einen Seite Werte, unter denen Attribute wie Persönlichkeit, kulturelle Werte, Religion, sexuelle Orientierung, Humor o.ä. subsumiert werden, und auf der anderen Seite Wissen und Fähigkeiten, wie z.B. Bildung, Sprachen, Fachkompetenz etc.. Nicht immer bezieht sich die Umsetzung von *Diversity Management* auf eine so breite Definition von möglichen Erscheinungsformen von Vielfalt. Zumindest in der Fachliteratur hat sich aber ein solch breites Verständnis eher durchgesetzt. So schreibt die *„Society for Human Resources"* (eine US-amerikanische Vereinigung, die sich mit Personalentwicklungskonzepten auseinandersetzt) in ihrem *Diversity Forum*:

> „...the trend seems to favor a broad definition, one that goes beyond the visible differences such as race, ethnicity, age and gender. For many people a narrow definition focussing only on a few visible characteristics, is not only too exclusive, but is also too closely linked to affirmative action. Furthermore, a narrow definition seems to engender resistance from white males, and does not accomplish long-term cultural change that focuses on utilizing the best talents of everyone, a primary objective for most diversity initiatives" (SHRM 2003a:1).

Bei der weiteren Beschreibung der Umsetzung von *Diversity Management* wird auf dieses umfassende Verständnis Bezug genommen.

Um das beschriebene Ziel einer breiten Berücksichtigung und Förderung der unterschiedlichen Gruppen zu erreichen, ist ein umfassender Prozess nötig, zu dem sowohl mögliche Veränderungen in der Organisationsstruktur (bei der Zusammensetzung von Teams und Abteilungen, bei der Einstellungspraxis und bei der Aufstiegsförderung) als auch ein umfassendes Fortbildungskonzept gehören. Um aber für jede Organisation individuell heraus-

---

2 In der angloamerikanischen Literatur als *Race* und leider in vielen deutschsprachigen Übersetzungen immer als „Rasse" bezeichnet. Aufgrund der Ablehnung des Begriffs Rasse wird in diesem Artikel der Begriff Hautfarbe benutzt.

zufinden, was der Bedarf sowohl für die Organisationsentwicklung als auch für das Fortbildungskonzept ist, wird zunächst ein sogenanntes *Diversity Audit* durchgeführt. Hierbei wird analysiert, welche unterschiedlichen Gruppen im Betrieb zu finden sind und wie deren Lage innerhalb der Organisation ist.

Mögliche Fragestellungen in einem *Diversity Audit* können z.B. sein:

- Welche Gruppen sind im Unternehmen präsent und wie sind sie auf den verschiedenen Hierarchieebenen repräsentiert?
- Gibt es eine höhere Fluktuation oder höheren Krankenstand in bestimmten Gruppen?
- Sind bestimmte Gruppen mit ihrer Arbeit unzufriedener als andere?
- Haben alle Gruppen gleichermaßen das Gefühl, dass ihr Potential voll gefordert und gefördert wird?
- Existiert ein unterschiedlicher Zugang zu Fortbildungen?
- Gibt es bestimmte Gruppen, die Probleme miteinander haben?
- Gibt es für bestimmte Gruppen geringere Chancen in der Hierarchie aufzusteigen?

Nach der Bestandsaufnahme im Rahmen des *Diversity Audits* wird ein auf den spezifischen Bedarf eines Unternehmens abgestimmtes Fortbildungs-, Personal- und Organisationsentwicklungskonzept entwickelt. Die Fortbildungen teilen sich auf in bewusstseinsbildende Maßnahmen (*Awarenessraising*) und die Ausbildung bestimmter Fähigkeiten (*Skillbuilding*). Bei der Frage der Personal- und Organisationsentwicklung geht es um die potentielle Veränderung von bestehenden Strukturen, um den gleichberechtigten Zugang zu Fort- und Weiterbildung und die Förderung der unterschiedlichen Potentiale zu gewährleisten. Es wird auf drei Ebenen gearbeitet: der individuellen, der gruppenspezifischen und der Gesamtorganisation.

Im Bereich der bewusstseinsbildenden Maßnahmen geht es darum, dafür zu sensibilisieren, Unterschiede überhaupt und den Umgang mit Fremdheiten und von den eigenen Normen abweichendem Verhalten wahrzunehmen, insbesondere das Management davon zu überzeugen, dass eine gleichberechtigte Förderung der Vielfalt einen finanziellen und produktiven Faktor bedeutet. Außerdem sollen in der gezielten Auseinandersetzung mit den Ergebnissen des *Audits* und den dort aufgedeckten Problemen und Ungleichheiten Möglichkeiten der Lösung erarbeitet werden.

Im Bereich des *Skillbuildings* geht es z.B. um die Förderung des konstruktiven Austragens von Konflikten, aber auch um die optimale Abstimmung des Führungsverhaltens auf die unterschiedlichen Erfordernisse unterschiedlicher MitarbeiterInnen.

Auf der Ebene der Personal- und Organisationsentwicklung stehen verschiedene Aspekte im Mittelpunkt (u.a.):

- die Entwicklung und Durchführung passgenauer fachlicher Weiterbildungsangebote,

Diversity Management als Instrument

- die Herbeiführung organisatorisch-struktureller Änderungen, um optimale Bedingungen für das Entfalten des Potentials aller MitarbeiterInnen zu entwickeln,
- Einführungsprogramme für neue MitarbeiterInnen,
- die Herstellung von Heterogenität in Entscheidungsgremien,
- MentorInnenprogramme.

Als weiterer wichtiger Bestandteil des *Diversity Managements* wird die Evaluation der verschiedenen Maßnahmebestandteile angesehen. Es muss in regelmäßigen Abständen bewertet werden, ob die Anstrengungen zum gewünschten Erfolg geführt haben, bzw. ob es sich um einen andauernden Erfolg handelt oder ob sich nach einer gewissen Zeit wieder alte Probleme einstellen. Obwohl die Evaluation in der Theorie als ein wichtiges Instrument angesehen wird, liegen der Öffentlichkeit kaum Ergebnisse über den „Erfolg" von *Diversity Management* vor. Die Europäische Kommission hat im Jahr 2003 eine Studie in Auftrag gegeben, die Messkriterien für den Erfolg von *Diversity Management* entwickeln soll, die Ergebnisse liegen aber noch nicht vor[3].

Wer sind die AkteurInnen?

Es handelt sich um einen umfassenden Ansatz, an dem im Endeffekt alle AkteurInnen einer Organisation beteiligt sein sollten. Da bei der Einführung von *Diversity Management* durchaus mit Widerständen innerhalb der Organisation zu rechnen ist, gilt es als wichtige Bedingung für den Erfolg, dass die Managementspitze voll hinter der Einführung des Konzepts steht und auch ihre Arbeitsebene in die Umsetzung einbezieht. Zu Beginn der Implementierung von *Diversity Management* in einer Organisation kann daher nur von einem *Top-Down*-Ansatz gesprochen werden.

In vielen Organisationen, die *Diversity Management* durchführen, wurden *Diversity-Councils* gegründet, die aus Mitgliedern aller Hierarchiestufen gebildet werden, um den gesamten Prozess des *Diversity Managements* unterstützend zu begleiten. Diese haben die Aufgabe, zum einen innerhalb der Umgebung jedes einzelnen Mitglieds für Unterstützung zu werben, zum anderen zu kontrollieren, dass die im Prozess der Einführung des *Diversity Managements* vereinbarten Ziele auch tatsächlich erreicht werden. Bei den Fortbildungen (insbesondere, den *Awarenessraising*-Prozess betreffend) wird häufig mit den VertreterInnen der höheren Hierarchieebenen begonnen, bevor dann auch die niedrigeren Ebenen mit einbezogen werden.

---

3 Es handelt sich um eine Machbarkeitsstudie zum Thema „Entwicklung von Indikatoren zur Messung der Kostenwirksamkeit von „*Diversity*"- Strategien in den Unternehmen. Vgl. den Zeitplan für das Aktionsprogramm zur Bekämpfung von Diskriminierungen; http://europa.eu.int/comm/employment_social/fundamental_rights/pdf/prog/timetable03_de.pdf

Die Analyse im Rahmen der *Audits* sollte durch externe ExpertInnen durchgeführt werden, für die *Trainings* und die Organisationsberatung werden in der Regel ebenfalls externe Kräfte herangezogen.

Einsatz von *Diversity Management* in Deutschland bzw. Europa

Die ersten Länder, die sich in größerem Umfang in Europa mit *Diversity Management* auseinandergesetzt haben, waren Großbritannien, die Niederlande und die skandinavischen Länder. Durch die verstärkte Auseinandersetzung mit Rassismus und Diskriminierung in der Arbeitswelt in Europa wurden in der zweiten Hälfte der 90er Jahre erste *Diversity Management* Versuche unternommen. Dies geschah nach längeren Phasen, in denen eher *Equal Employment Approaches* oder *Affirmative Action* Ansätze verfolgt worden sind (Wrench 2002). Zum einen erklärt Wrench sich dies aus der Ablehnung der zu eng fokussierten anderen Ansätze und zum anderen aus dem Versuch, den eher legalistischen Ansätzen (Anti-Diskriminierungsgesetze etc.) einen freiwilligen Ansatz entgegenzusetzen, der darüber hinaus auch Unternehmensinteressen mit einbindet.

Die Art der Umsetzung divergierte in den verschiedenen Ländern jedoch erheblich. Während in Großbritannien mehr auf *Equality Trainings* gesetzt wurde – konkret heißt das, dass mehr auf Praktiken bei der Einstellung von Personal abgezielt wurde – lag der Schwerpunkt in den Niederlanden auf *Cultural Awareness Trainings*, d.h. auf der Sensibilisierung für andere Kulturen, Denkweisen u.ä. (Wrench 2002:6). In der Folgezeit hat sich in den Niederlanden ein starker Fokus auf *Diversity Management* in öffentlichen Einrichtungen entwickelt, während sich in Großbritannien sowohl öffentliche Einrichtungen als auch eine Vielzahl von Unternehmen auf die Anwendung von *Diversity Management* verständigt haben. In einer Untersuchung von Collet and Cook aus dem Jahr 2000 gaben ein Drittel der 200 größten Unternehmen in Großbritannien an, mit *Diversity Management* zu arbeiten und weitere 12% planten die Einführung in den nächsten 12 Monaten. In Schweden wurde *Diversity Management* vom *Swedish Council for Work Life Research* als eines der wichtigsten programmatischen Themen im Jahr 1999 ausgewählt, weil vorherzusehen gewesen sei, dass das Thema „Workplace Diversity" (Arbeitsplatzvielfalt) zu einer der größten Herausforderungen in der schwedischen Arbeitswelt werden würde (Wrench 2002:7f). Genauso wird aber auch beschrieben, wie eine Vielzahl von Unternehmen für sich in Anspruch nehmen, *Diversity Management* durchzuführen, unter diesem Begriff aber im Prinzip die gleichen Arten von interkulturellen Veränderungsmaßnahmen bzw. Gleichstellungspolitiken durchführten wie in den Jahren zuvor, und dass einzelne Unternehmen „only recently has the ‚diversity' label (...) (wrongly) attached" (Wrench 2002:8). Unabhängig von der (originalgetreuen oder abgeänderten) Umsetzung von *Diversity Management* ist aber klar zu konstatieren, dass besonders international operierende Unternehmen und in den letzten Jahren in zunehmendem Maße öffentliche Einrichtungen[4] *Diversity Management* für sich nutzen und die Verbreitung in Europa vorantreiben. Inzwischen gibt es verschiedene Organisationen, die sich die Verbreitung von *Diversity Management* zur Aufgabe gemacht haben. Hier wären z.B. das *European Business Network for Social Cohesion* oder das *Centre for Business and Diversity* zu nennen.

Der Ansatz des *Diversity Management*s wird in Deutschland seit etwa 5 – 10 Jahren intensiver diskutiert. Eine der VorreiterInnen war Gertraude Krell[5], die sich aus dem wissenschaftlichen Spektrum heraus mit *Diversity Management* beschäftigt hat. Des weiteren waren es in erster Linie Unternehmensberatungen, die *Diversity Management* durch Besprechungen in Fachzeitschriften für den deutschsprachigen Raum aufgegriffen haben.[6] Inzwischen gibt es eine Vielzahl von Unternehmensberatungen, die *Diversity Trainings* und Organisationsberatungen anbieten. An vielen Fachbereichen für Personalpolitik und Wirtschaftswissenschaften finden sich Seminare zum Thema. Einen größeren Forschungsschwerpunkt nimmt *Diversity Management* an der Universität Potsdam am Lehrstuhl für Betriebswirtschaftslehre ein, der u.a. in Kooperation mit der Universität Witten/Herdecke und Kooperationspartnern in Südafrika ein internationales *Diversity Management* Projekt durchführt und einige Konferenzen zum Thema veranstaltet hat.

In den letzten fünf Jahren haben sich in Deutschland eine Vielzahl von Großunternehmen, die in aller Regel auch international tätig sind (Ford, IBM, DaimlerChrysler, Deutsche Bank. Lufthansa etc.), dazu entschlossen *Diversity Management* in ihrem Unternehmen zu implementieren. Viele sind dazu durch Ihre Kontakte in die USA entweder gedrängt oder inspiriert worden.

Als ein Beispiel sei hier die Ford Werke AG aufgeführt, die im Jahr 2001 mit dem Max-Spohr-Preis für das beste *Diversity Management* in Deutschland ausgezeichnet worden ist. Hier wurde ein *Diversity Council* aus RepräsentantInnen unterschiedlicher Hierarchiestufen gebildet, das die Aufgabe hat, den Umsetzungsprozess des *Diversity Management*s zu begleiten und auf allen Ebenen für den *Diversity*-Gedanken zu werben. Um diesen zunächst fest im Unternehmen zu verankern, wurden etliche Trainings durchgeführt, zuerst auf der Managementebene, inzwischen aber auch im Lohnbereich. Es

---

4   Die Vereinten Nationen haben verschiedene Initiativen zur Umsetzung von *Diversity Management* in öffentlichen Einrichtungen gestartet, so u.a. verschiedene ExpertInnengruppen (*United Nations expert Group Meeting on Managing Diversity in the Civil Service*). Über das Netzwerk UNPAN (*United Nations Online Network in Public Administration and Finance*) werden hierzu Dokumente (vgl. Timsit 2001a und 2001b) vertrieben (www.unpan.org).
5   Professorin für Wirtschaftswissenschaften an der FU Berlin. Sie griff das Thema *Diversity Management* u.a. in dem Buch „Chancengleichheit durch Personalpolitik" auf, das in erster Auflage 1997 erschienen ist.
6   Vgl. z.B. einige Artikel in der Zeitschrift Personalwirtschaft (z.B. Ausgabe 5/99)

wurden Arbeitsgruppen zu verschiedenen Themen, wie z.b. Kinderbetreuung, Teilzeitarbeit, Sabbatjahr, flexible Arbeitsorganisationsmodelle sowie Vereinbarkeit von Privat- und Arbeitsleben, ins Leben gerufen. Diese Arbeitsgruppen gingen auf Wünsche der ArbeitnehmerInnen zurück. Im Bereich des Personalmanagements wird sowohl auf die gezielte Rekrutierung von unterrepräsentierten Gruppen geachtet als auch eine Aufstiegsförderung von bislang in höheren Hierarchieebenen unterrepräsentierten Gruppen betrieben (Stadt Göttingen 2001:77f).

Durch die Verabschiedung zweier Richtlinien der Europäischen Union zur Bekämpfung von Diskriminierungen[7], durch die Schwerpunktsetzung in der Gemeinschaftsinitiative EQUAL und in den Aktionsprogrammen zur Bekämpfung von Diskriminierungen auf die Überwindung von Diskriminierung sowie auf die Chancengleichheit von Frauen und Männern im Arbeitsmarkt hat auch die Europäische Union verstärkt auf die Nutzung von *Diversity Management* hingewirkt. In diesem Zusammenhang ist zu beobachten, dass sowohl in Deutschland als auch in anderen europäischen Ländern verstärkt Projekte zur Einführung von *Diversity Management* unter anderem auch in kleineren und mittleren Unternehmen ihre Arbeit aufgenommen haben. So wird im Programmplanungsdokument der Bundesrepublik Deutschland für die Umsetzung des EQUAL-Programms formuliert:

> „Ein weiterer strategischer Schwerpunkt wird die Förderung des *Diversity Managements* in Unternehmen und anderen Organisationen sein, mit denen nicht allein die Integration ethnischer Minderheiten, sondern auch die Förderung der Chancengleichheit von Frauen und Männern unterstützt werden kann" (Bundesrepublik Deutschland 2001:253).

Es kann also konstatiert werden, dass *Diversity Management* Eingang auch in die deutschsprachige Diskussion und Praxis gefunden hat.

Beitrag von *Diversity Management* für ein feministische und antirassistische Praxen

Den Grundgedanken dieses Sammelbandes „Weiterdenken für antirassistische, feministische Politik und Wissenschaft" auf *Diversity Management* übertragend gilt es nun, die Frage zu beantworten, inwiefern ein solcher Ansatz Beiträge zu einer Gleichstellungs- und Emanzipationspolitik leisten kann und gleichzeitig antirassistische Elemente in sich trägt. Wie aus den vorhergehenden Ausführungen deutlich geworden sein sollte, geht der Blickwinkel

---

7 Richtlinie 2000/43/EG des Rates vom 29. Juni 2000 zur Anwendung des Gleichbehandlungsgrundsatzes ohne Unterschied der Rasse oder der ethnischen Herkunft und Richtlinie 2000/78/EG des Rates vom 27. November 2000 zur Festlegung eines allgemeinen Rahmens für die Verwirklichung der Gleichbehandlung in Beschäftigung und Beruf.

Diversity Management als Instrument

von *Diversity Management* noch deutlich über diese Fragestellung hinaus. Nicht nur Frauen und Menschen mit Migrationshintergrund stehen im Zentrum des Ansatzes, sondern Vielfalt als Ganzes.

Diversity Management kann m.E. ohne jeden Zweifel helfen, Ungleichheiten aufzudecken und zu bearbeiten, die Konfliktpotential in sich bergen, dessen Auswirkungen sich in erheblichem Maß negativ auf die Produktivität, Kreativität und Effizienz von Organisationen auswirken können. Vom oben beschriebenen Grundgedanken des *Diversity Managements* ausgehend müssten sowohl in Hinblick auf eine Erhöhung der Repräsentanz von allen bislang unterrepräsentierten Gruppen, als auch im Hinblick auf eine Verringerung von Mobbing, sexueller Belästigung und direkter Diskriminierung Erfolge erzielt werden. Die wichtige Frage ist aber, ob die praktische Umsetzung die theoretisch denkbaren Erfolge auch tatsächlich mit sich bringt. Da es aber bislang keine fundierten Wirkungsanalysen von *Diversity Management* in Europa gibt, kann man sich einer Antwort nur vorsichtig nähern.

Eine der wichtigsten hierfür zu beantwortenden Fragen ist, inwiefern tatsächlich Hoffnungen für eine feministische und antirassistische Praxis in einen Ansatz gesetzt werden können, der sich als erstes an einem Organisationsinteresse ausrichtet. Kann der sog. „*Business Case*" im Einklang mit den Anforderungen von in Unternehmen Benachteiligten bzw. Diskriminierten stehen? Bevor eine Beantwortung dieser Frage versucht werden soll, möchte ich zunächst aber auf die aus meiner Sicht deutlich auf der Hand liegenden positiven Ansätze des *Diversity Management* eingehen. Eine der positivsten Errungenschaften des *Diversity Managements* ist, dass nicht angebliche Problemgruppen, die mit bestimmten sogenannten oder deklarierten Defiziten behaftet sind, in den Fokus geraten, denen – je nach Lust und Laune, oder nach gesellschaftspolitischen Einsichten von Organisationsleitungen – entsprechende Maßnahmen verordnet werden, damit ihre Defizite ausgeglichen werden (vgl. Kabis in diesem Band). Im Gegensatz dazu wird beim *Diversity Management* die gesamte Organisation in den Fokus genommen, um dort organisationskulturelle Veränderungen im Verhältnis zu den bislang geltenden Normen zu initiieren. D.h. die Abweichung von gesetzten Normen wird nicht als Defizit oder als Problem gewertet, sondern im Gegenteil als Chance. Hier findet ein wichtiger Perspektivwechsel statt, der die Hoffung nährt, dass sich wichtige Komponenten für eine feministische und antirassistische Praxis finden lassen. Gerade der sehr konformistische Umgang mit Normen, der in vielen Organisationen nach wie vor vorherrschend ist, macht es für viele Menschen, die diesen Normen nicht entsprechen, schwer bis unmöglich, sich entsprechend ihrem Potential zu entfalten. Auch wenn Aktivitäten unternommen werden, um sie gezielt zu fördern, stoßen sie auf vielfältige Barrieren, die spätestens beim Aufstieg innerhalb der Organisation schier unüberwindlich werden. Wenn es nun tatsächlich gelingt, diesen konformistischen Umgang mit Normen (vgl. Bitzan in diesem Band), denen alle zu genügen haben, aufzubrechen, ist ein großer Schritt zu einer Organisation getan, die – wenn sie auch noch nicht frei von Diskriminierung ist – doch zumindest Diskriminierungsformen abbauen kann. Gertraude Krell formuliert es folgendermaßen:

> „(...) an der sogenannten Frauenförderung (klebt) der Geruch des Mangels: als ob Frauen defizitäre Wesen seien, die ein bisschen Nachhilfe brauchen. Die reine Frauenförderung ist eine Sackgasse. (...) das wesentliche dieser Strategie (des *Diversity Managements*, Anm. d. Verf.) ist, dass Arbeitsbedingungen geschaffen werden, bei denen niemand ausgegrenzt wird – egal ob Schwarz oder Weiß, Mann oder Frau, Wessi oder Ossi, Mütter oder Väter, Beamte oder Angestellte, Teilzeit- oder Vollzeitarbeitnehmerin, heterosexuell oder homosexuell. *Diversity* heißt Vielfalt, und diese Vielfalt wird positiv bewertet. Es geht darum, dass ein multikulturelles Unternehmen geschaffen wird und nicht eine dominante Gruppe das Wertegeflecht bestimmt und die anderen sich anpassen müssen" (Krell 1998:11).

Die von Krell benannte dominante Gruppe, die das Wertegeflecht prägt, erscheint mir aber eine mögliche Schwachstelle bei der Umsetzung von *Diversity Management* zu sein. Es bleibt zu fragen, wer denn den Veränderungsbedarf innerhalb von Organisationen definiert. Gerade bei einem *Top-Down*-Ansatz – und alle sind sich einig, dass es sich beim *Diversity Management* um einen solchen handelt – besteht immer die Gefahr, dass diejenigen, die vorher die Werte einer Organisation bestimmt haben, auch über den Veränderungsbedarf entscheiden und damit auch darüber, was nicht verändert wird. Wahrscheinlich lässt sich ohne Widerspruch behaupten, dass es eine uneingeschränkt positive Bewertung von Vielfalt niemals geben wird. Es wird immer bestimmte Unterschiede geben, die als nicht tolerabel gelten und als dem Organisationsinteresse zuwiderlaufend. Dies können z.B. politische Einstellungen oder Leistungsunterschiede sein, die auf Krankheit, Alter oder Behinderung zurück zu führen sind, die von vielen Unternehmen nicht toleriert werden. Es können Imagegründe dazu führen, dass eine bestimmte Form von Vielfalt wünschenswert für den Geschäftserfolg ist, andere aber dem Image nicht entsprechen. So kann z.B. ein Modegeschäft durchaus schwarze oder ausländische Beschäftigte haben, ein *Diversity Management* für alle Beschäftigten betreiben, gleichzeitig aber keine Bediensteten über 40 dulden, weil dies dem jugendlichen Image schaden würde. Es bleibt immer dem Unternehmen/der Organisation überlassen, welche Form von Vielfalt gefördert wird und damit bleibt für die Beschäftigten bzw. potentielle neue Beschäftigten auch das Risiko nicht zur bevorzugten Gruppe zu gehören.

Ein weiterer Faktor, der ganz allein von der Geschäftsführung abhängig ist, kann in der Bewertung von Heterogenität als effizienzsteigernd gesehen werden. *Diversity Management* nimmt für sich in Anspruch, den Geschäftserfolg zu steigern, u.a. durch eine erhöhte Produktivität von heterogenen Teams.[8] Falls aber ein Unternehmen für sich zum Schluss kommt, dass Heterogenität

---

8   So werden immer wieder Zahlen genannt, dass heterogene Teams um durchschnittlich 20% (z.B. DIALOG – ONLINE 2002) produktiver seien. Die Messung erscheint aber doch sehr umstritten, weil lediglich der Faktor homogen/heterogen entsprechend der als Kernkriterien angesehenen Merkmale Alter, Geschlecht, Nationalität, Hautfarbe ohne binnenspezifische Kriterien für eine mögliche bessere Arbeitsfähigkeit herangezogen wird.

Diversity Management als Instrument 173

der Produktivität schadet, oder aber in Weiterführung, dass Diskriminierung produktivitätsfördernd ist, gibt es wenig Möglichkeiten, *Diversity Management* in dem angesprochenen umfassenden Sinn weiter zu führen. Zusammengefasst heißt dies, dass die Frage, wer definiert, welche Form von Vielfalt als fördernswert angesehen wird, und die Frage, wie diese Definition ausfällt, entscheidenden Einfluss darauf hat, ob eine Wirkung im Sinne einer feministischen und antirassistischen Perspektive möglich wird. Der oben benannte Perspektivwechsel ist in jedem Fall zu begrüßen, die Frage in welchem Umfang er vollzogen wird, bleibt aber den einzelnen Organisation überlassen, was den Effekt für Frauen und Menschen mit Migrationshintergrund nur im Einzelfall beurteilbar macht.

Ein zweiter wichtiger Aspekt bei der Beurteilung des *Diversity Management* ist die Frage des – je nach Sichtweise – mangelnden bzw. zu starken Zielgruppenbezuges. Unabhängig von der quantitativen Verbreitung bleibt nämlich die Frage, wie und vor allem für wen *Diversity Management* Anwendung findet. Es fällt bei Recherchen zum Thema auf, dass es nach wie vor einen sehr starken Zielgruppenbezug bei vielen gibt, die *Diversity Management* als erfolgsversprechendes Instrument ansehen. Ein Großteil der Fälle, in denen *Diversity Management* angewandt wird, bezieht sich auf die Verbesserung der Situation von ethnischen Minderheiten und auf die Förderung der Chancengleichheit von Frauen und Männern. Andere Interessensgruppen versuchen *Diversity Management* in ihrem Sinne zu nutzen, haben dann aber auch nur bzw. in erster Linie ihre eigene Interessensgruppe vor Augen.[9] Hierbei kann es sich sowohl um Behinderten-, Frauen-, MigrantInnen-, Antirassismus-, Schwulen und Lesbeneinrichtungen handeln, wie auch um solche für ältere Menschen. Die zielgruppenspezifische Besetzung des Themas ist aus Sicht der Gruppen nachvollziehbar.

Wenn allerdings ein Blick auf verschiedene *Case-Studies* geworfen wird, die als sogenannte „Best-Practice" Ansätze von *Diversity Management* bezeichnet werden, bleiben ernste Zweifel, ob tatsächlich der weiter oben beschriebene umfassende Ansatz zur Förderung von Vielfalt umgesetzt wird, wenn das Etikett „*Diversity Management*" zu finden ist. Auf der Homepage des *Centre on Corparate Social Responsibility* finden sich unter der Diversity-Rubrik 63 sog. „Best-Practice"-Ansätze, von denen lediglich 11 einen deutlich mehrdimensionalen Ansatz verfolgen und nicht nur Programme für eine Zielgruppe aufweisen. Selbst wenn noch die unklaren Beispiele (16) hinzugefügt werden würden, blieben mehr als 50% Beispiele, bei denen nicht einsichtig ist, in welcher Form sie sich von bisherigen *Equal Employment* oder *Positive Action* Ansätzen unterscheiden (CSR 2003).

9　vgl. z.B. die im Juni 2003 stattfindende Konferenz „Unsichtbare Potenziale – Diversity Management und sexuelle Identitäten am Arbeitsplatz" veranstaltet vom Völklinger Kreis – Bundesverband der Gay Manager und von der Lesben Informations- und Beratungsstelle.

Stüber beschreibt zumindest für einige Firmen in Europa „... quite a few strongly focus their actual European work on women and ethnic minorities. This undermines the comprehensive character of Diversity ..." (Stüber 2000:3). Als Ergebnis einer europäischen Studie über die Verwendung von *Diversity Management* sagt er weiterhin, „während amerikanische Unternehmen gezielt im Sinne einer HR (*Human Ressource*; Anm. d. Verfassers)-Vielfalt einstellen, setzen europäische Unternehmen *Diversity*-Kriterien zur Überprüfung tatsächlicher Neutralität im Rekrutierungsbereich ein" (Stüber 2002a:28).[10]

Im Gegensatz zum breiten Verständnis von *Diversity* in der konkreten Umsetzung von *Diversity Management* besteht also nach wie vor ein sehr großer Zielgruppenbezug, insbesondere auf Frauen und auf Menschen mit Migrationshintergrund. M.E. erschwert diese Zielgruppenspezifik ein wirkliches Umdenken in der Organisationskultur. Nur wenn es tatsächlich gelingt, Vielfalt an sich als etwas Positives zu verstehen und innerhalb von Organisationen zu verankern, wird sich eine tatsächliche Veränderung ergeben. Durch eine Auswahl von Maßnahmen für bestimmte Zielgruppen besteht die Gefahr, dass nur eine Wiederauflage von in der Vergangenheit durchgeführten Maßnahmen vorgenommen wird, nur – mal wieder – mit einem neuen Etikett versehen.

Im Gegensatz zu dem nach wie vor zu starken Zielgruppenbezug wird aber genauso kritisiert, dass durch das verminderte Fokussieren auf bestimmte Zielgruppen diese nicht mehr adäquat gefördert werden, in der Menge von verschiedenen Gruppen untergehen und damit wahrscheinlich auf Dauer benachteiligt bleiben. So formuliert eine anonyme Migrantin, Teilnehmerin eines internationalen Workshops über *Diversity Management*, „*Diversity Management* könnte zum Verlust unserer Geschichte und folglich zum Verlust unserer Individualität führen" (Puhlmann 2000:2). Andere fragen, „ob nicht mit der Betonung der Differenz, (...), das Spannungsverhältnis zwischen Gleichheit und Differenz einseitig zu Ungunsten der Gleichheit ausgelegt wird, die sich (...) immerhin in Form der Chancengleichheit (...) zu bewähren hat" (Steenbuck 2002:1).[11]

Es fällt ins Auge, dass man sich bei dieser Diskussion sehr schnell in altbekannten Kategorien der feministischen und interkulturellen Diskussion wiederfindet: Gleichheit vs. Differenz, Konstruktion von Unterschieden, Identitätsstiftung durch Gruppenzusammenhalt, gleiche Recht für alle, aber ebenso Recht auf individuelle Differenz usw. Die Sorge, die Stütze der Gruppenidentität zu verlieren, ist nur allzu verständlich. M.E. stellt sich zunächst aber eine drängendere Frage. *Diversity Management* setzt sich „für eine Anerkennung der Differenz ein, ohne dass diese zu Benachteiligungen der einzelnen Individuen führen dürfte" (Steenbuck 2002:1).[12] *Diversity Mana-*

---

10 Zu weiteren Texten von Stüber vgl. u.a. Stüber 2002 b und 2002c.
11 vgl. grundsätzlich zur Auseinandersetzung mit Differenz Benhabib u.a.1993.
12 Die hier zitierte Anerkennung von Differenz bezieht sich bei STEENBUCK nicht auf *Diversity Management*, sondern auf die von PRENGEL verfasst „Pädagogik der Vielfalt", aber es beschreibt ebenso die Zielrichtung des *Diversity Management*

gement möchte dabei nicht bei bestimmten Differenzierungsmerkmalen stehen bleiben, sondern eine Vielzahl von sicht- und unsichtbaren Merkmalen mit in die Förderung der Vielfalt einbeziehen. Es muss aber gefragt werden, inwieweit es tatsächlich praktikabel ist, den Individuen innerhalb einer Organisation in ihrer Vielfalt gerecht zu werden. Oder werden – eventuell aus Vereinfachungsgründen – nicht doch wieder Gruppen konstruiert, die nicht das Abbild der Realitätssicht derjenigen sind, die zu den Gruppen gehören, sondern nur derer, die diese Gruppen definieren. Um tatsächlich eine geeignete Förderung von Vielfalt praktizieren zu können, wird *Diversity Management* in der Praxis die Kunst vollbringen müssen, tatsächlich die Förderung der individuellen Vielfalt zu vollziehen und gleichzeitig strukturell benachteiligten Gruppen den Zugang zu Chancengleichheit zu gewähren. MitarbeiterInnen und AkteurInnen müssen, um ihr optimales Potential zu entfalten, als erstes als Individuen und nicht als Repräsentanten einer Gruppe/„Kultur" gesehen werden. Genauso wie es viele unterschiedliche Gruppen gibt, gibt es sehr viele Unterschiede in den Gruppen selbst, die, wenn nicht berücksichtigt, schnell zu neuen Störfaktoren werden können.

Genauso wie sich Individuen innerhalb von bestimmten Gruppen unterscheiden, können aber auch die Gemeinsamkeiten (gerade auch erduldete Gemeinsamkeiten) Gruppen konstituieren, die strukturell benachteiligt sind und demnach im Sinne einer *Positive Action* als Gruppe gefördert werden müssen (vgl. Erel in diesem Band).

Zusammenfassend lässt sich sagen, dass ich enorme Zweifel habe, ob die zu beobachtende Praxis von *Diversity Management* in der Lage sein wird, ausreichend Impulse für eine feministische und antirassistische Praxis zu geben. Ich bin der festen Überzeugung, dass das Konzept von der Grundidee her genügend Möglichkeiten für eine solche Praxis bieten würde. Es setzt aber voraus, dass zum einen die Fähigkeit sehr stark ausgeprägt sein muss, sowohl mit Differenz als auch mit Gleichheit umgehen zu können, dass zum anderen aber auch das Organisationsinteresse nicht im Gegensatz zu den Interessen der Frauen und der Menschen mit Migrationshintergrund steht. Nur wenn es zusätzlich gelingt, die Organisation als Ganzes in den Blick zu bekommen, wird es auch möglich sein, die intendierten positiven Wirkungen im Sinne einer feministischen und antirassistischen Politik zu erreichen. Wahrscheinlich lassen sich die nachhaltigsten Veränderungen erreichen, wenn die in Kap. 2 erwähnte Lern- und Effektivitätsperspektive des *Diversity Management*s zur Umsetzung kommt. Wenn diese mit einem umfassenden *Audit* verknüpft wird, in dem nicht nur auf äußerliche Indikatoren sondern auch auf informelle Strukturen und Verkrustungen eingegangen wird, dann kann ein umfassender Kulturveränderungsprozess einsetzen. Gerade beim sorgfältigen Aufbau von Maßnahmen im Rahmen von *Diversity Management* darf weder an Geld noch an Zeit gespart werden, um zum einen tatsächlich den Veränderungswillen in der ganzen Organisation zu verankern und um zum anderen nicht in die Situation zu kommen, in der zwar viele *Awareness-Raising-Trainings* abgehalten werden, eventuell auch eine Zeit lang bislang unterrepräsentierte Gruppen verstärkt bei der Einstellung zum Zuge kommen, sich aber an den internen und informellen (Macht)strukturen innerhalb der Organisation nichts verändert.

Literatur

Benhabib, Seyla/Butler, Judith/Cornell, Drucilla und Fraser, Nancy 1993: Der Streit um Differenz. Frankfurt am Main

Bundesrepublik Deutschland 2001: Programm für die Gemeinschaftsinitiative EQUAL 2001-2006. www.equal-de.de (11.4.03)

Collet, P./Cook, T. 2000: Diversity UK: A survey on managing diversity in the United Kingdom, zit. nach Wrench 2002.

CSR 2003: Centre for Social Responsibility: http://www.csreurope.org/whatwedo/default.asp?pageid=312 (11.4.2003)

Dialog – Online 2002: *Diversity Management*; Unterschiede, die es wert sind. In: DialogOnline, Zeitschrift für internationale Weiterbildung und Zusammenarbeit. www.dialog. inwent.org/de/rub_20020220093642/artikel_20021126121127.html (8.3.2003)

Krell, Gertraude 1997: Chancengleichheit durch Personalpolitik. Wiesbaden

Krell, Gertraude 1998: Reine Frauenförderung ist eine Sackgasse. In: taz vom 28.Febr. 98, S. 11

Prengel, Annedore 1995[2]: Pädagogik der Vielfalt. Verschiedenheit und Gleichberechtigung in Interkultureller, Feministischer und Integrativer Pädagogik. Opladen.

Puhlmann Angelika 2000: *Diversity Management* – Unternehmens- und Personalpolitik der Vielfalt. Protokoll eines Workshops auf der Tagung „Greencard für Frauen in die Informationsgesellschaft?. 9-10.11.2000 in Berlin. www.fczb.de/special/nowkows2.htm (19.5.2003)

Reichenberg Neil E. 2001: Best Practices in *Diversity Management*. Paper for United Nations Expert Group Meeting on Managing Diversity in the Civil Service. New York, 3-4. May 2001. http://unpan1.un.org/intradoc/groups/public/documents/un/unpan000715.pdf (19.5.2003)

Sepehri, Paivand 2001: Wahrnehmung von Diversity in international tätigen Unternehmen. Verständnis, Erscheinungsformen und ökonomische Relevanz. Konferenzbeitrag http://www.uni-potsdam.de/db/orgapers/website/download_managing_diversity-konferenz.php

Sepehri, Paivand/Wagner, Dieter 2000 „Managing Diversity" – Eine empirische Bestandsaufnahme. In: Personalführung 7/00, S. 50-59

Society for Human Resource Management (SHRM) 2003a: How should my organisation define diversity? http://www.shrm.org/diversity/definingdiversity.asp (8.4.2003):

Society for Human Resource Management (SHRM) 2003b: How is a diversity initiative different from my organisation's affirmative action plan? http://www.shrm.org/diversity/diversityvsaffirmation.asp (8.4.2003)

Stadt Göttingen (Hrsg.) 2001: Zwischen europäischen Richtlinien und sozialer Verantwortung. Sieben Strategien gegen Diskriminierung auf dem Arbeitsmarkt. Bezug über Stadt Göttingen, Fachbereich Beschäftigungsförderung, Bürgerstr. 48, 37073 Göttingen

Steenbuck, Olaf 2002: Heterogenität, Sind die Subjekte nur vielfältig und verschieden oder auch je besonders? In: Universität Hamburg, Erziehungswissenschaftlicher Fachbereich, eWi Report Nr. 24 (Internetausgabe) http://www.erzwiss.uni-hamburg.de/ewi-Report/EWI24/berichte/steenbuck.pdf (9.6.2003)

Stüber, Michael 2000: Another Untapped Potential. Managing Diversity in Europe. http://www.ungleich-besser.de/DiversityServices/4-0.html (19.5.2003)

Stüber. Michael 2002a: Diversity als Strategie. In: Personalwirtschaft 1/2002. S. 28- 33. http://www.ungleich-besser.de/DiversityServices/4-0.html (19.5.2003)

Stüber, Michael 2002b: Diversity – Vielfalt als Erfolgsfaktor gestalten. Das Management von Unterschiedlichkeit und Individualität. http://www.ungleich-besser.de/Diversity-Services/4-0.html (19.5.2003)

Stüber, Michael 2002c: Deutsche Diversity Defizite. Fremdeln oder Feindseligkeit?. http://www.ungleich-besser.de/DiversityServices/4-0.html (19.5.2003)

Timsit, Gérard 2001a: Diversity in European Countries Part I: Challenges. Paper for United Nations Expert Group Meeting on Managing Diversity in the Civil Service. New York, 3-4. May 2001. http://unpan1.un.org/intradoc/groups/public/documents/un/unpan000814.pdf (19.5.2003)

Timsit, Gérard 2001b: Diversity in European Countries Part I: Strategies. Paper for United Nations Expert Group Meeting on Managing Diversity in the Civil Service. New York, 3-4. May 2001. http://unpan1.un.org/intradoc/groups/public/documents/un/unpan000815.pdf (19.5.2003)

Wrench, John 2002: *Diversity Management* in Different EU Countries – The new Way of Combating Ethnic Discrimination. Paper presented at the conference Labour, Supply and diversity – locally to globally, Göteborg, September 2002. www.gr.to/ kompetens/ kompetensutveckling/konferenserDokumentation/konferens%20pdf/arbetskraftmangfold/ abstract-wrench.pdf (11.4.2003)

Umut Erel

Geschlecht, Migration und Bürgerschaft

Dieser Beitrag bezieht sich in erster Linie auf die Nachkriegsmigration nach Europa und die Forschung zu Geschlecht und Migration. Ich werde einen kurzen Überblick zu Forschungsansätzen geben und dann auf ein aktuelles Forschungsgebiet über qualifizierte Migrantinnen eingehen. Ein besonderes Augenmerk richte ich dabei auf die Rolle, die ‚Agency' oder Handlungsfähigkeit in den Forschungsansätzen spielt.

Die Migrationsforschung hatte lange Zeit den männlichen Migranten als den Prototyp konstruiert, während Frauen wenn überhaupt als nachziehende Familienmitglieder beschrieben wurden.

Während das *push-pull* Modell von Migration von einem individualistischen *rational-choice* Verständnis der Migranten getragen war, haben marxistische Forschungsansätze strukturelle Faktoren wie ungleiche kapitalistische Entwicklung, Imperialismus und Kolonialismus in die Analyse mit einbezogen. Zwar waren das wichtige Interventionen, um den Individualismus und Voluntarismus des *Push-Pull* Modells zu kritisieren. Allerdings haben diese marxistischen Ansätze häufig die Rolle von Nationalismus, Rassismus sowie transnationalen und diasporischen Formen der Identifikation zugunsten eines reduzierten Ökonomismus unterschätzt. Außerdem haben die marxistischen Forschungsansätze häufig auch die Rolle der individuellen und kollektiven Handlungsfähigkeit von Migranten außer acht gelassen. Dies hatte auch Folgen für die Erforschung von Geschlecht und Migration. Kofman betont, dass:

> „Die Rolle von Handlungsfähigkeit besonders zentral ist in der geschlechtsspezifischen Migrationsforschung, denn es wird häufig angenommen, dass die Frauen den Männern schlicht folgen und dass sie im Migrationsprozess eine reaktive und keine aktive Rolle haben" (Kofman et al. 2000: 23).

Migrantinnen wurden meist als Opfer dargestellt: zum einen Opfer von globalen Dominanzstrukturen, die sie zur Migration bewegen und zum anderen als Opfer von vorgeblich besonders oppressiven Geschlechterbeziehungen in der Familie und der ethnischen Gemeinschaft. Dieses Bild der passiven, unterdrückten Migrantin hat einen Großteil der Literatur geprägt.

Mit Bezug auf Forschung in der Bundesrepublik stellen Inowlicki und Lutz fest, dass „seit den 1970er Jahren eine klare Tendenz zur ‚Orientalisierung' von Migrantinnen beobachtet werden kann: Die Debatte über ‚Ausländerinnen' wurde zu einer Debatte über Türkinnen" (vgl. Inowlocki and Lutz 2000:307). Auf diese Weise haben orientalistische Stereotypen der unterdrückten Frau die Repräsentation und Forschung über Migrantinnen geprägt. Sie identifizieren folgende Schlüsselthemen nach denen die Forschung strukturiert war: Die unzivilisierte Fremde, das Opfer patriarchaler Vorstellungen von Ehre und die doppelte Entwurzelung (ebd.).

Außerdem war die Modernitätsdifferenz-Hypothese (vgl. Apitzsch 1996), die die Migranten und Migrantinnen als rückwärtsgewandt und traditionalistisch konstruiert hat, einflussreich. Diese Hypothese postulierte, dass die Migranten und Migrantinnen ein Entwicklungsdefizit nachzuholen hätten, um sich der Europäischen Moderne anzupassen. Vor allem Frauen wurden wegen ihrer zentralen Rolle in der Familie als Repräsentantinnen von Tradition und einem authentischen Typus der Kultur gesehen. Ihre Hinwendung zur Familie wurde als besonderes Integrations- und Modernisierungshindernis gesehen (vgl. Apitzsch 1996). Analytisch werden die Migrantinnen dadurch klar in der häuslichen Sphäre positioniert, die meist als privilegierter Ort zur Weitergabe der ‚Essenz' einer ethnisierten oder nationalen Kultur gilt (vgl. Yuval-Davis 1997b). Diese Reduktion auf die häusliche, als privat definierte Sphäre in der Forschung wurde nicht kontextualisiert mit den Bedingungen in der Residenzgesellschaft, die ihnen eine Teilnahme am öffentlichen Leben erschwerten. Migrantinnen, vor allem wenn sie im Rahmen von Familienzusammenführung eingewandert sind, sind institutioneller und informeller Diskriminierung auf dem Arbeitsmarkt (vgl. Erdem 2000) und in der Zivilgesellschaft (vgl. Akashe-Böhme 2000, Gutierrez Rodriguez 1999, Toksöz 1991) ausgesetzt, aber dies wurde meist aus der wissenschaftlichen Analyse ausgeklammert.

Allerdings gibt es auch intersektionale Forschungsansätze, die eine Wende in den Ansätzen, Methoden und Theorien eingeleitet haben. Darunter verstehe ich Ansätze, die die Verschränkung der Konstruktionen von Geschlechterbeziehungen, ethnischer Identität und Klasse untersuchen, und diese als gegenseitig konstitutiv betrachten. Diese Forschungen konzentrierten sich auf die Subjektivität und Handlungsfähigkeit der Migrantinnen.

Die wichtige Rolle von Frauen in individuellen und haushaltsbezogenen Migrationsentscheidungen ist oft unsichtbar geblieben (vgl. Lutz/Koser1998, Phizacklea 1998). Ihre Migrationsmotivationen unterscheiden sich zum Teil von denen von Männern. Ökonomische und andere Faktoren sind häufig miteinander verwoben. Zu frauenspezifischen Migrationsmotiven gehören u.a.: die finanzielle Unterstützung von Familienmitgliedern, vor allem Kindern, dies gilt insbesondere für alleinerziehende Frauen. Zudem kann der Wunsch, geschlechtsspezifischer sozialer Kontrolle zu entkommen, eine wichtige Rolle spielen, insbesondere wiederum bei alleinstehenden, geschiedenen oder lesbischen Frauen. Außerdem kann für Frauen die Migration auch einen Versuch darstellen, innerfamiliäre Machtverhältnisse zu verändern (vgl. Kofman et al. 2000). Allgemein sind eine ökonomische Motivation, der Wunsch eine andere Gesellschaft kennenzulernen oder Bildungsmigration und andere Motivationen häufig verbunden mit dem Ziel, unterschiedliche gesellschafliche geschlechtsspezifische Lebensstile zu erfahren.

In der Literatur über Migrantinnen wurde der Haushalt oft als zentrale analytische Kategorie benutzt, allerdings ist es auch hier wichtig, den Haushalt nicht als eine homogene Einheit zu sehen. Der Haushalt ist auch hierarchisch organisiert und unterschiedliche Familienmitglieder haben unterschiedlichen Zugang zu seinen Ressourcen. Die Rolle von Migrantinnen sollte daher sowohl als Teil von Haushaltsstrategien untersucht und gleichzeitig die Strategien von Frauen innerhalb des Haushalts thematisiert werden (vgl. Kofman et al. 2000, Prodolliet 1999).

Neuere Forschungsfelder

Während die Forschung zu früheren Migrationsbewegungen Frauen eher ignoriert hat, so hat sich seit den 90ern die Erkenntnis einer ‚Feminisierung der Migration' durchgesetzt (vgl. Lutz/Koser 1998). Strukturelle Faktoren wie wirtschaftliche Globalisierung und der steigende Bedarf an flexiblen und billigen Arbeitskräften in Bereichen, die als feminisiert gelten (vor allem Hausarbeit, der Servicesektor und Sexarbeit), tragen zu dieser Entwicklung bei. Die überwiegende Mehrheit von Migrantinnen in Europa arbeitet in ungelernten Jobs im Servicesektor. Allerdings ist es trotzdem wichtig, die Diversität der Migrantinnen anzuerkennen (vgl. Anthias 2000, Kofman et al. 2000). So gibt es qualifizierte Migrantinnen, von denen allerdings viele nicht in ihren Berufen arbeiten können, sei es aufgrund eines ungesicherten Aufenthaltsstatus, aufgrund dessen, dass ihre Qualifikaitonen nicht anerkannt werden oder dass sie formelle und informelle Diskriminierung auf dem Arbeitsmarkt erfahren

Die Einwanderungs- und Ausländergesetzgebung, Anwerbeverträge und Migrationsagenturen rahmen die Bedingungen und Chancen zu migrieren, sich niederzulassen und zu arbeiten. So haben Frauen, die im Rahmen von Familienzusammenführung migrieren in den ersten Jahren sehr eingeschränkten Zugang zum Aufenthaltsrecht, dem Arbeitsmarkt und zu Qualifikationsmöglichkeiten. Diejenigen, die als Touristinnen, Studentinnen, Au pairs, undokumentiert oder als Asylbewerberinnen einwandern, sind restriktiven oder illegalisierenden Bedingungen ausgesetzt. Häufig erhöht ein prekärer Immigrations-und Aufenthaltsstatus die Risiken geschlechtsspezifischer Gewalt. Die Rechtlosigkeit in Bezug auf Aufenthalt, Niederlassung und weiterreichende Bürgerrechte sind zentrale Gründe für die Dominanz, der MigrantInnen ausgesetzt sind (vgl. Anthias 2000: 26).

Transnationale soziale Netzwerke stellen eine wichtige Resource dar, um die Restriktionen von Migrationsregimes zu überwinden und die Migration und Arbeitssuche zu ermöglichen (vgl. Anthias 2000, Kofman et al. 2000,

Faist 1998, Cohen 1997). Allerdings wird in der Literatur häufig unterschlagen, dass diese Netzwerke keineswegs homogen und frei von Ausbeutungs- und Machtverhältnissen sind. Diesen Theorien fehlt meist ein geschlechtsspezifischer Fokus. So habe ich in meiner Forschung festgestellt, dass beispielsweise eine ethnische Nischenökonomie zwar oft wichtig war, um neuen Migrantinnen Arbeit, oft auch ohne Dokumente, zu ermöglichen. Aber ihre Abhängigkeit von dieser informellen Ökonomie bedeutete, dass diese Arbeitsverhältnisse besonders geprägt waren von niedriger Bezahlung, unsicheren und ungesunden Arbeitsverhältnissen und offener sexistischer Diskriminierung und Gewalt.

Daher ist es wichtig, die unterstützende und ermächtigende Funktion sozialer Netzwerke für Migrantinnen in Zusammenhang mit den intern differenzierten Positionen und Machtverhältnissen in diesen Netzwerken zu stellen. Auf diese Weise wird deutlich, dass Migranten und Migrantinnen, die in Bezug auf Ethnizität, Aufenthaltsstatus, Zugang zu Bürgerrechten, Geschlecht, Klasse und Bildung unterschiedlich positioniert sind, auch unterschiedlichen Zugang zu den Resourcen dieser sozialen Netzwerke haben und unterschiedlich von der sozialen Kontrolle innerhalb dieser Netzwerke betroffen sind.

Ein weiterer Forschungsansatz über Migrantinnen in Europa hat sich im Zuge der Formation von ethnischen Minderheiten herausgebildet. Dieser Ansatz, den ich hier etwas vertiefen möchte, untersucht die Erfahrungen von Migrantinnen mit Bürgerrechten und ihre Inklusion in Staatsbürgerschaft. Dieser Ansatz kann sowohl zu einem besseren Verständnis der Bildung von ethnischen Minderheiten als auch der Strukturen von Bürgerschaft beitragen.

Bürgerrechte und Staatsbürgerschaft

Aufgrund der Migrationspolitik, die lange Zeit die Bundesrepublik zwar als ‚ausländerfreundlich', jedoch nicht als ein ‚Einwanderungsland' definierte, kam das Thema der Bügerrechte von Migrantinnen in der öffentlichen Debatte kaum vor. Basierend auf Erfahrung von Migantinnen und Schwarzen Frauen (vgl. Patel 2002), sowie theoretischen Debatten im anglophonen Raum, denke ich allerdings, dass der Komplex der Bürgerrechte einen fruchtbaren Ansatz bietet, um die vielschichtige Situation von Migrantinnen zu diskutieren. Zum einen, weil es die unterschiedlichen strukturellen Positionen von Migrantinnen zugleich berücksichtigen kann und zum anderen, weil dieser Ansatz Migrantinnen als aktive Teilhaberinnen der Gesellschaften, in denen sie leben, begreift.

Formale Staatsbürgerschaft ist zwar eine zentrale Kategorie, die die Handlungsfähigkeit von Migrantinnen ermöglicht oder einschränkt. Allerdings beziehe ich mich hier auf eine erweiterte Konzeption von Bürgerschaft. Nach T.H. Marshall meine ich damit ‚Mitgliedschaft in einer Gemeinschaft' (vgl. Marshall 1953).

Mein Ansatz wendet sich gegen eine legalistische, staatszentrierte und statische Konzeptualisierung von Bürgerschaft. Stattdessen schlage ich vor, Bürgerschaft als juridische, politische, ökonomische und kulturelle Praktiken anzusehen (vgl. Turner 1993:2, Stasiulis/Bakan 1997). Ein solcher Ansatz betrachtet Bürgerschaft als einen dynamischen Prozess von Inklusion und Exklusion, der in einer Reihe sozialer Beziehungen stattfindet. Eine erweiterte Konzeptualisierung von Bürgerschaft, die nicht allein vom Nationalstaat abhängt, dient auch dazu, die Exklusivität der Privilegien, die formale Staatsbürgerschaft herstellt, in Frage zu stellen (vgl. Bauböck 1991, 1994).

Bürgerschaft ist ein multidimensionales Konzept, und TheoretikerInnen betonen, dass es verschiedene Dimensionen von Bürgerschaft gibt, etwa legale, soziale und politische (vgl. Marshall 1953), verschiedene Aspekte, etwa aktive/passive und private und öffentliche (vgl. Turner 1990), sowie verschiedene Ebenen, etwa lokale, regionale, nationale und transnationale (vgl. Yuval-Davis 1997a). Obwohl europäische Demokratien die Universalität von Rechten behaupten, sind die Mitglieder der Gemeinschaft in all diesen Aspekten differentiell positioniert, abhängig von Klasse, Geschlecht, Ethnizität, Behinderung oder Nicht-Behinderung sowie ihrem Aufenthaltsstatus (vgl. z.B. feminist review 1997, Bauböck 1994, Soysal 1994).

Für verschiedene Gruppen von Bürgern werden unterschiedliche Stati und Kapazitäten gegenüber dem Staat priorisiert. Soysal (1994) argumentiert, dass Migranten in Europa, auch wenn sie keine formale Staatsbürgerschaft haben, die gleichen sozialen Rechte wie Staatsbürger genießen. Sie betrachtet dies als ein Beispiel für die Entstehung von ‚post-nationaler Bürgerschaft'. Post-nationale Bürgerschaft, so Soysal, stellt Menschenrechte über die national begrenzten Staatsbürgerrechte. Ich stimme ihr zwar zu, dass normativ Menschenrechte Vorrang vor national begrenzten Staatsbürgerrechten haben sollten. Allerdings sehe ich die Grundlagen für eine solche Entwicklung noch nicht als praktisch umgesetzt an. Einerseits sind politische Rechte unabdingbar, um den Status von Migrantinnen zu sichern. Außerdem sind politische Rechte notwendig, um die Substanz und Form von Bürgerrechten zu transformieren und neu zu definieren. Andererseits denke ich nicht, dass Migrantinnen im gleichen Ausmaß wie Staatsbürgerinnen soziale Rechte genießen (vgl. Anthias/Yuval-Davis 1992, Mackert 1999). Der Aufenthaltsstatus von Migrantinnen hängt immer noch davon ab, ob sie arbeitslos sind oder nicht, und auch von ihren politischen oder kriminellen Aktivitäten.

Darüberhinaus beschäftigen sich zwar transnationale, post-nationale und supranationale Institutionen mit den Rechten von Migrantinnen. Allerdings bleibt der Nationalstaat praktisch verantwortlich dafür, dass diese Rechte umgesetzt werden. Zudem ist der Zugang, den Migrantinnen zu transnationalen oder supranationalen Organisationen haben, sehr eingeschränkt. Die Beziehungen von Migranten zu diesen Institutionen sind geprägt von ihrem Verhältnis zu den Nationalstaaten, in denen sie leben, oder deren Staatsbürgerschaft sie haben (vgl. Morris 1997, Anthias 1998, 2000, Rogers 2000, Kastoryani 1998, Kofman 1995, Kofman et al 2000).

Wenn Migrantinnen auf ihre sozialen Rechte reduziert werden, fixiert sie dies außerdem strukturell als bloße Empfängerinnen von Leistungen. Solch eine Betrachtungsweise ignoriert die ökonomischen Beiträge, die Migrantinnen durch ihre bezahlte und unbezahlte Arbeit und die Steuern, die sie zahlen, leisten.

Schließlich vernachlässigt diese Betrachtungsweise die sozialen, kulturellen und politischen Beiträge von Migrantinnen zur Zivilgesellschaft. Letztlich können all diese Beiträge nur dann einbezogen werden, wenn das Konzept von Bürgerschaft nicht einfach mit nationaler Identität gleichgesetzt wird. Stattdessen sollte Bürgerschaft auch Migrantinnen als Teil der Zivilgesellschaft betrachten (vgl. Anthias 2000, Bauböck 1991, 1994, Yuval-Davis 1997a).

Debatten über die Bürgerrechte von Migrantinnen und Frauen betrachten meist die passiven Aspekte von Bürgerschaft wie die sozialen Rechte, zu denen sie Zugang haben. Ich möchte mich hier aber der Frage zuwenden, wie aktive und partizipatorische Elemente von Bürgerschaft ethnizitäts- und geschlechtsspezifisch diskutiert werden. Dazu betrachte ich die Debatten um multikulturelle Bürgerschaft, da sie diesen Aspekt am ehesten thematisieren.

Multikulturalistische Entwürfe von Bürgerschaft aus dem anglophonen Raum schlagen vor, Gruppenrechte als eine vermittelnde Instanz zwischen Individuum und Staat einzuführen, um gruppenspezifische Benachteiligung und Unterdrückung auszugleichen (vgl. Kymlicka 1995, Rex 1994, Radtke 1994).[1] So argumentiert Kymlicka (1995), dass Gruppenrechte die kulturelle Differenz ethnischer Minderheiten vor einer Übernahme durch die Mehrheitsgesellschaft und deren Kultur beschützen sollten. Zwar sieht er die Kultur ethnischer Gruppen als dynamisch und im Wandel an, besteht aber darauf, dass sie klar unterscheidbar seien. Für ihn besteht die zentrale Rolle kultureller Rechte darin, dass sie eine Voraussetzung zur Ausübung des liberalen Grundsatzes der freien Wahl seien, da ohne eine eigene Kultur der Referenzrahmen fehle, um den eigenen Erfahrungen Bedeutung zu verleihen. Kritiker dieses Ansatzes wenden ein, dass Gruppenrechte zur Unterdrückung interner Minderheiten (vgl. Green 1995) oder auch von Individuen (vgl. Waldron 1995) führen können. Kymlicka integriert diese Kritik: er behauptet, es gäbe solche kulturellen Gruppenrechte, die die Minderheit vor der Mehrheit beschützten. Die Aufgabe der ethnischen Mehrheitsgruppe sei es, darauf zu achten, dass Minderheiten ihre Mitglieder keinen Restriktionen unterwerfen.

Allerdings stellt sich hier die Frage, welche kulturspezifischen Werte der dominanten ethnischen Gruppe zum Maßstab von Toleranz gegenüber den kulturellen Praktiken von Minderheiten erhoben werden (vgl. Yuval-Davis 1997b). Außerdem ist ein so statisches Verständnis von Kultur und ihren Grenzen äußerst problematisch. Ein solch statisches Verständnis von Kultur wird in der Praxis häufig so ausgelegt, dass diejenigen kulturellen Praktiken

---

1 Chin Ju Lin und Barbara Henkes haben mir sehr geholfen, meine Ideen in diesem Teil zu klären, wobei natürlich die Verantwortung, einschließlich für Fehler, allein die meinige ist.

Geschlecht, Migration und Bürgerschaft 185

und Werte, die am meisten von denen der Mehrheitsgesellschaft entfernt zu sein scheinen, als die authentischsten gewertet werden. Dadurch werden häufig die konservativsten Kräfte innerhalb einer ethnischen Minderheit als Repräsentanten anerkannt. Ein multikulturalistisches Kultur- und Gruppenverständnis reproduziert damit die patriarchale Kontrolle über Frauen, indem es patriarchale und konservative Repräsentationen der ethnischen Gruppe zum Maßstab nimmt: Frauen wird in ethnischen Gruppen eine zentrale Rolle zugewiesen: als Symbole kultureller Differenz, als Wahrerinnen von Tradition und in der biologischen Reproduktion der Gruppe.

Multikulturalistische Konzepte von Bürgerrechten verstehen Gruppen meist als klar voneinander abgegrenzt. Geschlecht und Ethnizität werden in diesen Debatten als separate Attribute gesehen oder einfach additiv betrachtet (vgl. Kymlicka 1995, Young 1995). Dabei werden Frauenrechte und ethnische Minderheitenrechte klar unterschieden, und oft werden sie als gegensätzlich oder unvereinbar betrachtet, so dass beide Gruppen essentialisiert werden: ethnische Minderheiten und ihre Interessen werden hauptsächlich aus männlicher Perspektive definiert, während Frauenrechte aus der Perspektive der Mehrheitsangehörigen definiert werden (vgl. Kymlicka 1995).

Diese klar getrennten, polarisierten partikularistischen Frauenrechte und partikularistischen ethnischen Minderheitenrechte werden dann von einer vermeintlich neutralen, allwissenden liberalen Perspektive aus debattiert. Dies trägt dazu bei, einen geschlechtsblinden Blickpunkt der ethnisch dominanten Gruppe unsichtbar zu machen und als universal zu normalisieren. Die dominante ethnische Gruppe und ein geschlechtsblinder epistemologischer Standpunkt werden so diskursiv zum liberalen normativen Maßstab erklärt (vgl. Yuval-Davis 1997b). Bezeichnenderweise gelingt einer solchen argumentativen Strategie die Konstruktion und Aufrechterhaltung des Mythos einer unparteilichen Objektivität; dies gilt sowohl für die geschlechtsblinde liberale als auch für die eurozentrische Perspektive. Innerhalb dieser normalisierten epistemologischen und ontologischen Perspektive können weder die materiellen, sozialen, politischen, institutionellen noch die diskursiven Machtverhältnisse, auf denen die Marginalisierung einer Frauen- und ethnischen Minderheitenposition beruhen, in Frage gestellt werden.

Idealtypische multikulturalistische Modelle unterscheiden auf der einen Seite zwischen dem öffentlichen Raum, der von gemeinsamen demokratischen Prinzipien und dem Respekt für universalistische Menschenrechte reguliert ist. Auf der anderen Seite verorten sie ethnische Minderheitenkulturen und deren Werte in einer partikularistischen Privatsphäre. Diese beiden gelten so lange als vereinbar, wie sie in der Akzeptanz einer universalistischen Demokratie konvergieren. Jedoch halte ich so eine klare Abgrenzung in private, partikularistische und öffentliche, universalistische Sphären für zu vereinfachend, um Differenz in persönlichen und kollektiven Beziehungen zu verstehen. Das Private und das Öffentliche sollten nicht als dichotomisch voneinander getrennte Räume gesehen werden, sondern vielmehr als verschiedene Aspekte, die in den gleichen sozialen Räumen und Handlungen koexistieren. Eine Konzeption von Gruppenrechten, die Geschlecht und Ethnizität analytisch von einander abkoppelt, verkennt die komplexen Hierarchien, Ungleichheiten und politischen Differenzen auch innerhalb der Gruppe von Migrantinnen.

Im Gegensatz dazu möchte ich für eine intersektionale Theoretisierung von Bürgerschaft und Rechten plädieren. Migrantinnen nehmen unterschiedliche soziale und politische Subjektpositionen ein. Sie mögen einigen Dominanzstrukturen gegenüber widerständig sein und in anderen Dominanzstrukturen stillschweigend oder aktiv partizipieren. Solche widersprüchlichen Positionen von Privilegien und Unterdrückung als Mitglieder verschiedener Gruppen sind allerdings keine Ausnahme oder Randerscheinungen, wie es Debatten um Multikulturelle Bürgerschaft nahelegen (vgl. Green 1995, Waldron 1995). Im Gegenteil denke ich, dass solche Konflikte zentraler Bestandteil sozialer Beziehungen sind und somit auch Gemeinschaft konstituieren. Wenn wir also die zentrale Rolle von Grenzziehungsprozessen für die Konstitution von Gemeinschaft anerkennen, sollten Debatten über Bürgerrechte und Bürgerschaft die Erfahrung von multiplen Gruppenidentitäten und multiplen Ausschlüssen nicht als Sonderfall betrachten, sondern als zentral für Theoriebildung.

Literatur

Akashe-Böhme, Farideh 2000: In geteilten Welten: Fremdheitserfahrungen zwischen Migration und Partizipation, Frankfurt am Main

Anthias, Floya/Yuval-Davis, Nora 1992: Racialised Boundaries, London

Anthias, Floya 1998: ‚Evaluating ‚Diaspora': Beyond Ethnicity?'. In: Sociology. Vol 32. No 3, S. 557-580

Anthias, Floya 2000: ‚Metaphors of Home: Gendering New Migrations to Southern Europe'. In: Anthias, Floya und Lazaridis, Gabriella (Hrsg.): Gender and Migration in Southern Europe. Oxford, S.15-47

Apitzsch, Ursula 1996: ‚Frauen in der Migration'. In: Frauen in der Einen Welt. No 1, S. 9-25

Bauböck, Rainer 1991: Immigration and the boundaries of citizenship. Centre for Research in Ethnic Relations. Monographs on ethnic relations No. 4

Bauböck, Rainer 1994: Transnational citizenship. Membership and rights in international migration. Aldershot

Cohen, Robert 1997: Global Diasporas. An Introduction. London

Erdem, E. 2000: ‚Mapping women's migration: A case study of the economic dimensions of female migration from Turkey to Germany'. Paper presented at the conference ‚Assimilation – Diasporization – Representation: Historical Perspectives on Immigrants and Host Societies in Post-war Europe' Second Workshop on Contemporary Migration History. Humboldt Universität Berlin. 27. – 29. October

Faist, Thomas 1998: ‚Transnational social spaces out of international migration: evolution, significance and future prospects'. In: Archives Europeennes de Sociologie 33, S. 213-247

feminist review 1997: special issue on citizenship

Green, Leslie 1995: Internal Minorities and their Rights. In: Kymlicka, Will (Hrsg.): The Rights of Minority Cultures. Oxford, S. 257-272.

Gutierrez Rodriguez, Encarnacion 1999: Intellektuelle Migrantinnen – Subjektivitäten im Zeitalter von Globalisierung. Eine postkoloniale dekonstruktive Analyse von

Biographien im Spannungsverhältnis von Ethnisierung und Vergeschlechtlichung. Opladen

Inowlocki, Lena/Lutz, Helma 2000: ‚The ‚Biographical Work' of a Turkish Migrant Woman in Germany'. In: European Journal of Women's Studies. Vol 7 No 3, S.301-20

Kastoryano, Riva 1998: ‚Transnational Participation and Citizenship. Immigrants in the Europan Union'. Working Papers Transnational Communities ESRC WPTC-98-12. www.transcomm.ox.ac.uk/working_papers.htm

Kofman, Eleonore 1995: ‚Citizenship for some but not for others: spaces of citizenship in contemporary Europe'. In: Political Geography. Vol 14 No 2, S. 121-138

Kofman, Eleonore 2000: ‚The invisibility of skilled female migrants and gender relations in studies of skilled migration in Europe'. In: International Journal of Population Geography. Vol 6. No 1, S.1-15

Kofman, Eleonore/Phizacklea, Annie/Raghuram, Parvati/Sales, Rosemary 2000: Gender and International Migration in Europe. Employment, welfare and politics. London

Kymlicka, Will 1995: Multi-cultural Citizenship. Oxford

Lutz, Helma/Koser, Khalid 1998: ‚The New Migration in Europe: Contexts, Constructions, and Realities'. In: Lutz, Helma and Koser, Khalid(Hrsg.): The New Migration in Europe. Social Constructions and Social Realities. Houndmills; S. 1-20

Mackert, J. 1999: Kampf um Zugehörigkeit. Nationale Staatsbürgerschaft als Modus sozialer Schließung. Opladen

Marshall, T.H. 1953: Citizenship and Social Class. Cambridge

Morris, Lydia 1997: ‚Globalization, migration and the nation-state: the path to a postnational Europe?'. In: British Journal of Sociology. Vol 48 No 2, S.192-209

Patel, Pragna 2002: Back to the future: avoiding deja vu in resisting racism. In: Anthias, Floya and Lloyd, Cathie (Hrsg.): Re-thinking Anti-racisms. From theory to practice. London, S. 128-148

Phizacklea, Annie 1998: ‚Migration and Globalization: A Feminist Perspective'. In: Lutz, Helma/Koser, Khalid (Hrsg.): The New Migration in Europe. Social Constructions and Social Realities. Houndmills, S. 21-38

Prodolliet, Simone 1999: ‚Spezifisch Weiblich: Geschlecht und Migration'. In: Zeitschrift für Frauenforschung. Vol 17 No 1/2, S. 27-42

Radtke, Frank-Olaf 1994: ‚The Formation of Ethnic Minorities and the transformation of social into ethnic conflicts in a so-called multi-cultural society: The case of Germany'. In: Rex, John/Drury, Beatrice (Hrsg.): Ethnic mobilisation in a multi-cultural Europe. Avebury. S. 30-38

Rex, John 1994: ‚Ethnic mobilisation in multi-cultural societies'. In: Rex, John/Drury, Beatrice (Hrsg.): Ethnic mobilisation in a multi-cultural Europe. Avebury, S. 3-13.

Rogers, Ali 2000: ‚A European Space for Transnationalism?' Working Papers Transnational Communities ESRC WPTC-2K-07 www.transcomm.ox.ac.uk/working_papers.htm (10.10.2000)

Soysal, Yasemin Nuhoglu 1994: Limits of Citizenship: Migrants and Postnational Membership in Europe. Chicago

Stasiulis, Daiva/Bakan, Abigail 1997: ‚Negotiating Citizenship: The case of foreign domestic workers in Canada'. In: Feminist Review. No 57. Autumn, S.112-139

Toksöz, G. 1991: ‚Ja, sie kämpfen – und sogar mehr als die Männer.' Immigrantinnen – Fabrikarbeit und gewerkschaftliche Interessenvertretung. Berlin

Turner, Bryan S. 1990: ‚Outline of a Theory of Citizenship'. In: Sociology. Vol. 24 No. 2, S. 189-214

Turner, Bryan S. 1993: ‚Contemporary Problems in the Theory of Citizenship'. In Turner, Bryan S. (Hrsg.): Citizenship and Social Theory. London, S. 1-18

Waldron, Jeremy 1995: Minority Cultures and the Cosmopolitan Alternative. In: Kymlicka, Will (Hrsg.): The Rights of Minority Cultures. Oxford, S. 93-119

Young, Iris Marion1995: Together in Difference: Transforming the Logic of Group Political Conflict. In: Kymlicka, Will (Hrsg.): The Rights of Minority Cultures. Oxford, S. 155-176
Yuval-Davis, N. 1997a: ‚Women, citizenship and difference'. Feminist Review. No. 57, S. 4-27
Yuval-Davis, N. 1997b: Gender and Nation. London

Efthimia Panagiotidis

„Lohn für Hausarbeit" revisited!
Die Aufbereitung einer Kampagne für das Recht auf Mobilität

Celina ist 27 und vor einem Jahr nach Hamburg gekommen. Drei von ihren vier Kindern leben bei ihren Eltern in Ecuador, wo sie als Büroangestellte arbeitete. Mit der Frage der Migration hat sie sich befasst, als ihre Ehe unmöglich geworden ist. Ihre jüngere Schwester lebt seit längerem illegal in Deutschland und verdient ein gutes Einkommen als transsexuelle Prostituierte auf der Reeperbahn. Sie bestärkt Celina in dem Gedanken zu ihr zu kommen. Als Celina feststellt, dass sie von ihrem Freund schwanger ist, beschließt sie ihren Ehemann endlich zu verlassen und zu ihrer Schwester nach Deutschland zu fliegen. Sie leiht sich von ihr Geld für das Ticket und setzt sich, im zweiten Monat schwanger, ins nächste Flugzeug nach Hamburg. Ihre Schwester nimmt sie in ihrer kleinen Zweizimmerwohnung in einem Hochhaus in St. Pauli auf, ein Zuhause, das sie mit weiteren sieben illegalen Migrantinnen aus Ecuador teilt. Einen Tag später wird ihre Schwester bei einer Routinekontrolle der Polizei auf dem Strich aufgegriffen und verhaftet. Sie sitzt einige Zeit im Gefängnis und wird dann abgeschoben. Celina steht an ihrem zweiten Tag in Deutschland vor dem Problem, sich allein, ohne Geld, ohne jede Orientierungshilfe und ohne deutsche Sprachkenntnisse ein neues Leben in Hamburg aufzubauen. Eine eher unproblematische Situation für sie, denn es ist für die anderen WG-Mitbewohnerinnen selbstverständlich, Celina nicht nur weiterhin dort wohnen zu lassen, sondern ihr insgesamt zur Seite zu stehen. Mit Hilfe dieses Netzwerkes hat Celina innerhalb kurzer Zeit diverse Arbeitsmöglichkeiten. Sie arbeitet zunächst in einer Bar auf St. Pauli als Sexarbeiterin, kurz darauf beginnt sie tagsüber für die Reinigungsfirma zu bügeln, der auch die Wohnung der WG-Migrantinnen gehört. Sie geht zweimal in der Woche putzen, in beiden Fällen in die Haushalte alleinlebender älterer Frauen. Mit fortschreitender Schwangerschaft und vor allem nach der Geburt ihres Kindes sind diese Tätigkeiten bis auf das Putzen zu anstrengend, so dass Celine sich etwas Neues einfallen lassen muss. Sie wird zur Hausangestellten der anderen WG-Mitbewohnerinnen und erledigt gegen Bezahlung das Putzen, Einkaufen, Kochen und Waschen. Gegen Voranmeldung kommen weitere Bekannte zu Celine in die Wohnung zum Essen und erhalten für 7,50 Euro Suppe, Hauptspeise und ein Getränk. Mehr Geld verdient sie damit, dass sie die ecuadorianischen Sexarbeiterinnen abends in den Bars rund um Reeperbahn und Große Freiheit mit vorbestelltem Essen versorgt. Ihre Tochter nimmt sie zu ihren Putzstellen mit, abends passen ihre MitbewohnerInnen auf sie auf. Celinas Schwester ist inzwischen wieder an der Reeperbahn tätig. Ihre Abschiebung entpuppte sich als ein Heimaturlaub, den sie ohnehin machen wollte.

Will frau die Story von Celine und ihrer Schwester nicht als eine heroisierende oder victimisierende Erzählung intepretieren, sondern in ihr eine paradigmatische Verschränkung von *gender*, Arbeit und Migration herausstellen, gilt es zunächst einen Begründungszusammenhang zu kreieren, der es uns ermöglicht, ihre Evidenz in die Analyse konkreter Kräfteverhältnisse der Gegenwart einzuschreiben (vgl. auch den Beitrag von Zimowska in diesem Band).

In der feministischen Diskussion um Vielfalt, so die Autorin Barbara Holland-Cunz, bildet das immerwährende konjunkturelle Auftauchen „schweigsamer" Abgrenzungen in feministischer Politik kein Hindernis, Feminismus heute als einen „breiten inklusiven" Begriff zu begreifen. Entscheidend sei die „politische Selbstbezeichnung" und weniger die unterschiedliche Verortung. Die verschiedenen Orte werden, in Anlehnung an Michel Foucault, innerhalb ihrer widersprüchlichen Verstrickung in Netzwerke der Macht verstanden, die gleichzeitig Orte des Widerstandes ausmachen. Feministinnen sollten „sich nicht all zu großen Illusionen hingeben", sondern vielmehr „*ihre widersprüchliche Vielfalt betonen*". Es komme darauf an, „lokale Kämpfe, unausgetragene Differenzen und subjektive Potentiale" zu entwickeln (Holland-Cunz 2003:172, Hervorhebung im Orig.). Verblassen aber mit der Betonung des Konzeptes der „widersprüchlichen Vielfalt" nicht die Konturen des Paradigmatischen in der Story von Celine und ihrer Schwester?

Mit dem Begriff der „Differenz" als analytische Kategorie zur Erfassung komplexer Hierarchisierungsprozesse und unterschiedlicher Herrschaftsverhältnisse, könnte diese Frage weitergedacht werden. Für Encarnación Gutiérrez Rodríguez bezeichnet Differenz einen „Marker für soziale Ungleichheit" der über gesellschaftliche ökonomisch und politisch bedingte Verhältnisse (re-)produziert wird.

> „Vergeschlechtlichte Körper in ihrer Differenz darzustellen, bedeutet nun nicht, sie als ‚Andere' auszusondern oder einzufrieren. Auch geht es nicht um die Auflösung eines Subjekts, das kontinuierlich angerufen und produziert wird. ‚Das Subjekt Frau' existiert. Es stellt eine Ressource, ein Regulationsregime, ein Dispositiv unserer Gesellschaft dar. Seine Geschlechtsidentität ist zwar als identisches und kohärentes Modell dekonstruiert worden, doch deswegen sind die Mechanismen, die es erzeugen, nicht abgeschafft worden. Eine postkoloniale und antirassistische Kritik bedeutet in diesem Kontext, auf den geographischen und politischen Kontext zu achten, in dem dieses Dispositiv hevorgebracht wird." (Gutiérrez Rodríguez 2000:41).

Das durch die Vektoren „*gender*", „*race*" und „*class*" markierte Beziehungsgeflecht wird durch Machtverhältnisse durchkreuzt. Die implizite Differenziertheit und Widersprüchlichkeit, die dieses Geflecht ausmachen, erlauben es, das (feministische) Subjekt in seiner strukturellen Gefangenheit aber auch in seinen Handlungfreiräumen der alltäglichen Praktiken prozesshaft zu analysieren. Kritische Dekonstruktion, als eine dieser Analyse adäquate Strategie, ermöglicht eine Skandalisierung von Hierarchien produzierenden Grenzziehungsmechanismen und trägt zur Sichtbarmachung von Verworfenem bei. In diesem Kontext erfolgt eine Repräsentation, die es den Marginalisierten über StellvertreterInnen hinaus ermöglicht, mit eigener Stimme zu sprechen (vgl. Castro Varella/Dhawan in diesem Band). Differenz lässt sich in der Bewegung und über Brüche darstellen. Feministisch-queere (Befreiungs)Politiken stellen so binäre (hetero)sexistische und rassistische Konstruktionprozesse in Frage, indem sie durch immerwährende Bezugnahme auf die Trennlinien, entlang denen Hierarchien produziert werden, diese dekonstruieren (vgl. Gutiérrez Rodríguez 1996, 1999, 2001). Es geht darum, die unsichtbare Reproduktion von Macht- und Identifizierungsprozesse stückweise durch Irritationen in der Wiederholung zu verschieben. Sexistische und rassistische Praktiken erschließen sich durch komplexe Konstruktions- und Konstitutionsprozesse und werden dadurch in einem Verhältnis der Äußerlichkeit zu den Handlungen subalterner und auch widerständiger widersprüchlicher Subjektpositionen gedacht. Rassismus und Sexismus werden somit einer abstrakten Kritik unterzogen, die wenig Angriffsflächen schafft, um der flexiblen Anpassung antagonistischer Kapitalverhältnisse, in ihrer sexistischen und rassistischen Konstituierung, standzuhalten. Eine offensiv angelegte Öffnung des politischen Kampffeldes um *gender*, Arbeit und Migration, die es erlaubt unabhängig vom Emanzipationsgrad und gerade durch bestimmte Handlungsfreiräume privilegierter Einzelner zur Veränderung der Lebensbedingungen Aller beizutragen, wird nur bedingt geschaffen. Diesem Engpass in der Analyse möchte ich eine historisierende (Re)Lektüre der feministischen Kämpfe um „Lohn für Hausarbeit" entgegenhalten.

Der Kampf um „Lohn für Hausarbeit" trug zur Öffnung feministischer Diskussion insofern bei, als er für die verschiedenen, teils unsichtbaren Formen von Hausarbeit und damit verbundenen Themen sensibilisierte. Die Umsetzung der Forderung nach Bezahlung der Hausarbeit scheiterte jedoch im Laufe der 1980er Jahre. Viele feministische Gruppen und Frauen kritisierten und lehnten die Kampagne ab, da sie ihre verschiedenen Lebensverhältnisse und Wünsche darin nicht aufgefangen sahen (vgl. Burgard 1978, Eckmann 1978, Krechel 1975 und Slupik 1978). Im Rahmen der neuen Frauenbewegung, die sich schon in ihren Anfängen durch die Qualität auszeichnete, eine Vielzahl von Veränderungsansätzen zu verfolgen, arbeiteten in der Wissenschaft und Politik engagierte Frauen die Widersprüchlichkeit in den verschiedenen Lebensbereichen der Frauen unter dem Aspekt der alltäglichen Widerstandsbedingungen heraus, die in den subjektiven Reaktionsformen und Verarbeitungsstrategien gesucht wurden. Streckenweise hatte die Kampagne auch eine internationale Mobilisierung mit vielfältigen Aktionsformen möglich gemacht. Für die gegenwärtige politische Praxis bietet die Lohnforderung eine wichtige Möglichkeit, die Frage nach Politikformen zu stellen, die

Auseinandersetzungen eingehen, wie sie auch innerhalb der seit über drei Jahren von Kanak Attak begonnenen Politik für ein „Recht auf Legalisierung" geführt werden.

Schwarze Frauen fordern Geld und verweigern die Arbeit

Seit Anfang der Sechziger Jahre schlossen sich Schwarze Frauen in den USA zusammen, um für die Bezahlung ihrer Reproduktionsarbeiten zu kämpfen. Sie klagten ihr „Recht auf Wohlfahrt" ein und forderten direkt vom Staat Sozialhilfe. Diese verstanden sie weniger als Almosen sondern als das Geld, das man ihnen schuldig war, denn sie hatten schon immer als Dienst- und Kindermädchen hart gearbeitet und zudem unter unsäglichen Bedingungen das Überleben der eigenen Familie organisiert. Je möglicher es wurde, Geld zu bekommen, desto mehr gingen die Frauen auf die Straße und machten weniger Hausarbeit.

> „Wir disziplinierten unsere Kinder nicht mehr richtig. Schulbehörden klagten über die Schwierigkeiten mit den frechen schwarzen Kindern. Weil wir sagten, ‚Ihr schuldet uns was, gebt das sofort her!' konnten unsere Kinder sagen: ‚Das gehört uns längst, und wir nehmen es uns einfach!' Zu unseren Männern sagten wir: ‚Paß auf! Wenn du mich prügeln willst, hau lieber ab, ich brauch Dein Geld nicht mehr! Und wenn Du bleiben willst, dann bring was nach Hause. Von mir wirst Du nicht durchgebracht.' (...) Wir verweigerten also hauptsächlich zwei Dinge: unsere Kinder zu disziplinieren, wie der Staat es will, und unter der Fuchtel der Männer zu stehen." (Prescod-Roberts 1978:181f)

Die Macht konzentrierte sich in den Händen der Schwarzen Frauen, die nicht nur mehr Geld, sondern Geld für alle Frauen verlangten. Neben den bewaffneten Auseinandersetzungen waren die „Aneignungen" eine wichtige Form des politischen Kampfes. Diese wurden, nach der Aktivistin Pescord-Roberts, so organisiert, dass meist Jugendliche und Männer die Polizei ablenkten, während die *Community* aus den Geschäften Kühlschränke, Fernseher, Sofas, kurz alles was für Geld gekauft werden musste, rausschleppte. Ein Zeugnis des staatlichen Versuches mit dem Problem fertig zu werden, bildete der *„Moynihan-Report"* (vgl. Prescod-Roberts 1978). Während der Soziologe und spätere New Yorker Senator und Leiter des Finanzausschusses Daniel Patrick Moynihan in diesem Report 1965 Schwarze Frauen zu Opfern stilisierte, ging es 1973 mehr darum, Maßnahmen zu ergreifen, um den Zerfall der *„Negro American Family"* durch Kontrolle der Frauen und Disziplinierung der männlichen Arbeitskräfte in den Griff zu bekommen. Dem Staat, der es immer wieder geschafft hatte, die Frauenkämpfe unsichtbar zu machen, gelang es nicht ohne weiteres im Falle der Sozialhilfe wie üblich zu verfahren. Die Präsenz der Schwarzen Frauen in den Aufständen konnte nicht wegdiskutiert werden und überhaupt erreichten die unterschiedlichen Kämpfe auch in Europa ein beträchtliches Ausmaß. Doch wurden auf staatlicher Ebene zwei Gegenangriffe organisiert: A) wurden international neue Pläne der Bevölkerungspolitik geschmiedet, wie der Entwurf des „*Advanced Fertility Plan*". Diesen Plänen zufolge wurde nicht nur festgelegt, wo eine hohe Geburtenrate erwünscht sei. Für Schwarze Frauen bedeuteten sie die Konfrontation mit der sogenannten „freiwilligen" Sterilisation (vgl. Schulz in diesem Band). B) wurden große Frauentreffen organisiert wie die „Internationale Konferenz" im von der UNO ausgerufenen Jahr der Frau. Die Abwehr von Spaltungsversuchen seitens des Staates aber auch die großen Probleme zwischen Schwarzen und Weißen Frauen, bezüglich der Fragen von Abtreibung und Zwangssterilisation, von Geld und Arbeit als auch die unterschiedliche Einstellung zur Gewalt, blieben dort offen. Einen Raum mit den widersprüchlichen Zielsetzungen umzugehen, schien die inzwischen gestartete Lohnkampagne zu bieten.

Seit Anfang der 1970er Jahre „entsteht in verschiedenen Ländern – vor allem England, USA, Kanada, Italien, Schweiz, BRD – eine Kampagne Lohn für Hausarbeit, die durch Öffentlichkeitsarbeit, Aktionen und Kommunikation unter Frauen diese Forderung bekannt machen und durchsetzen will" (Bock/Glökler 1978:206). Die Kampagne bot die Möglichkeit über eine Analyse und Definition der Funktion von Hausarbeit die ökonomische Basis von Sexismus zu analysieren. Frauenunterdrückung sollte nicht mehr als „besondere" Unterdrückung der Frau zum „Nebenwiderspruch" reduziert werden. Der Perspektivwechsel der Aktivistinnen bestand darin, mit Blick auf die gesellschaftlich notwendige Arbeit von Frauen die bestehende Vorstellung von (Lohn)Arbeit zu kritisieren.

Die Kampagne „Lohn für Hausarbeit"

Die Lohnforderung im europäischen Raum kann „auf ihren frühesten Ursprung in der politischen Diskussion der außerparlamentarischen Linken im internationalen Zusammenhang" (Wolf-Graaf 1981: 178) zurückgeführt werden. Die Gruppe *Potere Operaio*[1] (Arbeitermacht) in Italien – die sich auch

---

1 Die Gruppe um Potere Operaio und auch „Lotta Continua" (Fortwährender Kampf) beeinflussten die Inhalte der italienischen Klassenkämpfe in den 1960er und 1970er Jahre stark. Der Operaismus („Arbeiterismus" oder „Arbeiterwissenschaft") als politischer Ansatz besteht wesentlich in einer theoretischen Reflexion über eine konkrete Realgeschichte. In Italien drückte er „eine praktische Reaktion auf die verfehlte Politik der traditionellen Organisationen der italienischen Arbeiterbewegung" aus. (Frombeloff 1993). Er begriff sich als eine den gegebenen Bedingungen entsprechende revolutionäre Strategie für proletarische Emanzipation. Zentral für diesen Ansatz ist der „Massenarbeiter" (Operaio massa). Dieser neu entstandene Typus von Arbeiter in den Industriezentren Italiens galt im Operaismo als eine Antwort des Kapitals auf die Kämpfe der hochqualifizierten Facharbeiter, die durch die selbständige Durchführung komplizierter Arbeitsvorgänge inzwischen eine Gefahr für den Ablauf der Produktion darstellten. Mit dem von Taylor und Ford theoretisch und praktisch entwickelten In-

auf die USA, England und die Bundesrepublik Deutschland ausweitete – versuchte mit der Forderung nach einem „*salario garantito*" (garantierten Lohn) der Situation des „Massenarbeiters", wie er mit der international zunehmenden Verbreitung der tayloristischen Produktionsweise auftrat, zu begegnen, sowie das Problem der Arbeitslosigkeit und die Lage von Schülern, Studenten oder alten Menschen, die auch als „Lohnlose" galten, in die Debatte zu bringen. Der Einsatz der politischen Forderung nach „garantiertem Lohn" für all jene, die immer weniger die Chance auf eine sinnvolle Arbeit mit einem festen Einkommen hatten, bestand darin, den vielfachen Praktiken der „Arbeitsverweigerung" und den zentral gewordenen, tagtäglichen Kämpfen in den Fabriken eine Richtung geben.

In den Diskussionen nach einem garantierten Einkommen für alle blieb allerdings das Thema der „Reproduktionsarbeit", die überwiegend von Frauen geleistet wurde, außen vor. Die in diesem politischen Ausseinandersetzungen beteiligten Frauen, unter ihnen auch die theoretische Aktivistin Mariarosa Dalla Costa, entwickelten erste Überlegungen zur Forderung nach einem „*salario al lavoro domestico*" (Lohn für Hausarbeit). Auf dem nationalen feministischen Kongress 1971 in Mailand trat die Gruppe „*Movimento di Lotta Femminista*" (Bewegung des Frauenkampfes) – später „*Lotta Femminista*"[2] genannt – auf und erhob die Forderung „Lohn für Hausarbeit". Die Lohnforderung sollte all jene ansprechen, die aus den üblichen Repräsentationsschemata der Arbeiterbewegung und deren Vorstellungen von einer Do-

---

strumentarium für die Reorganisation der Fabrik wurde der „technologische Angriff" geführt, der darauf zielte, die Beziehung der Arbeiter und der Funktionen, die sie innerhalb des Produktionsprozesses einnahmen, zu zerstören. Die tayloristische Zerlegung des Arbeitsprozesses bedeutete nicht nur eine „Vermassung" hinsichtlich der Neuzusammensetzung der Arbeiterklasse, sondern erübrigte auch die Notwendigkeit von Facharbeitskräften mit besonderer Qualifikation. Durch die ständig zu wiederholenden Handgriffe ist nun dem „Massenarbeiter" jede Identifikation mit dem Produkt seiner Arbeit genommen und von Selbstverwirklichung kann kaum die Rede sein. Der Widerstand des „Massenarbeiters" äußert sich entsprechend in der Tendenz, die Arbeit in unterschiedlichsten Formen (verlängerte Pausen, Wegbleiben getarnt als Krankheit, Fabrikguerilla, etc.) zu sabotieren.

2   Eleonore Eckmann geht in ihrem in der Sommeruniversität 1977 gehaltenen Referat „Die Forderung Lohn für Hausarbeit im Kontext der italienischen Frauenbewegung" näher auf die Gruppe „Lotta Femminista" ein, die 1971 in Padua und Ferrara gegründet wurde und 1973 Gruppen in verschiedenen Städte (Padua, Venedig, Florenz, Mailand, Bologna, Ferrara, Modena, Gela, Bozen) hatte. „Was diese Gruppen von den vielen anderen feministischen Gruppen auf der praktisch-politischen Ebene vor allem unterscheidet, ist ihre große Aktivität hinsichtlich Veröffentlichungen, sowie ihre gezielte Aufnahme von Kontakten und Verbreitung von Publikationen im Ausland. Andere Gruppen haben diesen Kontakt gar nicht gesucht, was in erster Linie an ihrer Aufgabenstellung liegt – sei es Selbsterfahrung, sei es Stadtteilarbeit, sei es die Kampagne gegen das alte Abtreibungsgesetz oder die hohe Arbeitslosigkeit in Italien – und so sind sie im Ausland auch weit weniger bekannt als die Gruppen, die den LfH fordern, obwohl letztere in der italienischen Frauenbewegung selbst nur eine sehr geringe Rolle spielen." (Eckmann 1978:232f)

minanz der Lohnarbeit herausfielen. Sie machte ebenso wie die anderen zu jener Zeit stattfindenden und aus der antiautoritären Protestbewegung entstandenen Kämpfe deutlich, dass sich eine Opposition an einer Vielzahl von Subjekten gesellschaftlicher Veränderung zu orientieren habe.

Im Jahre 1973 erschien in Deutschland eine für diese Debatte zentrale Schrift „*Donne e sovversione sociale*" („Die Frauen und der Umsturz der Gesellschaft"), in der Frauen aus dem Frauenzentrum Berlin die von Mariarosa Dalla Costa 1972 und von Selma James 1952 verfassten Texte ins Deutsche übersetzten. Anfang 1974 trafen sich zunächst in Frankfurt/Main, bald in Berlin und München Frauen, um über die beiden Texte und das aktuell in München erschienene Buch „Lohn für die Hausarbeit oder: Auch Berufstätigkeit macht nicht frei" (Frauen in der Offensive 1974) zu diskutieren. Berichte über die Kämpfe von Frauen in anderen Ländern ermutigten viele Frauen in der BRD, sich mit der Forderung auseinander zu setzen. Im Sommer 1975 nahmen Aktivistinnen aus der Bundesrepublik an der Londoner Konferenz „*Wages of Housework*" teil, in der eine Polarisierung zu Tage trat, die auch kennzeichnend für die deutsche Diskussion wurde. Für die eine Richtung lag der Schwerpunkt auf der Forderung nach garantiertem Lohn bei gleichzeitiger Verweigerung der Arbeit. Als perspektivische Forderung umfasste sie alle Bereiche der Frauenbewegung und des Frauenkampfes und bildete für ihre Vertreterinnen somit die „grundlegende Kampflinie im Kapitalismus". Die zweite Strömung ging zwar auch von der grundsätzlichen Richtigkeit der Lohnforderung aus, hielt sie jedoch nicht für die wichtigste Kampfebene aller Frauen. Demgegenüber setzten sie auf die so genannte „Reproduktionsdiskussion", die Forderungen nach Geld für die Arbeit von Müttern in den Mittelpunkt stellten und von dort aus andere Problembereiche beleuchten wollten.

In dem Agitations-Dokument „Geld für die Frauen! Lohn für die Hausarbeit"[3] (Frauen in der Offensive 1974) wird expliziert, dass die Auseinandersetzung mit Hausarbeit nur in ihrer Verwobenheit mit anderen Themen, wie die „Arbeit außerhalb des Hauses", die „Vergesellschaftung der Dienstleistungen" und die Problematik der „Gesamtbedingungen der Fortpflanzung und der Sexualität" geführt werden kann. Die Aktivistinnen verweisen allerdings auf zwei häufig begangene Argumentationsfehler, wenn Hausarbeit zum wichtigsten Angriffsziel in der zu zerbrechenden Ausbeutungskette formuliert wird. Der eine Fehler, bezeichnet als „reformistische Schwäche", gründe in der Vorstellung, dass jedes dieser Themen eine „befreiende Alternative" darstellt, aus der Frauen nur eine zu wählen bräuchten. Den zweiten Fehler definieren die Aktivistinnen als „radikale Schwäche": Die unterschiedlichen Themen und die damit verbundenen Kampfziele würden getrennt und unabhängig voneinander betrachtet. „Man meint, Erfolg bei einer dieser Aufgaben haben zu können, auch wenn man bei einer anderen nicht

---

3   Verfasst vom „Komitee Lohn für die Hausarbeit" der Region Venedig, das den ersten organisatorischen Kern im Rahmen der Kampagne bildete.

weiterkommt." (Frauen in der Offensive 1974:124) Die Schwäche in dieser Radikalität drücke sich aber darin aus, dass durch diese Teilerfolge nicht bis an die „gemeinsame Wurzel" der Kampfziele vorgedrungen werden könne. Ziel der Frauenbewegung sei es aber, ein „Machtinstrument" zu schaffen, das die Frauen nicht vor schlechte Alternativen stelle. Es ginge vielmehr darum, mit diesem Machtinstrument aus einer Position der Stärke heraus Verhandlungen über die verschiedene Themen der Frauen zu führen. Den Kampf von der Hausarbeit aus zu eröffnen bedeute zum einen die Entlohnung dieser Arbeit zu verlangen. Dies gehe mit einer „Entmystifizierung" in doppelter Hinsicht einher: Die eigene „parasitäre" Situation werde vergegenwärtigt und die Beziehung zum Kapital klargestellt. Zum anderen gehe es darum, nicht nur die Kämpfe anderer zu unterstützen, sondern an der eigenen Front zu handeln, an der Millionen von Hausfrauen Seite an Seite mit erwerbstätigen Frauen, mit Studenten, die eine staatliche Finanzierung ihres Studiums verlangen, mit Arbeitslosen, die einen Garantielohn fordern und auch mit Arbeitern in ihren Lohnkämpfen kämpfen.

Die Kampagne „Lohn für Hausarbeit" wird jedoch stark angezweifelt. Hausarbeit solle nicht bezahlt, sondern vergesellschaftet werden, so der Einwand. Dem wird entgegnet, dass zwar alle Frauen sich gegen die Hausarbeit richteten, „aber nicht alle sind über Methoden und Mittel in diesem Kampf einer Meinung" (Frauen in der Offensive 1974:128). Es gäbe Frauen, die schon längst das Haus verlassen und die Kraft schon entdeckt hätten, die eine Frau innerhalb der Bewegung erfahren könne. Es gäbe aber auch Frauen, die Hausarbeit nicht verweigern könnten oder auch wollten und dem Vorurteil unterliegen, sich ihrer emanzipativen Rolle noch nicht bewusst zu sein. Die Aktivistinnen betonen jedoch, dass das Schaffen eines Bewusstsein über die „weibliche Rolle" ein Unternehmen ist, das nicht weit davon entfernt sei, erneut den Frauen mit Gewalt zu begegnen:

> „Das Problem kann nicht gelöst werden, in dem man eine Ideologie mit einer anderen bekämpft. Es wird nur gelöst, indem man eine materielle Alternative entwickelt. Wenn es uns gelingt, wirklich eine solche materielle Alternative durchzusetzen, werden es die Frauen in erster Linie selbst sein, die entscheiden, was sie denken, was sie kaufen, welches Leben sie wählen, ob sie sich verheiraten oder nicht, ob sie Kinder oder keine und wieviele sie haben möchten. Wir dürfen nicht den Hochmut hegen mit unserer Phantasie oder unserer Intelligenz einen neuen Kanon der ‚perfekt feministischen Frau' aufzustellen, sondern wir müssen alles daransetzen, die materielle Voraussetzungen dafür zu schaffen, daß sich das Leben aller Frauen ändern kann, so daß sie nicht gezwungen sind, nicht zu wählen, sondern wählen können." (Frauen in der Offensive 1974:129)

Für eine materielle Ausgangsbasis zu kämpfen um Möglichkeitsbedingungen zu schaffen, die das Leben aller verändern kann ohne auf die Einsicht einzelner über ihr „falsches Bewusstsein" zu setzen, kann nicht oft genug in Erinnerung gerufen werden innerhalb aktueller politischer Zusammenhänge.

Im Rahmen dieser Argumentationslogik wird auch ein weiterer Vorbehalt innerhalb der Kampagne beantwortet, der sich in der Deutung äußert, dass die Forderung nach Lohn die Hausarbeit und die Frauen selber als Hausfrauen institutionalisiere. Dem wird entgegen gehalten, dass sowohl die Hausarbeit als auch die „weibliche Rolle" wie kaum eine andere institutionalisiert seien. „Gerade weil die Hausarbeit niemals mit einem Lohn abgegolten wurde, sind die Kämpfe um die Bedingungen der Hausarbeit, da sie der unverzichtbaren materiellen Basis entbehrten, am schwächsten" (Frauen in der Offensive 1974:129). Der Lohn repräsentiere wie schon angedeutet das Machtverhältnis zwischen Arbeiter und Kapital und stelle eine „feste organisierte Front" dar, während das Verhältnis der Frauen zum Kapital „immer zum Nullwert tendiere". „Lohn für Hausarbeit" sei die „strategische Kernforderung" für die gesamte Arbeiterklasse überhaupt. Es handle sich um eine internationale Forderung, da überall, egal wie hoch die „weibliche" Berufstätigkeit auch sei, die Tätigkeit von Frauen insofern diskriminiert werde, als sie in allen Ländern unbezahlte Hausarbeit leisteten. Die Organisierung der Frauen kann den Aktivistinnen zufolge nur auf gesellschaftlicher Ebene erfolgen, wenn sie sich in ihrer Gemeinsamkeit als Hausfrauen zusammenschließen. Vor allem dann, wenn sie vermeiden wollen, als einzige Alternative die Vergesellschaftung durch die Arbeit in der Fabrik zu akzeptieren.

Die grundsätzliche Infragestellung vorhandener patriachal-kapitalistischer Strukturen im Kampf für „Lohn für Hausarbeit" nahm keine deutlichen Konturen an. Die Frauen, die sich dafür einsetzten, tendierten sogar als „antifeministisch" abqualifiziert zu werden. Viele Frauen aus feministischen Gruppen ließen sich nicht von der Lohnforderung und ihren Auswirkungen überzeugen. Es wiederholten sich die reduzierenden und ermüdenden Fragen wie: Werde es überhaupt zu einer Verkürzung der Hausarbeit kommen, wenn sie erst einmal bezahlt sei? Wie hoch sollte der Lohn sein und welche Frauen sollten ihn erhalten? Kann ihn auch ein Mann bekommen, der Hausarbeit macht? An wen richtet sich die Forderung überhaupt und würde ein Lohn nicht ein Betrag sein, den der Staat den Arbeitern abpressen müsste? Die Festlegung des Adressaten der Kampagne beim Staat stellte eines der meistdiskutierten Probleme dar. Die oben genannten Aktivistinnen vom Komitee „Lohn für Hausarbeit" der Region Venedig vertraten die Meinung, dass der Mann bis zu einem gewissen Grad adressiert ist. Für eine tiefgreifende Lösung des Problems müsste erkannt werden, wer die Macht hat, die Organisation der Arbeit, sowohl die der Männer als auch die Arbeit der Frauen als komplementär zu bestimmen. Die Frauen müssten den Gegner erkennen, der verantwortlich sei für ihre Isolierung im Haus. Für diese Einsperrung könne weder einer, noch alle Unternehmer gemeinsam herhalten, denn ihre Kraft reiche nicht aus, den Grad des Zwanges, der Unterdrückung und der Ausbeutung zu erklären. Vielmehr müsse eine „ganze staatliche Maschinerie" in Bewegung gesetzt werden, um entlang etlicher Abmachungen mit den Unternehmern und durch den juridischen Rahmen, bestehend aus geschriebenen wie ungeschriebenen Gesetzen, den Frauen ihre Rechte zu verwehren, sie zu Bürgerinnen zweiter Klasse zu degradieren und ihren Aufstand zu verhindern. In diesem Kontext bringen die Frauen aus dem *Power of Woman Collective* in London sehr einleuchtend den erneut hevorzuhebenden Punkt ein, dass es bei der Adressierung ihrer Forderung an den Staat um die Möglichkeit für Frauen geht, eine Wahl zu erkämpfen:

„Wir fordern einen Hausfrauenlohn vom Staat. Nicht weil es zu wenig Lohnempfänger gibt, die es sich leisten könnten, Hausarbeit zu bezahlen. Nicht weil es der Staat ist, der von unserer Arbeit profitiert und sie schon seit Jahrhunderten gratis bekommen hat – sondern vor allem deshalb, weil dies u n s e r Kampf ist, und wir die Bedingungen unseres Kampfes selber setzen müssen.
Wir bitten den Staat nicht darum, die Hausarbeit zu rationalisieren, wir werden nicht passiv einen integrativen Plan akzeptieren, den sie uns aufzwingen wollen. Wir wollen durch unseren Kampf in eine Position kommen, die es uns erlaubt, etwas abzulehnen, das schlimmer ist als das was wir jetzt haben." (Frauen in der Offensive 1974:24)

Gisela Bock aus der Berliner Gruppe „Frauen für Lohn für Hausarbeit" legitimiert die Forderung der „Entlohnung" der Hausarbeit an den Staat, der immer mehr die Rolle des Arbeitgebers übernommen habe, wie folgt. Die Forderung möge utopisch klingen, allerdings nur solange zwei Sachverhalte unklar bleiben: A) Sie sei nicht weniger utopisch als das „legitime Minimalziel" jeder Frauenbewegung nach der Unabhängigkeit und der Entfaltungsmöglichkeit für alle Frauen. B) Sie knüpfe an schon längst stattfindende Kämpfe von Frauen an, die schon Geld vom Staat erobert hätten, auch wenn das nicht als Lohn angesehen würde. An die diversen Formen von staatlichen Geldern knüpft auch die Lohnforderung an, jedoch obliegt es den Frauen, ihren Kämpfen und ihrer Solidarität „aus dem Almosen ein Recht, aus der Beihilfe einen Lohn, aus der Produktivitätsprämie ein Mittel ihrer Autonomie zu machen" (Bock/Glökler 1978:211).

Die Lohnforderung eröffnet „ausgehend von der Situation und Erfahrung der Frauen, deren Arbeit und Kämpfe bisher gesellschaftlich unsichtbar geblieben sind, eine neuartige Analyse gesellschaftlicher Machtverhältnisse und eine umwälzende Perspektive ihrer Veränderung" (Ebenda:206). Die Kampagne gehe von der Arbeitssituation der Frauen und von ihren täglichen Kämpfen gegen diese aus. Hausarbeit müsse in all ihren unzähligen Formen sichtbar gemacht werden. Denn wo Hausarbeit verweigert würde, werde sie auch sichtbar. In ihrer Verweigerung tauche auch die Forderung nach ihrer Bezahlung auf, die zur Selbstbestimmung und Verringerung der Arbeit beitrage. Frauen beantworteten die Frage nach dem, was Arbeit und was Hausarbeit sei, mit „der Analyse dessen, wogegen sie sich wehren" (Ebenda:209). Sie „waren und sind nicht nur Opfer und (Sexual)Objekte, sondern immer auch agierende und kämpfende Subjekte" (Ebenda:208). Durch die Verbindung der einzelnen Frauenkämpfe werde die Spaltung zwischen ihnen angegriffen, durch die Frauen zu Hause voneinander isoliert seien je nach dem Grad von Geld und Macht, die sie sich jeweils erobert hätten. Die anfangs zitierte, in der New Yorker Gruppe „*Black Woman for Housework*" aktive Margeret Pescod-Roberts betont, dass Frauengruppen trotz enormer Differenzen unter Bewahrung ihrer Autonomie Wege finden, sich zusammenzuschließen, eigene Forderungen zu stellen und somit zur Stärkung aller Kämpfe beizutragen (vgl. auch Hall 1978 von der Gruppe *Wages Due Lesbians*).

"Nie wieder werden wir zulassen, daß lesbische Frauen, schwarze Frauen, Prostituierte, weiße Frauen voneinander isoliert werden, – und die Kampagne Lohn für Hausarbeit bietet uns eine Organisationsform, diese Spaltungen zu überwinden: Autonomie, aber kein Ghetto, sondern Verbindung mit allen anderen Frauenkämpfen. Wir wissen, daß der Staat die Tendenz hat, den Ärger, den wir ihm machen, entweder zu ignorieren oder ihn von anderen Frauen zu trennen. Aber wir werden nicht an den Grenzen unseres Landes halt machen – das ist ein Grund warum ich hier bin. Wir weigern uns, provinziell zu sein, uns nur mit den Verhältnissen in unserem eigenen Land zu befassen. Oder in einer einzelnen Stadt. Und wir haben vom Staat auch etwas gelernt, von seinen Plänen: sie gelten nicht nur für eine Stadt oder ein Land, sondern international. Und genauso müssen wir uns bewegen." (Prescod-Roberts 1978:187f)

Das unterschiedliche Verständnis des Widerstandes von Frauen bildete einen zentralen Punkt in dieser politischen Auseinandersetzung, die auf der Ebene der Durchsetzbarkeit der Kampagne geführt wurde. Gisela Bock etwa vertrat einen Widerstandsbegriff der „nicht primär personengebunden" ist, sondern sich auf ein „Massenverhalten" bezieht und „durch die Kämpfenden und Nicht-Kämpfenden hindurch" geht, „ohne in ihnen gänzlich aufzugehen" (Bock/Glökler 1978:168). Der politische Einsatz der Lohnforderung bestand meiner Ansicht nach gerade darin, die existierenden Widerstandspraktiken aufgreifen zu können und einen zentralen Angriffspunkt gegen die kapitalistische Vergesellschaftung zu entwickeln, der ihre patriarchalische Struktur angreifen und die Bedingungen des Kampfes für die Frauen hätte verbessern können.

have a break: „Recht auf Legalisierung"

Der Prekarität von „bezahlter" Hausarbeit heute kann offensichtlich nicht in ihrer Differenziertheit mit einem Lohn für Hausarbeit begegnet werden. Nun sind wir mit einer „Vergesellschaftung" von Hausarbeit konfrontiert, die für wenig bis gar kein Geld von MigrantInnen mit oder ohne Papieren erledigt wird. Der sogenannte Asylkompromiss, das bestehende Ausländergesetz und das schwebende Verfahren zum Zuwanderungsgesetz tragen die Spuren der Niederlage linker Politik und Bewegung (vgl. Kabis, Brabandt und Köhring in diesem Band). Doch gerade die politische Debatte über die Notwendigkeit, Migration zu regulieren und Einwanderung zu kontrollieren, sind auch ein Ausdruck der relativen „Autonomie der Migration", denn Einwanderung lässt sich historisch betrachtet nicht von staatlichen Kontroll- und Regulierungsversuchen einschränken (vgl. Moulier Boutang 1993 und 2002). In Deutschland leben ca. 8 Millionen „Ausländer", die Zahl der *Sans Papiers* mit eingeschränkten bis keinen politischen Rechten wird auf über eine Million geschätzt. Diese prinzipielle Entrechtung aller in der BRD lebenden Personen ohne deutschen Pass offenbart sich in dem Spektrum der Möglichkeiten der Illegalisierung in Almanya: von der Verweigerung grundlegender Bürgerrechte der EU-BürgerInnen bis hin zu sofortigen, bedingungslosen Abschiebung der *Sans Papiers*. Der unterschiedliche aufenthaltsrechtliche als auch ökonomische Status von MigrantInnen soll keineswegs geleugnet werden. Eine politische Perspektive kann jedoch nicht auf den gesetzlich festgeschriebenen Hierarchien aufbauen, um der Kriminalisierung und Überausbeutung der hier lebenden „Nichtbürger" und „Mitbürger" zu widersprechen. Einer der wichtigen Momente in der Forderung nach „Lohn für Hausarbeit" bestand gerade darin einen Verbindungspunkt zwischen den Frauen zu finden, um die Machtverhältnisse zwischen ihnen zu brechen. Dieses Wissen geht in die Legalisierungskampagne ein, indem die Herausforderung, die verschiedenen Kämpfe gegen den Vollzug der Entrechtung zu verbinden und zu bündeln, angenommen wird. Die verschiedenen Aneignungsformen mit denen sich MigrantInnen tagtäglich ihre Rechte nehmen, bilden den zentralen Ausgangspunkt der gemeinsamen politischen Auseinandersetzung. Innerhalb von Netzwerken organisieren (Über)lebensproduzentInnen mit oder ohne deutschen Pass durch ihre unterschiedlichen Freiräume den Alltag, entziehen sich Überwachungen, Razzien und Kontrollmaßnahmen und überschreiten territoriale als auch innerstaatliche Grenzen (vgl. Köhring und Zimowska in diesem Band). AktivistInnen aus den verschiedenen Gruppen und Organisationen – Kanak Attak, Flüchtlingsinitiative Brandenburg, RESPECT-Netzwerk, Frauen-Lesben-Bündnis, Mujeres Sin Rostro, ZAPO, Medizinische Flüchtlingshilfe, elexir-A, agisra, u.a. – stärken in der Heterogenität ihrer politischen Praxis durch gemeinsame Aktionen ihre Mobilisierungsfähigkeit und versuchen aus ihren Perspektiven an vorderster Stelle das politische Feld zu öffnen für „Kämpfe in der Migration" (vgl. Bojadzijev 2002). Wichtig im Kampf für ein Recht auf Legalisierung ist die Anerkennung des Rechts auf Mobilität durchzusetzen und die Forderung nach kollektiven Rechten für MigrantInnen zu stellen.

„Kollektivrechte können zur Vervielfältigung der Freiheiten von Subjekten beitragen, deren kollektive widerständige Praxen ohnehin die systematische Vereinzelung durch die verallgemeinerte Struktur der Ausschließung untergraben. Realisiert werden sollte eine Legalisierung der hier lebenden Migrantinnen und Migranten ohne Papiere und eine Politik, die dem herrschenden Integrationsimperativ die bereits existierenden Widerstandspraxen entgegensetzt und politische und soziale Rechte unabhängig von jeder Staatsangehörigkeit fordert." (Bojadzijev/Mulot/Tsianos 2002:13)

Die Frage nach Rechten in den Mittelpunkt der politischen Praxis zu rücken, bedeutet also sich nicht mit Integrationsentwürfen abzugeben, die vereinzelt an Leute ohne Rechte gerichtet werden: sprich gefälligst deutsch, streng dich an und, wenn du die fortzusetzende Liste ausgeklügelter Anforderungen erfüllst, stehen dir entsprechende individuelle Privilegien in Aussicht. Schwarze Frauen sagten schon in den 60er Jahren: „Wenn Arbeit Geld hieße – wenn Du hart arbeitest, wirst Du reich –, wenn das stimmen würde, wären die Schwarzen in den USA alle Millionäre" (Prescod-Roberts 1978:180). Eigentlich sollte die Erinnerung an diese alten Parolen das Misstrauen gegen Integrationsversprechen erwecken. Doch auch die Vertreterinnen der Lohnkampagne versuchten damals vergeblich die Frauen davon zu überzeugen, dass Emanzipation durch die Integration in der (Lohn)Arbeit weder die vorhandenen kapitalistischen Verhältnisse in Frage stellt noch die Möglichkeit der Veränderung mit sich bringt. Das argumentative Wechselspiel zwischen reformistischen Entwürfen und der Radikalität abstrakter Maximalforderungen kennzeichnet keineswegs exklusiv das Feld feministischer Politik.

„Kanak Attak bestimmt die aktuelle Krise antirassistischer Praxis gerade durch ihr Unvermögen, sich der Alternative von reaktiv-spontaner Identitäts- bzw. Repräsentationspolitik einerseits und abstraktem Antiessenzialismus bzw. klassischem (bürgerlichen) Universalismus andererseits zu entziehen. Den Ansatz einer Lösung sieht die Gruppe in dem Versuch, gleichsam quer zu dieser Alternative auf eine ‚Transformation der Identifizierungen einer Praxis' auszugehen, in der es sowohl gegenüber partikularistischen Identitätspolitiken wie gegenüber Antiessenzialismus bzw. Universalismus, um eine Kritik der Kritik und um eine Veränderung der herkömmlichen Veränderungen' geht." (Bojadzijev/Seibert/Tsianos 2001:2)

Die Krise des Antirassismus geht mit den defensiven politischen Formen von Selbstverteidigung gegen repressive Maßnahmen und Vermeidung des alltäglichen Elends einher, die den gegenwärtigen transformierten Rassismus[4] immun lassen. Die Überwindung der in dieser Krise eingeschriebenen antirassistischen Arbeitsteilung zielt weniger auf eine Kritik der parallelen Beschäftigungen mit Asylpolitik und -betreuung, mit Antifaschismus oder mit selbstorganisierter Flüchtlings- und MigrantInnenarbeit.[5] Es geht vielmehr darum, die gemeinsame Stärke in der Heterogenität und der Veränderbarkeit in den bereits existierenden Lebensverhältnissen zu erkennen und sich ihrer zu ermächtigen. Wie bei der Lohnkampagne soll auch hier von einer „Position der Stärke" aus in konjunkturell vorhandene Kräfteverhältnisse eingegriffen werden. Die „unglückliche Ehe" zwischen Feminismus und Marxismus während des fordistischen Kompromisses – in dem Hausarbeit, als unbezahlte Arbeit überwiegend von Frauen zu Hause geleistet, in die abgetrennte Privatsphäre verwiesen wurde – trug mitunter dazu bei, den Lohn allein auf das vom Staat geforderte Geld zu reduzieren. Vergeblich wurde wiederholt in der Lohnkampagne betont, dass der Lohn den Kampf zwischen Kapital und Arbeit repräsentiere und dass es den Frauen darum ging, bezüglich ihrer Gemeinsamkeit in der Hausarbeit sich im Verhältnis zum Kapital zu positionieren. In Anlehnung an diese Voraussicht und angesichts der heterogenen Zusammensetzung der gegenwärtigen globalisierungskritischen sozialen Bewegung geht es bei der Forderung des Rechtes auf Legalisierung weniger um Vereinheitlichungsversuche, sondern um die Erweiterung des politischen Kampffeldes, das die Kämpfenden in die Lage versetzt ihre politische Praxis als einen Kampf um ein Recht zu artikulieren. Der Unterschied zur Lohnfor-

---

4   Vgl. „imperialer Rassismus" (Hardt/Negri 2002) und „konjunktureller Rassismus" (Demirovic/Bojadzijev 2002).
5   Vgl. zum Verständnis der antirassistischen Arbeitsteilung Bojadzijev/Tsianos 1999 Bojadzijev/Karakayali/Tsianos 2001. Zur patenalistischen Betreuungs-/Stellvertreterpolitik und bisheriger antirassistischer Politik: Kusser/Panagiotidis/Tsianos 2002, Bojadzijev/Karakayali/Tsianos 2000.

derung besteht darin, dass Rechte zu fordern unter den gegenwärtigen Bedingungen kein Appell an den Staat ist,

> „sondern Folge einer Reflexion der unterschiedlichen Ausgangsbedingungen antirassistischer Kämpfe. Rechte zu fordern kann, so unsere Annahme, unter bestimmten Bedingungen bedeuten, zunächst einmal Gesetze in Frage zu stellen (...) als Abgrenzung von anderen Aussagen im Kontext des Diskurses über Verechtlichung in Almanya, der alles andere als Befreiung oder Parteilichkeit für die MigrantInnen mit sich brachte. (...) Wenn wir die Möglichkeit, die Kraft und die strategischen Vorteile besitzen Gesetze durchzusetzen, dann sind dies Gesetze, die die Signatur einer lebendigen Bewegung tragen." (Bojadzijev/Karakayali/Tsianos 2003:207f)

Rechte zu fordern ist nicht gleichbedeutend mit der Forderung nach Gesetzen. Während Gesetze eine Antwort des Staates auf die Kämpfe um Rechte sind, drückt die Forderung nach Rechten eine (Kampf)Form aus, in der Kompromisse den Herrschenden abgerungen werden. Derartiges Ringen erfordert in Momenten der Schwäche der Bewegung, in hartnäckiger Art und Weise strategisch und taktisch mit der Situation umzugehen und weniger die eigenen Kräfte daran aufzureiben, Gesetze akzeptieren zu wollen oder nicht. Die Forderung nach einem „Lohn für Hausarbeit" wirkte damals organisierend und hatte den Effekt die Kämpfe auszuweiten. Diese Chance gilt es auch heute in der Aufbereitung der Kampagne für das Recht auf Mobilität zu ergreifen.

Literatur

Bock, Gisela/Glökler, Mona 1978: Lohn für Hausarbeit – Frauenkämpfe und feministische Strategie. In: Dokumentationsgruppe der Sommeruniversität e.V. (Hrsg.): Frauen als bezahlte und unbezahlte Arbeitskräfte. Beiträge zur 2. Sommeruniversität für Frauen – Oktober 1977. Berlin, S. 206-218

Bojadzijev, Manuela 2002: Antirassistischer Widerstand von Migrantinnen und Migranten in der Bundesrepublik: Fragen der Geschichtsschreibung. In: 1999 Zeitschrift für Sozialgeschichte des 20. und 21. Jahrhunderts. 17(2002)1, S. 125-152

Bojadzijev, Manuela/Karakayali, Serhat/Tsianos, Vassilis 2000: Nichts ist identisch. Ein Abriss über den migrantischen Widerstand in den neunziger Jahren. In: Jungle World (2000)42

Bojadzijev, Manuela/Karakayali, Serhat/Tsianos, Vassilis 2003: Papers and Roses. Die Autonomie der Migration und der Kampf um Rechte. In: BUKO (Hrsg.): radikal global. Bausteine für eine internationalistische Linke. Berlin, S. 196-208

Bojadzijev, Manuela/Karakayali, Serhat/Tsianos, Vassilis 2001: Legalisierung statt Rasterfahndung. Migration, rassistisches Regime und linker Antirassismus | Kanak Attak im Gespräch. In: Subtropen/Jungle World (2001) 46

Bojadzijev, Manuela/Mulot, Tobias/Tsianos, Vassilis 2002: Legalisierung statt Integration: Anmerkungen zum Zuwanderungsgesetz. In: 1999 17 (2002) 1, S. 7-14

Bojadzijev, Manuela/Seibert, Thomas/Tsianos, Vassilis 2001: Kommunismus, Universalismus, Antirassismus. www.links-netz.de (19.02.2002)

Bojadzijev, Manuela/Tsianos, Vassilis 1999: Mit den besten Absichten. Spuren des migrantischen Widerstandes. In: iz3w (1999) 244, S. 35-38

Burgard, Roswitha 1978: Lohn für Hausarbeit. In: Dokumentationsgruppe der Sommeruniversität e.V. (Hrsg.): Frauen als bezahlte und unbezahlte Arbeitskräfte. Beiträge zur 2. Sommeruniversität für Frauen – Oktober 1977, Berlin, S. 218-224

Dalla Costa, Mariarosa/James, Selma 1973: Die Macht der Frauen und der Umsturz der Gesellschaft. Berlin

Demirovic, Alex/Bojadzijev, Manuela 2002: Konjunkturen des Rassismus. Münster

Eckmann, Eleonore 1978: Die Forderung Lohn für Hausarbeit im Kontext der italienischen Frauenbewegung. In: Dokumentationsgruppe der Sommeruniversität e.V. (Hrsg.): Frauen als bezahlte und unbezahlte Arbeitskräfte. Beiträge zur 2. Sommeruniversität für Frauen – Oktober 1977. Berlin, S. 232-242

Frauen in der Offensive 1974 (Hrsg.): Lohn für die Hausarbeit oder: Auch Berufstätigkeit macht nicht frei, München

Frombeloff 1993 (Hrsg.): ... und es begann die Zeit der Autonomie. Politische Texte von Karl Heinz Roth. Hamburg

Gutiérrez Rodríguez, Encarnación 1996: Eine Frau ist nicht gleich Frau, nicht gleich Frau, nicht gleich Frau ... Über die Notwendigkeit einer kritischen Dekonstruktion in der feministischen Forschung. In: Fischer, Ute Luise u.a. (Hrsg.): Kategorie: Geschlecht? Empirische Analysen und feministische Theorien. Opladen, S. 163-189

Gutiérrez Rodríguez, Encarnación 1999: Intellektuelle Migrantinnen – Subjektivitäten im Zeitalter von Globalisierung. Eine postkoloniale dekonstruktive Analyse von Biographien im Spannungsverhältnis von Ethnisierung und Vergeschlechtlichung. Opladen

Gutiérrez Rodríguez, Encarnación 2000: Fallstricke des Feminismus. Das Denken „kritischer Differenzen" ohne geopolitische Kontextualisierung. Einige Überlegungen zur Rezeption antirassistischer und postkolonialer Kritik. In: http://www.polylog.org/them/1.2/asp3-de.htm (30.11.2001)

Gutiérrez Rodríguez, Encarnación 2001: Vergesellschaftung revisited?! Das konkave Glas der Konstitution und Konstruktion. Strategien der Dekonstruktion und postkoloniale Kritik im institutionellen Feminismus. In: Hornung, U., Gümen, S., Weilandt, S. (Hrsg.): Zwischen Emanzipation und Gesellschaftskritik. (Re)Konstruktionen der Geschlechterordnung. Münster, S. 135-151

Hall, Ruth 1978: Lesbische Frauen und unbezahlte Hausarbeit. In: Dokumentationsgruppe der Sommeruniversität e.V. (Hrsg.): Frauen als bezahlte und unbezahlte Arbeitskräfte. Beiträge zur 2. Sommeruniversität für Frauen – Oktober 1977. Berlin, S. 169-179

Hardt, Michael/Negri, Antonio 2002: Empire. Frankfurt

Holland-Cunz, Barbara 2003: Die alte neue Frauenfrage, Frankfurt am Main

Krechel, Ursula 1975: Selbsterfahrung und Fremdbestimmung. Bericht aus der neuen Frauenbewegung, Darmstadt

Kusser, Astrid/Panagiotidis, Efthimia/Tsianos, Vassilis 2002: Die Autonomie der Migration. Ohne Antirassismus ist keine andere Welt möglich. In: iz3w (2002)265, S. 62-64

Moulier Boutang, Yann 1993: Interview. In: Materialien für einen Antiimperialismus 5 (1993), S. 29-55

Moulier Boutang,Yann 2002: Nicht länger Reservearmee. Thesen zur Autonomie der Migration und zum notwendigen Ende des Regimes der Arbeitsmigration. In: Subtropen 4(2002), S. 29-55

Prescod-Roberts, Margaret 1978: Schwarze Frauen, Sozialhilfe und Dritte Welt. In: Dokumentationsgruppe der Sommeruniversität e.V. (Hrsg.): Frauen als bezahlte und unbezahlte Arbeitskräfte. Beiträge zur 2. Sommeruniversität für Frauen – Oktober 1977. Berlin, S. 179-189

Slupik, Vera 1978: Geld stinkt nicht aber ... . In: Dokumentationsgruppe der Sommeruniversität e.V. (Hrsg.): Frauen als bezahlte und unbezahlte Arbeitskräfte. Beiträge zur 2. Sommeruniversität für Frauen – Oktober 1977, Berlin, S. 225-231

Wolf-Graaf, Anke 1981: Frauenarbeit im Abseits. Frauenbewegung und weibliches Arbeitsvermögen. München

María do Mar Castro Varela und Nikita Dhawan

Horizonte der Repräsentationspolitik – Taktiken der Intervention

„The traditional politics of the subject assumes that there is one group of humans whose strategic position uniquely entitles them to represent the plurality. The philosophy of the subject always searches for a particular group – be it proletariat, women, the avant-garde, Third World revolutionaries, or the Party – whose particularity represents universality as such. The politics of empowerment, by contrast, proceeds from the assumption that there is no single spot in the social structure that privileges those who occupy it with a vision of the social totality. This is so not only because late-capitalist societies and their grievances generate a pluralization of social victims, their objectives, and their modes of struggle, but also because the experience of difference that cannot be co-opted in imposed identity is liberatory" (Benhabib 1986:352).[1]

Einleitung

Die neue bundesdeutsche Frauenbewegung war und ist wie soziale Bewegungen im Allgemeinen durchzogen von Kämpfen und Debatten, die sich vornehmlich um die Fragen des Ein- und Ausschlusses drehen: Wer soll von wem und von was befreit werden? Nachdem das Sprechen von ‚Wir-Frauen' immer wieder deutlicher Kritik unterzogen worden ist, befindet sich die feministische Theorie und Praxis, so wird jedenfalls behauptet, in einer Krise. Eine feministische Bewegung ist nicht mehr auszumachen, obwohl feministische Stimmen immer noch vernehmbar sind. Leise vielleicht und zaghaft, doch vernehmbar. Die Fragen, die sich an diese Diagnose anschließen, sind

---

1 „Die traditionelle Philosophie des singulären Kollektivsubjekts ging von der Annahme aus, dass es eine gesellschaftliche Gruppe gäbe, deren strategische Position sie in einzigartiger Weise zur Wahrnehmung der Interessen der Allgemeinheit ermächtigen sollte. Demgegenüber besagt die Politik allseitiger Befähigung, dass es nicht einen einzigen, bevorzugten Platz in der Gesellschaftsstruktur gibt, der jene, die ihn einnehmen, mit einer Vorstellung der gesellschaftlichen Totalität versieht. Dies ist nicht nur deshalb so, weil spätkapitalistische Gesellschaften und ihre Missstände eine Pluralisierung sozialer Opfer, ihrer Objekte und Kampfweisen erzeugen, sondern auch, weil die Erfahrung der Differenz, die nicht unter Verhältnissen aufgezwungener Identität denkbar ist, eine befreiende Kraft entfaltet" (Benhabib 1992:236).

vielfältig, und in den letzten Jahren in zahlreichen Essays und Konferenzen angegangen worden: Was hat die feministische Bewegung zum Stillstand gebracht? Wie kann die Bewegung revitalisiert werden? Soll sie überhaupt revitalisiert werden? Und radikaler: Hat es je eine feministische Bewegung gegeben, die es wert wäre gerettet zu werden? Je nach Perspektive fallen die Antworten auf diese für die Bewegung existentiellen Fragen sehr unterschiedlich aus.

In diesem Essay werden wir punktuell kritische Analysen, die von feministischen Theoretikerinnen der Dekonstruktion geleistet worden sind, zusammentragen und uns mit den Effekten derselben problematisierend beschäftigen. Zum Schluss werden wir das Konzept der Vulnerabilität präsentieren, welches versucht kritische Betrachtungen zu ermöglichen, ohne in die Falle des Essentialismus zu tappen.

Auch wenn Einige behaupten, dass nach Judith Butlers in *Gender Trouble* geäußerter Kritik an der Konstruktion des feministischen Subjekts politische feministische Praxis nicht mehr möglich ist, oder zumindest dieselbe erheblich komplizierter wurde, indem es Unschärfe in ein Feld gebracht hat, in der Schärfe zur Strategieentwicklung vonnöten ist (vgl. Castro Varela 2003), gehen wir davon aus, dass es Butlers Analysen gemeinsam mit denen der postkolonialen Theorie waren, die notwendige Fragen an die feministische Bewegung gerichtet haben. Darüber hinaus ist es durchaus nicht so, dass nur Infragestellungen und Irritationen als Effekte der Lektüre dekonstruktiver Theorie produziert werden, sondern durchaus auch Antworten auf *Gerechtigkeitsfragen* gegeben werden. Beispielsweise ist es mit Hilfe postkolonialer Lektüre möglich, die Kritik minorisierter Frauen differenzierter festzuhalten, ohne sie in einer moralischen Position einzufrieren. Denn die Kritik an Repräsentationspolitik ist immer akut, sie macht nicht Halt vor moralisch argumentierenden Kollektiven. Im Gegenteil, die Michel Foucault entlehnte Praxis der Problematisierung, die Theoretikerinnen wie Judith Butler immer wieder zur Anwendung bringen, versucht gerade dort Felder der Macht und Machtwirkungen aufzuzeigen, wo sie gemeinhin nicht vermutet werden. Denn auch wo Widerstand ist, ist Macht. Und diese Machtstrukturen, die unvermeidbar sind, können das radikal politische Anliegen emanzipatorischer Bewegungen immer wieder ins Wanken bringen.

Das Subjekt der Emanzipation

Durch Judith Butler – eigentlich bereits durch Michel Foucault – informiert, wissen wir, dass der Diskurs der Emanzipation die Subjekte schafft, die es zu befreien vorgibt. Bei dieser Produktion werden jedoch gleichzeitig auch Jene hergestellt, für die Befreiung nicht vorgesehen ist und/oder unmöglich erscheint. Anders gesagt: Der normative Diskurs um Emanzipation produziert Kriterien der Emanzipation, die Jene ausschließen, die diese Kriterien scheinbar nicht erfüllen. Wann spricht wer oder welche aus der Position der Emanzipierten? Und wie wird diese Position beschrieben? Und was bedeutet sie? Das führt dann zu konkreten Fragen: Warum etwa gilt die Managerin einer Bank als emanzipiert, während die marokkanische Putzfrau als nicht emanzipiert beurteilt wird? Sprich: Der Diskurs um Emanzipation produziert Bilder von Emanzipierten und Un-Emanzipierten. Die Emanzipierten erkennen sich als solche in Abgrenzung zu den Nicht-Emanzipierten. Und die Strategien, die gewählt werden, um sich zu emanzipieren, die konkreten Ziele, die angestrebt werden, sind von vornherein festgelegt. Als emanzipiert gilt im Westen beispielsweise die Frau, die berufstätig ist und karrierebewusst, aber nicht immer. Wenn eine Frau berufstätig und karrierebewusst und gleichzeitig aus religiösen Gründen ein Kopftuch trägt, so stimmt etwas nicht (vgl. Bitzan in diesem Band). Denn das Kopftuch, dieses unselig-aufgeladene Symbol, scheint völlig unvereinbar mit Emanzipation (vgl. Rommelspacher 2002). Dabei geht es nicht um eine Religionsdebatte á la Marx, sondern vielmehr erleben wir hier, wie der Diskurs der Emanzipation gebunden wird an einen Diskurs um Kultur (vgl. etwa Gümen 1996; dies. 2003).

Emanzipation zeigt sich hier eng verwoben mit einem humanistischen Diskurs, der der *Wilden* quasi bedarf, um Menschlichkeit bestimmen zu können. Derselben Logik folgend, braucht die emanzipierte westliche Frau, die unterdrückte *Andere*, um Befreiung überhaupt denken und leben zu können (vgl. Castro Varela 2003).

Im bundesdeutschen feministischen Diskurs ist es immer wieder die Migrantin und hier insbesondere die Frau türkischer Herkunft, die dafür herhalten muss, die eigene Emanzipation zu zelebrieren. Die Migrantin repräsentiert in dieser Vorstellung das ‚Zurückgebliebene', die ‚Traditionen' (vgl. Erel in diesem Band). Sie wird zur Metapher für Unterdrückung. „Nach dieser Logik", so Sedef Gümen, „erleben die aus der südlichen Peripherie Europas angeworbenen Arbeitskräfte mit der Migration einen ‚Kulturschock' in der westlichen Moderne und leben fortan ‚zwischen zwei Welten'" (Gümen 1996:83) – während selbstredend die bundesdeutsche, bürgerliche, christliche Frau das Subjekt der Emanzipation und Aufgeklärtheit darstellt. Dieses emanzipierte Subjekt ist die Heroine, die die *Andere* und nicht nur sich selbst befreien möchte (vgl. etwa Rommelspacher 1994).

Das Feld, was wir hier unter problematisierender Perspektive betreten, ist das Feld der *Repräsentation*. Es war der feministischen Theoriebildung immer daran gelegen, eine Sprache zu entwickeln, welche in der Lage ist, Frauen vollständig und adäquat zu repräsentieren, um ihre politische Sichtbarkeit zu ermöglichen. In etwa, wie es Michel Foucault als Zielsetzungen seines Tuns formuliert hat:

„ [...] to make visible the unseen can also mean a change of level, addressing oneself to a layer of material which had hitherto no pertinence for history and which had not been recognized as having any moral, aesthetic or historical value" (Foucault zit. bei Spivak 1988:81).

Aber die politische und sprachliche *Repräsentation* determiniert immer auch die Kriterien, denen zufolge das Subjekt geformt wird, so dass Repräsentation nur für diejenigen gültig ist und somit Anwendung findet, die Anerkennung als Subjekt finden. Die Anerkennung als Subjekt geht mithin der Repräsentation voraus. Wie nun Foucault brillant gezeigt hat, produziert Macht die Subjekte, die analog repräsentiert werden. Dementsprechend ist eine politische Praxis, die Frauen als das ‚Subjekt des Feminismus' repräsentieren, selbst diskursive Formation und Effekt bestehender Versionen der Repräsentationspolitik. Das feministische Subjekt wird, so wissen wir durch Judith Butler, diskursiv durch das politische System hergestellt, welches eben vorgibt dasselbe zu emanzipieren (vgl. Butler 1990). Die politische Konstruktion ist folglich eine legitimierende und ausgrenzende zugleich. Sprich: Diskurse produzieren, was sie lediglich zu repräsentieren vorgeben. Dies bedeutet, dass die entscheidende Frage nicht jene ist, die nach den Möglichkeiten einer adäquaten Repräsentation von Frauen sucht, sondern, dass es vielmehr darum gehen muss, herauszufinden, wie das Subjekt des Feminismus durch die Machtstrukturen der emanzipativen Bewegungen produziert und auch eingeschränkt wird (Butler 1990:2). Konsequenzen der postkolonialen Intervention, der *queer studies* und anderer kritischer Perspektiven in den feministischen Diskurs war und ist, dass die Kategorie ‚Frau' nicht mehr als stabiler Signifikant gilt, sondern eher zu einem widerständigen und irritierenden Zeichen geworden ist. Poststrukturalisistische Kritiken haben beispielsweise aufgezeigt, inwieweit die politische Annahme eines universellen, transkulturellen, für alle Frauen gültigen Zeichens der Repräsentation sich verquickt zeigt mit der strukturellen patriarchalen Dominanz. Eine entscheidende Kritik ist dabei jene, die feststellt, dass westliche feministische Theorie lange einen kolonisierenden Impetus an den Tag gelegt hat. Sie hat gewissermaßen erwartet, dass sich nicht-westliche Feministinnen ohne Widerrede ihren Vorstellungen von Unterdrückung und Emanzipation fügen. Dabei wurde die *Dritte Welt* (re-)produziert und der *Orient* beispielshalber als ein Ort konstruiert, für den Frauenunterdrückung aufgrund seines essentiellen nicht-westlichen „Primitivismus" und „Barbarismus" geradezu symptomatisch ist. Wir können festhalten, dass das Insistieren auf ein stabiles Subjekt des Feminismus – mit Frauen als einer nahtlosen Kategorie – Exklusionsformen generiert, die gewaltvolle regulatorische Konsequenzen hervorbringt, die den bekämpften Strukturen in kaum etwas nachstehen. Dass das Anliegen ein emanzipatorisches ist, kann über die Gewalttätigkeit der Ausgrenzung nicht hinwegtäuschen.

Feminismus in der Krise

Das Zusammenkommen feministischer und postkolonialer Theorie und Praxis hat zu einer doppelten Kritik am hegemonialen Diskurs geführt. Es waren v.a. *women of color* die ihre erfahrene Marginalisierung durch patriarchale und rassistische Strukturen analysierten und öffentlich thematisierten (vgl. Kaynar & Suda 2002). In der Folge intensivierten postkolonial-feministische Interventionen die Problematisierung kritischer Diskurse wie etwa des Marxismus und Feminismus, indem sie deren Beteiligung an dominanten Strukturen aufdeckten und die fehlende Selbstkritik benannten. Die Auseinandersetzung darum, dass *die Erfahrungen von Frauen* nicht einfach „gegeben" sind und somit nicht nur einfach organisiert und repräsentiert werden können, machte dabei abermals deutlich, wie notwendig Rassismus, Heterosexismus und auch Klassismus innerhalb der Frauenbewegung durch Analysen offengelegt werden müssen. Postkolonialismus und Feminismus erweisen sich beide gleichermaßen als Formen einer Identitätspolitik, die in der Frage nach Repräsentation von gravierender Bedeutung sind. Die entscheidende immer wieder aus dieser Richtung gestellte Frage ist: Wer spricht für wen?

Leider wird der postkoloniale Diskurs manchmal auf *„discursive bashing"* „des weißen Westens" reduziert. Diese Diskursform ist u.E. nur möglich, wenn die Trennung zwischen „Opfer" und „Täter" rigide in „unserer Geschichte" festgeschrieben bleibt. Wie die postkoloniale Feministin Spivak betont, ist es nicht die Aufgabe der postkolonialen Kritik, den „Opferdiskurs" durch Identitätspolitik zu fokusieren, sondern ihn zu zähmen, was sie als „value-coding" bezeichnet (Spivak 1990b:227f.).

„[n]ot all Third World women are „women of color"-if by this concept we mean exclusively non-white. And not all women of color are really Third World-if this term is used in reference to underdeveloped or developing societies [...] Yet if we extend the concept of Third World to include internally „colonised" racial and ethnic minority groups in this country, so many different kinds of groups could conceivably be included, that the crucial issue of social and institutional racism and its historic tie to slavery in the U.S. could get diluted, lost in the shuffle [...] I don't know what to think anymore. Things begin to get even more complicated when I begin to consider that many of us who identify as „Third World" or „Women of Color", have grown up as or are fast becoming „middle class" and highly educated, and therefore more privileged than many of our white, poor, working class sisters" (Quintanales 1983:151).

Die größte Herausforderung für den Repräsentationsdiskurs ist wohl die Problematisierung der Kategorien, die bisher als Normen und Instrumente der Kritik selbst genutzt wurden. Dass Feministinnen in der Folge gezwungen sind, ihre eigenen Identitäten, Bündnisse und Praxen infrage zu stellen, hat zu einer feststellbaren Desorientierung geführt, denn üblicherweise blieben diese Aspekte unhinterfragt, ja, unangetastet.

Die neue Welle kritischen Feminismus´ konzentriert sich nun auf die Unsichtbarkeit der *„women of color"* und anderer minorisierter Frauen. In der Bundesrepublik Deutschland fanden seit 1990 mehrere Kongresse minorisierter Frauen statt. Thematisiert wurde hier v.a. die Unsichtbarkeit von Migrantinnen, Schwarzen Frauen, Jüdinnen, im Exil lebenden Frauen, Roma und Sinti. Doch darüber hinaus gibt es auch noch eine andere Form der Unsichtbarkeit innerhalb der Frauenbewegungen, die u.E. einer genaueren Betrachtung bedarf: Es sind dies die Privilegien von Feministinnen, die sich in

„dominanten" Räumen sowohl in der „Ersten Welt" als auch in der „Dritten Welt" befinden. Es besteht eine Dringlichkeit darin, das Bündnis zwischen unserer Repräsentationspolitik und unserer „*politics of location*" zu analysieren (vgl. John 1996).

Wie Butler feststellt, endet die Liste der Kriterien innerhalb feministischer identitätstheoretischer Analysen, nachdem Hautfarbe, Sexualität, Ethnizität, Schicht und Behinderung benannt werden, meistens mit einem peinlichen *usw*. Diese geradezu skurille Aufzählung von Zugehörigkeiten ist z.T. der Versuch, ein situiertes Subjekt festzulegen. Aber natürlich bleibt diese Liste immer unvollständig. Dieses Versagen ist instruktiv, denn, welcher politischer Impetus könnte diesem frustrierenden *usw*. innewohnen? Womöglich haben wir es hier mit einem Zeichen theoretischer Erschöpfung zu tun, welche sich einstellt, wenn Bedeutungsprozesse bis ins Unendliche exerziert werden. Butler meint, dass dies eine Erscheinung der exzessiven Suche nach einer Möglichkeit, Identität ein für alle Mal festzulegen, ist. Das grenzenlose *und so weiter* bietet dabei neue Möglichkeiten für feministische politische Theoretisierung (vgl. Butler 1990:143). Die Problematisierung von festgelegten Identitäten läutet jedoch bei weitem nicht das Ende der Repräsentationspolitik ein. Wenn Identitäten nicht mehr festgelegt werden, dann ist Politik jedoch nicht mehr als eine Praxis zu verstehen, die aus den angeblichen Interessen der „*ready-made*" Subjekte abgeleitet werden kann (vgl. Butler 1990:149).

Einer der Grundannahmen für Identitätspolitik folgend bedürfen politische Interessen einer Identität, um ausgesprochen und verteidigt werden zu können. Das Sprechen ist damit immer ein Sprechen ‚im Namen von'. Nietzsche folgend argumentiert nun Judith Butler, dass es keinen „*doer behind the deed*" gibt, denn umgekehrt ist es so, dass durch ein Tun die TäterInnen erst geschaffen werden. Aus diesen Gründen plädiert Butler für variable und plurale Konstruktionen von Identität. Der Vorschlag nun, dass Feminismus eine weitere Form der Repräsentation für ein Subjekt suchen sollte, dass es schließlich selbst konstruiert, birgt die ironische Konsequenz in sich, dass der Feminismus Gefahr läuft, die eigenen Ziele zu verfehlen, weil er sich weigert, die konstitutive Macht seiner eigenen repräsentativen Ansprüche anzuerkennen. Und dieses Problem kann nicht einfach dadurch beseitigt werden, indem die Kategorie *Frau* aus rein strategischen Gründen genutzt wird, denn Strategien zeigen immer weit mehr Effekte als die intendierten (vgl. Spivaks „*strategic essentialism*" 1996:205). Die politische Aufgabe kann jedoch auch nicht in einer bloßen Ablehnung von Repräsentationspolitik bestehen, sondern muss u.E. vielmehr im Sinne Foucaults eine kritisch-feministische Genealogie hervorbringen. Die Aufgabe würde dann darin bestehen, innerhalb des konstituierten Rahmens eine Kritik der Identitätskategorien, die durch die Durchkreuzungen der Diskurse hervorgebracht werden, zu formulieren (vgl. Butler 1990:5). Und tatsächlich kann festgestellt werden, dass sich in den letzten Jahren zunehmend feministische Theorie mit Diskriminierungsdynamiken beschäftigt und somit verstärkt die Überschneidungen von Identitäten in das Zentrum des Interesses geraten sind.

Der Fokus der Betrachtung, so legen Butlers Analysen nahe, muss hin zu der Frage nach den Macht- und Unterdrückungsmechanismen verschoben werden, die fortgeführt und stabilisiert werden, wenn es die Repräsentationspolitik ist, die im alleinigen Mittelpunkt des Interesses ist. Und paradoxerweise ist die Repräsentation als solche nur dann zum Nutzen des feministischen Anliegens, wenn das Subjekt *Frau* permanent einer Problematisierung unterzogen wird. Die Chance bei einem solchen Vorgehen, das der Reifizierung von *gender* und Identität widerstehen kann, liegt nun darin, dass sich neue Möglichkeiten feministischer politischer Praxis auftun, die u.a. die Pluralisierung von Identitäten zu ihrem Ziel erhebt. Die radikale Instabilität der Kategorie stellt einige Grundfestungen feministischer Politik und Theorie in Frage und eröffnet damit neue Konfigurationsmöglichkeiten für politische Praxis als solche.

Die Politik der Repräsentation

Die postkoloniale Feministin Gayatri Chakravorty Spivak hat in verschiedenen Beiträgen Überlegungen zum Verhältnis der Intellektuellen zu denjenigen Gruppen, die sich ihrer Meinung nach nicht selbst repräsentieren können, angestellt.

Dabei führt sie auf Karl Marx rekurrierend eine wichtige differenzierende Unterscheidung ein: Sie differenziert zwischen zwei Bedeutungen des Begriffes „Repräsentation": *Vertretung* und *Darstellung*.

„Treading in your shoes, wearing your shoes", bedeutet demnach *Vertretung* (Spivak 1990a:14f.). Repräsentation ist in diesem Sinne *politische Repräsentation*. Die zweite Bedeutung wäre *Darstellung*. *Darstellung*, so erklärt Spivak, kommt von „dahin stellen".

> „Representing: ,proxy' and ,portrait' [...] Now, the thing to remember is that in the act of representing politically, you actually represent yourself and your constituency in the portrait sense, as well" (Spivak 1990a:108).

Die Gefahr liegt ihrer Ansicht nach darin, beide Vorstellungen nicht auseinander zu halten, sondern kritiklos miteinander zu verquicken. Der fundamentale Fehler liegt dann darin begründet, dass angenommen wird, es gäbe einen tatsächlichen Referenten, wohlwissend, dass Subjekte der Repräsentation immer imaginierte heterogene Subjekte sind. Eine *Vertretung* ohne *Darstellung* ist ohne Dissimilierung eigentlich nicht möglich, denn die zwei Konzepte scheinen in eine gegenseitigen Komplizenschaft eingeschlossen.

An anderer Stelle spricht Spivak über das Problem *im Namen eines Anderen zu sprechen*. Und schreibt:

> „It is not a solution, the idea of the disenfranchised speaking for themselves, or the radical critics speaking for them; this question of representation, self-representation, representing others, is a problem" (Spivak 1990a:63).

Spivak plädiert deswegen für eine „*persistent critique*", die davor schützt, die *Anderen* als bloßes Objekt des Wissens zu konstruieren. Denn dies stabilisiert schließlich die Situation, dass es einigen Wenigen gestattet wird, sich an öffentlichen Orten zu artikulieren, den *Anderen* zu repräsentieren und sich damit Respekt und Geltung zu verschaffen. Diese Zulassung einiger Auserwählter ist deswegen möglich, weil damit u.a. die Mehrheit ihre Gutmütigkeit und Generosität unter Beweis stellen kann. Das Zulassen dieser Weniger ermöglicht deswegen den weiteren konstanten Ausschluss der Mehrheit der Minorisierten.

Repräsentation ist immer auch Interpretation. Aus diesen Gründen ist es wichtig, den Fokus darauf zu richten, wer die Aufgabe des Interpretierens übernommen hat. Dabei sollte nicht nur die Frage von Relevanz sein, *wer* repräsentiert, sondern auch, wer aus welchen Gründen heraus repräsentiert wird, und zu welchem historischen Moment, in welchem Kontext, mit welchen Strategien und mit welcher Haltung.

> „I have trouble with questions of identity or voice. I'm much more interested in questions of space, because identity and voice are such powerful concept-metaphors, that after a while you begin to believe that you are what you're fighting for [...] Whereas, if you are clearing a space, from where to create a perspective, it is a self-separating project, which has the same politics, is against territorial occupation, but need not bring in questions of identity, voice, what am I, all of which can become very individualistic also" (Spivak 1996:21).

Die Politik der Repräsentation, v.a. wenn sie eine „*unterpräsentierte*" Gruppe betrifft, verfällt notwendigerweise in die Hermeneutik der Unterdrückung. Diese sogenannte „*burden of representation*" lässt die Frage aufkommen, wer denn eigentlich nun legitimiert ist, die Stimme für das *subaltern subject* zu erheben. *Subaltern subject* ist dabei ein zentrales Konzept postkolonialer Theorie, eine Figur, die Ranajit Guha, Historiker der *Subaltern Studies Group,* definiert als „Raum", welcher in kolonialisierten Kontexten von jeglicher Mobilitätsform abgeschnitten erscheint (vgl. Spivak 1996:288). Für jenes Subjekt also, das sich außerhalb jeglicher Mobilitätslinien befindet, muss die Frage der Repräsentation anders gedacht werden. Es muss beispielsweise beachtet werden, dass die Komplexität, die sich beim Repräsentieren der subalternen Stimme ergibt, nicht nur die Folge mikropolitischer Gegebenheiten ist, sondern auch ein Effekt der internationalen Arbeitsteilung, der Kasten- und Klassenhierarchie darstellt. Innerhalb dieser hegemonialen Strukturen kann die Stimme der *subaltern*, wie Spivak uns informiert, nur als Abwesenheit, quasi im Schatten des orientalisierten Subjektes der westlich kolonialen Diskurse, produziert werden.

Der allegorische Charakter dieser Art Repräsentation lässt die Frage nach dem „wer spricht nun wirklich für wen?" immer wieder aufs Neue virulent werden. Wenn eine bestimmte (Für-)Sprecherin oder ein bestimmtes Bild als metonymisch gelesen wird, wird Repräsentation erst recht zur Gefahr. Eine mögliche Lösung dieses komplexen Problems ist die Zunahme von Selbst-Repräsentation mit der Inklusion von mehr Individuen *marginalisierter*

Gruppen. Doch natürlich kann die bloße Inklusion von mehr *Minderheiten* nicht die strukturellen Barrieren ins Wanken bringen, die so oder so eine gleichwertige Partizipation differenter Kollektive verhindern.

Spivak macht deutlich, dass Repräsentation als Sprechakt zu lesen ist mit einer Sprecherin auf der einen und einer Zuhörerin auf der anderen Seite. Nicht selten versucht das *subaltern subjekt* sich selbst zu repräsentieren. Wenn jedoch diese Repräsentation außerhalb der „lines laid down by the official institutional structures of representation" (Spivak 1996:306) stattfindet, so wird dieser Akt nicht gehört, sondern einfach ignoriert. Die Zuhörer erkennen es nicht als einen Akt der Repräsentation, auch weil es nicht dem entspricht, was sie erwarten (vgl. Zimowska in diesem Band). Ignoranz, die beispielshalber Migrantinnen immer wieder innerhalb der bundesdeutschen Frauenbewegung zum Thema gemacht haben, erweist sich als effektive Macht- und Ausgrenzungsstrategie.

Eine Herausforderung liegt darin, mehr Raum zur Repräsentation für subalterne Politik zu schaffen, die nie zum Schweigen kommt. Für Spivak sind die Aufstände der *subaltern* ein Versuch, sich selber zu repräsentieren, und zwar in einer Art, die außerhalb der offiziell vorgeschriebenen strukturellen Möglichkeiten der Repräsentation verortet ist. Spivak bezeichnet diese Form der Repräsentation als die Unmöglichkeit zu sprechen (Spivak 1996: 306). Es ist nicht Spivaks Ansicht, dass nur ein Mitglied eines unterdrückten Kollektivs dasselbe repräsentieren kann, denn Repräsentation ist immer problematisch, doppelt und nie adäquat oder gar komplett. Sie kritisiert mithin das zu enge Verständnis von Repräsentation, welches aus der Identitätspolitik entstammt. Es rührt aus einer repressiven und fundamentalistischen politischen Praxis heraus, die da behauptet: „only a native can know the scene" (Spivak 1996:15). Auf der anderen Seite kann gesagt werden, dass, wenn die *subaltern subjects* nicht sprechen können, sie unmöglich ohne die Stimme der ‚Elite' gehört werden können. Und es ist diese abhängige Beziehung, die der Intellektuellen die Rolle der Mittelsfrau zwischen der *subaltern voice* und der „Welt da draußen" sichert. Eine Rolle, die mit vielen Privilegien einhergeht, die meistens verschwiegen werden. Die postkoloniale Intellektuelle, gewinnt beispielsweise Respekt und Ansehen in liberalen akademischen Zirkeln, indem sie für das *subaltern subject* spricht. Sie kann sich auch rasch gegen Kritik immunisieren, da sie im Namen der *Entrechteten* spricht. Eine der Gefahren ist, dass die bestehende Machtverteilung stabilisiert wird, und die Figur der *subaltern* selbst zu einer machtvollen diskursiven Figur im akademischen Spiel um Wahrheit wird.

Firstworlding der Dritten Welt: Native informants und information retrieval

Wenn die Welt heute v.a. Migration, *remapping* und Dislokation ausmacht, dann ist die Übersetzung eine sicher wertvolle und bedeutungsvolle Metapher. Es war auch hier die postkoloniale Theorie, die auf diese Tatsache hingewiesen hat. Was genau bedeutet das?

Innerhalb des Diskurses um postkolonialen Feminismus vollführt der *„native informant"* als kulturelle Übersetzerin, welche in der *ersten Welt* verortet ist, den Akt des Übersetzens von einer Kultur in das Idiom der anderen. Der postkolonialen Feministin, die im Namen der Differenz angerufen wird, wird damit die Rolle der kulturellen Repräsentantin zugewiesen, die Informationen für die westlichen Akademien bereitstellt. Diese Praxis bezeichnet Spivak als *„information retrieval"*. Sie zeigt auf, wie täuschend es ist, nur auf die Proliferation dieser Diskurse zu fokussieren und dabei die Hervorbringung von Ignoranz zu vergessen, die damit einhergeht, ja, die eigentlich die Vorbedingung dieses Wissens darstellt. Konkret: Wenn immer die Migrantin über ‚ihre Kultur' spricht, wird nicht nur Wissen erzeugt, sondern Spivak zufolge auch Ignoranz hervorgebracht. Das Sprechen der Migrantin über ‚ihre Kultur' stabilisiert nicht nur die Idee eingefrorener Kulturen, sondern erzeugt auch eine Vorstellung von Wissen, welches sich gewissermaßen qua Geburt einstellt. Solcherlei Wissen, welches von den Mitgliedern der Dominanzkultur immer wieder abgerufen wird, erweist sich als risikoreich, weil es hegemoniale Strukturen nicht problematisiert, sondern vielmehr stabilisiert.

> „My audience expects and demands it; otherwise people would feel as if they have been cheated: We did not come here to hear a Third World member speak about the First (?) World. We came to listen to that voice of difference likely to bring us what we can't have, and to divert us from the monotony of sameness" (Trinh 1989:88).

Jeder Versuch, die Differenz zwischen dem Westen und dem „Rest der Welt" zum Sprechen zu bringen, birgt für die postkoloniale Feministin, die sowohl den geopolitischen Ort des Westens als auch des Nicht-Westens bewohnt, die beständige Gefahr, in der Universalität unterzugehen, denn selbst wenn sie den *Westen* in Frage stellt, so bewegt sie sich doch selbst innerhalb von Institutionen, die sie an westliche Orte bindet. Sie befindet sich mithin in einer Situation des, wie Spivak es ausdrückt: *„enabling constraints"*[2].

Spivak macht uns darauf aufmerksam, inwieweit jeder Versuch der Repräsentation kolonisierende Züge in sich trägt. Die Übersetzerin – in diesem Falle die postkoloniale feministische Intellektuelle – trägt die Verantwortung für das (Wieder-)Zeichnen der Erzählung. EmpfängerInnen sind Jene, die keinen Zugang zum „Original" haben. Sprich, der Westen wie auch die *indigene* Elite im Nicht-Westen. Die ‚Übersetzerin', die Teilnehmerin an einem

---

2 *„Enabling constraints"* meint hier, dass die Strukturen, die *prima facie* dem Subjekt Möglichkeiten bereitstellen, gleichzeitig immer auch behindernd wirken. Die Rolle der *kulturellen Informantin*, die Helma Lutz als ‚kulturelle Übersetzerin' (vgl. Lutz 1991) gefeiert hat, befördert im Akt des Übersetzens immer auch Ignoranz. Die Gefahr für die *Informantin* liegt einerseits in der Festlegung auf diese Rolle und, wie wir an anderer Stelle ausgeführt haben (siehe Castro Varela/Dhawan 2003), das Risiko des Narzissmus, welches durch beständige Schmeicheleien der Dominanzkultur eine *freies Reden* und mithin *kritisches Reden* effektiv verhindert.

kritischen Prozess ist, der versucht, die Stimme der Minorisierten zum Sprechen zu bringen, wird *nolens volens* zur Vertreterin des subalternen Widerstands und muss sich dieser Ver-Antwortung bewusst sein.

Repräsentation ist in Folge nur dann gerechtfertigt, wenn die Praxis in solcher Weise geschmiedet wird, dass die Selbstzufriedenheit dem Zweifel weicht (vgl. Spivak 1988:185).

„This is the greatest gift of deconstruction: to question the authority of the investigating subject without paralyzing him, persistently transforming conditions of impossibility into possibility" (Spivak 1996:210).

Repräsentation als eine Praxis zu lesen, die das Schweigen zu durchbrechen versucht, sieht sich immer der Gefahr ausgesetzt Schweigen zu produzieren. All dies lässt die Frage nach einer Ethik der Repräsentation aufkommen, denn der bloße Ausdruck des Selbstzweifels erscheint uns als ein äußerst unädaquates Mittel, um die Repräsentationsrechte zu gewährleisten.

Intellektuelle, Repräsentation und Gewalt

„Die repräsentative Sprache repräsentiert nicht nur Gewalt; sie ist Gewalt" (Morrison zit. bei Butler 1998:16).

Gayatri Chakravorty Spivaks machtvolle Kritik an Michel Foucaults Position im Gespräch mit Deleuze (1977) spricht direkt die Verantwortung bei der Repräsentation an. Michel Foucault argumentiert, dass die *Massen* nicht mehr der Intellektuellen bedürfen, um Wissen zu erlangen. Seiner Ansicht nach wissen diese nur allzu gut Bescheid über ihre Situation und können mithin auch für sich selber sprechen. Es sind vielmehr die Machtsysteme, die ihr Sprechen verbieten und wertlos machen. Die Intellektuellen als Teil dieser Machtstrukturen befördern die Idee, dass sie den *Massen* das Bewusstsein bringen, und sie diejenigen sind, die sie von den Illusionen befreien müssen. Im Zuge der Inszenierung dieses Bewusstsein-bringenden-Aufklärungs-Spektakels partizipieren die Intellektuellen am hegemonialen Sein und ziehen auch hier, selbstredend, ihre Privilegien daraus. Michel Foucault folgend ist es nicht mehr länger die Aufgabe des Intellektuellen, sich selber über oder neben den Geschehnissen zu platzieren, um damit die Wahrheit des Kollektivs zu vermitteln. Vielmehr besteht die Aufgabe darin, gegen Formen der Macht anzukämpfen, die ihn und sie zum Objekt transformieren. Seine konstante Distanzierung von der Frage der Repräsentation ist nun, Spivak zufolge, kritikwürdig, denn die Abdankung von der Aufgabe der Repräsentation versteckt die essentialistische Agenda, in die diese Verabschiedung eingebettet erscheint.

Die Konklusion, die Spivak aus dieser Argumentation in ihrem Essay „Can the Subaltern speak?" herausarbeitet, ist, dass die „*subaltern voice*" nur gehört werden kann über die notwendige mediative Rolle der Intellektuellen.

Mit anderen Worten: Trotz der Gefahr der Reifizierung erscheint die Repräsentation durch die feministische Intellektuelle für Spivak unausweichlich. Es scheint sich ein inneres Paradox in der Beziehung zwischen der repräsentierenden postkolonialen Feministin und der repräsentierten *subaltern*, die sich nicht selbst repräsentieren kann/darf, einzustellen. Die Subjektposition der postkolonialen Feministin ist mithin eine parasitäre in ihrer Unmöglichkeit/im Verbot, die *subaltern* zu repräsentieren. Und obschon die postkoloniale Feministin ihre Anstrengungen in Richtung Auflösung des *subaltern space* richtet, so bedeutet dieses Tun zeitgleich immer auch die Stabilisierung ihrer eigenen Legitimität als intellektuelle Repräsentantin. Ihre politische Praxis entfaltet sich gerade am Kreuzungspunkt zwischen Verantwortung der Repräsentation und der Erlaubnis zu erzählen.

> „As we challenge a dominant discourse by ‚resurrecting' the victimized voice/self of the native with our readings- and as such is the impulse behind many ‚new historical' accounts- we step, far too quickly, into the otherwise silent and invisible space of the native and turn ourselves into living agents/witnesses for her. This process, in which we become visible, also neutralizes the untranslatability of the native's experience and the history of that untranslatability" (Chow 1993:66).

Die postkoloniale Feministin sieht sich gefangen in einer *double bind situation,* insoweit sie das Terrain bewohnt, welches sie gleichzeitig zu kritisieren vorgibt. Das Subjekt der Kritik ist damit deckungsgleich mit dem Objekt der Kritik. Die Lösung liegt jedoch nicht darin, sich ganz von der Repräsentation zurückzuziehen, wohl aber sich der eigenen Komplizinnenschaft beim Zum-Schweigen-bringen der *subaltern* zu stellen. „[...] to confront the subaltern is not to represent them, but to learn to represent ourselves" (Visweswaran 1994:51).

Wenn wir uns also mit der Frage konfrontiert sehen, ob der *subaltern* sprechen kann – und mehr noch, ob die Frau als *subaltern subject* sprechen kann – muss die intellektuelle Anstrengung, die darauf verwendet wird, den *subaltern* über die postkoloniale Feministin eine Stimme in der Geschichte zu geben, dahingehend analysiert werden, inwieweit dieses Tun ein essentialisierendes ist. Darüber hinaus muss immer wieder danach gefragt werden, ob es nicht, wie Spivak feststellt, ein heuchlerischer Akt von Seiten der *nonsubaltern sympathisers* ist, die dabei selber zu „*token victims*" werden, die Repräsentation ermöglicht (Spivak 1996:292). Spivak gibt zu, dass ihre leidenschaftliche Äußerung, dass die *subaltern* nicht sprechen kann, aus einer Verzweiflung herrührte, als sie erfuhr, dass in ihrer eigenen Familie die Frauen es waren, die über 50 Jahre Bhubaneswaris[3] Versuch zu sprechen unmöglich machten. Und so schließt sie, dass nicht nur die kolonialen Autoritäten für das Zum-Schweigen-bringen verantwortlich gemacht werden dürfen, son-

---

3 Spivak (1988) erzählt und analysiert den Selbstmord der jungen Frau, Bhubaneswari, die in der anti-kolonialen Unabhängigkeitsbewegung im kolonialen Indien involviert war, um daran zu illustrieren, wie eine Frau als *subaltern* in dem Versuch zu sprechen versagt.

dern hebt heraus, dass der Akt des Verschweigens hier von den emanzipierten Großenkelinnen ausging: ein neuer *Mainstream*, wie Spivak sagt (1999: 308). Und so insistiert sie, dass es entscheidend ist, die Komplizenschaft beim Ver-Schweigen anzuerkennen, denn schließlich ist der „postcolonial migrant investigator [...] touched by the colonial social formations" (Spivak 1999:309). „Part of our „unlearning" project is to articulate our participation in that formation-by measuring silences, if necessary-into the object of investigation" (Spivak 1999:284).

Verletzbarkeit und der Kampf um Gerechtigkeit

„Die Macht zu verletzen ist die gewalttätige Seite der Macht" (Reemtsma 2002:9).

Inwieweit befördern diese kritischen Interventionen feministische Theorie und Praxis?

Nach dem Fall der Berliner Mauer – und damit auch einiger sozialistischer Staatsgebilde – kann ein Fehlen politischer Visionen ausgemacht werden, welches auch für feministische Theorie und Praxis augenscheinlich nicht ohne Folgen blieb (vgl. etwa Holland-Cunz 2000; Fraser 2001).

In ihrem Buch *Die halbierte Gerechtigkeit*[4] bemüht sich nun die feministische Kritikerin Nancy Fraser darum, ein postsozialistisches Projekt zu entwerfen oder vielmehr politische Kritik in postsozialistischen Zeiten zu erhalten. Bei der Analyse der kritischen Theorie stellt sie fest, dass die Forderungen nach Anerkennung heute mehr im Vordergrund stehen als jene nach sozialer Gerechtigkeit. Wenn jedoch zugunsten der kulturellen Differenz die Forderung nach sozialer Gerechtigkeit über Bord geworfen wird, so sind die Effekte fatal, denn das würde bedeuten, so Fraser, dass Frau schließlich den neoliberalen Ideen zustimmt (vgl. Fraser 2001:15). Jedoch ist es auch nicht angemessen die Politik der Anerkennung gegen die Politik der Umverteilung auszuspielen, da auch sie im kritischen Diskurs ihre Berechtigung hat. Vielmehr wird es darum gehen müssen, sich gegen eine ‚Entweder-Oder-Logik' auszusprechen und Konzepte und Strategien zu entwickeln, die sich weder gegenseitig blockieren, noch dem neoliberalem Kapitalismus in die Hände spielen.

„Wir sollten statt dessen mit der Zielsetzung arbeiten, die emanzipatorischen Dimensionen beider Problematiken genau zu bestimmen und sie in einem einzigen, umfassenden Theorierahmen sinnvoll zu verbinden. Das Ziel sollte kurz gesagt darin bestehen, einen anderen ‚Postsozialismus' zu gestalten, der die besten Einsichten des Sozialismus vereint, anstatt sie zu verwerfen" (Fraser 2001:15).

Wie kann nun das Umverteilungs-Anerkennungs-Dilemma wenn schon nicht gelöst, so zumindest entschärft werden? Fraser folgend würde sich die Kombination von sozialistischer Wirtschaftspolitik, die eine Umstrukturierung der

---

4 Im Original: Justice Interruptus von 1997 (deutsch Fraser 2001).

Produktionsverhältnisse anstrebt, mit dekonstruktiver kulturalistischer Politik, die Gruppendifferenzierungen durch Infragestellung destabilisiert, am ehesten erfolgversprechend zeigen (vgl. Fraser 2001:63). Beide Ansätze versuchen bestehende Ungerechtigkeiten durch transformative Politik anzugehen. In diesem Zusammenhang scheint es notwendig, über neue Möglichkeiten der Koalitionsbildungen ebenso nachzudenken wie über Aussichten, die Räume für Visionen eröffnen, die möglichst inklusiv sind.

Nancy Frasers Kritik an Identitätspolitiken und der Betonung von Anerkennungsforderungen, die womöglich wie im Falle des Multikulturalismus nur affirmative Strategien präferieren, kann unseres Erachtens zumindest teilweise die politische Lähmung erklären, die einen Großteil feministisch engagierter Frauen im Westen befallen hat. Die Kämpfe um Anerkennung sind nicht nur differenzstabilisierend, sondern auch differenzproduzierend. Sie schüren einen absurden Kampf um die untersten Plätze in der Gesellschaft und die Missachtung all jener, die aus welchen Gründen auch immer Privilegien haben, die andere nicht haben. Sei es nun, weil sie in einer Familie aufgewachsen sind, die über erhebliches kulturelles und ökonomisches Kapital verfügt; sei es weil sie glücklich heterosexuell leben, weil sie weiß sind oder in der sogenannten Ersten Welt geboren und aufgewachsen sind. Es gibt immer Gründe Menschen zu verachten, weil sie etwas haben oder hatten, was uns nicht zugestanden wird oder für das wir haben erbittert kämpfen müssen. Die Fokussierung auf einen Diskurs über die Privilegien der jeweils anderen hat dabei den Opferstatus zu einem begehrten werden lassen und *information retrieval* zu einer beliebten Praxis, die unkritisch konstant betrieben wird.

Fatale Effekte einer solchen Politik sind reichlich, u.a. werden dringend notwendige Koalitionen verhindert, und die Fragmentierung von Gruppen solchermaßen vorangetrieben, dass politische Strategien allzu häufig im Sand verlaufen (vgl. hierzu auch die Dokumentation der Tagungung minorisierter Frauen in den Jahren 1990 und 1991 herausgegeben von Ayim/Prasad 1992).

Das Konzept der Vulnerabilität

Im Nachfolgenden schlagen wir nun eine auf den ersten Blick paradox erscheinende Analysestrategie vor. Sie richtet den Blick auf die Verletzlichkeiten, die mit der Zugehörigkeit zu depriviligierten sozialen Gruppen einhergehen. Unserer Meinung nach ermöglicht das Konzept der Vulnerabilität oder Verletzlichkeit, welches bisher v.a. in der kritischen Geographie und Ökonomie zur Anwendung gekommen ist, kritisch und radikalisierend über Transformationspotentiale gegendiskursiver Gruppen nachzudenken, ohne im gleichen Augenblick in ein simplifizierendes Gut-Böse-Schema zu verfallen. Im Gegensatz zum Opferdiskurs, der innerhalb der Rezeption feministisch postkolonialer Identitätspolitiken *en vogue* scheint, umgeht das Sprechen über Vulnerabilität ein bloß essentialisierendes Argumentieren und zwar ohne dabei in einen Universalismus zu verfallen, dem es wiederum schwer fällt Differenzen zu theoretisieren. Der Vulnerabilitätsansatz[5] vermag es vielmehr, Diskriminierungsprozesse als komplexe Dynamiken zu analysieren, und sie als eingebettet in sich überlappende Machtfelder zu beschreiben:

> „For instance, a discourse may be primarily about gender and, as such, it may centre upon gender-based binaries (although, of course, a binarised construction is not always inevitable). But this discourse will not exist in isolation from others, such as those signifying class, ‚race', religion or generation. The specifity of each is framed in and through fields of representation of the other" (Brah 1996:185).

Die Abhängigkeit der unterschiedlichen Ausschließungsprozesse voneinander produziert unterschiedliche Dynamiken der Ein- und Ausschließung, die nun wiederum abhängig von dem jeweiligen Kontext differente z.T. paradoxe Effekte produziert. Eine Frage, die sich dabei stellt, ist nach Avtar Brahs Worten, „how these signifiers slide into one another in the articulation of power" (Brah 1996:185).

Vulnerabilität zeigt sich verwoben in den Feldern der Macht. Sie wird durch dieselbe nicht nur erzeugt und ausgebeutet, sondern produziert auch selber Machtfelder und gegendiskursive Strategien.

Gegen die Butlersche Subjektkonzeption, die v.a. in den 90er Jahren eine breite Rezeption im akademischen Feminismus erfahren hat, wird immer wieder kritisch angemerkt, dass diese nicht in der Lage sei, Widerstandsstrategien minorisierter Frauen zu artikulieren, und dass dieselbe damit ungewollt dem *Mainstream* des Opferdiskurs in die Hände spiele (vgl. etwa Lorey 1996). Mittlerweile gibt es mannigfache Versuche diese Viktimisierungsfalle zu umgehen. Beispielshalber formuliert Isabel Lorey eine theoretische Perspektive, die sich stärker als Judith Butler an Michel Foucaults Machtkonzeptionen anlehnt. Subjektpositionen werden hier als durch Überlappungen und Überkreuzungen von Diskursen gebildet wahrgenommen.

> „Das Zusammentreffen unterschiedlichster Diskurse bedeutet ein überaus dynamisches Feld, ein dreidimensionales Geflecht, das in seiner einzigartigen Verbindung und Verflechtung von Diskursen ein Individuum ausmacht" (Lorey 1996:149).

Dieses Geflecht wird als hegemonialer Effekt beschrieben, welcher gleichsam ein Feld von (Selbst-) Konstitution darstellt, welches wiederum Widerstände und Widersprüche in sich birgt. Eine solche Betrachtung kommt dem Konzept der Vulnerabilität sehr nahe, welches versucht die unterschiedlichen Verletzlichkeiten in Form und Ausmaß als dynamische Felder zu visualisieren. Es scheint dann möglich, marginalisierte Perspektiven zum Sprechen zu

---

5 Ein Konzept sozialer Vulnerabilität wird von María do Mar Castro Varela im Rahmen ihres Dissertationsprojektes zu Utopiediskursen migrierter Frauen erarbeitet. Damit einher geht die durchaus spannende Frage, inwieweit das Denken der Alterität, wie es sich in spezifischer Weise im utopischen Visionieren präsentiert, geprägt wird durch unterschiedliche Formen von Vulnerabilität. Und auch inwiefern, utopische Diskurse Gegendiskurse zu verletzenden, ausgrenzenden, stigmatisierenden Diskursen sein können. Bei dem hier Dargestellten handelt es sich um die Kurzfassung einer vorläufigen Version.

bringen, ohne komplexe und kontingente Prozesse simplifizieren zu müssen. Der Fokus richtet sich dabei auf zwei Ebenen: Die Risiken, die ein Subjekt in unterschiedlicher Art und Weise verletzlich machen, und die Ressourcen, die das Subjekt mobilisieren kann – oder eben nicht –, um sich vor diesen Risiken zu schützen, den Verhältnissen zu widerstehen.

„Vulnerability has thus two sides: an external side of risks, shocks, and stresses to which an individual or a household is subject and an internal side which is defenselessness, meaning a lack of ability to cope without damaging loss" (Dow 1992:422).

Verschiedene Verletzlichkeitskombinationen können als Vulnerabilitätspositionen dargestellt werden. Diese sind nicht jedoch nicht fixiert, sondern dynamisch. Sie ergeben sich u.a. aus dem geopolitischen Kontext, der sozialen Position des Subjekts und dessen biographischen Verlauf. Verletzlichkeitspositionen produzieren Subjekte. Sie verfolgen die Subjekte nicht, sondern stellen sie kontextabhängig her. Diese Vorstellung lässt sich auch in Einklang bringen mit der Idee fluktuierender Identitäten.

Individuen *und* Kollektive können mithin different wahrgenommen werden, ohne auf einen gemeinsamen Ursprung rekurrieren zu müssen, der auf biologistische Erklärungsmuster zurückgreifen würde. Eine Frau, deren Mutter türkischer Herkunft ist, unterscheidet sich von einer mit weißen deutschen Eltern dann nicht durch die andere Herkunft, sondern, weil sie in einem bundesdeutschen Kontext, der geprägt ist von einem antitürkischen Diskurs, eben andere Verletzungen durchlebt hat. Die Zu-Fremden-Gemachten, sind verletzlich aufgrund der Vulnerabilitätsposition, die Fremde innerhalb der bundesdeutschen Gesellschaft inne haben. Die Analyse dieser Verletzungen und Verletzungsgefahren viktimisiert die Subjekte nicht, sondern ermöglicht eine klarere Betrachtung der relevanten Prozesse, und damit auch die Entwicklung von deutlichen Widerstandsstrategien. Das schützt vor einer essentialisierenden Identitätspolitik (vgl. etwa Hark 1995) ebenso wie vor einer Heroisierung derjenigen, die in ihrem Leben vielfältige Formen von Verletzungen haben hinnehmen müssen. Eine Heroisierung, die allzu schnell zu einer statischen Inszenierung verkommt, besitzt wenig politische Ausstrahlungskraft. Zugleich wird die aktive Rolle des Subjektes bei der Herstellung der sie konstituierenden Macht- und Herrschaftsverhältnisse nicht unterschlagen. Das scheint in besonderer Weise vonnöten, weil eine Analyse der Subjektkonstitution, die die Handlungsfähigkeit der Subjekte außer Acht lässt, nicht in der Lage sein wird, Visionen aufzuzeigen und damit notwendige gesellschaftliche Transformation überhaupt artikulierbar zu machen (vgl. Lorey 1996:14).

Unter sozialer Vulnerabilität verstehen wir eine Form von Risiko, welches aus dem sozialen Alltagsleben erwächst. Je mehr Risiken ein Individuum exponiert ist, desto höher die Wahrscheinlichkeit, dass es alltäglichen und institutionellen Diskriminierungs-, Stigmatisierungserfahrungen und *Othering*prozessen ausgesetzt ist. Und dies gilt für alle Orte: Arbeitsmarkt, Schule, Wohnungsmarkt, Orte des Vergnügens, in der Familie und innerhalb von Beziehungen. An allen Orten und in der Alltäglichkeit kommt Verletzlichkeit zum Tragen, die sich nicht nur in einer anderen Perspektive auf die Welt niederschlägt, sondern auch in einem anderen Sprechen und Schweigen. Konkreter: Es wird bei unterschiedlicher Vulnerabilitätsposition an anderen Stellen geredet und dann über andere Dinge, sowie an anderen Orten und zu anderen Zeiten geschwiegen wird. Die Wahrnehmung dieses Sprechens und Schweigens ist dabei ebenso ein Effekt von Vulnerabilität wie die Praxis selber.

In der Debatte um Rassismus und Antisemitismus wurde das Durchbrechen spezifischen Schweigens häufig kulturalisiert und/oder psychologisiert und die widerständigen Subjekte somit wieder zum Schweigen gebracht. So wurden nicht selten die wütenden Reden von Schwarzen Frauen zu einer Sache des Temperaments erklärt und das Benennen rassistischer Übergriffe als unerklärlich beschrieben oder einer unakzeptablen Empfindlichkeit zugesprochen. Argumente wurden psychologisiert und entwertet, und die Subjekte, die ihre Verletzlichkeit thematisierten, wurden auf ihre Opferposition verwiesen.

Folgende Tabelle versucht die wichtigsten Risikofaktoren und die möglichen Widerstandspotentiale aufzulisten. Sie erhebt dabei keinen Anspruch auf Vollständigkeit, sondern versucht vielmehr darzustellen, wie differenziert und multifacettiert sich Verletzlichkeit darstellt.

Tabelle 1: Risiken und Widerstandspotentiale Sozialer Vulnerabilität

Risiko	Widerstandspotential
Legaler Status	Bildung
Alter	Ökonomische Ressourcen
Gender	Rückzugsmöglichkeiten
Schichtzugehörigkeit	Sprachkompetenz
Sexuelle Orientierung	Biographische Ressourcen
Körperliche Mobilität	Flexibilität/Mobilität
Gesundheitliche Verfassung	Soziale Ressourcen
Rassifizierbare Kriterien (z.B. Phänotypische Merkmale, Herkunft/Ethnische Zugehörigkeit, Religiöse Zugehörigkeit, Staatsangehörigkeit, etc.)	(Community, Unterstützung) Vertrautheit mit der Umgebung Einklagbare Rechte
Wohnort (Peripherie/Zentrum)	

Risiken stellen dabei die andere Seite sozialer Privilegien dar. Wer etwa deutsche Staatsbürgerin ist, ist privilegiert gegenüber einer Frau, die nur im Besitz einer Aufenthaltsbewilligung ist. Eine junge gesunde Frau ist privilegiert in Relation zu einer chronisch erkrankten und so weiter. Zusammengenommen bilden diese Faktoren auf der Privilegien-Seite das aus, was Audre Lorde als *mythische Norm* bezeichnet hat:

> „Wir sprechen nicht von menschlichen Unterschieden, sondern von menschlichen Abweichungen von der Norm.
> Irgendwo in unserem Hinterkopf gibt es etwas, das ich als ‚mythische Norm' bezeichne, von der jede einzelne tief in ihrem Herzen weiß, ‚das bin nicht ich'. In Amerika versteht man unter dieser Norm meistens: weiß, dünn, männlich, jung, heterosexuell, christlich und finanziell gesichert. Mit Hilfe dieser mythischen Norm bleiben die Fallstricke der Macht in dieser Gesellschaft erhalten" (Lorde 1993:202; Orig.1984).

Je nach Kontext ist das Ensemble der ‚Normalitätskriterien' leicht unterschiedlich. So ist es beispielsweise in Indien nach wie vor entscheidend, welcher Kaste eine Person angehört[6] (vgl. etwa Gupta 2000; Fuchs 1999), obwohl das System der Kasten in der säkularen indischen Republik keine rechtsstaatliche Anerkennung erfährt. Dieses Beispiel verdeutlicht, inwieweit Machtfelder sich flexibel in Widerstand einbetten, bzw. wie stabil Herrschaftssysteme sind, die Michel Foucault bekanntermaßen als geronnene Macht beschrieben hat. Ausgrenzungsmechanismen wie etwa Rassismus sind extrem formbar. Sie passen sich geradezu schmiegsam an unterschiedliche politische Bedingungen an. Dabei werden Ausgrenzungsformen nicht nur stabilisiert, sondern auch neue Formen der Ausgrenzung geschaffen. Macht ist kreativ und produktiv, wie Michel Foucault so treffend ausführt.

Die soziale Position, die auch darüber entscheidet, welchen Verletzlichkeiten ein Subjekt ausgesetzt ist, kann sich als mehr oder weniger stabil zeigen, oder sich aber sehr schnell und plötzlich verändern:

„[...] etwa wenn sich mit der Wahl des Partners/der Partnerin das kulturelle Umfeld ändert – oder auch wenn sich die Zugehörigkeit zu einer sozialen Gruppierung mit dem beruflichen Status, dem Alter oder dem Gesundheitszustand ändert. Es ist auch eine Frage der persönlichen Zuordnung, wie man sich z.B. politisch positioniert, ob und inwiefern man von Ein- und Ausschließungsprozessen betroffen ist" (Rommelspacher 2002:205).

Zweierlei kann dann gesagt werden: Erstens Jeder und Jede ist von Ein- und Ausschließungsprozessen betroffen. Zweitens, dennoch gibt es Opfer und TäterInnen, denn die Häufung von Privilegierungen und eben auch von Diskriminierungen ist in differenten Kollektiven unterschiedlich. Der Zugang zur Normalität und damit Partizipation an Ressourcen wie Bildung und Geld ist streng reguliert, und Birgit Rommelspacher attestiert gar eine zunehmende Abschottung der deutschen Gesellschaft gegenüber denjenigen, die zu ‚Fremden' gemacht wurden und werden (vgl. Rommelspacher 2002:206). Abschottungsprozesse dienen dazu, das Feld der Normalität so unantastbar wie möglich zu gestalten, und somit die bestehenden hegemonialen Strukturen zu erhalten. Deswegen stellen für Michel Foucault Normalisierungen eines der großen Machtinstrumente dar (vgl. Foucault 1994:237). Sie treten an die Stelle der Male, die Standeszugehörigkeiten und Privilegien anzeigten. Das, was als *normal* bezeichnet wird und damit als intellegibel erscheint, kann nur diese Bedeutung erhalten auf Kosten dessen, was im gleichzeitigen Bestimmungsprozess als nicht bedeutend, als nicht normal und unmöglich gilt (vgl. Lorey 1996:18). Die *Anderen* das sind die *Anormalen*, die *Monster* (vgl. auch Foucault 2003).

Das zwingt die Normalisierungsmacht nicht nur zur Homogenität, vielmehr wirkt sie auch individualisierend, „da sie Abstände misst, Niveaus be-

---

6 Dipankar Gupta zeigt in seinem Buch „Interrogating Caste" (2000) auf, wie hoch komplex das Stratifikationssystem der Kasten ist, und wie es mit anderen sozialen Hierarchisierungssystemen verquickt ist.

stimmt, Besonderheiten fixiert und die Unterschiede nutzbringend aufeinander abstimmt" (Rommelspacher 2002:206). Der Prozess der Normalisierung zeigt sich dazu eingelagert in ein „System von Normalitätsgraden" (ebd.) mit dessen Hilfe folglich der Grad der Zugehörigkeit eines Individuums zu einen „homogenen Gesellschaftskörper" angezeigt werden kann, während er dabei klassifizierend, rangordnend und hierarchisierend zu wirken in der Lage ist. Diese Vorstellungen sind Teil von Foucaults komplexen machttheoretischen Vorstellungen, die nicht davon ausgehen, dass Macht Privileg einer Person, Klasse, Gruppe oder Institution sei. Vielmehr, so Foucaults Ansicht, produziert und formt die Macht Subjekte (vgl. etwa Foucault 1978; 1983). Mithin ist ihre Wirkung nicht ausschließlich repressiv, sondern auch produktiv (vgl. Kneer 1998). Die Subjekte, die bei der Subjektivierung entstehen, sind dementsprechend nie ganz und letztendlich geschaffen. Subjektivierung ist ein sich fortsetzender Prozess, der nie abgeschlossen erscheint.

Die Seite der Widerstandspotentiale des Vulnerabilitätskonzeptes deutet nun auf die immer vorhandenen Möglichkeiten des Widerstands hin, aber auch auf die Bedingungen, die bestimmte Widerstandsformen erforderlich machen. Menschen, die gebildet sind und über ökonomische Ressourcen verfügen wie etwa StudentInnen des Südens, die zumeist aus der Elite dieser Länder stammen, sind dennoch in Deutschland vielfältigen Diskriminierungen ausgesetzt. Eine Verletzlichkeitsposition, die sich aus der postkolonialen Verfasstheit der Welt ergibt, bei der von einer Verarbeitung der kolonialen Zeit nicht ausgegangen werden kann. Dennoch haben diese Menschen mehr Möglichkeiten, sich zur Wehr zu setzen und zu schützen, als viele der angeworbenen ArbeitnehmerInnen aus der europäischen Peripherie. Dasselbe lässt sich auch von der zweiten Generation von Migrantinnen sagen: Diejenigen, die die Bildungschancen nutzen konnten, sind anderen Ausschließungsmechanismen ausgesetzt als dies die Mitglieder der ersten Einwanderergeneration nach dem Zweiten Weltkrieg in Deutschland waren, sofern diese aus den armen ländlichen Peripherien kamen. Sie wanderten gewissermaßen mit erworbenen Unfreiheiten ein, die sich im Zuge der Migration akkumulierten. Ihre Vulnerabilitätsposition machte sie im höchsten Maße ausbeutbar und damit zu attraktiven Objekten eines expandierenden Kapitalismus. Zusätzlich sorgte das repressive juristische System dafür, dass zwar eine ökonomische Verbesserung eintrat, dies jedoch bei gleichzeitiger Erzeugung elementarer Unfreiheiten. Dazu zählen etwa die Nicht-Gewährung von Deutschkursen, die kurzen Zeiträume der erteilten Aufenthaltsgenehmigungen, die das bloße Denken von Zukunft geradezu unmöglich machten. Die zweite Generation hat diese Unfreiheiten zum Teil überwunden. Insoweit ist eine differenzierte Betrachtung von Migrationspopulationen nicht nur wissenschaftlich adäquat, sondern ebenso politisch relevant (vgl. hierzu auch die Ausführungen von John 1996).

Politischen Forderungen müssen möglichst genaue Analysen der Ungerechtigkeiten und Unfreiheiten, die angeprangert werden, zu Grunde gelegt werden. Sie müssen aber auch Möglichkeiten des Widerstands bereitstellen und darüber hinaus in der Lage sein, aufzuzeigen, wie diese Widerstandsfiguren eventuell erneut Unfreiheiten erzeugen. Im Sinne des Dekonstruktivismus ist Freiheit eine Praxis und nicht ein Zustand, und erfordert somit ein beständiges auf der Hut sein und besonnenes Reflektieren. Das Konzept der Vulnerabilität bietet ein Analyseinstrument, welches Homogenisierungen umgeht und ebenso zulässt Widerstandsformationen differenzierten Analysen zu unterziehen.

Eines der theoretisch und politisch-strategischen Probleme einer ‚Migrantinnen-Bewegung' liegt u.E. darin, dass diese der Strategie der Identitätspolitik gefolgt ist und vordergründig Anerkennung der Differenzen gefordert hat. Mit einer solchen Widerstandstrategie ist jedoch, wie u.a. auch Fraser aufzeigt, den Herausforderungen der essentialisierenden Kultur- und auch „Rasse"diskurse nicht beizukommen. Das ‚Wir', aus dem heraus gesprochen wurde, änderte sein Gesicht, doch es blieb ein homogenisierendes und mehr noch ein unhinterfragtes ‚Wir'. Eine Aufwertung des eigenen Selbst ging einher mit der Ablehnung derjenigen, die als dominant gesehen und konstruiert wurden. So lehnten es in der Folge Migrantinnen nicht nur oft ab, mit weißen deutschen Frauen zusammenzuarbeiten, sondern beispielsweise auch Schwarze Frauen mit weißen jüdischen Frauen (vgl. hierzu ebenso die Dokumentation der Tagung minorisierter Frauen in den Jahren 1990 und 1991 herausgegeben von Ayim/Prasad 1992), um nur ein Beispiel vorzustellen. Die Bewegung produzierte vielfältige Formen der Missachtung und verhinderte politisch notwendige Koalitionsbildungen. Indem immer nur ein Kriterium für Unfreiheit fokussiert wird, werden andere Verletzlichkeiten ignoriert, verharmlost oder negiert (vgl. Pagels in diesem Band). Das macht den politischen Kampf zu einen moralischen Kampf um Gut und Böse, der eine Vielzahl von Sackgassen auch theoretischer Art bereithält.

> „[W]e want to problematize the unity of ‚us' and the otherness of the ‚other', and question the radical separation between the two that makes the opposition possible in the first place. We are interested less in establishing a dialogic relation between geographically distinct societies than in exploring the processes of production of difference in a world of culturally, socially, and economically interconnected and interdependent spaces" (Gupta & Ferguson 1992:14).

Die Kritik minorisierter Frauen an dem Status quo der bundesdeutschen Frauenbewegung zu Beginn der 90er Jahre war eine notwendige. Die Debatten, die sich daraus ergeben haben, haben das kritische Denken angefacht und Exklusionsdynamiken transparent gemacht. Jetzt scheint es u.E. dringend erforderlich, neue Visionen zu entwickeln, die nicht *nur* die eigenen Verletzlichkeiten in den Fokus politischen Interesses stellen, sondern einer Ethik folgen, bei der das eigene Handeln daran gemessen wird, welche Konsequenzen dieses für die Subjekte bringt, die sich auf einer Position maximaler Vulnerabiltät befinden.[7] Dies erfordert ein parrhesiastisches Selbst. Ein Selbst also, welches in der Lage ist, das auszusprechen was es weiß, auch wenn es

---

7 Diese politisch-normative Ethik wurde von Ghandi entwickelt und vorgeschlagen. Wir halten sie im Zusammenhang mit emanzipativen Bewegungen für sehr inspirierend und richtungsweisend.

damit selber in das Zentrum der Kritik gerät (vgl. Castro Varela & Dhawan 2003). Und es erfordert Visions- und Bündnisfähigkeit. Beides Fähigkeiten, die nur durch permanente Selbstkritik und eine ethisch-experimentelle politische Haltung erreichbar sind.

Literatur

Ayim, May/Prasad, Nivedita (Hrsg.) 1992: Wege zu Bündnissen. Dokumentation der Tagung von/für ethnisch und afro-deutsche Minderheiten, Bremen 8.-10. Juni 1990 und Zweiter bundesweiter Kongreß von und für Immigrantinnen, Schwarze deutsche, jüdische und im Exil lebende Frauen, Berlin 3.-6. Oktober 1991. FU Berlin (Broschüre)
Benhabib, Seyla 1986: Critque, Norm and Utopia. A study of the foundations of Critical Theory. New York
Benhabib, Seyla 1992: Kritik, Norm und Utopie. Die normativen Grundlagen der kritischen Theorie. Frankfurt am Main
Brah, Avtar 1996: Cartographies of Diaspora: Contesting Identities. New York/London
Butler, Judith. 1990: Gender Trouble: Feminism and the subversion of identity. New York/ London
Butler, Judith. 1998: Haß spricht. Zur Politik des Performativen. Berlin
Castro Varela, María do Mar (2003): Vom Sinn des Herum-Irrens. Emanzipation und Dekonstruktion. In: Koppert, Claudia/Selders, Beate (Hrsg.): Hand aufs dekonstruierte Herz. Verständigungsversuche in Zeiten der politisch-theoretischen Selbstabschaffung von Frauen. Königstein im Taunus, S. 91-115.
Castro Varela, María do Mar und Nikita Dhawan 2003: Postkolonialer Feminismus und die Kunst der Selbstkritik. In: Steyerl, Hito/Gutiérrez Rodríguez, Encarnación (Hrsg.): Spricht die Subalterne deutsch? Migration und postkoloniale Kritik. Berlin, S. 270-290
Chow, Rey 1993: Writing Diaspora. Tactics of Intervention in Contemporary Cultural Studies. Indianapolis
Dow, Kirstin 1992: Exploring Differences in Our Common Futures: the Meaning of Vulnerability to Global Environmental Change. In: Geoform 23/3, S.417-436
Foucault, Michel 1977: Intellectuals and Power. In: Bouchard, Donald F. (Hrsg.): Language, Counter-Memory, Practice: Selected Essays and Interviews by Michel Foucault. Ithaca, S. 205-217
Foucault, Michel 1978: Dispositive der Macht. Berlin
Foucault, Michel 1983: Der Wille zum Wissen. Sexualität und Wahrheit Bd. 1. Frankfurt am Main
Foucault, Michel 1994: Überwachen und Strafen. Die Geburt des Gefängnisses. Frankfurt am Main
Foucault, Michel 2003: Die Anormalen. Vorlesungen am Collège de France 1974-1975. Frankfurt am Main
Fraser, Nancy 2001: Die halbierte Gerechtigkeit. Schlüsselbegriffe des postindustriellen Sozialstaates. Frankfurt am Main
Fuchs, Martin 1999: Kampf um Differenz. Repräsentation, Subjektivität und soziale Bewegungen. Das Beispiel Indien. Frankfurt am Main
Gümen, Sedef 1996: Die sozialpolitische Konstruktion „kultureller" Differenzen in der bundesdeutschen Frauen- und Migrationsforschung. In: beiträge zur feministischen theorie und praxis. Band 42, S. 77-89
Gümen, Sedef 2003: Frauen, Arbeitsmarkt und Einwanderungsgesellschaft – kein Thema für die Frauenforschung? In: Castro Varela, María do Mar/Clayton, Dimitria: Migration, Gender, Arbeitsmarkt. Königstein, S. 30-57

Gupta, Akhil/Ferguson, James 1992: Beyond „culture": space, identity and the politics of difference. In: Cultural Anthropology 7/1, S. 6-23
Gupta, Dipankar 2000 Interrogating Caste. Understanding hierarchy & difference in Indian society. New Delhi
Hark, Sabine 1996: Deviante Subjekte. Die paradoxe Politik der Identität. Opladen
Holland-Cunz, Barbara 2000: Visionenverlust und Visionenverzicht. Dominante und frauenpolitische Bilder von „Zukunft" vor dem Jahr 2000. In: Österreichische Zeitschrift für Politikwissenschaft 29/1. S. 29-44
John, Mary E. 1996: Discrepant Dislocations. Feminism, Theory and postcolonial histories. Berkeley
Kaynar, Erdal & Suda, Kimiko 2002: Aspekte migrantischer Selbstorganisation in Deutschland. In: Bratić, Ljubomir (Hrsg.): Landschaften der Tat. Vermessung, Transformationen und Ambivalenzen des Antirassismus in Europa. St. Pölten, S. 167-185
Kneer, Georg 1998: Die Analytik der Macht bei Michel Foucault. In Macht und Herrschaft. Sozialwissenschaftliche Konzeptionen und Theorien. Opladen, S. 239-254
Lorde, Audre 1993: Du kannst nicht das Haus des Herren mit dem Handwerkszeug des Herren abreissen. In: Schultz, Dagmar (Hrsg.): Audre Lorde & Adrienne Rich.: Macht und Sinnlichkeit. Ausgewählte Texte. Erstausgabe 1983. Berlin, S. 199-212
Lorey, Isabel. 1996: Immer Ärger mit dem Subjekt. Theoretische und politische Konsequenzen eines juridischen Machtmodells: Judith Butler. Tübingen
Lutz, Helma 1991: Welten verbinden. Türkische Sozialarbeiterinnen in den Niederlanden und der Bundesrepublik Deutschland. Frankfurt am Main
Quintanales, Mirtha. 1983: „I paid very hard for my Immigrant Ignorance." In: Moraga, Cherríe/Anzaldúa, Gloria (Hrsg.): This bridge called my back: Writings of Radical women of Color. New York, S. 150-156
Reemtsma, Jan Philipp 2002: Die Gewalt spricht nicht. Drei Reden. Stuttgart
Rommelspacher, Birgit 1994: Frauen in der Dominanzkultur. In: Uremović, Olga/Oerter, Gundula (Hrsg.): Frauen zwischen Grenzen. Rassismus und Nationalismus in der feministischen Diskussion. Frankfurt am Main, S. 18-32
Rommelspacher, Birgit 2002: Anerkennung und Ausgrenzung. Deutschland als multikulturelle Gesellschaft. Frankfurt am Main/New York
Spivak, Gayatri Chakravarty.1988: Can the Subaltern Speak? In: Nelson, V. Gary/Grossberg, Lawrence (Hrsg.): Marxism and the interpretation of culture. Urbana, Chicago, S. 271-313
Spivak, Gayatri Chakravarty 1990a. The Postcolonial Critic: Interviews, Strategies, Dialogues. New York
Spivak, Gayatri Chakravarty 1990b: Poststructuralism, Marginality, Postcoloniality and Value. In: Collier, Peter/Geyer-Ryan, Helga (Hrsg.): Literary Theory Today. Cambridge, S. 219-244
Spivak, Gayatri Chakravorty 1996: The Spivak Reader. (Eds.Donna Landry and Gerald Maclean) New York
Spivak, Gayatri Chakravorty 1999: A Critique of Postcolonial Reason: Toward a History of the Vanishing Present
Trinh, Minh-ha 1989: Woman, Native, Other: Writing Postcoloniality and Feminism. Bloomington and Indianapolis
Visweswaran, Kamala 1994: Fictions of Feminist Ethnography. Minneapolis

4. Kontaktadressen:
Antirassistische Gruppen und Projekte

Im Rahmen dieses Sammelbandes werden verschiedene antirassistische Vereinigungen genannt bzw. haben sich selbst an diesem Buch beteiligt. Da sie in feministischen Kreisen nicht unbedingt bekannt sind, habe ich Kontaktadressen zusammengestellt. Diese Liste ist nicht repräsentativ, nicht mal annähernd vollständig, sondern beschränkt sich auf den Kontext des Sammelbandes und auf Gruppen, die schon länger etabliert sind. Es wurde keine Gruppe mit bösen Absichten nicht aufgenommen. Von hier aus sind weitere Kontakte sicherlich möglich:

- *Antirassistische Initiative e.V.*
  Yorkstr. 59, 10965 Berlin, Tel.: 030 785 72 81, Fax: 030 786 99 84, ari-Berlin@gmx.de, www.berlinet.de/ari

- *Antirassistisch-Interkulturelles Informationszentrum ARIC Berlin e.V.*
  Chausseestr. 29, 10115 Berlin, Tel.: 030 308 7990, Fax: 030 799 12 aric@aric.de www.aric.de

- *Arbeitsgemeinschaft gegen internationale, sexuelle und rassistische Ausbeutung AGRISA e.V.*
  Ludolfstr. 2-4, 60487 Frankfurt, Tel.: 069 777 752/55, Fax: 069 777 757, agrisa@aol.com, www.stadt-frankfurt.de/selbsthilfe/shg.init.htm

- *Dokumentations- und Informationszentrum für Rassismusforschung e.V.*
  Postfach 1221, 35002 Marburg, Tel.: 06421 37722, Fax: 06421 37794, dir@mailer.uni-marburg.de, www.uni-marburg.de/dir oder www.infolinks.de

- *FeMigra*
  FeMigra ist eine Gruppe von feministischen Migrantinnen, die eine Internetplattform minorisierter Frauen anbietet. Hier finden sich weitere Texte zu rassistischen und sexistischen Unterdrückungsmechanismen: www.femigra.com

- *Initiative Schwarzer Menschen in Deutschland ISD*
  ISD-Bund e.V., Postfach 900 355, 60433 Frankfurt am Main, Tel. und Fax: 07000 473 2863, www.isdonline.de

- *Kanak Attak*
  Kultureller und politischer Verbund von Engagierten aus Familien mit Migrationshintergrund sowie MigrantInnen, der gegen Assimilation und ein Verstecken der Eigenständigkeit eigene künstlerische Akzente (besonders Musik, Film und Lyrik) setzt: www.kanak-attak.de
- *Karawane für die Rechte der Flüchtlinge und MigrantInnen*
  Bundesweite Vernetzung von Organisationen von, für und mit Flüchtlingen und MigrantInnen, die sich u.a. für Menschenrechte und Selbstorganisation einsetzt: www.basicrights.de
  Norden: Bremen und Hamburg Tel.: 040 431 890 37, Fax: 040 431 890 38
  Osten: The Voice Tel.: 03641 6652, Fax: 03641 4270 und Halle Tel.: 0345 170 1242
  Westen: AGIF Tel.: 0173 290 2691
  Süden: München und Nürnberg Tel.: 0170 461 1321, Fax: 0911 336 513
- *Kein Mensch ist illegal*
  c/o Rasthaus, Adlerstr. 12, 79098 Freiburg, Telefonisch ist ein Handy erreichbar, das von verschiedenen Gruppen im Bundesgebiet betreut wird: 0172-8910825, www.aktivgegenabschiebung.de unter /links_selbst.html finden sich diverse Links auf Organisationen von MigrantInnen und Afrodeutschen.
- *Koordination gegen Frauenhandel und Gewalt gegen Frauen KOK*
  Behlertstr. 35, 14467 Potsdam, Tel.: 0331 2803305, www.kok-potsdam.de
- *Pro Asyl*
  Bundesweite Arbeitsgemeinschaft für Flüchtlinge e.V., Postfach 16 06 24, 60069 Frankfurt/Main, Tel.: 069 230688, Fax 069 230650, www.proasyl.de, proasyl@proasyl.de
- *Respect-Netzwerk*
  Das Respect-Netzwerk besteht aus Beratungsstellen, MigrantInnenorganisationen und Unterstützungsgruppen. Respect unterstützt Migrantinnen, die in der Hausarbeit arbeiten, und wendet sich gegen die geschlechtsspezifische Arbeitsteilung sowie rassistische Ausgrenzung und Ausbeutung von Flüchtlingen und illegalisierten Menschen. Hier finden sich auch Links und Kontaktadressen der einzelnen bundesdeutschen Mitglieder: www.respect-netz.de
- *Terre des Femmes*
  Bundesgeschäftsstelle, Konrad-Adenauer-Str. 40, 72072 Tübingen, Tel.: 07071 79730, Fax: 07071 797322, tdf@frauenrechte.de oder TdF@swol.de, www.terre-des-femmes.de
- *Verband binationaler Familien und Partnerschaften IAF e.V.*
  Ludolfstr. 2-4, 60487 Frankfurt, Tel.: 069 713 7560, Fax: 069 707 5092, Verband-Binationaler@t-online.de, www.verband-binationaler.de

AutorInnen-Verzeichnis

Bitzan, Renate: Dr., derzeit wissenschaftliche Assistentin am Zentrum für Europa- und Nordamerika-Studien der Sozialwissenschaftlichen Fakultät der Universität Göttingen, gefördert durch das Dorothea-Erxleben-Programm des Landes Niedersachsen, Habilitationsprojekt zu gewerkschaftlicher Interessenvertretung von Migrantinnen. Arbeitsschwerpunkte: Rechtsextremismus, Migration, Geschlechterforschung. Ausgewählte Publikationen: Selbstbilder rechter Frauen. Zwischen Antisexismus und völkischem Denken, Tübingen 2000; Frauen in der rechtsextremen Szene. In: Grumke, Thomas/Wagner, Bernd: Handbuch Rechtsradikalismus. Personen – Organisationen – Netzwerke vom Neonazismus bis in die Mitte der Gesellschaft. Opladen 2002, S. 87-104; (zus. mit Birsl, Ursula/Solé, Carlota/Parella, Sónia/Schmidt, Juliane/Alarcón, Amado/French, Steven): Migration und Interkulturalität in Großbritannien, Deutschland und Spanien. Fallstudien aus der Arbeitswelt. Opladen 2003.

Brabandt, Heike: M.A. der Politikwisschenschaft/Neueren Geschichte, M.A. in Women's Studies, ist Promotionsstipendiatin der Heinrich-Böll-Stiftung und Lehrbeauftragte an der Johann Wolfgang Goethe-Universität Frankfurt. Sie beschäftigt sich mit der Theorie und Praxis internationaler Beziehungen aus feministischer Perspektive und arbeitet zu Frauenrechten in Deutschland. Veröffentlichungen: Global Culture and International Human Rights Norms: The Case of Femal Genital Mutiliation in Germany. In: Fuchs, Doris A./ Kratochwil, Friedrich (Hrsg.): Transformative Change and Global Order: Reflections on Theory and Practice. Münster 2002, S. 181-203; mit Birgit Locher und Elisabeth Prügl: Normen, Gender und Politikwandel: Internationale Beziehungen aus der Geschlechterperspektive. In: WeltTrends 36, S. 11-26.

Castro Varela, María do Mar: Dipl.-Psychologin/Dipl.-Pädagogin, freie Wissenschaftlerin und Lehrbeauftragte. Beendet gerade ihre Promotion in Politikwissenschaft an der Universität Gießen. Sie forscht zum Thema „Utopiediskurse migrierter Frauen" und arbeitet in Projekten zur Antidiskriminierungsarbeit auf europäischer Ebene. Ihre Arbeitsschwerpunkte sind darüber hinaus: Migration, Gender, Queertheory und postkoloniale Theorie.

Aktuelle Publikationen 2003 (gemeinsam mit Dimitria Clayton): Migration, Gender, Arbeitsmarkt. Neue Beiträge zu Frauen und Globalisierung. Vom Sinn des Herum-Irrens: Emanzipation und Dekonstruktion. In: Koppert. Claudia/Selders, Beate (Hrsg.): Hand aufs dekonstruierte Herz; (gemeinsam mit Nikita Dhawan:) Postkolonialer Feminismus und die Kunst der Selbstkritik. In: Steyerl, Hito/Gutiérrez Rodríguez, Encarnación (Hrsg.): Spricht die Subalterne deutsch? Migration und postkoloniale Kritik.

Dhawan, Nikita: Lehrbeauftragte an der Fakultät für Philosophie, Ruhr Universität Bochum. Studium der Germanistik (MA) und Philosophie (MA) an der Mumbai Universität, Indien. Promoviert z.Zt. in Philosophie an der Ruhr-Universität Bochum zum Thema: „Schweigen. Eine interkulturell-philosophische Studie" aus einer feministischen, postkolonialen Perspektive. Mitarbeit im Forschungsprojekt „Women's Studies Pedagogy" für das Research Center for Women's Studies, SNDT Women's University, Mumbai (1998-99). Aktuelle Publikationen im Erscheinen: Truth and power in *Anekantavada* and Foucault: an intercultural analysis;. The (im)possibility of non-violence in violent times: The politics of *Ahimsa;* (gemeinsam mit María do Mar Castro Varela): Postkolonialer Feminismus und die Kunst der Selbstkritik. In: Steyerl, Hito/Gutiérrez Rodríguez, Encarnación (Hrsg.): Spricht die Subalterne deutsch? Migration und postkoloniale Kritik.

Erel, Umut: Studium der Ethnologie an der Universität Hamburg, MA Gender and Ethnic Studies an der Greenwich University, PhD in Cultural Studies (Subjectivity and Agency in the Life Stories of Migrant Women from Turkey in Germany and Britain) an der Nottingham Trent University. Sie ist Research Fellow am Working Lives Research Institute der London Metropolitan University, wo sie zur Zeit über Gewerkschaften und Rassismus sowie über die Arbeitsmarktpartizipation von weiblichen Flüchtlingen forscht. Ihre Forschungsinteressen liegen in den Bereichen Ethnizität, Migration, Geschlecht, Bürgerrechte und Arbeitsleben. Sie hat unter anderem veröffentlicht: Re-conceptualising Motherhood, the experiences of some women of Turkish background in Germany. In: Bryceson, Deborah Fahy and Vuorola, Ulla (eds.): The Transnational Family: Global European Networks and New Frontiers. Oxford 2002.

Kabis, Veronika: Seit April 2003 Leiterin des Zuwanderungs- und Integrationsbüros bei der Landeshauptstadt Saarbrücken; Dipl.-Übersetzerin (Studium der Angewandten Sprachwissenschaften, Europa- und Völkerrecht); langjährige Berufspraxis im Bereich Migration, Schwerpunkte Jugendliche und binationale Familien; europäische Projekt- und Forschungsarbeit; stellvertretende Vorsitzende der Europäischen Koordination für das Recht von MigrantInnen auf Schutz der Familie (Brüssel); als freie Autorin zahlreiche Beiträge für die tageszeitung, Zeitschrift „Ausländer in Deutschland" u.a.; Deutscher Jugendhilfepreis 2000 für innovative Konzepte in der interkulturellen Jugendarbeit.

Köhring, Susanne: Sozialarbeiterin; Schwerpunkt: Flüchtlings- und Ausländerpolitik; Mitarbeit bei: AK Asyl Göttingen, kein mensch ist illegal.

Pagels, Nils: Mag. der Sozialwissenschaften, Pädagogik, Soziologie und Theologie, arbeitet derzeit als Geschäftsführer des Vereins „zoom – Gesellschaft für prospektive Entwicklungen e.V." in Göttingen, der sich einen Theorie-Praxis-Transfer in verschiedenen sozialpolitischen Themenkomplexen zur Aufgabe gestellt hat. Den Schwerpunkt der inhaltlichen Arbeit von Nils Pagels in den vergangenen Jahren bildeten Konzepte zur interkulturellen Öffnung von Einrichtungen und die Auseinandersetzung mit Diskriminierung am Arbeitsmarkt und im Bildungssystem.

Panagiotidis, Efthimia: Studium der Soziologie, Sexualforschung und Politische Psychologie in Hamburg. In ihrer Magisterarbeit in Soziologie zu „Geschlechter-/Arbeitsverhältnissen" rekonstruierte sie die theoretischen und politischen Debatten um die internationale Kampagne zu „Lohn für Hausarbeit" und diskutierte die feministischen Konzepte zum Begriff der (Haus)Arbeit seit den 1970er Jahre in der BRD. In ihrer Promotion greift sie aus aktueller Perspektive das Thema auf in der Auseinandersetzung mit dem Frau-werden und Migration-werden der Arbeit in Prozessen der Prekarisierung. Zur Zeit arbeitet sie in einem EU-Projekt „Housework and Caretaking: Strategies of reconciliation in different family units" und im Projekt „trans-it! migrations" zur Erforschung des europäischen Grenzregimes in SüdOsteuropa. Sie ist aktiv bei kanak attak und der Gesellschaft für Legalisierung.

Roß, Bettina: Dr. phil. Politikwissenschaftlerin. Ist derzeit wissenschaftliche Mitarbeiterin in einem Projekt des Europäischen Sozialfonds zur Entwicklung von Modellen für die Sicherung der sozialen und kulturellen Infrastruktur. Sie hat 1997/1998 promoviert zu Politischen Utopien von Frauen und arbeitet seither zu den Schwerpunkten: Feministische Theorie, Utopien, Professionalisierung und Globalisierung. Mit-Sprecherin des Arbeitskreises Politik und Geschlecht der DVPW. Veröffentlichungen: Mit Cilja Harders (Hrsg.) 2002: Geschlechterverhältnisse in Krieg und Frieden: Perspektiven der feministischen Analyse der internationalen Beziehungen; Mit Ilse Costas 2002: Die ersten Frauen an der Universität Göttingen. Pionierinnen gegen die immer noch bestehende Geschlechterhierarchie. In: Feministische Studien. Nr. 1/2002, S. 23-39; 2001: Vergessene Modelle der Wirklichkeit. Politische Utopien von Frauen. In: Martin Kühnl/Walter Reese-Schäfer und Axel Rüdiger (Hrsg.): Modell und Wirklichkeit. Anspruch und Wirkung politischen Denkens, S. 142-155.

Ruppert, Uta: Dr. rer. soc., Professorin für Politikwissenschaft mit dem Schwerpunkt Globalisierung, Entwicklung und Geschlecht am Fachbereich Gesellschaftswissenschaften der Goethe Universität Frankfurt.

Schmoliner, Stephanie: Dipl.Sozialwirtin; Studium der Soziologie, Politikwissenschaft, Sozialpolitik und Strafrecht an der Universität Göttingen. Tätigkeiten an der Universität als Frauenbeauftragte der Sozialwissenschaftlichen Fakultät. Arbeitsschwerpunkte: soziale Bewegungen, Globalisierung, Jugendkulturen, Geschlechterforschung und Kulturwissenschaften. Zur Zeit Lehrbeauftragte des soziologischen Seminars der Universität Göttingen.

Schulz, Antje: Ausgebildete Erzieherin mit dem Schwerpunkt Erwachsenenbildung/interkulturelle Pädagogik und seit Oktober 2000 Studentin (MA) der Soziologie, Politikwissenschaft, Publizistik und des öffentlichen Rechts an der Universität Göttingen. Ihre Studienschwerpunkte liegen in den Bereichen Stadtsoziologie, Soziale Ungleichheit, Entwicklungspolitik sowie Frauen und Globalisierung.
Seit 2002 ist sie studentische Hilfskraft und Tutorin am Zentrum für Europa- und Nordamerikastudien der Universität Göttingen. Neben ihrem Studium arbeitet sie mit ausländischen Studierenden und wurde im Frühjahr 2003 als Stipendiatin in das Evangelische Studienwerkes Villigst aufgenommen.

Seemann, Birgit: Dr. phil., Politik- und Kulturwissenschaftlerin. Derzeit wiss. Mitarbeiterin am interdisziplinären „Lexikon deutsch-jüdischer Autoren" (Akademie der Wissenschaften und der Literatur, Mainz); nach 2. Bildungsweg (Bankkauffrau) Promotionsstudium Universität Frankfurt am Main, 1995 Dissertation über Staatsforschung aus Genderperspektive, Lehrbeauftragte für Politikwissenschaft an den Universitäten Frankfurt am Main, Gießen, Marburg, Tübingen und der FH Bielefeld, 1997/98 Mit-Sprecherin des DVPW-Arbeitskreises „Politik und Geschlecht", 1998–2000 Mitglied des Ständigen Ausschusses für Fragen der Frauenförderung der DVPW; freie Referentin der Wissenschaftsberatungsagentur „Academic Consult" (Frankfurt am Main); Buchpublikationen: Feministische Staatstheorie. Der Staat in der deutschen Frauen- und Patriarchatsforschung. Opladen; Hedwig Landauer-Lachmann. Dichterin, Antimilitaristin, deutsche Jüdin. Frankfurt am Main, New York 1998; Jeanette Wolff (1888–1976). Politikerin und engagierte Demokratin. Frankfurt am Main, New York 2000; (Hrsg. mit Brigitte Geißel:) Bildungspolitik und Geschlecht. Ein europäischer Vergleich. Opladen 2001.

Zimowska, Agnieszka: Sieht sich in Göttingen in antirassistischen, geschlechtersensiblen Zusammenhängen zu Hause. Magistra der Ethnologie/-Soziologie. Zur Zeit wissenschaftliche Hilfskraft am Institut für Europa- und Nordmamerikastudien, Göttigen. Der Artikel beruht auf ihrer Magisterarbeit in Ethnologie von 2003 mit dem Titel: „Grenzgänge – Eine Untersuchung der Prostitution an der deutsch-polnischen Grenze im Schnittpunkt von Migration und Wohlstandsgefälle".